L'ART ET LA TABLE

L'ART ET LA TABLE

Patrick Rambourg

CITADELLES
& MAZENOD

PRÉFACE

Art et table ? Il y a la question des relations de la table avec les arts, notamment la peinture, qui constitue le cœur du présent ouvrage, mais il y a d'abord la question essentielle, fondatrice, celle de l'art culinaire. Oui, on peut jouer de la musique de chambre en même temps que l'on sert des mets, ou l'on peut représenter la cuisine sur des peintures, des fresques, dans des films, des romans, des sculptures ; on peut concevoir d'extraordinaires architectures qui recevront des banquets… mais la question demeure : l'art culinaire.

Parfois on parle « des » arts culinaires, mais a-t-on assez questionné les mots ? Non, l'activité de cuisine ne se confond pas avec l'activité de restauration, et si des arts de la table concourent à créer d'extraordinaires moments de convivialité (on ne mange bien qu'en bonne compagnie), l'art culinaire, lui, est celui du cuisinier, celui qui prépare les mets.

Pourquoi cette insistance doublement liminaire ? Parce que la confusion règne, hélas, et que nos arts de la table, art culinaire compris, gagneraient, selon une idée proprement introduite par l'abbé de Condillac (les mots sont les pensées et les actes), à bien parler, et donc à bien penser. À confondre le marteau et le ciseau à bois, l'ébéniste ne fait pas de bon travail ; à confondre sautoir et russe, ou émulsion et mousse, le cuisinier perd des occasions de produire des mets plus précis, plus rigoureux, qui correspondent mieux aux idées… artistiques que, s'il fait une cuisine artistique, il veut mettre en œuvre. Jamais Rembrandt n'aurait produit ses œuvres s'il n'avait pas su éviter les coulures de la peinture, et jamais Bach n'aurait fait ses fugues s'il avait confondu le *fa* et le *fa* dièse.

Bref il y a lieu de bien poser la question des arts de la table, et des arts autour de la table.

Les merveilles de l'art culinaire

Toutefois, cela étant dit, il faut aussi ajouter que la confusion préalablement évoquée se double parfois d'un refus de considérer la possibilité même de l'art culinaire. On ne discutera pas ici de la notion d'art, puisqu'elle a considérablement évolué avec les siècles (pour ce qui suit, on conservera l'idée que l'art a un rapport avec l'émotion, le sentiment), mais on devra quand même faire état du fait que des personnalités comme Platon considéraient à tort la cuisine comme une activité très subalterne. Pour la cuisine, comme d'ailleurs pour des arts tels que la peinture, la position intellectuelle était ambiguë : alors que l'on refusait à l'art un statut aussi élevé que la philosophie (il y a dans l'art deux « descentes », à partir des Idées), on admirait aussi les peintres, tels Zeuxis, qui faisaient des grappes de raisin si ressemblantes que les oiseaux s'y trompaient.

Toujours les « intellectuels » ont été partagés, quand les fonctions animales avaient une part dans les comportements humains, comme si l'on pouvait débarrasser l'être (humain) de son enveloppe charnelle. Le rejet est durable : les hommes et les femmes des sciences humaines contemporaines se souviennent du temps pas si lointain où jamais le mot « cuisine » n'aurait pu être prononcé en Sorbonne ! Et l'un d'entre nous (H. This) sait bien combien le milieu scientifique était… souriant quand il a commencé ses travaux de gastronomie moléculaire (de la physico-chimie, à ne pas confondre avec la cuisine moléculaire), au début des années 1980. D'ailleurs… « gastronomie » : un terme qui pâtit des confusions, confondu qu'il est avec la haute cuisine, la cuisine d'apparat, alors même que le mot a été parfaitement défini par celui qui l'a non pas introduit en français, mais établi, à savoir le juriste Jean-Anthelme Brillat-Savarin.

Page précédente
Michael Peter Ancher
En préparant la table
Vers 1900
Détail ill. 324, p. 367

1
Gustave Caillebotte
Gâteaux
Détail ill. 273, p. 303

Oui, alors que depuis l'Antiquité au moins, certains cuisiniers sont des artistes réputés, et non seulement des artisans, il y a une partie du monde qui, pour des raisons religieuses, politiques… et sans doute pour n'y avoir pas assez pensé, refuse à l'art culinaire le statut d'art. Ici, cela vaut donc la peine de s'arrêter un moment sur la comparaison de la cuisine avec la peinture : il y a le peintre en bâtiment, qui est un artisan, et le peintre artistique. Les deux activités ont des buts différents… et il en va de même pour la cuisine : bien sûr, à midi, quand on est pressé et que l'on a faim, il faut que ce qui nous est servi soit « bon », mais cela signifie seulement « admissible », « conforme à des canons techniques », « fait avec soin »… À l'opposé, il y a une cuisine qui ne veut pas seulement cela, dont l'objet central est l'émotion, et non le corps ; une cuisine qui parle à l'esprit plus qu'au corps. C'est cette cuisine-là qui est artistique, et l'on peut même se demander comment il est possible que l'idée ait pu (puisse ?) être refusée. Est-elle née avec la « Nouvelle Cuisine » dans les années 1970 ?

En cuisine, le « bon », c'est le beau à manger, de sorte qu'il y a d'ailleurs lieu de mieux creuser une « esthétique de la cuisine », qui ne soit pas la considération de ce qui est beau à voir, mais véritablement une philosophie du goût ! Comment celui-ci a-t-il évolué ? Comment évolue-t-il ? Pourquoi ? Qu'est-ce qu'un art culinaire moderne ? Que furent les courants artistiques du passé ? Quelles relations entre les « formes culinaires » (au sens aristotélicien) et les cultures ? La création d'un art culinaire à venir peut, bien sûr, se déterminer par la culture des hommes et des femmes qui cuisineront, mais ceux-ci gagneront à connaître l'histoire de leur art, de l'art culinaire.

Dans cette discussion, nous avons un peu oublié la question des autres arts de la table. Ah, la découpe d'une caille à la volée ! Ah, la confection d'un « flocon givré » à l'azote liquide ! Ah, la subtilité d'un maître d'hôtel qui vous accueille, qui vous conduit à une table, qui vous sourit, qui orchestre le repas… Il y a, là encore, un chantier qui n'a pas été suffisamment exploré, et quel dommage ! On entend aujourd'hui des maîtres d'hôtel nous dirent que « le beau geste, en salle, est celui qui ne se voit pas ». Au contraire ! Le beau geste, ce n'est pas de porter simplement les assiettes, sans quoi un tapis roulant suffirait ! Il faut de l'intelligence, de l'attention, des yeux qui brillent, des mots qui s'accordent aux mets merveilleux qui seront servis, du soin, une démarche qui n'a aucune raison de ne pas être aussi gracieuse et travaillée que celle des mannequins de mode dans les défilés. À table, tout compte…

Dans les arts

Oui, tout compte… et cela a été parfaitement montré sur les représentations de table. Il est un peu convenu, dans une préface, de délivrer un message du type « le livre qui suit est très bien », mais nous n'avons pas eu à nous forcer ainsi pour admirer les représentations qui sont données dans les pages qui suivent : quelle iconographie ! Mieux encore, dans l'immense masse des images de cuisine ou de table, il y avait lieu de faire des choix. Combien Patrick Rambourg a eu raison de ne pas suivre l'ordre chronologique, mais de nous offrir des regards spécifiques, qui contribuent à mieux comprendre les caractéristiques et les évolutions des divers aspects gastronomiques.

Un exemple : on a souvent dit que Denis Diderot (pour lequel l'un d'entre nous a la plus grande admiration) avait été d'une audace inouïe, quand il avait mêlé, dans l'*Encyclopédie*, des descriptions techniques à des considérations « philosophiques ». Et il est vrai que ce procédé contribua peut-être à donner une vision différente du pouvoir et de la religion, posant les bases de la Révolution française. Mais le livre présent nous donne une repro-
ILL. 154 duction d'un tableau de Jean-Baptiste Lallemand, qui montre un intérieur de cuisine au XVIIIe siècle, et l'on voit
ILL. 170 aussi, avec Vincenzo Campi que la cuisine était montrée dès 1585 au moins.

Bien sûr, on ne regarde pas toujours la même chose : l'intérieur d'une cuisine, les « produits » (que l'on ferait mieux de nommer « ingrédients », puisqu'ils ne deviennent des produits de cuisine que quand les ingrédients ont été transformés en mets, par l'activité culinaire), les tables — populaires ou d'apparat —, les comportements gourmands… ou goinfres. Pour tous ces regards qui nous sont donnés par les peintres, il y a évidemment lieu d'être prudent : que veulent-ils que nous voyons et pourquoi ? Parfois les raisons sont inconnues du contemplateur moderne, comme par exemple pour les natures mortes ou les « vanités », où la présence quasi constante d'un insecte doit s'interpréter en termes symboliques : la mouche pour le pourrissement et la fragilité du monde matériel, par exemple.

Oui, nous avons besoin d'un guide pour apprendre à voir… et nous avons d'ailleurs besoin d'un très long moment pour mieux apprécier l'immense quantité d'informations qui est donnée dans chaque image, au-delà seulement de la curiosité pour d'autres cultures (dans le temps, l'espace). L'histoire, révélateur du présent, comme un œil dans lequel on verrait une paille. Regardons cette représentation d'un banquet, *Le Repas de noces* de Pieter Bruegel l'Ancien, où tous mangent couverts, où les couteaux sont à gauche de l'assiette, où les enfants sont par terre, où l'on est assis sur un banc et non sur une chaise, où les plateaux des maîtres d'hôtel sont des planches posées sur des bâtons, où les cruches vides sont entassées… Par rapport à aujoud'hui, quelle différence propre à guider l'art culinaire ! Les conditions de la dégustation ne déterminent-elles pas les productions culinaires, pour partie ? Et, inversement, comment les progrès de la technique et de l'art culinaire ont-ils fait évoluer les comportements à table ? Il y a des thèses innombrables à faire, pour mieux apprécier nos comportements actuels et — dans une vision très technologique, au sens littéral du terme — les faire évoluer, pour la plus grande satisfaction des convives (ou des commensaux, si ces derniers partagent la table ; des compagnons s'ils partagent le pain).

ILL. 198

Et la « science » ?

Mais la qualité des deux signataires de cette préface impose, pour terminer, d'évoquer des questions de science, les questions d'art ayant été largement débattues, et même si le livre de Patrick Rambourg n'en fait pas état. Car il est également question d'une vision, en vue d'un développement des arts de la table, et de l'art culinaire en particulier.

Nous proposons de partir d'une phrase très fausse, hélas répétée sans critique : « La cuisine, sans cesser d'être un art, deviendra scientifique et devra soumettre ses formules à une méthode et une précision qui ne laisseront rien au hasard. » C'est faux ! Cette phrase fut écrite par un restaurateur célèbre, mais les arguments d'autorité ne valent rien, comme on va le confirmer. Si on parle d'art culinaire, c'est bien que l'on parle d'art, et l'on a dit précédemment, acception admise par l'auteur de cette phrase fausse, qu'il est question de susciter, de partager des sentiments, des émotions… Le second terme de la phrase fausse dénoncée ici est relatif à la science et, dans la phrase discutée, il ne s'agit pas simplement de savoir, mais de sciences de la nature, puisque sont évoquées précision et rigueur.

Immédiatement, ajoutons que précision et rigueur ne sont pas l'apanage des sciences de la nature, toutefois : toute activité humaine peut être faite avec précision et rigueur, et l'art le plus grand (celui des Rembrandt, Bach, Mozart, Proust, Flaubert…) est tout fait de rigueur et de précision. Impossible de changer un mot dans une œuvre de Flaubert. Impossible de changer une note dans une œuvre de Bach. D'autre part, les sciences de la nature ne se réduisent pas à la rigueur et à la précision, mais ce sont plutôt des activités qui ont un objectif et une méthode bien déterminés, que l'auteur de la phrase discutée ignorait manifestement : l'objectif des sciences de la nature est de chercher les mécanismes des phénomènes, et la méthode consiste très explicitement en observation de phénomènes, quantification des phénomènes, réunion des données en lois, propositions de théories que l'on cherche à réfuter expérimentalement. Rien à voir avec l'art culinaire, ni hier, ni aujourd'hui, ni demain. Non, l'art culinaire ne sera jamais scientifique ! Il sera artistique, et cela est très bien.

Allons, il ne faut pas retarder le moment délicieux où l'on va tourner la page, et découvrir la première des merveilleuses représentations qui sont ici proposées. Ce moment s'apparente à celui où l'on s'assied et où l'on prend la serviette blanche, fraîchement repassée, pour la poser sur ses genoux, anticipant des délices concoctées par les artistes. Le festin sera certes des yeux, mais surtout de connaissance, et il y a lieu de croire que nos futurs moments à table sortiront grandis par anticipation de cette lecture. Vive la Connaissance (bien) produite et (bien) partagée !

Pierre Gagnaire
Cuisinier

Hervé This
Physico-chimiste, directeur du Centre international de gastronomie moléculaire AgroParisTech-Inra

En souvenir de Berthe Déporté

Sommaire

Préface de Pierre Gagnaire et Hervé This 5

Introduction 11
De la notion et de l'interprétation des images en histoire. – Réalité et réalisme de l'image. – Images, cuisine et traditions alimentaires. – Images, convivialité et gastronomie.

I Les premières civilisations de la table 16
1. Offrandes égyptiennes et banquets mésopotamiens 19
La table dans l'au-delà. – La production des nourritures. – Haute cuisine. – L'importance du banquet.
2. La convivialité gréco-romaine 33
Banquet et *symposion* grecs. – La *cena* romaine. – Les *xenia*.
3. De la romanité au haut Moyen Âge 49
Repas et banquets gallo-romains. – Vers les premiers banquets chrétiens. – S'asseoir à table.

II La table représentée (Moyen Âge - Renaissance) 60
1. Le repas sacré 63
La Cène. – Les noces de Cana. – La somptuosité de la table.
2. La table profane 87
Les festins de Harold et de Guillaume. – Hiérarchie et mise en scène de la table. – L'art de servir. – Le spectacle de l'entremets.
3. Du péché de gourmandise au pays de Cocagne 101
Les cuisines de l'enfer. – Le banquet infernal. – La Condamnation de banquet. – Le pays de Cocagne.

III Cuisine et marché (Moyen Âge - Temps modernes) 120
1. Marché et denrées 123
Scènes de marché. – L'abondant poisson. – La force de la viande. – Profusion de légumes et de fruits. – Les quatre éléments.
2. Cuisine, cuisinier et cuisinière… 151
La cuisine représentée. – Le cuisinier des enlumineurs. – La cuisinière des peintres en séduction.
3. Pratique de la cuisine en peinture 179
Gestes de cuisine… – … et pratiques de cuisine. – De la pourvoyeuse à l'éplucheuse. – Cuisiner en gras et en maigre.

IV Du repas des humbles à la table des élites (XVIe-XIXe siècle) 202
1. Repas et fêtes populaires 205
Le repas des humbles. – Pain et pommes de terre. – La fête au village ou faire bombance. – Le repas de noces à Yport.
2. Convivialité de table 227
De la concorde familiale à la table bourgeoise. – Les joies de la table. – Les déjeuners en plein air.
3. La table cérémonielle 253
La table mise dans les natures mortes. – La théâtralisation de la salle à manger. – Banquets et festins officiels.

V Les plaisirs gastronomiques (Temps modernes – XXe siècle) 278
1. Douceurs, sucreries et desserts 281
Sucreries et confiseries. – Des *bodegónes* de sucreries. – Biscuits, gâteaux et pâtisseries. – Les fruits du dessert.
2. Des halles de Paris aux restaurants de la Belle Époque 311
Les halles de Paris. – Les plaisirs de la table. – La vie de café. – La sociabilité des restaurants.
3. Des avant-gardes à la modernité alimentaire 335
La table des avant-gardes. – La cuisine déstructurée. – Pigeon aux petits pois et lapin en civet. – Société de consommation et « Eat Art ».

Épilogue 361
La nourriture «marchandisée » – Les cuisiniers et la peinture.

Annexes 365
Planche d'illustrations 367
Notes 369
Bibliographie 381
Index 389

Introduction

« Nous cuisinons des alouettes un peu comme Braque peint ses oiseaux. »

Alain Chapel, *La Cuisine c'est beaucoup plus que des recettes*, 1980 et 1995

« Le plaisir de la table est de tous les âges, de toutes les conditions, de tous les pays et de tous les jours ; il peut s'associer à tous les autres plaisirs, et reste le dernier pour nous consoler de leur perte », écrit le gastronome Jean Anthelme Brillat-Savarin dans la *Physiologie du goût*[1] (1826). Nous pourrions aussi ajouter que la table (au sens large du terme) est de toutes les époques tant le sujet concerne l'histoire des hommes. Manger est parfois un acte religieux, toujours un acte social et culturel ; la nécessité de se nourrir implique la recherche et la production d'aliments, leur préparation culinaire et leur consommation selon des codes qui se développent au fil du temps. Du repas quotidien au banquet, des manières de manger s'imposent et se modifient selon les époques ; elles se transforment en normes qui définissent l'homme civilisé. Avec la vaisselle d'apparat, le décorum et la cérémonie du service, la table devient un art où se mêlent la commensalité, le paraître et le spectacle. Elle distingue aussi culturellement les peuples dans leur façon de faire et, lors de sa venue à Bâle à l'automne 1580, Montaigne raconte, au sujet des manières suisses, que « leur service de table est fort différent du nôtre. Ils ne se servent jamais d'eau à leur vin [...], quant à la viande, ils ne servent que deux ou trois plats à chaque service[2] ». La cuisine, du moins la grande, est aussi souvent considérée comme un art culinaire et, dans la France des Lumières, on n'hésite pas à comparer les saveurs d'une sauce à l'harmonie des couleurs d'une peinture. La comparaison paraît osée mais elle correspond à la manière dont des érudits de l'époque percevaient la cuisine : comme

Double page précédente
2
Édouard Manet
Bar aux Folies Bergère
1882
Détail ill. 292, p. 327

3
Louise Moillon
La Marchande de fruits et légumes
1630
Détail ill. 325, p. 367

un art savant témoignant du degré de civilisation de la société dans laquelle il s'exprime, et que l'on n'hésitait pas d'ailleurs à représenter dans la peinture. À la fin du siècle suivant, Joseph Favre voit dans le dressage des mets en cuisine « le fini d'un tableau, le vernis d'une toile, l'encadrement de l'œuvre ». Le cuisinier met ici davantage l'accent sur la décoration et la présentation des plats, sur l'esthétique visuelle des mets que sur leur composante gustative. La métaphore de la peinture devient récurrente pour définir la cuisine et, pour le chef Alain Chapel dans les années 1980, la cuisine, comme un tableau, est « une composition, un accord sans bavure, une manière de faire donner sous forme concertante toute l'instrumentation de ses sens[3] ».

Comparer la cuisine à la peinture, c'est envisager la mise en scène artistique d'une recette, d'un plat ou d'un mets, de son service et de sa présentation à table. Pour leur part, les artistes ont, depuis des siècles, figuré des aliments, des pratiques de cuisine et des manières de manger. Au travers de leurs œuvres, c'est la culture alimentaire de leur époque que l'on observe, la commensalité et la fonction sociale du repas, ses rites et ses symboles. Car — et c'est là le sujet de cet ouvrage — de quoi témoigne la représentation de la table (au sens large du terme) dans l'art ? Mon propos concerne les images — vases peints de l'Antiquité, fresques, enluminures, tapisseries, gravures, tableaux, etc. —, et mon approche est celle d'un historien doté d'une connaissance technique des pratiques culinaires. Si l'image traduit le projet de l'artiste, ce qu'il a voulu faire ou montrer, et porte l'empreinte de son style, elle s'inscrit aussi dans un contexte historique, tout en étant l'expression de la mémoire d'un passé proche ou lointain. Des œuvres peuvent apparaître comme document historique figurant avec plus ou moins de réalisme les denrées, les modes de préparation, les repas eux-mêmes et, en même temps, être dotées d'une dimension symbolique. Albert Pomme de Mirimonde parle d'un langage par l'image dont la signification peut se perdre au fil du temps lorsque l'on n'a plus connaissance des codes qui le régissent[4]. Il en est ainsi du rôle des objets de table dans un banquet médiéval. Pour autant, la figuration d'un thème ne reste pas figée et l'artiste pourra exprimer par ses œuvres les mutations des manières de manger, notamment lorsque l'on passe de la position couchée à la position assise, du tranchoir à l'assiette, de la main à la fourchette, même dans les représentations de scènes religieuses, comme les noces de Cana et la Cène.

À la fois thématique et chronologique, notre étude qui privilégie le temps long, depuis l'Antiquité jusqu'au monde contemporain, s'articule en cinq grandes parties et met en lumière la continuité des scènes de table chez les artistes et, en même temps, leur adaptation aux changements de la société, voire leurs ruptures artistiques comme celles introduites par les avant-gardes de la première moitié du XXe siècle.

De la notion et de l'interprétation des images en histoire

L'image appartient autant à l'histoire qu'à l'art. Elle n'est pas qu'un « document » pour l'historien, ni un « monument » pour l'historien de l'art, mais un « document/monument[5] » : elle « renseigne sur le milieu historique qui l'a produite », et se donne à voir « comme un manifeste de croyance religieuse ou une proclamation de prestige social », selon le médiéviste Jean-Claude Schmitt[6]. L'art est un fait de l'histoire, le témoin d'une période, dont les œuvres aident à comprendre, voire à ressusciter, les époques dans lesquelles elles ont été conçues. Encore doivent-elles parvenir jusqu'aux générations suivantes, malgré les vicissitudes du temps, comme le rappelle, dès le XVIe siècle, Giorgio Vasari, à propos de la fin de l'Empire romain, dont la chute, écrit-il, « entraîna artistes, sculpteurs, peintres et architectes, ensevelis et engloutis avec l'art dans les massacres et les ruines ». Mais Vasari signale les portraits et les inscriptions des bâtiments privés et publics romains (amphithéâtres, théâtres, thermes, aqueducs, temples, obélisques, colisées, pyramides, arcs de triomphe, dépôts, trésors publics et sarcophages) comme des témoignages de la grandeur passée de la Rome antique[7].

On voit ici ce que l'art peut apporter à la compréhension du passé. Pour Paul Lacroix, qui a dirigé la publication *Le Gastronome, journal universel du goût* (1830-1831), avant de publier *Les Arts au Moyen Âge et à l'époque de la Renaissance* (1869, 2e édition), « les arts [...] sont l'expression la plus intime de la société. Ils [...] disent ses goûts, ses idées, son caractère ; ils [...] la montrent dans ses œuvres[8] ». Pour les historiens, l'art figuratif peut offrir « un aperçu direct du passé », s'il est contemporain de ce qu'il représente[9]. L'image a aussi fait œuvre de pédagogie, notamment auprès de ceux qui n'avaient pas accès à l'écrit : on a pu parler, à l'exemple d'Émile Mâle, d'un art du Moyen Âge conçu comme un enseignement[10].

Ces dernières décennies, les médiévistes se sont particulièrement penchés sur le mot « image », dont le sens est plus large que la notion d'art étroitement liée aux valeurs esthétiques. Le terme latin *imago*, dont est tiré le mot image, est ainsi au « centre de la conception médiévale du monde et de l'homme ». Il ne concerne pas seulement les objets figurés (retables, sculptures, vitraux, miniatures, etc.), mais aussi les « images » du langage (métaphores, allégories, œuvres littéraires, œuvres de la prédication[11]). Avec le terme *imaginatio*, il se réfère également aux « images mentales » (rêve, vision, méditation, mémoire). Enfin, la notion d'image définit le rapport entre Dieu et l'être humain, ce dernier ayant été fait à l'image et à la ressemblance du Créateur, selon la Genèse (1, 26). C'est dire si l'image est au cœur de l'anthropologie chrétienne[12].

L'historien interprète les images dans leur contexte historique, en les confrontant à d'autres sources ou à des témoignages des époques concernées, « à la lumière de la pensée qui les inspire[13] », et au regard des sociétés qui les entourent et de leur évolution, sans pour autant nier le langage de l'art et la logique propre à l'image. Ainsi *Le Pays de Cocagne* (1567) de Pieter Bruegel l'Ancien ne peut-il se comprendre qu'en référence aux textes qui, depuis le XIIIe siècle, décrivent un pays fabuleux où règnent l'abondance et le bien-être alimentaire. De même, la floraison des natures mortes dans les siècles modernes traduit une mise en valeur de la nourriture, à une époque où l'on assiste en Europe à un essor démographique et à l'intensification des échanges commerciaux. Les tableaux représentant des sucreries et des confiseries, comme certains *bodegónes*, sont contemporains de la faveur qu'affichent les élites européennes pour le goût sucré.

Réalité et réalisme de l'image

L'image est une réalité en tant qu'objet, et ce qu'elle représente peut être perçu comme la figuration d'une réalité. Pour les anciens Égyptiens, elle était un moyen de communiquer avec les dieux. Les denrées peintes sur les parois des tombeaux devaient rassurer les défunts qui craignaient de manquer de nourriture dans l'au-delà. L'image participe ici à la croyance des Égyptiens en un monde où l'alimentation est nécessaire à la vie éternelle, ce que traduit le rituel de « l'ouverture de la bouche » et celui de la table d'offrandes couverte d'aliments. De même que le motif du banquet funéraire chez les Grecs et les Gallo-Romains renvoie à des pratiques religieuses et au rite qui définit le statut du défunt, dans sa survivance au travers des festins commémoratifs. Un rêve matérialisé par une image a pu aussi être considéré comme une réalité possible par les contemporains : le pays de Cocagne propose un monde sans pénurie alimentaire, d'où la faim serait absente. « Un des principaux intérêts de l'histoire de l'imaginaire, écrit Jacques Le Goff, est de s'incarner dans des images et de faire de ces images des documents d'histoire [...] pour y chercher [...] les idées, les croyances, la sensibilité, les problèmes d'une société ou d'une composante de la société qui s'y exprime[14] ». Au Moyen Âge, la représentation de l'enfer mêle le fantastique à des réalités du quotidien, telles que les ustensiles de cuisine, pour donner à l'image une forme de réalisme. Le chrétien devait pouvoir imaginer, visualiser, et donc croire en l'existence d'un lieu redoutable où il pouvait échouer après sa mort. L'enfer devient dans l'imaginaire des auteurs et des artistes une cuisine de feu où les damnés sont apprêtés pour les banquets des diables. Les pratiques culinaires et les repas sont des réalités bien concrètes pour le commun des mortels, ce qui permettait de penser que le supplice des damnés en enfer relevait tout autant du réel. C'est bien là la force de l'image et de son pouvoir de suggestion.

Outre la représentation d'une « réalité imaginée », l'image témoigne d'événements et de faits historiques, généralement attestés par les sources écrites, que des artistes figurent peut-être avec une part d'idéalisation, mais aussi avec réalisme. Il en est ainsi des banquets officiels, comme celui donné à Paris par le roi de France Charles V à l'empereur germanique Charles IV dans les années 1370 et qui fut représenté par deux miniatures, l'une réalisée peu après l'événement, l'autre quelque quatre-vingt-dix ans plus tard, toutes deux respectant le rituel des grands repas médiévaux. Le spectacle de la table est une constante chez les princes, les rois et les empereurs, et sa représentation picturale illustre généralement mieux qu'un récit, le faste et la magnificence qui s'y déployaient.

Même les natures mortes de table du XVIIe siècle, plutôt propices au langage symbolique, offrent des éléments de réalisme dans les denrées et la vaisselle figurées, tout comme Jean Siméon Chardin et bien d'autres artistes du XVIIIe siècle donnent à voir dans leurs peintures la réalité quotidienne de la nourriture au siècle des Lumières. Quant aux impressionnistes, ils ont souvent représenté la vaisselle et la cristallerie qui couvrent les tables bourgeoises du XIXe siècle.

Images, cuisine et traditions alimentaires

Paradoxalement, les images de nourriture, de table et de cuisine, n'ont jamais fait l'objet d'une étude sérieuse sur le long temps historique. Elles n'ont jamais été abordées dans leur ensemble ni dans la diversité de leur représentation (marché, denrées, pratiques culinaires, manières de manger, etc.), comme si elles ne devaient rester que des œuvres de fantaisie pour illustrer des livres, et ne servir qu'à décorer les salles à manger et autres lieux des plaisirs gourmands. L'ambition de ce livre est de montrer que ces « images gastronomiques » ont une histoire et qu'elles s'inscrivent dans le contexte artistique et historique de leur production. Ainsi, si les enlumineurs du Moyen Âge s'attachent à figurer le cuisinier du seigneur, fièrement campé devant l'âtre de la cheminée, les artistes du XVIe siècle, particulièrement ceux des anciens Pays-Bas et de l'Italie, choisissent plutôt de montrer la sensualité de la cuisinière. Cette dernière a aussi les faveurs des peintres français libertins du siècle des Lumières, avant que le cuisinier vêtu de sa tenue blanche et de sa toque ne revienne sur le devant de la scène au XIXe siècle.

Pieter Aertsen est l'un des principaux initiateurs des scènes de marché et de cuisine. Gestes et façons de faire sont également représentés par les artistes qui témoignent de l'importance grandissante que prend l'art culinaire dès la Renaissance. *La Cuisine* (vers 1585) de Vincenzo Campi invite le spectateur à mettre la « main à la pâte » et nombre de techniques représentées sur le tableau se pratiquent encore aujourd'hui dans nos cuisines. Dans l'Espagne du Siècle d'or, Diego Velázquez préfère montrer le geste culinaire dans sa simplicité, tout comme le fait en Hollande Johannes Vermeer avec *La Laitière* (vers 1658), alors que, dans la France du début du XVIIIe siècle, François Desportes figure avec art la technicité culinaire de la grande cuisine française, en peignant des volatiles lardés et bardés.

Les manières de penser l'aliment évoluent au cours du temps, ainsi pour les légumes qui, après avoir été longtemps considérés comme une nourriture pour les pauvres, trouvent grâce auprès des élites dans le courant des XVIe et XVIIe siècles. Les tableaux témoignent de cette nouvelle passion des grands pour les végétaux, au moment où se modernisent les méthodes agricoles et les techniques d'arboriculture. Les fruits font aussi l'objet d'une attention particulière, et leur présentation en corbeille ou en coupe, comme sur les peintures de Caravage et de Louise Moillon, confirme leur valorisation. Les pyramides de fruits, qui sont le dessert des grands repas aristocratiques des siècles modernes et qui symbolisent le luxe de la table, pénétreront aussi l'intimité bourgeoise du XIXe siècle : Claude Monet et Gustave Caillebotte en figureront dans leurs œuvres. L'image s'inscrit également dans des coutumes alimentaires, dont on a souvent oublié l'importance aujourd'hui. Il en est ainsi du célèbre *Bœuf écorché* (1655) de Rembrandt : il découle à la fois de la tradition iconographique établie depuis le XVIe siècle de représenter une carcasse de bœuf suspendue, et de l'habitude qu'avaient les Flamands et les Hollandais de sacrifier un bovin à la fin de l'année, comme cela se faisait avec le cochon dans d'autres contrées d'Europe. La manière dont Rembrandt a peint la chair et la graisse de l'animal sur son tableau atteste également de la pratique du rassissement de la viande dont témoignent les textes de l'époque.

Images, convivialité et gastronomie

Les petites gens à table ne sont pas oubliées, du *Mangeur de haricot* (1583-1584) d'Annibal Carrache aux *Mangeurs de pommes de terre* (1885) de Vincent van Gogh, en passant par *Le Repas des paysans* (1642) des frères Le Nain, sans oublier les noces populaires et les périodes où l'on faisait bombance. La convivialité concerne toutes les couches de la société, et le pain reste longtemps la principale nourriture d'une bonne partie de la population. Pour nombre de peintres, la table représente l'harmonie familiale, le parfait bonheur de la famille. Le repas est souvent montré dans un contexte religieux, au moment du bénédicité, avant qu'il ne se laïcise au XIXe siècle. Les déjeuners sur l'herbe sont alors très en vogue, et les tableaux d'Édouard Manet et de Claude Monet s'inscrivent dans une continuité artistique et historique que l'on peut faire remonter au Moyen Âge. Les peintres figurent aussi les nouvelles formes de sociabilité qui se développent au cours des siècles modernes avec l'introduction du café, du chocolat et du thé. Quant à la salle à manger, elle est à la fois le lieu où l'on accroche des tableaux de bouche pour la décoration et celui de la théâtralisation de la gastronomie.

Les artistes peignent également les spécialités culinaires de leur pays ou de leur région. Dans l'un des tableaux de sucreries que nous avons retenus, Tomás Yepes présente le touron, une sorte de nougat encore aujourd'hui très apprécié en Espagne. Les toiles de friandises de Josefa de Óbidos nous font découvrir les délectables pâtisseries et confiseries portugaises du XVIIe siècle. Gaufrettes, oublies, biscuits, bretzels figurent bien souvent dans les œuvres de l'époque. Les peintres aiment à représenter des pâtisseries, comme les choux de Roland Delaporte, ou encore *La Brioche* de Chardin (1763) ou celle de Manet (vers 1870). Ils s'intéressent aussi aux boutiques des pâtissiers devenues des lieux à la mode, comme la fameuse pâtisserie Gloppe sur les Champs-Élysées.

Avec le XIXe siècle, les artistes prêtent une attention particulière aux mets, et les peintures se font, d'une certaine façon, plus gastronomiques. Paris est alors la capitale de la gastronomie et, en même temps, celle des artistes qui peignent aussi les halles, les cafés et les restaurants de la ville. Dans les années 1860, des impressionnistes se réunissent au café Guerbois et, dans la décennie suivante, au café de la Nouvelle Athènes. Les peintres contribuent à la sociabilité gourmande de Paris en fréquentant également les bons restaurants de la capitale, dont certains sont immortalisés sur leurs toiles. Le début du XXe siècle est en même temps une période de bouleversement artistique, où les avant-gardes bousculent les formes en ne cherchant plus à reproduire fidèlement l'objet mais à peindre la manière dont ils le perçoivent. La table et la cuisine se géométrisent, se disloquent, deviennent mouvement. Le lieu culinaire, que les impressionnistes avaient dédaigné, est de nouveau apprécié des artistes, mais la cuisine des avant-gardes est une cuisine déstructurée, en distorsion, comme chez Kirchner, ou abstraite, comme chez Picasso. Mais très vite, les artistes du « pop art » et du Nouveau Réalisme, comme Andy Warhol et Daniel Spoerri, s'attachent à représenter la société de consommation. La réalité de l'objet culinaire, ou du moins alimentaire, s'impose à nouveau, avec les soupes Campbell produites en série, ou encore les denrées et les détritus des tableaux-pièges de Spoerri. Dans les dernières décennies du XXe siècle, l'aliment n'est plus seulement la figuration d'une œuvre picturale, mais devient lui-même un élément de l'œuvre.

I.
LES PREMIÈRES CIVILISATIONS DE LA TABLE

CHAPITRE I

Offrandes égyptiennes et banquets mésopotamiens

« Saint prêtre, aux mains irréprochables,
Rempli de zèle pour les rites,
Entre les cuisiniers du temple d'Eridu, il s'occupait,
Y préparant, chaque jour, à manger et à boire.
De ses mains propres, il disposait la Table :
Sans lui, la Table n'eût jamais été mise ! »

Légende d'Adapa, milieu du IIe millénaire avant J.-C.

Tant les Égyptiens que les Mésopotamiens nous ont transmis des informations sur leur alimentation et leur manière de percevoir la nourriture. Si les premiers écrits mésopotamiens donnent des indications alimentaires, voire des recettes de cuisine, les images égyptiennes renseignent quant à elles sur les activités agricoles, les denrées, les repas funéraires ou encore les banquets. Ces derniers jouaient un rôle important dans les civilisations anciennes. Ils avaient une fonction sociale, politique, religieuse, et pouvaient être donnés pour célébrer une victoire militaire ou représenter, entre autres, la société des dieux à table. Pour les Égyptiens, la nourriture était nécessaire au passage vers l'au-delà, c'est pourquoi elle est abondamment représentée dans les tombeaux.

Les scènes figurées peuvent être des bas-reliefs, des peintures murales, des images peintes sur papyrus ou sur céramique. À l'époque sumérienne, au IIIe millénaire avant J.-C., elles peuvent être gravées sur des sceaux-cylindres qui servaient à imprimer des motifs sur de l'argile, comme ceux qui représentent des « festins liturgiques » avec des convives assis, tenant une coupe à la main, entourés de serviteurs et de musiciens. Ces sceaux-cylindres appartenaient plus particulièrement à des femmes. On a pu interpréter leur iconographie « comme une évocation des rites du mariage » ou d'une forme de culte « où les gens réunis dans le temple auraient festoyé en présence du dieu[1] ». Chez les Égyptiens comme chez les Mésopotamiens, les images étaient un moyen de communiquer avec les divinités et les morts. Elles sont pour nous des documents historiques et artistiques de premier ordre qui permettent d'aborder la table et l'alimentation des premières civilisations.

La table dans l'au-delà

Pour les anciens Égyptiens, l'image et le texte qui la complète ont un pouvoir magique et peuvent devenir réalité[2]. Cela implique un « processus de simplification du réel » avec le développement de conventions et la conceptualisation en signes. « L'art égyptien répond à la nécessité de décrire le milieu dans lequel il évolue, en le réduisant à ses éléments essentiels », écrit Francesco Tiradritti dans un ouvrage consacré aux peintures murales égyptiennes. Il en découle deux tendances opposées qui sont le naturalisme et l'abstraction et qui détermineront « la production figurative de la civilisation pharaonique pendant plus de trois mille ans d'histoire dans tous les domaines, du grand temple au simple vase[3] ».

Dans l'écriture hiéroglyphique, le signe d'un homme portant la main à sa bouche peut à la fois désigner « le fait de parler et l'acte de manger[4] ». Les anciens Égyptiens voyaient un lien entre « l'émission des mots et l'absorption des aliments ». Ils étaient également conscients du rapport qui existe entre la vie et la nourriture : dans le langage réel et métaphorique, les termes étaient souvent synonymes[5]. Le rituel de « l'ouverture de la bouche » montre aussi l'importance de l'alimentation dans l'au-delà. Il transmet au défunt « les facultés d'accès à la vie éternelle » qui est semblable à la vie sur terre à condition que le mort puisse à nouveau se nourrir. C'est pourquoi le prêtre, détenteur de la « science sacrée »,

Double page précédente
4
Nature morte aux poissons
Avant 79 apr. J.-C., Pompéi, Maison des Amants
Fresque
Naples, Museo Archeologico Nazionale

Ci-contre
5
Récolte et mesure du grain
Vers 1450 av. J.-C.
Détail ill. 12, p. 25

réintègre symboliquement la vie dans le corps inanimé pour lui redonner l'usage de ses sens et lui permettre de manger et de boire[6].

L'Égyptien de cette époque croit en une vie après la mort, d'où l'intérêt pour le défunt d'avoir des denrées à sa disposition. D'autant plus qu'il craint la famine comme il la craignait sur terre. Il cherche à la conjurer dans l'au-delà afin d'éviter une seconde mort qui l'obligerait à « errer à la recherche de nourriture ». L'on plaçait, dès lors, près de la tombe une table d'offrandes qui prenait la forme, à l'origine, d'une natte de roseau sur laquelle l'on déposait du pain et de la boisson. Elle devint ensuite une pierre le plus souvent rectangulaire[7] sur laquelle pouvaient être représentés un repas, des denrées, la natte en roseau et son pain. Une inscription funéraire pouvait aussi y figurer avec la fonction et le nom du défunt et des « divinités censées intercéder en sa faveur[8] ». La table d'offrandes était généralement disposée contre une stèle vers laquelle la nourriture était symboliquement transférée (sur le guéridon couvert d'aliments figurant sur la stèle). Pour les égyptologues, c'est le « virement des offrandes » qui prévoit « l'alimentation du défunt pour l'éternité », ce que ne pouvait assurer définitivement le dépôt physique des denrées, même si un clergé était chargé du service régulier des offrandes pour la dépouille du pharaon, par exemple[9].

6
La Princesse Néfertiabet devant une table d'offrandes
Vers 2613 à 2494 av. J.-C.
(IVe dynastie, Ancien Empire),
Gizeh
Bas-relief partiellement polychrome, 37,7 × 52,5 cm ; pr. 8,3 cm
Paris, musée du Louvre

7
Stèle du chancelier et trésorier Sénousret représenté debout devant une table d'offrandes
Vers 1970-1900 av. J.-C.
(XIIe dynastie), Abydos
Bas-relief partiellement polychrome, 81 × 49 cm
Paris, musée du Louvre

Dans les tombes des notables, des stèles funéraires qui mettent en scène le défunt devant une table d'offrandes ont été retrouvées en nombre. Au travers de l'image, mais pas seulement, on assure au mort le « service d'un repas quotidien ». Les vivres sont disposés face à lui sur une sorte de table vers laquelle il tend la main pour signifier leur consommation[10]. La stèle de
ILL.6 la princesse Néfertiabet, sans doute la sœur du pharaon Chéops qui régna de 2590 à 2565 avant notre ère, conservée aujourd'hui au musée du Louvre, en est un parfait exemple avec des couleurs remarquablement conservées. La princesse, dont le « visage exprime l'idéal de la beauté féminine au temps des pyramides », est vêtue d'une robe en peau de félin. Elle est assise sur un tabouret « à pieds de taureau » devant un guéridon qui est chargé de tranches de pain. Les idéogrammes placés au-dessus, comme suspendus en l'air, « éternisent les offrandes nécessaires à sa survie » : patte avant de bœuf, plat de côte, « panier surmonté de trois grains », volaille. Autour du pied de la table, une formule résume l'offrande dont bénéficiera pour toujours la défunte : « mille pains, mille cruches de bière, mille têtes de bétail, mille pièces de gibier, mille volailles[11] ». Dans les deux cadres, au-dessus, sont énumérés « les produits du rituel funéraire (encens, onguent, fards vert et noir) ainsi que des fruits et des boissons : figues, jujubes, caroubes, bière et vin ». À la droite de la stèle se trouve une liste de pièces d'étoffe[12].

Le personnage peut aussi être représenté debout devant une table d'offrandes, à l'exemple du chancelier
et trésorier Sénousret (environ 1970-1900 avant J.-C.). ILL.7
La stèle a « un agencement de cadres rectangulaires » et « les deux premières lignes du registre supérieur » sont une prière à Osiris, le dieu du monde des morts. Le défunt doit être recommandé auprès de lui afin de pouvoir profiter des offrandes indispensables à sa vie

8
***Offrandes et procession funéraire*, détail**
Vers 1388-1351 av. J.-C.
(XVIIIe dynastie, Nouvel Empire, règne d'Amenhotep III), Thèbes, tombe de Pairi
Fresque murale
Cheikh Abd el-Gournah

9
***Offrande à Osiris, Livre des Morts de Djedkhonsouiouefankh*, détail**
Vers 1069-664 av. J.-C.
Papyrus peint, 219 × 25 cm
Paris, musée du Louvre

dans l'au-delà[13]. Les denrées sont figurées comme si elles étaient empilées les unes par-dessus les autres. Les formes et les couleurs peuvent laisser deviner certaines d'entre elles : patte avant de bœuf, volatile qui semble être un canard, pains, oignons, laitue, figues et, autour du pied de la table, « des vases à libations et des jarres à bière[14] ». La bière était la boisson la plus appréciée des Égyptiens. Il en existait de nombreuses variétés et l'on pouvait ajouter à la recette de base, constituée d'orge germée et de farine de froment, des figues, des dattes, des graines de lupin, des fruits de perséa, de la coriandre, du miel, des épices, etc.[15]. Souvent associé à la bière, par l'utilisation des céréales, le pain était une denrée fondamentale de l'alimentation des anciens Égyptiens, d'où sa représentation sur les tables d'offrandes. La laitue, également très prisée, y figure aussi pratiquement toujours. On peut la reconnaître assez facilement par les « feuilles stylisées » d'une salade montée. Elle symbolisait la vigueur et était « censée accroître la force génésique du défunt[16] ». La figue, quant à elle, figurait moins couramment dans les représentations mais sa forme était vue comme le sein de la déesse nourricière Isis[17]. Et pour les Égyptiens, les figues du sycomore venaient d'un arbre sacré que l'on associait à une déesse, dont le rôle confortait les défunts tout en leur garantissant « nourriture et libation[18] ».

Le souci d'assurer au défunt la nourriture nécessaire à sa survie se retrouve aussi dans les menus funéraires que l'on appelle « pancarte » et qui dressent la liste des denrées utiles à son bien-être alimentaire. La nourriture arrivait symboliquement en procession comme celle qui figure dans la tombe de Pairi et de sa femme, à Thèbes (XVIIIe dynastie, 1388-1351 avant J.-C.). ILL. 8
Après avoir été transportées par bateau, les denrées sont

10
***Offrandes. Livre des Morts de Nedjmet*, détail**
Vers 1069-945 av. J.-C.
(XXIe dynastie), Deir El Bahari
Papyrus peint
Londres, The British Museum

11 et 12
***Récolte du grain*, détails**
Vers 1410 av. J.-C.
(XVIIIe dynastie), Thèbes, tombe de Menna
Fresque murale
Cheikh Abd el-Gournah

portées par des serviteurs et suivent un long cheminement par paliers successifs jusqu'à la table d'offrandes placée entre les défunts debout et la divinité assise. Des comestibles pouvaient aussi être placés dans la tombe comme ceux qui ont été retrouvés dans le puits funéraire d'une femme de la IIe dynastie, vers 3700 avant J.-C., à Saqqarah. Il y avait « une sorte de bouillie de céréales, des petits pains d'orge, du fromage, un poisson cuit et sans tête, deux rognons cuits, probablement de mouton ». Dans la nécropole thébaine de Deir el-Médineh, la tombe de l'architecte Kha et de sa femme Mérit (vers 1400 avant J.-C.[19]) a également fourni, outre des ustensiles de cuisine, du pain, du vin, de la farine, de la graisse, des laitages, des « morceaux de viandes et de volailles salées », du poisson séché, du sel de cuisson, de l'ail, des oignons, des dattes, du raisin, des fruits de perséa, des baies de genièvre et des graines de cumin[20].

Tout était ainsi fait pour éviter au défunt le manque de nourriture. On plaçait aussi dans la tombe un rouleau de papyrus « sous les bandelettes, entre les jambes, sous les bras ou sur la poitrine de la momie ». C'était une sorte de passeport qui devait lui assurer une bonne réception dans l'au-delà. Appelés *Livre des morts*, ces rouleaux de papyrus étaient rédigés par des scribes qui les confectionnaient à l'avance pour la vente, tout en laissant un espace pour y ajouter le moment venu le nom du mort, presque toujours celui de sa mère et, plus rarement, celui du père[21]. Le papyrus comportait des textes entrecoupés d'images. Les formules étaient considérées comme magiques et permettaient « d'obtenir la protection des dieux contre les forces maléfiques de l'au-delà[22] ». Le thème des illustrations est celui des peintures murales et des reliefs des tombes. Dans la vignette du *Livre des morts* de Djedkhonsouiouefankh (vers 1069-664 avant J.-C.) ILL. 9 du musée du Louvre, la défunte, qui était chanteuse, se tient debout devant « une table d'offrandes qu'elle présente à Osiris, assis à gauche, moulé dans son linceul blanc et doté de chairs vertes, couleur symbolique de la végétation et de la renaissance[23] ». Dans le *Livre des morts* de Nedjmet, datant des environs de 1069-945 avant J.-C., ILL. 10 et conservé au British Museum, la reine Nedjmet et son mari Herihor font des offrandes à Osiris, Isis et aux fils d'Horus. Le nombre de divinités et l'ampleur de l'offrande sont probablement liés à l'importance des deux défunts. Dans les tombes, notamment celles qui étaient dépourvues de représentations peintes ou en relief, il était également fréquent de déposer des figurines en céramique ou en bois modelées dans une occupation du quotidien, telle la préparation alimentaire. On peut y voir des scènes de boucherie, de brasserie, de boulangerie, ou encore un cuisinier confectionnant des mets, comme celui du Musée égyptien de Turin, qui s'apprête à cuire un volatile. Dans la pensée égyptienne, l'image, quel que soit son support, transpose dans l'au-delà la réalité de la vie terrestre.

La production des nourritures

La production alimentaire est largement représentée dans les images de la vie quotidienne. Elle devient même « une caractéristique de la figuration funéraire de l'Ancien Empire » (vers 2686-2181 avant J.-C.), et suscite « de véritables *topoï* iconographiques jusqu'au début de l'époque gréco-romaine[24] ». Le pharaon était garant de l'ordre social et devait pour cela assurer à chacun une nourriture suffisante, d'où l'importance de l'agriculture dans la civilisation égyptienne. Les bas-reliefs donnent « une image assez complète de la fonction royale » où le souverain est « à la fois le guerrier victorieux et l'organisateur de la prospérité agricole du pays en temps de paix[25] ». La plupart des tombeaux de l'élite égyptienne représentent des travaux des champs
ILL. 11 comme, à Thèbes, celui de Menna qui était scribe des domaines du seigneur (autour de 1400 avant J.-C.). Les scènes décoratives montrent par séquences les étapes de la culture du blé, allant des semailles jusqu'à la moisson et à l'enregistrement de la récolte par des scribes assis et debout qui notent la quantité des grains après qu'elle
ILL. 12 ait été mesurée. La représentation en registres superposés donne à l'ensemble un rythme temporel, tel un parcours chronologique avec les grandes périodes de l'activité céréalière qui s'étendent sur plusieurs mois. Le blé et l'orge dans les peintures murales des tombes sont presque toujours de couleur jaune : cela renvoie à l'importance des céréales dans l'alimentation égyptienne et « au désir de fixer pour l'éternité le moment de la pleine maturation[26] ».

Les animaux d'élevage et de boucherie sont aussi fréquemment représentés ainsi que les scènes d'abattage et de dépeçage des bovins. Si les archéologues ont retrouvé en nombre des ossements de porc et de chèvre au cours de leurs fouilles, c'est néanmoins le bœuf qui figure principalement dans les tombes. Il faut dire que la viande bovine est prisée des riches Égyptiens et que le sacrifice de l'animal fait partie du rituel funéraire, c'est pourquoi la patte avant d'un bovidé figure parmi les offrandes[27]. Il n'est également pas rare de trouver des morceaux de bœuf momifiés dans les tombes des défunts[28]. L'abattage de l'animal suivait des règles précises. On le faisait tomber en l'entravant puis on lui tranchait la gorge comme on peut l'observer dans l'une
ILL. 13 des scènes peintes de la tombe d'Iti (fin du XXIIe siècle

13
Bœuf sacrifié
Fin du XXIIe siècle av. J.-C. (Moyen Empire, 1re période intermédiaire), tombe d'Iti
Fresque murale
Turin, Museo Egizio

14
Préparation des offrandes
Vers 1450 av. J.-C. (XVIIIe dynastie), Thèbes, tombe du scribe Ounsou
Peinture sur limon
Paris, musée du Louvre

15
***Scène de pêche*, détail**
Après 2347 av. J.-C.
(VIe dynastie, Ancien Empire)
Bas-relief de calcaire
Saqqarah, tombe de Kagemni

avant J.-C.) de la nécropole de Gebelein[29], conservée aujourd'hui au Musée égyptien de Turin. « L'artiste a voulu saisir un instant particulier dans son immédiateté, voire même dans sa cruauté et sa brutalité », souligne Francesco Tiradritti[30]. L'attention est en effet captée par le sang jaillissant de la bête égorgée. Le sang était ensuite récupéré dans un récipient et servait à faire une sorte de boudin. La rate et le foie étaient également appréciés et la graisse utilisée comme assaisonnement[31]. L'animal est dépecé et l'une des pattes avant est récupérée pour l'offrande, comme on peut le voir sur la peinture murale
ILL. 14 de la tombe d'Ounsou (XVe siècle avant J.-C.) où l'un des personnages sectionne une patte pendant qu'un autre transporte celle qui a déjà été séparée du corps du bovin. Le réalisme de ces images nous mène au plus près des pratiques sacrificielles et alimentaires des Égyptiens de l'Antiquité.

D'autres animaux de consommation peuvent aussi être représentés. Dans le registre inférieur du fragment d'Ounsou, l'on remarque ainsi une gazelle, un lièvre ou un lapin, et des volatiles. Les canards et les oies étaient appréciés des Égyptiens, surtout les oies qui « étaient élevées en troupeaux par un personnel spécialisé[32] » et engraissées, comme en témoignent les représentations de gavage parvenues jusqu'à nous. Nombreuses sont aussi les scènes de pêche qui montrent la diversité des poissons du Nil et un milieu aquatique surpeuplé où chaque espèce comestible est figurée avec un « rendu soigné des détails les plus significatifs[33] » : mulet, tilapia, perche, poisson-chat, carpe, barbeau, anguille, etc. Les Égyptiens appréciaient également les œufs du mulet avec lesquels ils faisaient de la poutargue, qui est aujourd'hui une spécialité du pourtour méditerranéen[34]. Un relief
du tombeau de Kagemni à Saqqarah (VIe dynastie, vers ILL. 15
2347 avant J.-C.) montre bien l'abondance du poisson dans le Nil. Dans la barque en papyrus, deux personnages pêchent pendant que le troisième manœuvre l'embarcation. Celui qui est debout, à l'avant, soulève une nasse qui semble pleine et lourde. Le second, assis sur une sorte de siège, tient une ligne avec plusieurs hameçons vers lesquels convergent les poissons. La pêche au filet, qui n'apparaît pas ici, était aussi une technique connue des Égyptiens. Souvent représenté dans l'iconographie, le Nil est de la plus grande importance pour la civilisation égyptienne : il est à la fois le fertilisant des terres agricoles lors des crues du fleuve, une source « inépuisable » en poisson, et un moyen efficace pour le transport des marchandises.

Haute cuisine

Si les images montrent des cuisiniers « faisant rôtir des oies sur des braseros » ou « faisant cuire de la viande et du poisson dans d'énormes chaudrons[35] », l'on sait néanmoins peu de chose sur la manière dont les anciens Égyptiens accommodaient leur nourriture. Ce qui n'est pas le cas des Mésopotamiens grâce au travail de l'assyriologue Jean Bottéro[36] et aux recettes de cuisine rédigées en écriture cunéiforme sur trois tablettes d'argile, datant d'environ 1700 avant J.-C., conservées à
l'université de Yale[37]. La première présente vingt-cinq ILL. 16
préparations dont la plupart sont composées de viandes bouillies, à l'exemple de la gazelle cuisinée entre autres avec de l'eau, de la graisse, du sel, de l'oignon, de l'ail et du poireau. Les sept recettes de la seconde tablette sont beaucoup plus détaillées et concernent la préparation des oiseaux, comme le pigeon et le francolin. La troisième tablette n'a que trois plats, deux de viande et une bouillie de céréales, et pourrait suggérer le « menu » d'un repas. Ces recettes, qui sont la codification d'un

savoir-faire, et qui ne concernent qu'une infime partie de ce qui devait pouvoir être préparé dans les cuisines de l'époque, révèlent un art culinaire sophistiqué, conçu pour la table des élites mésopotamiennes et celle des dieux. Le service des mets selon l'étiquette royale était en effet l'un des principaux actes du culte quotidien des divinités[38]. Et au Ier millénaire, les plats du repas qui avaient été servis aux dieux « étaient ensuite présentés au roi pour qu'il les consomme », ce qui confortait en même temps son statut royal[39].

Dans le palais, la cuisine était préparée par des cuisiniers professionnels. Ils pouvaient être en grand nombre comme dans la « Maison de la Reine » à Ninive, aux VIIIe-VIIe siècles avant notre ère, où l'on comptait 400 cuisiniers, 400 « pâtissiers » et 220 échansons[40]. Le détail d'un relief des années 865-860 du palais nord-ouest d'Assurnasirpal II à Kalhu (actuellement Nimroud en Irak), ILL. 17 montre, dans une enceinte circulaire divisée en quatre scènes, des personnages s'activant à des opérations culinaires. En bas à gauche, l'on observe le dépeçage d'un animal avec un prêtre qui inspecte les entrailles de la bête pour prédire l'avenir. À droite, toujours en bas, un cuisinier s'occupe de la cuisson d'aliments devant un fourneau sur lequel est posé une marmite ou un chaudron. La première, généralement en argile, permettait les cuissons à grande ébullition, tandis que le second, principalement en métal (cuivre ou bronze), était réservé aux préparations mijotées[41]. Le fourneau était, quant à lui, une sorte de masse cylindrique creuse, en argile, ouverte en bas, face à l'opérateur, pour lui permettre d'entretenir le feu. On cuisait les aliments dans un récipient posé à l'extrémité supérieure du cylindre, comme on peut le voir dans le détail du relief. On pouvait aussi cuire le pain non levé en appliquant la pâte aplatie sur les parois internes du fourneau. Il existait nombre d'ustensiles de cuisine que les archéologues ont exhumés en quantité au cours de leurs fouilles. À l'exemple de la cinquantaine de moules en terre cuite retrouvés près des fours et non loin des cuisines du palais de Mari. La plupart ont une forme horizontale ou circulaire, « tous diversement ornementés de motifs géométriques, de personnages, ou de scènes ; quelques-uns en élévation et en forme d'animaux (lion tapi, poisson), ce qui conférait une touche esthétique à la nourriture cuite et démoulée[42] ».

16
Recettes culinaires
Vers 1700 av. J.-C.
Tablette cunéiforme
New Haven, Yale University Library

17
***Préparatifs culinaires à l'intérieur d'une enceinte fortifiée*, détail**
IXe siècle av. J.-C., Nimroud
Bas-relief assyrien, H. 92,71 cm ; L. 220,98 cm
Londres, The British Museum

L'importance du banquet

Tout cela suggère une cuisine élaborée et savante que les artistes vont principalement illustrer à travers les festins. L'iconographie proche-orientale présente en effet des « scènes de banquet gravées sur des sceaux-cylindres, des plaques en relief, ou agencées en mosaïque[43] ». De cette dernière technique, l'« étendard d'Ur », conservé ILL. 18
au British Museum, est l'exemple le plus célèbre. L'objet, qui date d'environ 2600-2400 avant J.-C., décoré d'une « mosaïque de coquille, lapis-lazuli et cornaline », représente la célébration d'une victoire[44] avec une face illustrant la guerre où figure une bataille avec des chars, et l'autre consacrée à la paix, montrant une scène de banquet. Sur celle-ci, dans les deux registres inférieurs, des serviteurs acheminent sous forme de procession des marchandises et des animaux pour approvisionner le festin qui se déroule au registre supérieur. Le roi ILL. 19
y est représenté assis, tenant une coupe à la main et trinquant avec ses invités qui lui font face et derrière lesquels se trouve un joueur de harpe, qui accompagne le repas en musique.

Dans la tradition mésopotamienne, le roi offre un banquet à ceux qui ont œuvré pour lui dans des actions militaires ou dans la construction de monuments prestigieux[45]. Lors de l'inauguration du palais de Kalhu, le roi assyrien Assurnasirpal II (883-859) aurait convié à un gigantesque banquet qui dura dix jours,

18 et 19
L'Étendard d'Ur
Vers 2500 av. J.-C., Ur
Boîte, lapis-lazuli, calcaire, bois et coquillages, 21,7 × 50,4 cm (pr. base : 11,6 cm, pr. sommet : 5,6 cm)
Londres, The British Museum

20
La Scène de banquet
Vers 645-635 av. J.-C., palais d'Assurbanipal à Ninive
Bas-relief, gypse, 58,42 × 139,7 cm
Londres, The British Museum

69 574 personnes, dont « quarante mille de ses sujets qui avaient été requis pour le travail, plus le personnel de sa cour », et quantité de grands personnages du royaume[46]. Une stèle retrouvée en 1951 donne le détail des provisions qui furent nécessaires à l'élaboration du festin. Les quantités sont prodigieuses : 1 000 bœufs gras, 14 000 moutons, 1 000 agneaux, des centaines de cervidés, des dizaines de milliers de volatiles, 10 000 poissons, autant de gerboises (petit rongeur) et d'œufs, de grandes quantités de pains, de légumes, de fruits et de condiments, sans oublier la bière et le vin. Le déroulement du banquet suivait une étiquette précise : le roi était servi en premier et pouvait honorer l'un de ses invités en lui présentant le plat dans lequel il venait de se servir. Les convives étaient généralement regroupés selon leur statut, leur profession, « ou leur pays d'origine pour les ambassadeurs[47] ». Le banquet montre la magnificence et le prestige du roi tout en affirmant sa position dans la société : entre le monde des dieux et celui des humains.

Rédiger le « menu » sur une stèle ou figurer le festin sur un relief est aussi une manière de pérenniser la puissance royale. Le roi Sennachérib (704-681) fait représenter sur l'un des murs d'un passage qui menait à la grande galerie de son palais de Ninive, une procession de serviteurs portant des denrées pour un festin. C'est la « frise du banquet[48] » où des hommes tiennent des grappes de « grenades », des criquets en brochette, des volatiles, des lièvres et portent sur des plateaux des pyramides de fruits, voire des pâtisseries. Cette frise suggère que les banquets royaux devaient se tenir régulièrement dans la grande galerie[49]. Lors du festin, les plats étaient disposés par des eunuques sur de petites tables généralement faites de plateaux et de tréteaux. Les images ne montrent pas de couverts, mais des bols et des coupes[50]. Le roi est représenté assis sur un siège à dossier à l'exception notable du « banquet sous la treille » d'Assurbanipal (668-627) où le souve- ILL. 20
rain est allongé sur un lit. C'est « la première attestation d'un repas couché[51] » qui correspondrait à une évolution des manières de table au cours du VIIe siècle avant J.-C. La reine est assise face à son mari et s'apprête à porter une coupe à ses lèvres. Le couple royal festoie dans le parc du palais, entouré par des serviteurs munis d'éventails. À la gauche de la reine, dont la présence est exceptionnelle dans le cadre d'un banquet de victoire[52], des serviteurs arrivent avec des plats, éloignant les mouches avec des chasse-mouches. Cette représentation montre l'importance du banquet dans la civilisation mésopotamienne, comme un moment de convivialité et de plaisirs de table, tout en étant, pour le souverain, un moyen d'affirmer son pouvoir dans la réalité du festin, mais aussi au travers de l'écrit et de l'image qui le perpétueront.

CHAPITRE II

La convivialité gréco-romaine

« Dans les deux cultures […], la nourriture est socialisée : il s'agit pour les Grecs de se réunir, à l'occasion d'une fête en l'honneur d'un dieu, ou lors des banquets, pour discuter en buvant. Le plus amusant est que tout y est réfléchi, jusqu'au plan de table. […] Chez les Romains, le repas est le centre des réjouissances ainsi qu'un moyen de montrer son aisance sociale et ses bonnes manières. »

Entretien avec Alain Senderens, *À la table des Anciens*, 2007

Comme pour les Mésopotamiens, le banquet est au cœur de la vie sociale des anciens Grecs et Romains. Toutes les occasions sont bonnes pour festoyer : familiales ou patriotiques, repas campagnards, sacrés ou philosophiques, etc. La littérature et la philosophie en témoignent, ainsi dans *Le Banquet* de Platon (vers 427-348 / 347 avant J.-C.), où l'on se trouve plongé « dans une sorte de fête, à la fois intellectuelle, alcoolique et érotique[53] », ou dans le *Satyricon* de Pétrone qui met en scène au Ier siècle de notre ère le festin de Trimalcion, un ancien esclave affranchi devenu nouveau riche, pour qui « la bonne chère est le véritable signe de la richesse[54] ». Les Romains avaient en effet développé une vraie passion pour la gastronomie, comme l'atteste de *De re coquinaria* d'Apicius, un recueil de recettes compilé au IVe siècle de notre ère, qui donne une bonne idée de ce que pouvait être la cuisine romaine antique. Le fameux Apicius, qui avait une quarantaine d'années à l'avènement de Tibère en l'an 14, s'était fait connaître quant à lui par ses « extravagances culinaires ». Il aurait ainsi inventé des « plats de talons de chameaux, de langues de paons, de flamants ou de rossignols, et de crêtes coupées à des volailles vivantes ». Il engraissait les oies avec des figues sèches et les sacrifiait « en leur donnant à boire du vin miellé[55] ». Les Grecs avaient aussi une belle littérature gourmande que nous connaissons principalement par les *Deipnosophistes* (*le Banquet des sophistes*) d'Athénée, rédigé au IIIe siècle de notre ère. Il nous transmet des écrits plus anciens, généralement perdus, comme ceux d'Archestrate du IVe siècle avant J.-C., dont le titre de l'un des poèmes donnera le mot « gastronomie ».

Les vaisselles décorées et les peintures murales témoignent aussi des plaisirs de table. L'iconographie montre abondamment des scènes de banquet avec des personnages allongés mangeant et buvant : le motif du banquet apparaît pour la première fois sur les vases grecs au tournant des VIIe et VIe siècles avant notre ère[56]. Les Grecs sont aussi les premiers Occidentaux à produire un genre pictural que l'on qualifiera de « nature morte ». Nous le savons par les écrits des auteurs antiques décrivant des tableaux perdus et par les œuvres plus tardives (peintures murales) provenant des fouilles archéologiques, notamment à Pompéi, Herculanum, Stabies, Rome et dans « tout l'Empire romain depuis l'Afrique du Nord jusqu'au Rhin[57] ». Selon Pline l'Ancien, qui mourut en 79, victime de l'éruption du Vésuve, le peintre grec Piraïkos, qui semble avoir vécu au tournant des IVe et IIIe siècles avant J.-C., était célèbre pour ses natures mortes. « On a de lui des boutiques de barbiers et de cordonniers, des ânes, des provisions de cuisine et autres choses semblables […]. Ses tableaux font un plaisir infini et ils se sont vendus plus cher que de très grandes œuvres de beaucoup d'artistes », raconte Pline[58]. Mais aucune de ces peintures n'est parvenue jusqu'à nous. Charles Sterling les voit comme de « petits tableaux de chevalet, munis de volets de bois pliants », comme on en verra figurer plus tard peints en trompe-l'œil sur les parois des demeures de Pompéi et de Rome[59]. Pline évoque aussi l'anecdote des raisins de Zeuxis (environ 464-398 avant J.-C.), que celui-ci avait si fidèlement reproduits, que des oiseaux s'y trompèrent en venant les picorer. Les artistes de l'époque développaient le « réalisme imitatif » et l'illusion était pour eux un principe artistique fondamental.

21
Nature morte aux poissons
1er siècle apr. J.-C.
Détail ill. 326, p. 367

Banquet et *symposion* grecs

Si les anciens Grecs prônaient la frugalité et une alimentation simple, principalement basée sur l'orge et le blé — la première étant consommée sous forme de galette (*maza*) et le second sous forme de pain —, ils n'en développèrent pas moins une cuisine élaborée, notamment à Athènes où apparaissent à la fin du Ve siècle avant J.-C. des cuisiniers spécialisés[60]. La convivialité grecque est basée sur des rituels sociaux, allant « de la solidarité du travail agricole dans les champs » jusqu'aux échanges sur les agoras des villages et les marchés des villes[61]. Outre les céréales, la viande est au cœur du banquet grec. C'est une denrée d'exception réservée aux grandes occasions pour lesquelles l'animal est sacrifié : la viande s'inscrit en effet « dans les moments fondamentaux de l'existence sociale » et est partagée entre les hommes et les dieux[62].

Le partage de la viande est parfois représenté en image, comme sur le cratère à colonnettes corinthien
ILL. 22 à figures noires dit « cratère d'Eurytios », datant des années 600-590 avant J.-C. L'un des personnages tient d'une main un grand couteau tout en donnant de l'autre la cuisse qu'il vient de découper. Le cratère corinthien était un grand vase dans lequel on mélangeait le vin et l'eau. Il était « pourvu d'un bord plat, souvent décoré, et de poignées rectangulaires au-dessus des anses en arceau, qui étaient parfois divisées en deux colonnes[63] ». Le cratère d'Eurytios, conservé au musée du Louvre, est un vase exceptionnel par sa taille et par le soin apporté à son décor. Le festin, qui figure dans la continuité du partage de la viande, réunit les principaux protagonistes d'une aventure d'Héraclès qui se déroula chez le roi Eurytios[64]. À part Iode, la fille du roi, les convives banquettent couchés selon la coutume proche-orientale qui s'était progressivement imposée à l'ensemble du monde antique[65]. Mais à la différence du « banquet sous la treille » d'Assurbanipal (668-627), centré sur le roi semi-allongé qui bénéficie « seul de cette position privilégiée », les vases corinthiens montrent des banquets collectifs qui juxtaposent « un certain nombre de lits sans accorder à aucun des convives une place et une importance particulières », dans une chaîne plus ou moins longue de banqueteurs qui suit la forme circulaire du vase[66].

22
***Cratère à colonnettes, dit d'Eurytios*, détail des préparatifs de banquet**
Vers 600 av. J.-C.
Cratère corinthien à colonnettes à figures noires, H. 46 cm ; D. 28,20 cm ; L. 46,50 cm
Paris, musée du Louvre

Le motif du banquet sera régulièrement représenté sur les vases, notamment dans la céramique attique, dès 580 avant J.-C. environ, et dans la céramique italiote à partir du Ve siècle avant notre ère. On y trouve généralement le même schéma de composition, avec le jeune homme couché, la femme qui peut aussi être couchée, mais qui est le plus souvent assise au pied du lit, voire debout, « dans le rôle de la joueuse de flûte[67] ». L'échanson y figure également régulièrement. Dans les banquets italiotes, il est nu et de petite taille et ressemble à un adolescent ou à un jeune garçon, comme on peut le voir à la droite du grand cratère en calice et à figures rouges
et blanches du Musée archéologique national de Naples. ILL. 23
À la gauche de la représentation, la femme qui est debout joue de l'aulos (une sorte de flûte double). Les banqueteurs sont installés sur des lits et, devant eux, se trouvent deux petites tables basses, dont l'une est ronde et l'autre rectangulaire, et sur lesquelles la vaisselle et la nourriture sont disposées. Les branchages sur leurs têtes, ainsi que ceux qui sont suspendus sur le mur derrière eux et qui jonchent le sol sont des ornements de fête. Il en va de même de la lyre et des instruments de musique. Au milieu de la scène, une jeune femme embrasse l'un des hommes, indiquant ainsi l'atmosphère du repas. D'une façon générale, les figurations de banquet montrent,

23
***Cratère avec scène de banquet,* détail**
Vers 340-330 av. J.-C., Cumes, Italie du Sud
Cratère en cloche à figures rouges
Naples, Museo Archeologico Nazionale

« d'abord un divertissement de jeunes gens, dans lequel le chant, la musique, les jeux du cottabe et de l'amour occupent une place importante[68] ».

Le banquet grec se déroule en deux temps qui se succèdent. Le premier est le moment où l'on mange, le second est celui où l'on boit ensemble, c'est le *symposion* : les tables avec les plats de nourriture sont alors remplacées par d'autres tables sur lesquelles sont disposées des coupes à boire. « Socrate prit place sur le lit. Quand il eut dîné, et les autres avec lui, on fit des libations, on chanta en l'honneur du dieu, il y eut toutes les cérémonies d'usage, et l'on s'apprêta à boire », écrit Platon dans *Le Banquet*[69], après que les convives se furent mis d'accord sur la quantité d'eau à ajouter au vin. La viticulture, le vin, sa consommation et ses excès sont placés sous le signe de Dionysos que les artistes grecs représentent régulièrement. Le rituel du *symposion* a un « aspect sacré » où « la libation, l'invocation, la prière, la possession, le plaisir sont autant de marques des liens qui unissent le monde des dieux et celui des hommes[70] ».

ILL. 24 La fresque de la tombe du plongeur à Paestum, qui date d'environ 480 avant J.-C., et qui fait partie d'une petite nécropole située à quelques kilomètres de l'antique Poseidonia, montre sur les longs côtés des scènes de *symposion*. Sur chacune d'elles figurent « trois *klinai* à deux personnages ou à un seul, munis de vases à boire ou d'instruments de musique[71] ». Une *kliné* était un lit sur lequel les convives s'étendaient semi-couchés, le coude posé sur un coussin. Au centre de la face sud de la tombe, deux hommes tiennent des coupes de libations, tandis que l'un de ceux placés sur la *kliné* de droite joue d'un instrument de musique, et que celui qui est situé à gauche de la fresque, tient d'une main une lyre et de l'autre un œuf. Ce dernier est un symbole funéraire et l'emblème du salut[72]. Sur la face nord, cinq personnages sont aussi représentés. Les deux convives qui figurent à droite sont dans une relation d'amour, tandis que les trois autres tiennent une coupe et jouent au *cottabe*. C'était un jeu d'adresse ILL. 25
que l'on pratiquait lors des banquets et qui consistait « à lancer en un point donné un peu de vin en tenant la coupe par l'index passé dans une de ses anses[73] », comme on peut l'observer avec l'un des personnages au centre de la fresque. Celle-ci témoigne aussi de l'évolution de la peinture grecque où les artistes saisissent désormais les mouvements du corps. Nos convives sont en effet pleins de vie, « allongés ou assis sur les lits, le buste de trois quarts ou en [...] torsion » et l'on peut sentir la « palpitation des corps[74] », la joie de vivre, le plaisir de partager et de festoyer.

24
Symposion, banqueteurs
Vers 480 av. J.-C., Grande-Grèce, Paestum, tombe du Plongeur
Fresque
Paestum, Museo Archeologico Nazionale

25
Symposion, Le jeu du cottabe
Vers 480 av. J.-C.
Détail ill. 24, p. 36

26
Stèle funéraire en naïskos avec banquet héroïque
IIIe siècle av. J.-C., Athènes
Bas-relief en marbre,
42,5 × 43,5 cm
Paris, musée du Louvre

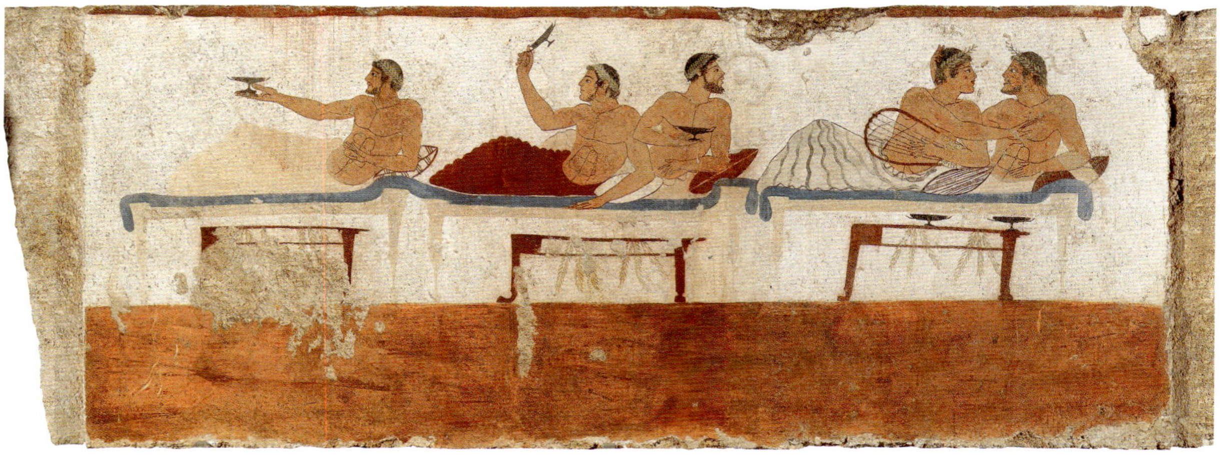

Pour les Grecs, le banquet est un fait de civilisation. Il les distingue des peuples qui ne le pratiquent pas et qu'ils perçoivent comme non civilisés. À l'origine, les hommes et les dieux banquetaient ensemble. « Les repas étaient alors communs et communs les sièges entre Immortels et les hommes mortels », rappelle le poète Hésiode au VIIIe siècle avant J.-C.[75]. Mais après la ruse de Prométhée qui déroba le feu du soleil et qui réserva les meilleurs morceaux des viandes sacrifiées aux hommes plutôt qu'aux dieux, les hommes devinrent mortels. Ils furent obligés de travailler pour se nourrir et ne purent plus prendre part aux repas des divinités. Dans l'Olympe, le banquet reste le passe-temps favori des dieux alors qu'il devient pour les hommes le signe de leur condition de mortel. Mais « par le sacrifice et la consécration des aliments », ils maintiennent un contact avec les dieux[76].

Le motif du banquet est aussi en relation avec le culte des morts, comme en témoignent les reliefs votifs et les stèles funéraires sur lesquels figure un banquet. Plusieurs interprétations ont été avancées pour expliquer ces scènes festives : l'une se réfère « aux libations et aux offrandes alimentaires présentées aux défunts », l'autre « aux repas célébrés sur la tombe [...] à l'occasion des funérailles ou dans des cérémonies commémoratives ». D'autres encore y voient « des rites de la vie quotidienne [...] en rapport avec les morts », à l'exemple de la libation que l'on présentait aux héros dans « le culte du foyer domestique[77] ». Le héros est le personnage qui permet d'intégrer la plupart des interprétations du banquet funéraire. Comme Héraclès, il est à la fois attaché au monde des hommes, dont il est originaire, et à celui des dieux « dont il partage certains pouvoirs ». Le héros banquette sur terre et banquettera dans l'au-delà[78]. Progressivement, la notion de héros se vulgarise et se diffuse pour s'étendre au mort qui devient un défunt héroïsé, et dont le culte donne lieu au banquet. Une stèle votive en naïskos[79] du IIIe siècle avant J.-C., montre ainsi un ILL. 26
banquet héroïque où le banqueteur, dont le visage barbu fait penser à Zeus, est semi-allongé sur une *kliné* face à sa femme assise à gauche : il prend sur la petite table placée à côté de lui ce qui semble être une galette, à moins que ce ne soit une coupe. De part et d'autre, des serviteurs apportent de la nourriture et un échanson du vin ; ils sont représentés plus petits que les principaux personnages, convention qui suggère leur statut de subordonné. Le héros affirme sa force en étant présenté de face, alors que sa femme n'est vue que de profil.

27
Début ou fin d'un banquet
Avant 79 apr. J.-C., Pompéi
Fresque
Naples, Museo Archeologico Nazionale

La *cena* romaine

Les Romains apprendront beaucoup des Grecs et porteront à un haut degré de raffinement « les usages qu'ils découvrent dans le monde méditerranéen de l'époque hellénistique[80] ». Comme la Grèce, Rome est une culture sacrificielle et conçoit généralement la consommation de la viande dans le sacrifice rituel de l'animal domestique. Le banquet et sa convivialité sont d'abord un partage de la viande, mais le banquet romain diffère de celui des Grecs en ne séparant pas la prise de nourriture et celle de la boisson[81], même s'il existait à la fin du festin une « sorte de beuverie protocolaire » que l'on nommait *comissatio*[82]. Pour les Romains, la *cena* est le plus important des repas, c'est le moment où ils prennent le temps de s'installer pour manger des mets chauds[83], alors qu'ils se nourrissent rapidement de plats froids le reste de la journée. Ce repas est « un rituel social qui réunit régulièrement les membres d'un groupe, permanent ou éphémère » — la famille, les amis, les voisins, les membres d'une confrérie ou d'un corps professionnel, etc. Il peut être « plus ou moins somptueux » et correspondre à notre dîner quotidien ou à un banquet pour fêter un évènement[84]. Il se prenait à la sortie des thermes à des heures qui variaient selon la saison et se terminait généralement avant la nuit noire, sauf lors de très grands festins comme celui de Trimalcion que décrit Pétrone. La littérature antique nous a en effet laissé penser que les Romains passaient leur vie à table, mais tous n'étaient pas des Lucullus et des Vitellius. Suétone écrit au sujet de Vitellius dans les *Vies des douze Césars* :

> « Mais ses vices principaux étaient la gourmandise et la cruauté ; il prenait toujours trois repas, quelquefois quatre, car il distinguait le petit-déjeuner, le déjeuner, le dîner, l'orgie, et son estomac suffisait sans peine à tous, grâce à son habitude de se faire vomir. Il s'invitait tantôt chez l'un, tantôt chez l'autre, dans la même journée, et jamais ses hôtes ne dépensèrent moins de quatre cent mille sesterces pour un seul de ces festins. Le plus fameux de tous fut le banquet de bienvenue que son frère lui offrit : on y servit, dit-on, deux mille poissons des plus recherchés et sept mille oiseaux. Lui-même surpassa encore cette somptuosité en inaugurant un plat qu'il se plaisait à nommer, à cause de ses dimensions extraordinaires, "le bouclier de Minerve protectrice de la ville". Il fit mêler dans ce plat des foies de scares, des cervelles de faisans et de paons, des langues de flamants, des laitances de murènes, que ses capitaines de navire et ses trirèmes étaient allés lui chercher jusque dans le pays des Parthes et jusqu'au détroit de Gadès[85]. »

Si l'on assiste à « une floraison de la peinture murale » dans les demeures campaniennes, et plus particulièrement à Pompéi, entre les dernières décennies du IIe siècle avant J.-C. et le milieu du Ier siècle de notre ère, les scènes de banquet sont cependant assez rares[86]. Elles ornaient généralement les salles à manger romaines que l'on nommait *triclinium* car y étaient disposés trois lits de trois places chacun sur lesquels s'allongeaient les convives. Une fresque de Pompéi datant du Ier siècle, conservée au Musée archéologique national de Naples, ILL. 27 et qui faisait partie d'un ensemble de trois peintures qui décoraient la salle à manger de la Maison du Triclinium, présente une scène que l'on peut interpréter comme étant le début ou la clôture d'un banquet[87]. On y voit les trois lits couverts d'un tissu jaune qui forment un U ouvert, des convives vêtus à la romaine, dont certains semblent assis et d'autres allongés, ainsi que des serviteurs, sans doute des esclaves, qui s'affairent au service des banqueteurs : l'un chausse ou déchausse un convive, un autre tend une coupe, un troisième soutient un personnage qui paraît malade. La coupe pourrait signifier une arrivée au banquet mais en même temps le personnage malade, qui suggère une consommation excessive de vin, pourrait annoncer la fin des festivités.

Dans la figuration du banquet, les attitudes pouvaient parfois être équivoques, « favorisées par l'ivresse, notamment dans les scènes de *comissatio*[88] ». Dans une peinture murale d'Herculanum, un couple à moitié dénudé et ILL. 28 installé sur un lit, lui allongé et elle assise, est en pleine libation. Face à eux se trouve une *mensa delphica*[89], c'est-à-dire une petite table à plateau circulaire amovible, qui « se présente sur trois pieds fortement incurvés terminés par des sabots aux bases moulurées ». Ces pieds de table sont raccordés par trois « tiges » qui se rejoignent au centre et qui pouvaient être retenues par une charnière circulaire, rendant ainsi la table pliante[90]. Sur son plateau sont disposées quelques pièces de vaisselle tandis que l'homme soulève un rhyton qui est une corne à boire. On la retrouve dans d'autres fresques de banquet comme

28
Scène de banquet
Avant 79 apr. J.-C., Herculanum
Fresque
Naples, Museo Archeologico Nazionale

29
Scène de banquet
Avant 79 apr. J.-C., Pompéi
Fresque
Naples, Museo Archeologico Nazionale

dans l'une des trois peintures qui ornaient le *triclinium* de la Maison des Amants chastes à Pompéi, appelée ainsi car l'une des scènes peintes montre un couple s'embrassant tendrement. Celle que nous avons retenue est chatoyante et d'une grande sensualité. Deux couples à demi dénudés ILL. 29 « se consacrent aux plaisirs de la boisson » et l'un « des personnages masculins s'est abandonné à l'ivresse[91] », tenant difficilement sa coupe à libation. La représentation est d'inspiration grecque, la plupart des convives portent des couronnes de feuillages et de fleurs. Dans ses *Propos de table*, Plutarque nous apprend ainsi que la couronne de lierre apaiserait « la chaleur de l'ivresse » et que le parfum des fleurs est « un merveilleux médicament » lorsque le vin monte à la tête[92]. La présence de femmes suggère de prochains épanchements amoureux. Ce sont probablement des hétaïres[93] qui boivent avec les hommes, « chantent, dansent et érotisent les festivités[94] ». Cette peinture murale raffinée, qui faisait partie du décor d'une salle à manger, incite le spectateur à profiter de la vie et de ses plaisirs.

Si une *cena* ordinaire (un dîner de famille) se déroulait en un seul service, le banquet, quant à lui, en comprenait généralement trois[95] : la *gustatio* traditionnellement composée de plats froids à base d'œufs,

« de verdure, de légumes, de poissons en saumure », voire de crustacés, d'huîtres et de coquillages. Puis arrivait le service principal, la *prima mensa*, c'est-à-dire la première table, où l'on servait des viandes et des poissons, rôtis ou bouillis, accompagnés de légumes et de sauces. Enfin venait la seconde table (*secunda mensa*) qui était principalement garnie de fruits, mais pas exclusivement[96]. Pour désigner le banquet complet, les Romains avaient l'habitude d'utiliser l'expression « de l'œuf à la pomme[97] », puisque le repas s'ouvrait avec des préparations à base d'œufs et se terminait avec des fruits. Les plats de chaque service étaient disposés ensemble sur la table centrale (*mensa*), par des serviteurs, qui avaient aussi organisé les préparatifs du banquet, comme le montre une mosaïque de Carthage du IIe siècle après J.-C., conservée au musée du Louvre. ILL. 30 Les convives se servaient en utilisant la main droite, la main gauche étant entravée par leur position semi-couchée. Ce qui supposait le choix de « nourritures molles » et de viandes qui se mangeaient sans difficulté[98]. Les détritus pouvaient être jetés au sol comme le suggèrent des mosaïques de salles à manger où figure un sol non balayé, à l'exemple de la célèbre mosaïque de Sosos de Pergame du IIIe ou IIe siècle avant notre ère, ILL. 31 appelée *asarotos aecos* (la chambre mal balayée[99]) ou *asarôtos oikos* (la maison non balayée). « On la nomme ainsi, explique Pline l'Ancien dans son *Histoire naturelle*, parce qu'il [l'artiste] avait représenté en petits carreaux teints de différentes couleurs les débris du repas qu'on a coutume d'enlever avec le balai, et qui là semblent avoir été laissés[100]. » Comme le relève Jacques André : « on y trouve de tout, légumes, épluchures de fruits, restes de volailles, débris de poissons, de mollusques et de coquillages, et la plupart de ces détritus de table ont pu être identifiés[101] ». On peut aussi voir dans cette œuvre une forme d'humour plutôt que la représentation d'une réalité d'époque. Mais les détritus peuvent aussi évoquer une coutume romaine qui aurait interdit de balayer le sol après un banquet, pour laisser aux dieux la nourriture qui s'y trouve[102].

30
***Les Préparatifs du banquet*, fragment de mosaïque de sol, détail**
Vers 180-190 apr. J.-C., Carthage
Marbre, calcaire et pâte de verre, 240 × 225 cm
Paris, musée du Louvre

31
***Herakleitos, d'après un original hellénistique de Sosos de Pergame « Asàrotos òikos »*, détail**
Ier ou IIe siècle apr. J.-C., Rome, Vigna Lupi
Mosaïque
Rome, musées du Vatican

32
Nature morte avec coupe de fruits
Avant 79 apr. J.-C., Pompéi, Maison de Julia Felix
Fresque
Naples, Museo Archeologico Nazionale

33 et 34
Trois natures mortes
Entre 45 et 79 apr. J.-C., Herculanum, Maison des Cerfs
Peinture sur plâtre, 37 × 154 cm
Naples, Museo Archeologico Nazionale

Les *xenia*

Sur les murs des riches demeures, les artistes peignaient aussi des natures mortes que l'on appelait *xenia* (*xenion* au singulier). C'est à l'origine une coutume grecque qui voulait que les hôtes envoient des victuailles à leurs invités, comme en témoigne Vitruve dans son traité d'architecture (Ier siècle avant J.-C.) : « Le premier jour ils les invitaient à leur table, et les jours suivants, ils leur envoyaient des poulets, des œufs, des légumes, des fruits et toutes les autres choses qu'ils recevaient de la campagne. Voilà pourquoi les peintres ont appelé *xenia* les peintures qui représentent ces présents qu'on envoyait aux hôtes[103]. » Au fil du temps, les représentations paraissent se substituer aux aliments. À l'époque romaine, on en trouve de nombreux exemples dans les maisons d'Herculanum et de Pompéi. Pour Charles Sterling, les denrées peintes étaient déterminées par le statut social et économique des habitants de la maison. À Pompéi, les citadins les plus opulents étaient « soit des propriétaires de vignobles ou de vergers, soit des marchands de vin ou de denrées agricoles[104] ». Les *xenia* étaient peintes dans les salles de réception, dans le *triclinium*, et dans les pièces que l'on réservait aux hôtes, entre autres[105]. La villa de Julia Felix, située *Via dell'Abbondanza*, qui occupait un grand espace avec son jardin et son verger[106] et deviendra une auberge après le tremblement de terre de 62, offre de beaux exemples de *xenia* « regroupées en frise dans la partie supérieure [des] parois[107] », telle cette *Nature morte avec coupe de fruits* que décrit avec passion l'historien Robert Étienne : ILL. 32

« Des fruits dans une coupe de cristal : pommes, poires, abricots, grenades, offrent leurs formes pleines et savoureuses, une grappe de raisin, ses petits grains violacés. Une pomme est tombée, une grenade s'est entrouverte ; plus bas, un pot rempli de raisins et une amphore, dont le couvercle est retenu par des cordelettes, attendent le bon plaisir des convives. Quelle joie de manger devant une si belle composition, si vraie et si intelligemment organisée[108] ! »

Sur les *xenia* peuvent figurer un garde-manger ou une niche avec deux niveaux superposés sur lesquels sont disposés les victuailles et divers accessoires, tout comme peut être représenté un étalage d'objets sur plusieurs degrés de pierre, comme on peut l'observer sur la nature morte de la maison de Julia Felix, « comme si le peintre reproduisait une desserte dans un *triclinium* avec des mets prêts à être servis[109] ». Les trois natures
ILL. 33 mortes provenant de la Maison des Cerfs à Herculanum, composant aujourd'hui un panneau rectangulaire, montrent bien ce système d'étagère avec un pichet et un verre disposés au niveau inférieur, puis les pêches posées au-dessus avec un branchage qui descend jusqu'à
ILL. 34 l'étagère du dessous. La pêche avait été récemment acclimatée en Italie, au début du Ier siècle après J.-C.[110], ce qui en faisait probablement un fruit rare et recherché

par une élite en quête de nouveauté gastronomique. Les peintres de *xenia* figurent avec réalisme des légumes, des fruits, du gibier, des volatiles, des poissons, mais aussi des objets du quotidien qui permettent « de mettre en valeur les comestibles, représentés en général dans leur fraîcheur native, avant la préparation culinaire ». Des images alimentaires pouvaient également orner les murs d'un marché, comme le *Macellum* de Pompéi, ou des enseignes de boutique[111], à l'exemple de la fresque de
ILL. 35 la Maison du Boulanger où le vendeur, installé derrière un présentoir, vend son pain à des consommateurs, tandis qu'un enfant semble en réclamer un morceau. Les variétés de pains étaient nombreuses et pouvaient se distinguer selon la technique de préparation, le mode de cuisson, la teneur en farine, la couleur et le groupe social auquel il était destiné[112].

Les artistes utiliseront aussi le thème des *xenia* dans les mosaïques, en témoignent nombre de villas italiennes et d'Afrique du Nord romaine (Tripolitaine et Tunisie[113]). La représentation d'un objet peut aussi renvoyer à une préparation alimentaire comme les quatre amphores à *garum* qui ornent les angles de la mosaïque de l'*atrium*
ILL. 36 de la demeure d'Aulus Umbricius Scaurus à Pompéi, personnage qui fit fortune en fabriquant et vendant du *garum*. Comme l'indiquent les inscriptions sur les amphores, Scaurus s'était, semble-t-il, spécialisé dans la fleur de *garum* de maquereau, la fleur étant le « liquide issu de la première coulure[114] ». D'origine grecque, le *garum* est un condiment à base de poissons fortement salés, qu'on laissait fermenter au soleil jusqu'à l'obtention d'un liquide (*liquamen*) au goût très prononcé. À Rome, il se répand un peu avant le Ier siècle[115] et rencontre rapidement l'engouement des Romains qui en useront dans leurs préparations culinaires. Apicius l'emploie ainsi dans presque toutes les recettes de son *De re coquinaria*. On en trouve même dans les plats à base de fruits. Le *garum* était devenu « le condiment obligatoire de toute cuisine un peu raffinée[116] ». En faisant représenter ces petites amphores qui servaient à la commercialisation du *garum* sur la mosaïque de son *atrium*, Aulus Umbricius Scaurus montrait ainsi à ses hôtes, au travers de l'image, le produit qui avait contribué à sa réussite sociale.

35
L'Étal du boulanger
Avant 79 apr. J.-C., Pompéi,
Maison du Boulanger
Fresque
Naples, Museo Archeologico Nazionale

36
Amphore de fleur de garum
Avant 79 apr. J.-C., Pompéi,
Maison d'Umbricius Scaurus
Mosaïque
Naples, Museo Archeologico Nazionale

CHAPITRE III

De la romanité au haut Moyen Âge

« Les légumes arrosés de miel ont fait aujourd'hui les frais du premier service ; on y est revenu non pas une, non pas deux, mais trois et quatre fois. J'aurais pu me repaître de leur seule odeur. Un unique porteur ne suffit pas pour servir tous ces mets : ils mirent sur les dents tous ceux qui s'y relayèrent. On apporta ensuite un superbe morceau de viande, dressé en forme de montagne et flanqué de hautes collines, dont les intervalles étaient remplis par un jardin de ragoûts variés où entraient les produits les plus délicieux de la terre et des eaux. »

Venance Fortunat, *Carmina*, VIe siècle

Dans une Europe qui passe de la romanité au haut Moyen Âge, avec l'arrivée et l'installation de nouveaux peuples, dits barbares, et où se mettent en place les bases d'une nouvelle civilisation, le banquet devient l'une des scènes le plus souvent représentées dans l'iconographie. Il solennise les grands moments de la vie, mais accompagne aussi la mort avec la représentation du repas funéraire. Ceux qui y figurent appartiennent à une élite gallo-romaine qui continuera un temps à festoyer à la romaine. ainsi qu'en témoigne l'évêque de Clermont, Sidoine Apollinaire, dans la seconde moitié du Ve siècle : « Que le jour finissant s'achève joyeusement dans un pompeux appareil de mets, de coupes, de danses. Apportez les lits couverts de lin brillant [...]. Que la table circulaire porte un lin plus blanc que neige ; qu'elle soit couverte de lauriers, de lierres et de pampres verdoyants. [...] Que les serviteurs, la tête inclinée, apportent sur leurs épaules chargées des mets plus nobles encore que les plats ciselés en haut-relief qui les renferment. [...][117]. »

Deux cultures alimentaires se côtoient désormais, voire s'affrontent. La première est celle des Grecs et des Romains symbolisée par le blé, la vigne et l'olivier, un modèle méditerranéen principalement basé sur l'agriculture et l'arboriculture, et fondé sur les bouillies de céréales, le pain, le vin, l'huile, les légumes, complétés d'un peu de viande et de fromage de brebis et de chèvre. La seconde est celle des Celtes et des Germains qui parcouraient depuis des siècles « les grandes forêts du centre et du nord de l'Europe » et qui exploitaient « la nature vierge et des espaces incultes[118] ». Les fruits sauvages, la pêche, la chasse et l'élevage d'animaux comme le porc, en liberté dans les bois, caractérisent leur façon de vivre. La viande était leur principale valeur alimentaire. Ils ne buvaient pas de vin mais du lait de jument, du cidre et de la cervoise. Ils n'utilisaient pas d'huile dans leur cuisine, mais du beurre et du lard[119]. Ainsi avait-on d'un côté, la civilisation de la viande, du beurre et du lait, et de l'autre, celle du pain, du vin et de l'huile. Bien sûr, la situation n'était pas aussi figée que cela, les Barbares pouvaient cultiver et manger des céréales et les Romains élever et consommer des animaux. De surcroît, les Gaulois qui, depuis longtemps, faisaient partie de l'Empire romain, approvisionnaient Rome en jambon et en viande fumée[120].

Il n'empêche que chacun s'identifiait par rapport à son mode alimentaire et l'opposition se durcit aux IIIe et IVe siècles au moment où les rapports de force s'inversèrent au profit des Barbares[121]. Mais, au fil du temps, une sorte de syncrétisme s'opère entre les deux civilisations, les nouveaux maîtres d'une Europe qui devient médiévale vont adopter les valeurs du modèle romain en même temps que celles de leurs peuples naguère encore barbares vont imprégner la nouvelle culture alimentaire. Dans celle-ci, la viande rôtie symbolise la force et le pouvoir, et devient pour les élites le pivot du repas. Le dîner de Charlemagne se composait de quatre plats, en plus « du rôti que les veneurs avaient l'habitude de mettre à la broche[122] ». L'affirmation et la diffusion du christianisme sera aussi un formidable moyen de promouvoir le pain, le vin et l'huile, qui représentent d'une certaine façon le monde méditerranéen, et que la liturgie chrétienne sacralise[123].

37
L'Hospitalité d'Abraham
VIe siècle
Détail ill. 327, p. 367

38
***Banquet funéraire*, fragment de sarcophage**
Ier siècle av. J.-C.
Marbre, 38,5 × 72,5 cm ;
pr. 75 cm
Saint-Germain-en-Laye, musée d'Archéologie nationale

39
Scène de banquet funéraire
Fin IIe-début IIIe siècle apr. J.-C.
Bas-relief, 64 × 73 cm
Arlon, Musée archéologique

40
***Scène de repas (banquet funéraire)*, stèle gallo-romaine**
Fin IIe-début IIIe siècle apr. J.-C.
Bas-relief, 108 × 76 cm
Metz, musée de La Cour d'Or

Repas et banquets gallo-romains

Les arts figurés sont une source importante à la compréhension de la société gallo-romaine. Les images de repas ou de banquets qui sont parvenues jusqu'à nous proviennent de stèles funéraires. C'est généralement le « repas du mort » qui est représenté, ou parfois, peut-être, le repas-anniversaire que les vivants offraient annuellement au défunt qui y participait symboliquement. Par rapport aux scènes gréco-romaines — le mort étant alors quasi divinisé et festoyant dans le monde des dieux —, les scènes gauloises paraissent plus humanisées avec un « mort héroïsé » souvent montré seul dans un aspect simple, « entouré et servi par des vivants, parents, familiers et serviteurs qui lui présentent les mets et les partagent avec lui[124] ». Les élites pouvaient adopter l'usage gréco-romain de manger à demi couché, comme on peut l'observer sur un fragment de marbre
ILL. 38 découvert en 1751 rue Vivienne à Paris, et conservé au Musée d'archéologie nationale de Saint-Germain-en-Laye. Les trois convives sont installés derrière une table semi-circulaire devant laquelle se trouvent une hure de sanglier et une bouteille garnie d'osier. À droite du bas-relief, un serviteur apporte sur un plat ce qui ressemble à une volaille[125]. Mais les Gaulois avaient plutôt l'habitude de manger assis, par exemple sur un siège, un tabouret ou sur le bord d'un lit, se démarquant ainsi des pratiques romaines[126]. Nombre de bas-reliefs en témoignent comme le célèbre monument funéraire d'Igel (vers 200 après J.-C.) ou encore un relief funéraire du IIIe siècle découvert à Neumagen, où les convives sont assis dans « de confortables fauteuils au dossier arrondi et bien enveloppant, parfois fabriqués en osier[127] ».

L'iconographie du banquet funéraire renvoie à des pratiques religieuses, notamment confirmées par la vaisselle et les résidus de denrées que renfermaient des sépultures. Les offrandes alimentaires étaient courantes en Gaule romaine. On a ainsi retrouvé dans des tombes du IIe siècle de Martres-de-Veyre dans le Puy-de-Dôme, « une pomme placée dans la main d'une femme et, près d'elle, des noix et des noisettes dans une tasse ; des fruits dans une corbeille d'osier et dans des poteries à large col placées près du corps d'une jeune fille ; une boisson au miel dans deux cruches de terre, des grains de raisin, des fragments d'os provenant d'une viande cuite, des noix et des noisettes, enfin une compote de fruits (de pommes et de poires, en particulier) répartis dans différents vases autour d'un corps de fillette[128] ». Dans l'usage romain, l'on sacrifiait une truie à la déesse Cérès le jour des funérailles pour fonder la tombe. Le sacrifice avait aussi pour fonction « de purifier la famille du deuil qui la touchait ». Après le banquet des célébrants, un bûcher était allumé sur lequel des aliments avaient été préalablement déposés ; les os calcinés étaient ensuite récupérés et inhumés[129]. La représentation de scènes de banquet sur des monuments funéraires symbolise le rite qui définit le « statut de la personne défunte ». Celle-ci

41
La Cène
VIe siècle apr. J.-C.
Mosaïque murale
Ravenne, Basilica di Sant' Apollinare Nuovo

survivait au travers des festins de la famille et des proches, mais si le rite n'était plus célébré, « le défunt sombrait définitivement dans la non-existence[130] ».

Outre Rome et l'Italie, les images de banquets funéraires sont particulièrement présentes en Bretagne et dans les régions rhénane et danubienne. Celles qui ont été recensées le long du Rhin sont principalement des stèles « militaires », attestées dès la seconde partie du Ier siècle de notre ère, et qui représentent généralement « le défunt seul ou accompagné d'esclaves ». En revanche, les scènes plus tardives retrouvées à Arlon et dans ses environs paraissent plutôt concerner des civils et offrent une atmosphère conviviale et familiale que caractérise « l'importance de la présence féminine[131] ». L'un des reliefs qui se trouvent au Musée archéologique d'Arlon, datant de la fin du IIe siècle et du début du IIIe, montre une scène de banquet à l'intérieur de ce qui semble être une maison. Au centre, un homme est couché sur un lit et se penche vers le plat qui est posé sur la petite table ronde nappée et à trois pieds de forme animale. À droite, une femme est assise dans un fauteuil et tend un gobelet vers le personnage central, probablement son mari. Enfin, à gauche, un serviteur apporte un récipient peut-être rempli de vin, comme le suggèrent les amphores disposées derrière lui sur une console monopode à pied léonin. On est bien là dans une scène intimiste, où le défunt festoie en compagnie des membres de sa maisonnée. Un autre relief d'Arlon, de la même époque, conservé au musée de la Cour d'Or à Metz, présente dans le registre supérieur trois personnages assis autour d'une petite table où est posée une volaille dans son plat. Une servante se tient debout à la disposition des convives, dont l'un d'eux convie les autres d'un geste de la main à se servir dans le plat. Au mur on distingue une étagère qui porte une sorte de casserole (patère à manche long), un pichet ou un flacon à anse, et un pot ou une boîte. L'image est réaliste et nous invite là encore dans un intérieur gallo-romain pour le partage convivial du repas.

ILL. 39

ILL. 40

Mais dans le registre inférieur de la stèle sont regroupés d'autres mangeurs dont l'interprétation ne fait pas l'unanimité. Beaucoup y ont vu un repas d'enfants[132] : « ils sont cinq à jouer autour d'une écuelle, trois accroupis, deux debout, l'un tient par le collier et menace de son bâton un chien qui saute sur l'écuelle, l'autre joue de la double flûte et domine la scène avec une petite fille aux courts cheveux tout raides tombant dans le cou[133] ». D'autres y voient plutôt des esclaves, les serviteurs du maître[134], qui seraient en train de se partager les reliefs de son repas dans un plat posé au sol. Leur petite taille pourrait signifier leur infériorité juridique et sociale sans exclure toutefois l'idée que le sculpteur ait pu représenter de très jeunes gens, mais de condition servile. À la droite de la scène, l'on distingue l'un d'entre eux debout avec des *tibiae* ou *auloi* qui sont des « instruments à vent à anche double ». Son rôle était de jouer de la musique pour égayer les repas de son maître[135]. Dans cette hypothèse, la lecture des deux registres doit se faire dans le contexte du banquet et de l'image que voulait donner de lui-même le couple représenté : celle de gens aisés qui ont les moyens de banqueter et qui possèdent des serviteurs-esclaves, dont l'un est musicien. La scène s'inscrit dans la tradition de l'art funéraire du Nord-Est où le statut social du défunt est mis en avant « à travers la culture matérielle et la domesticité[136] ».

Vers les premiers banquets chrétiens

« Le symbolisme du banquet était omniprésent dans les rites funéraires des Romains, de l'époque archaïque jusqu'à l'époque chrétienne, à Rome, en Italie et dans les provinces », écrit John Scheid dans son essai consacré aux rites sacrificiels des Romains[137]. Banqueter signifiait sacrifier et partager entre les dieux et les hommes, entre les immortels et les mortels. Les banquets funéraires contribuaient aussi à installer le défunt dans sa nouvelle demeure, et à la famille à faire son deuil pour ensuite réintégrer la société des vivants. La viande de l'animal sacrifié était partagée entre la divinité, le disparu et les proches endeuillés. Cette distinction instaurait une séparation définitive entre le mort et sa famille, chacun devant ensuite retrouver la place qui lui revenait[138].

Cette tradition du repas funéraire va perdurer chez les premiers chrétiens et figurer dans l'art paléochrétien depuis environ le milieu du IIe siècle jusqu'à la fin du IVe siècle, moment où le christianisme devient la religion officielle de l'Empire romain. Mais l'iconographie des banquets funéraires fera débat auprès de ceux qui essaieront de différencier les scènes chrétiennes des scènes païennes, ce qui est loin d'être simple. Ainsi la présence du poisson est-elle habituelle dans

les repas funéraires païens, comme on peut le voir sur les fresques des catacombes romaines, et ne serait donc pas toujours un signe de christianisation[139]. Pour autant, le poisson figure bien dans le contexte chrétien : en témoigne une mosaïque du début du VIe siècle de la basilique Saint-Apollinaire-le-Neuf de Ravenne ILL. 41 qui représente la Cène avec deux superbes poissons trônant sur la table. On considère généralement que le poisson renvoie symboliquement à Jésus-Christ parce que les initiales des mots grecs *Iesus Christos Theou Uios Soter* (Jésus-Christ, fils de Dieu sauveur) forment phonétiquement le terme *ichthus* qui veut dire poisson[140].

En fait, il ne semble pas y avoir eu de rupture dans la figuration du repas funéraire, mais plutôt une forme de continuité : les scènes chrétiennes se construisant à partir des modèles païens, et la tradition du repas funéraire fortement ancrée dans la conscience collective étant assumée et adaptée par la chrétienté[141]. Dans les catacombes chrétiennes, l'on remarque des banquets composés de sept convives, comme dans
ILL. 42 celles de Saint-Calixte à Rome. Les personnages de l'une des fresques datant d'environ 230 après J.-C. sont derrière un grand coussin épais, le *pulvinum*, couchés sur un lit semi-circulaire que l'on appelle le *stibadium*. Celui-ci était généralement divisé en sept compartiments dans lesquels s'installaient les convives, d'où ce nombre sept dans la représentation des banquets. Pour les chrétiens, ce nombre est investi d'un symbolisme multiple et peut, entre autres, faire référence aux sept diacres qui étaient responsables de la vie de la communauté dans l'Église primitive[142]. Les paniers de pains couramment représentés dans les peintures des catacombes feraient allusion à ceux que l'on utilisait lors des repas collégiaux qui rassemblaient beaucoup de participants[143]. Leur présence iconographique signifierait que l'on a affaire à un banquet de communauté où, à l'occasion de la mort de l'un de ses membres, des convives nombreux se réunissent dans un esprit de charité et de fraternité.

Tout autre est la scène de banquet des catacombes des Saints-Pierre-et-Marcelin à Rome, du tournant des ILL. 43
IIIe et IVe siècles, qui semble plutôt représenter un repas de famille. Les quatre convives installés derrière le *pulvinum* tendent leurs mains vers la table ronde nappée.

42
Scène de banquet
IIIe siècle apr. J.-C.
Fresque
Rome, Catacombes di San Callisto

43
Scène de banquet
IIIe-IVe siècle apr. J.-C.
Fresque
Rome, Catacombes dei Santi Marcellino e Pietro

44
Banquet
Milieu du IVe siècle apr. J.-C., tombe du Banquet
Fresque romaine
Tomis-Constanța, Roumanie

45
L'Hospitalité d'Abraham
Ve siècle apr. J.-C.
Mosaïque murale
Rome, Basilica di Santa Maria Maggiore

À droite de la scène est écrit *Agape misce* au-dessus de la tête d'une servante qui lève une coupe avec sa main droite. On ordonne à la jeune femme *Agape* de mélanger le vin avec de l'eau[144]. L'usage voulait que l'on boive chaud ou tiède et de couper le vin avec de l'eau chaude que l'on vendait sous le nom de *cadda*[145]. Dans la fresque, on distingue ce qui est posé sur la table, ici un plat de poisson, et ce qui est apporté par la servante[146]. Cela pourrait se justifier par le rite social du repas et l'action que l'on a voulu donner à la scène. Remarquons aussi qu'il s'agit d'un banquet d'hommes et que la seule présence féminine est celle de la servante. À Constanţa, en Roumanie, un tombeau du IVe siècle nous offre également une très belle scène de banquet
ILL. 44 « d'un réalisme saisissant ». Cinq convives sont allongés autour d'un plateau circulaire à rebord, « présenté en perspective aérienne pour qu'on puisse observer les objets posés dessus[147] ». On y voit un plat au centre de la table avec des préparations disposées autour de lui qui suggèrent des mets à base de pâte (pain ou pâtisserie). Deux personnages les prennent avec la main tandis que deux autres tiennent un gobelet. De chaque côté des convives se trouvent deux serviteurs, dont l'un apporte une patère et une œnochoé pour le service du vin et de l'eau, et l'autre une amphorette et un objet difficile à définir[148]. La scène, qui est conviviale et joyeuse, se déroule en plein air et deux arbustes sont représentés à l'arrière-plan. Il s'agit probablement d'un banquet funéraire où une portion supplémentaire est placée sur la table à l'usage du défunt.

Les banquets figurés que nous venons de citer ne représentent pas des scènes bibliques mais la vie des chrétiens de l'époque. Ils sont réalistes et témoignent de la coutume des vivants de vénérer les morts au travers des festins. Dans l'iconographie paléochrétienne, les scènes de banquet jouent un rôle important car elles se rattachent « aux habitudes réelles des contemporains ». Leur fréquence dans la peinture des catacombes et dans la sculpture des sarcophages témoigne de leur rôle « dans la vie de la communauté chrétienne et des familles au moment où on concevait ces images[149] ». Cela montre l'enracinement et la permanence des repas funéraires aussi bien chez les païens que chez les chrétiens, ainsi que la transition progressive d'un système de pensée religieux à un autre.

S'asseoir à table

La coutume gréco-romaine de s'allonger sur des lits pour manger est progressivement abandonnée au profit de la position assise. Cette dernière n'était pas une nouveauté, comme nous avons déjà pu le constater avec les Gaulois qui, depuis toujours, mangeaient « assis sur des tabourets, autour d'une petite table à trois pieds[150] ». La chaise avait gardé durant l'Antiquité un certain prestige, notamment parce que les dieux y trônaient. Elle conférait « plus de dignité dans une cérémonie publique ou privée » mais, dans un repas, elle restait subordonnée au lit[151]. Ce ne sera plus vraiment le cas dans le courant des Ve et VIe siècles où l'usage de manger assis à table commence à s'affirmer chez les élites, comme en témoigne Grégoire de Tours au sujet d'un banquet de la reine Frédégonde : « Elle invita un grand nombre de personnes à un festin, où furent conviés aussi les principaux chefs de familles ennemies… Elle les fit asseoir tous trois sur un même banc. Le repas se prolongea jusqu'à ce que la nuit eût obscurci la terre ; on enleva les tables, selon la coutume des Francs, et les convives demeurèrent assis sur les bancs où ils avaient été placés, continuant de causer et de boire[152]. ». À la même époque, l'on peut observer sur les mosaïques des basiliques Sainte-Marie-Majeure à Rome et Saint-Vital à ILL. 45
Ravenne, qu'Abraham fait asseoir sur un banc les trois ILL. 37
envoyés du Seigneur derrière une table rectangulaire pour les restaurer. Mais, en même temps, la mosaïque de la basilique Saint-Apollinaire-le-Neuf de Ravenne, dont nous avons déjà parlé, présente le dernier repas de Jésus avec ses disciples installés selon la coutume romaine. Et les Byzantins resteront longtemps attachés à la position allongée à table, au moins jusqu'au milieu du Moyen Âge.

Les images témoignent ainsi de cette mutation progressive des manières de manger. Plusieurs hypothèses ont été avancées pour expliquer ce changement à table. L'une d'elles met l'accent sur l'importance que prendrait la viande rôtie dans le régime alimentaire des élites : la position assise serait en effet la mieux adaptée à sa consommation[153]. Une autre explication se fonde sur « la dignité et la retenue symbolisée par le siège », être assis permet de se tenir droit et d'avoir une certaine prestance, ce qui n'a pas échappé à l'Église. Déjà au IVe siècle, Martin, l'évêque de Tours, s'était assis lors d'un

46
Anonyme
Radegonde lave les pieds des miséreux. Radegonde sert les miséreux à table
47
***Radegonde à la table de Clotaire*, détail**
XIe siècle, miniatures sur parchemin, dans *Vie de sainte Radegonde*, ms 250 (136), fol. 29
ms 250 (136), fol. 24 recto
Manuscrit provenant de l'abbaye Sainte-Croix
Poitiers, Bibliothèque municipale

banquet impérial alors que le prêtre qui l'accompagnait, qui était son subordonné, s'était couché pour manger. Comme l'écrit l'historien Pierre Chuvin : « C'est le pouvoir ecclésiastique que l'on imite désormais. Que l'on songe au rôle, en Occident, de ces grands personnages, les évêques, dont l'emblème est la chaise, *cathedra*, placée dans leur église cathédrale[154]. » Quelle que soit la raison de ce « redressement » du convive à table, le fait est bien attesté par l'iconographie médiévale du banquet, du moins dans l'Occident chrétien.

Il en est ainsi de la représentation du repas de noces de sainte Radegonde dans un manuscrit enluminé du XIe siècle, conservé à la bibliothèque municipale de Poitiers[155], qui relate en trente et une scènes et vingt miniatures la vie et les miracles de Radegonde au VIe siècle, d'après le texte de l'évêque et poète Venance Fortunat, qui était aussi l'ami et le conseiller de la sainte femme[156]. Le couple royal est installé derrière une table rectangulaire, qui sera de plus en plus employée lors ILL. 47 des banquets, et sur laquelle l'on distingue un couteau et un poisson dans un plat. La scène s'inscrit dans un cadre architectural bipartite avec d'un côté le festin et de l'autre « la figuration de la reine en prière[157] ». Car si Radegonde épouse Clotaire Ier, fils de Clovis, elle a surtout donné son cœur à Dieu dont elle ne se séparera jamais. Les deux scènes montrent ainsi les deux voies qui se présentent à Radegonde : celle d'une vie fastueuse à la cour ou « celle d'une âme pieuse en quête de Dieu[158] ». L'artiste a su représenter la prestance des époux assis sur un banc à dossier couvert d'un tissu rouge tout en montrant la joie du moment en les faisant sourire. Les personnages se dégagent de la scène grâce aux bandes horizontales différemment colorées qui constituent le fond de l'image. Pieuse et « reine par la naissance et le mariage », Fortunat nous apprend que Radegonde mangeait avec discrétion le plat de légumes (lentilles et fèves) que l'on avait posé au milieu des mets royaux et le pain de seigle ou d'orge qui avait été dissimulé sous un flan : les légumineuses, le seigle et l'orge étaient en effet une nourriture de pauvre et non celle d'une reine mais, en agissant ainsi, Radegonde affirmait sa piété. Devant les mœurs violentes de son mari, elle décida de quitter la cour en 555, de recevoir le voile et de fonder à Poitiers quelques années plus tard le monastère de Sainte-Croix. Sa nourriture ne se composera dès lors « que de légumes et d'herbes potagères, jamais de fruits ni de poisson, ni d'œufs, ni rien d'autre qui soit délectable, écrit Fortunat. Pour la boisson, elle ne boit rien que de l'eau miellée et du poiré. Jamais elle ne touche le vin clair, la décoction d'hydromel ni la cervoise trouble[159] ». Elle avait donné sa vie à Dieu et la nourriture ascétique était un moyen de le montrer. Elle restaurait les pauvres, en leur faisant la cuisine et en les servant, comme on peut le voir dans l'une des enluminures du manuscrit où elle apporte un plat et de ILL. 46 la boisson aux mendiants installés à table. La scène met « en valeur la signification liturgique du thème[160] », le bon chrétien devant venir en aide à son prochain.

II.

LA TABLE REPRÉSENTÉE (MOYEN ÂGE - RENAISSANCE)

CHAPITRE I

Le repas sacré

« Le Moyen Âge eut la passion de l'ordre. Il organisa l'art comme il avait organisé le dogme, le savoir humain, la société. La représentation des sujets sacrés fut alors une science qui eut ses principes, et qui ne fut jamais abandonnée à la fantaisie individuelle. Nous ne pouvons douter que cette sorte de théologie de l'art n'ait été réduite, de bonne heure, en un corps de doctrine, car nous voyons les artistes s'y soumettre, d'un bout à l'autre de l'Europe, dès les temps les plus anciens. Cette science fut transmise par l'Église aux sculpteurs et aux peintres laïques du XIII*e siècle, qui conservèrent religieusement ces traditions sacrées. »*

Émile MÂLE, *L'Art religieux du* XIII*e siècle en France*, 8e édition, 1948

Le Moyen Âge connaît une « culture des images » que le christianisme a marquée de son empreinte. En l'an 600, le pape Grégoire le Grand envoie une lettre à l'évêque Serenus de Marseille pour lui reprocher d'avoir fait détruire des peintures dans son diocèse, par crainte d'idolâtrie. Le pape lui explique que si les images ne doivent pas être « adorées », elles ne doivent pas être pour autant rejetées, car elles racontent l'histoire sainte, instruisent ceux qui n'ont pas accès aux Écritures, tout en attisant « la componction des pécheurs ». Ainsi « la répétition des scènes les plus importantes de l'iconographie chrétienne [...] facilitait leur reconnaissance par les fidèles et rendait ceux-ci plus familiers des fondements de la croyance chrétienne[1] ». Si on a pu considérer les images religieuses comme la « Bible des illettrés » ou la « Bible des pauvres[2] », il ne faut cependant pas oublier que certaines d'entre elles étaient difficilement visibles par le commun des mortels, notamment celles placées à l'intérieur des chœurs des cathédrales et des collégiales clôturés par un jubé. Mais, sur la face côté nef du jubé, il pouvait y avoir un programme iconographique à l'adresse des fidèles, comme on peut le voir encore aujourd'hui dans de nombreuses églises de Bretagne. À Plélauff, le jubé Renaissance de la chapelle Notre-Dame-de-la-Croix présente, entre autres images, les sept péchés capitaux, dont la gourmandise qui est figurée par un cochon[3]. Les murs des nefs pouvaient également servir de support pictural, c'est ainsi le cas des petites églises des vallées alpines et subalpines de l'Italie dans lesquelles ont été peintes au XVe siècle des Cènes aux écrevisses[4].

Dans la Bible, la nourriture joue un rôle important, l'on pourrait même dire que l'histoire biblique commence avec un repas au moment où Adam et Ève goûtent le fruit défendu dans le jardin d'Éden[5]. Dans le sacrement eucharistique, le pain et le vin font partie de la communion et symbolisent le corps du Christ : « Pendant que les disciples mangeaient, Jésus prit du pain, et après avoir rendu grâce, il le rompit et le leur distribua en disant : Prenez, *ceci est mon corps*. Ayant aussi pris la coupe, il la leur tendit et ils en burent tous et il leur dit : *Ceci est mon sang*[6] ». À la différence de Jean-Baptiste, Jésus aimait la table, mangeait et buvait. Il acceptait les invitations et se moquait de ceux qui le qualifiaient de « glouton » et de « buveur[7] ». Les Évangiles évoquent « pas moins de douze repas du Christ[8] », notamment ceux de Lévi, Simon, Marthe et Marie, les Noces de Cana et la Cène. Les repas bibliques figurent régulièrement dans l'iconographie mais certains auront plus de succès que d'autres. C'est ainsi le cas de la Cène qui représente les trois quarts des deux cent quatre-vingt-douze images du « Repas du Seigneur » inventoriées dans la peinture italienne du milieu du XIIIe siècle à la fin du XVe siècle, suivie des Noces de Cana et du Repas chez Simon qui correspondent chacun à seulement un peu plus d'une vingtaine d'œuvres[9]. Les artistes s'appuieront sur les textes des Évangélistes pour traduire en image les grands moments de la vie de Jésus : ils s'inscriront à la fois dans le contexte artistique de leur époque, dans la société dans laquelle ils vivent, tout en traduisant le contenu spirituel de l'événement représenté.

Double page précédente
48
Joos van Cleve
La Cène
Vers 1520-1525
Détail ill. 57, p. 68-69

49
Jaume Huguet
La Cène
Vers 1463-1475
Détail ill. 328, p. 367

50
Anonyme
La Cène et le Lavement des pieds
VIe siècle, art byzantin
Miniature du *Codex Purpureus*, peinture sur parchemin teinté en pourpre et écrit en lettres d'or et d'argent
Rossano, Museo Diocesano

51
Giovanni Canavesio
La Cène
1491, fresque
La Brigue, chapelle Notre-Dame-des-Fontaines

La Cène

La Cène est le dernier repas que Jésus prend avec les douze apôtres, à Jérusalem, le jour de la Pâques juive. C'est un repas de fête qui se déroule le soir et un repas d'adieu avec l'annonce de la trahison de Judas : « Je vous le dis en vérité, l'un de vous, qui mange avec moi, me trahira[10]. » Dans l'iconographie, les artistes médiévaux chercheront à distinguer Judas des autres apôtres par différents signes qui permettront aux fidèles de le reconnaître aisément. Il peut être assis à part comme sur la fresque du XVe de Stefano di Antonio di Vanni à Cercina, près de Florence, ou ne pas avoir de nimbe à la différence des autres disciples comme le montre la *Cène* peinte par Giovanni Canavesio au début des années 1490 à la chapelle Notre-Dame-des-Fontaines
ILL. 51 de la Brigue, ou avoir un nimbe noir ou tenir une bourse, etc. Mais surtout, « il se trahit lui-même en portant, selon Matthieu, la *main au plat* ou en avalant, selon Jean, la *bouchée* accusatrice que lui tend Jésus[11] ».

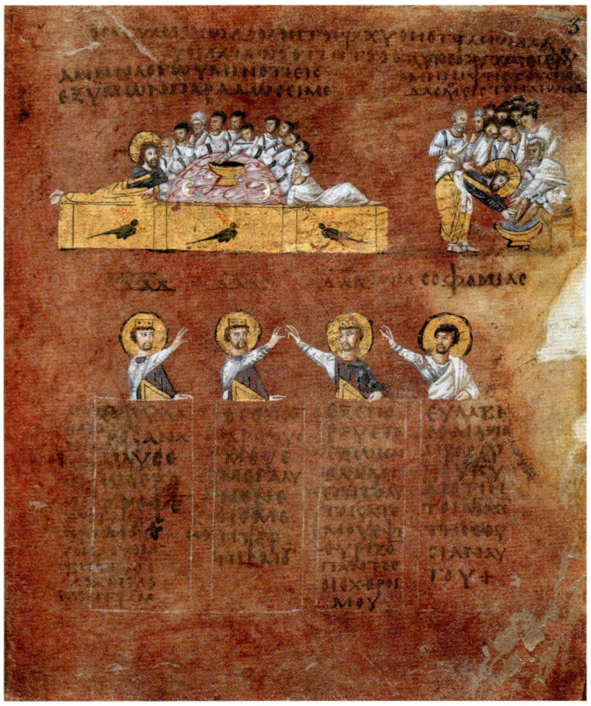

Avec l'institution eucharistique, la Cène est aussi un repas sacramentel où le Christ est à la fois un hôte, un amphitryon, un convive et une nourriture[12] au travers du pain et du vin. Elle est ainsi un « événement » et un « symbole », représentant un épisode de la vie de Jésus tout en instituant un sacrement. Les artistes mettront « l'accent tantôt sur l'annonce de la trahison […], tantôt sur la communion des Apôtres ». D'une façon générale, l'art byzantin préférera le « thème liturgique et mystique de la Communion des Apôtres » alors que l'art occidental cherchera plutôt à montrer « la puissance d'émotion tragique contenue dans l'Annonce de la trahison », avant que la Contre-Réforme ne revienne à la glorification de l'Eucharistie[13].

La représentation de la Cène n'apparaît pas avant le VIe siècle dans l'art chrétien[14]. Les premières images connues sont d'inspiration byzantine, à l'exemple de la mosaïque de la basilique Saint-Apollinaire-le-Neuf de Ravenne et de la miniature du *Codex purpureus* de
Rossano. Sur les deux images, le Christ et les apôtres ILL. 50
sont représentés à la mode romaine, installés sur un lit semi-circulaire appelé *sigma,* comme on peut aussi le constater sur un émail de la *Pala d'Oro* (probablement
du XIIe siècle) de la basilique Saint-Marc à Venise. Dans ILL. 52

52
***La Cène*, détail de la *Pala d'Oro* (retable d'or)**
x^e^-xive siècle, Byzance et Venise
Émail, or, pierres précieuses et perles, dimensions totales : 210 × 350 cm
Venise, Basilica San Marco

53
Anonyme
***La Cène et le Lavement des Pieds*, dans le psautier d'Ingebourg de Danemark,**
ms 9/1695, fol. 23 recto
Vers 1210, école française
Miniature sur vélin, 30 × 20 cm
Chantilly, musée Condé

les trois iconographies, Jésus figure à gauche, ce qui, au-delà de l'image, correspond à la place d'honneur située au coin droit du lit, *in dextro cornu*[15]. Dans le codex de Rossano, le Christ lave les pieds des apôtres : « Il se leva de table, quitta ses vêtements et prit un linge qu'il mit autour de sa taille. Ensuite, il versa de l'eau dans un bassin et il commença à laver les pieds des disciples et à les essuyer avec le linge qu'il avait autour de la taille », écrit Jean dans son Évangile[16]. Avant de servir le repas, il était d'usage en Orient de laver les pieds des hôtes. En faisant cela, Jésus donnait à ses disciples « une suprême leçon d'humilité en se chargeant [...] d'un office réservé dans l'Antiquité aux esclaves qui lavaient les pieds [...] de leurs maîtres[17] ». Dans le *Codex purpureus* et l'émail de la *Pala d'Oro*, Judas est à la septième place en partant de la droite et tend sa main vers le plat posé au centre de la table. Dans la mosaïque de Ravenne, il est face à Jésus à l'autre extrémité de la table. Les mains du Christ et de Pierre paraissent désigner Judas et une partie des disciples le fixent d'un regard réprobateur.

La table est l'indispensable élément de la Cène iconographique. Elle est le trait d'union qui réunit tous les protagonistes de l'événement, « le corps d'un thème dont l'âme est l'Eucharistie[18] ». Selon les époques et les

54
Véronèse, Paolo Caliari dit
La Cène
Vers 1585, peinte pour l'église
Santa Sofia de Venise
Huile sur toile, 220 × 523 cm
Milan, Pinacoteca di Brera

55
Véronèse, Paolo Caliari dit
La Cène
1573, huile sur toile,
154 × 244 cm
Padoue, Museo Civico

56
Albrecht Altdorfer
La Cène
Vers 1515, peinture sur bois,
panneau de polyptique
Sankt Florian, Autriche,
Stift Sankt Florian

57 et 58
Joos van Cleve
La Cène
Vers 1520-1525, prédelle du retable de l'église Santa Maria della Pace à Gênes
Huile sur bois, 275 × 206 cm
Paris, musée du Louvre

artistes, elle sera semi-circulaire, ronde, rectangulaire ou carrée. À la différence des premières Cènes représentées, le Christ est dans le courant du Moyen Âge placé au centre parmi ses disciples, même si, parfois, il pourra encore figurer en bout de table comme sur une miniature du psautier de la reine Ingeborg de Danemark, épouse de Philippe Auguste, dont le manuscrit du début du XIIIe siècle est conservé au musée Condé à Chantilly. On pourra aussi retrouver Jésus à cet emplacement dans des œuvres du XVIe siècle, comme celles de Véronèse. Sur la table, couverte d'une nappe généralement blanche, figurent des denrées qui symbolisent la Cène. Tout d'abord, le pain qui est, avec le vin, l'aliment de la communion. Dans la mosaïque de Ravenne, il a une forme conique, mais les artistes du plein Moyen Âge et de la Renaissance le figureront rond, le plus souvent en petits pains individuels, alignés ou non, parfois en miche coupée comme sur le panneau de retable d'Albrecht Altdorfer conservé à l'abbaye de Saint-Florian en Autriche et peint dans les années 1510.

ILL. 53
ILL. 54, 55
ILL. 56

Le pain est plus rarement représenté en morceaux trempant dans une écuelle à l'exemple de la *Cène* du « retable de la déploration du Christ », actuellement au Louvre, que Joos van Cleve exécuta pour l'église Santa Maria della Pace à Gênes, vers 1520-1525. Pour peindre cette longue prédelle, l'artiste, qui figurerait à la gauche de la table avec un pichet à la main, s'inspira de la *Cène* que Léonard de Vinci composa à la fin du XVe siècle pour le réfectoire du couvent des Dominicains de Sainte-Marie-des-Grâces à Milan. Van Cleve donna toutefois à son œuvre « un accent différent, plus familier, avec un symbolisme assez complexe dans la représentation de la table[19] ». Devant le Christ, l'écuelle remplie de pain se réfère à l'annonce de la trahison selon l'Évangile de Jean : « Jésus répondit : "C'est celui à qui je donnerai le morceau que je vais tremper". Puis il trempa le morceau et le donna à Judas, fils de Simon, l'Iscariote[20]. » La pomme, quant à elle, rappelle que Jésus est le second Adam qui effacera la tache originelle du monde. Le fruit est ici celui du salut, « après avoir été celui du péché ». L'usage de l'époque voulait aussi que l'on dissémine sur la table des fleurs et des plantes odoriférantes. Selon Albert Pomme de Mirimonde, les pâquerettes sont l'image de l'humilité de Jésus et les pensées le symbole du souvenir et de la méditation. Les brindilles, qui paraissent être celles d'un conifère, pourraient faire allusion au cèdre qui désigne le Christ, selon la prédiction messianique d'Ézéchiel, à moins qu'elles n'évoquent le sapin, « qui, chez les artistes du Nord et d'Europe centrale, est une image des élus ayant excellé dans la vertu de patience[21] ».

ILL. 57, 58

59
Anonyme
La Cène
XVe siècle, tapisserie de Tournai
Rome, musées du Vatican, appartement du pape Pie V

Sur la Cène des artistes, le poisson reste longtemps le mets par excellence de la table christique avant que l'agneau ne le supplante dans le courant du Moyen Âge. Si le poisson vivant symbolise « la divinité toujours présente et puissante », le poisson cuit exprime en revanche l'humiliation de Jésus. Il signifie aussi « la nature et le miracle du sacrement qui transsubstantie le pain au corps du Seigneur », c'est pourquoi il est placé près du pain[22]. Deux plats de poisson peuvent également entourer l'agneau comme le montre une tapisserie de Tournai du XVe siècle, conservée au Vatican. Sa présence sur la table est une allusion ILL. 59
à l'agneau pascal dont parlent Marc et Luc dans les Évangiles : « Le jour des pains sans levain où l'on devait sacrifier l'agneau pascal arriva[23]. » Les artistes le représentent généralement entier et rôti, ainsi en est-il de Hans Holbein l'Ancien dans la *Cène* du maître-autel de l'église dominicaine de Francfort-sur-le-Main, peinte ILL. 60
en 1501, où l'agneau est dressé sur un plat rond posé ILL. 61
sur un réchaud. « Vous le mangerez rôti au feu, bien cuit, non point ars ou brûlé », écrit le franciscain Jehan de Berthelemy dans *Le Livret de crainte amoureuse* au XVe siècle, et de poursuivre pour signifier que le sacrifice de l'agneau symbolise celui de Jésus :

> « Car ainsi l'aigneau de Pasques entre deux feux de bois ou de charbon estoit cuit convenablement et roty, ainsi le doulx Jésus, le jour du Vendredi sacré, fut en la broche de la digne croix mis, attachié et lié entre les deux feux de très angoisseuse mort et passion, et de très ardentes charité et amour qu'il avoit à nos âmes et à nostre salut, il fut comme roty et langoureusement cuit pour nous saulver[24]. »

La représentation du dernier repas de Jésus avec ses disciples peut présenter parfois des caractéristiques régionales, comme on le voit sur les quelque trois cents Cènes aux écrevisses peintes sur les murs des églises et chapelles des Alpes italiennes. Selon Dominique Rigaux, l'écrevisse apparaît pour la première fois sur la table de la Cène à l'aube du XIVe siècle dans la basilique San Zeno à Vérone, avant de se diffuser et connaître au XVe siècle un grand succès dans les églises vénitiennes et dans toute l'Italie septentrionale. Le crustacé n'est pourtant pas familier de l'iconographie médiévale et ne figure

pas dans le bestiaire roman[25]. Comme pour le scorpion auquel elle ressemble, l'écrevisse est assimilée au mal et au péché, et représente l'hypocrisie parce qu'elle ne marche pas droit. C'est ce qui pourrait justifier sa présence sur les Cènes alpines[26] : l'animal est en relation avec Judas et sur certaines fresques, il se fait agressif avec des pattes ouvertes avançant vers les apôtres comme sur la représentation de Simone Baschenis dans l'église Saint-Étienne de Carisolo. Mais, en même temps, l'écrevisse change régulièrement de carapace en raison de sa mue et pourrait symboliser la résurrection[27]. Dans la fresque de l'oratoire de Sainte-Marie à Cadessino, près d'Oggebbio, les écrevisses ne rampent pas sur la nappe mais figurent dans des plats avec des morceaux de poisson. Nous serions plutôt ici dans un contexte gustatif : les apôtres plongent la main dans leur « assiette », coupent leur pain, se servent ou boivent du vin. Les cerises parsemées sur la table paraissent en revanche avoir une dimension symbolique et pourraient suggérer le sang de Jésus[28]. Elles passaient aussi pour être des fruits du Paradis[29], et représentaient « l'Annonciation et le couronnement du Christ[30] ».

ILL. 62

ILL. 63

60
Hans Holbein l'Ancien
La Cène
1501, prédelle du retable du maître-autel de l'église des Dominicains
Technique mixte sur bois, 66,1 × 63,1 cm
Francfort-sur-le-Main, Städel Museum

61
Hans Holbein l'Ancien
La Cène
1501
Détail ill. 60, p. 71

62
Johannes Andreas
Cène aux écrevisses
Deuxième quart du XVe siècle, fresque
Seccio di Boccioleto, Oratorio di San Lorenzo

63
Anonyme
Cène aux écrevisses
Troisième quart du XVe siècle, peinture murale
Cadessino di Oggebbio, Oratorio della Natività di Maria

64
Anonyme
***Les Noces de Cana*, dans**
***Sermons* de Maurice de Sully,**
ms français 187, fol.6
1320-1330, Milan ou Gênes
Paris, Bibliothèque nationale
de France

65
Giotto di Bondone
Les Noces de Cana
Vers 1305, fresque,
200 × 185 cm
Padoue, Cappella degli Scrovegni

Les noces de Cana

C'est au cours d'un mariage dans la ville de Cana en Galilée, où il était invité avec sa mère et ses disciples, que Jésus accomplit son premier miracle. Le vin venant à manquer, Marie en avise son fils qui lui répond : « Que me veux-tu, femme ? Mon heure n'est pas encore venue. » Par cette phrase, Jésus fait déjà le lien entre le vin et « son heure », c'est-à-dire le moment où il accomplira son sacrifice en versant son sang. Sur les conseils de Marie, les serviteurs s'approchent du Christ qui leur demande de remplir jusqu'au bord les six grandes jarres de pierre qui servent habituellement aux ablutions rituelles. « Puisez maintenant, leur dit-il, et apportez-en à l'organisateur du repas. » Ce dernier goûta l'eau qui s'était miraculeusement transformée en vin. Il le trouva bon et dit au marié : « Tout homme sert d'abord le bon vin, puis le moins bon après qu'on s'est enivré ; mais toi, tu as gardé le bon vin jusqu'à présent[31] ! »

Cet événement, que seul Jean parmi les quatre Évangélistes rapporte, trouve faveur auprès des peintres qui, outre le message religieux, y voient une façon de montrer les mœurs de table de leur époque au travers d'un repas de noces. Mais, dans un premier temps, les artistes mettront plutôt l'accent sur le miracle car il affirme la divinité de Jésus. Ainsi, dans une miniature du début du XIVe siècle des *Sermons* de Maurice de Sully[32] ILL. 64 (évêque de Paris de 1160 à 1196), les serviteurs plongent leurs « cruches » dans l'eau, puis les transportent au niveau supérieur jusqu'à Jésus qui transforme par un geste l'eau en vin, avant que le maître de cérémonie ne le goûte. Le Christ est situé à gauche, à côté de sa mère et au milieu du trajet des « cruches ». La table est vide et l'image ne donne pas l'impression que les protagonistes assistent à un repas de mariage. L'approche est différente avec la fresque de Giotto (peinte vers 1304-1305) dans la ILL. 65 chapelle des Scrovegni à Padoue. Les convives sont assis, Jésus est installé à gauche tandis que la place de Marie se situe à côté de la mariée, au centre de la table. Cette dernière est couverte d'une nappe blanche qui annonce un moment de fête. Les six « jarres » sont posées sur une petite estrade à la droite de l'image et Jésus opère le miracle en restant assis à sa place. Derrière les « jarres », l'organisateur des noces, que l'on reconnaît aisément par sa forte corpulence, déguste le vin près d'un serviteur qui attend son verdict.

Pour Émile Mâle, qui s'appuie sur les commentateurs de l'Évangile de Jean et sur un vitrail symbolique consacré aux Noces de Cana dans la cathédrale de Cantorbéry, le miracle de Cana contient « un mystérieux enseignement ». Les six récipients représentent les six âges du monde ; l'eau dans laquelle le « vin encore invisible est caché, est l'Ancienne Loi, où Jésus se cache sous la lettre. Car l'Écriture, suivant la lettre, est une eau insipide, et un vin généreux suivant l'esprit. Pendant six âges, marqués par Adam, Noé, Abraham, David, Jéchonias et Jean Baptiste, Jésus a été caché au monde, comme le vin dans l'eau ; il s'est montré au septième âge, et son règne durera jusqu'au Jugement dernier, c'est-à-dire jusqu'au

66 et 67
Gérard David
Les Noces de Cana
Début du XVIe siècle,
huile sur bois, 100 × 128 cm
Paris, musée du Louvre

jour où commencera le huitième âge qui n'aura pas de fin[33] ». Pour les artistes, les amphores et les jarres sont le symbole du miracle de Cana et doivent toujours figurer sur l'image pour signifier l'événement.

Au fil du temps, la représentation des Noces de Cana ILL. 66 se fait de plus en plus festive. Celle que Gérard David, peintre de l'École de Bruges, offre sur un retable des années 1501-1502 conservé au Louvre, est chargée de nourriture et se déroule au service du rôt, le moment le plus important du banquet. Face à la mariée que l'on identifie grâce à la tenture placée derrière elle, l'écuyer-tranchant découpe la viande, tandis qu'à la gauche de l'image, un jeune serviteur arrive avec une tourte sur un plat. Au centre de la table, près de la viande, trône une salière en forme de coupelle surmontée d'un dôme de sel. Dans le « Sermon sur la montagne », Jésus dit à ses disciples : « Vous êtes le sel de la terre[34] », signifiant ainsi que le sel représente la part divine de l'homme. Le sel symbolisait aussi l'hospitalité, l'amitié et la foi[35]. De part et d'autre des jarres, le donateur Jean de Sedano[36] et sa famille sont agenouillés et prient. L'œuvre donne également une impression de mouvement plutôt inhabituelle chez ce peintre, notamment au travers des serviteurs qui sont dans l'action. Avec le XVIe siècle, le dynamisme se fait en effet plus présent dans les représentations à l'exemple, dans l'École vénitienne, du tableau de Leandro Bassano conservé au Louvre. Tous les person- ILL. 68 nages du peintre bougent : les convives discutent autour de la table d'apparat, le Christ fait le signe du miracle face au maître de cérémonie qui montre d'une main les jarres au sol. Les serviteurs s'activent aux divers préparatifs du repas. Une seconde table placée à gauche présente des gâteaux et rappelle le caractère festif du moment. Il en est de même des instruments de musique qui symbolisent aussi les plaisirs éphémères et le temps qui passe, alors que Jésus représente l'éternité.

La disposition des convives évolue également selon les périodes et les artistes. Ainsi la table des *Noces de Cana* de Tintoret (1561), dans l'église de la Salute à Venise[37], est-elle présentée en profondeur avec une ILL. 69 série de plats disposés en ligne jusqu'à Jésus installé au fond, en bout de table. Les convives sont assis de part et d'autre avec d'un côté, les hommes et de l'autre, les femmes. Celles-ci sont vêtues d'une robe blanche que

la lumière des fenêtres éclaire, lumière qui frappe aussi une partie de la nappe jusqu'à la série de plats. Les vêtements blancs symbolisent « la pureté et la vérité » et, aux origines du christianisme, les nouveaux baptisés portaient une tenue blanche. De même que la mariée en robe blanche affirme publiquement son « état virginal[38] ». D'ailleurs, l'artiste choisit de montrer le miracle du côté des femmes, l'une d'elles tendant sa main vers la jarre recevant l'eau qui se transformera ensuite en vin. Le Christ est à l'autre bout de la table, mais paraît être en lien avec les jarres au travers de la rangée des femmes qui commence avec la Vierge Marie placée près de lui.

La somptuosité de la table

Avec la Renaissance, les artistes prêtent une plus grande attention à la table et la vaisselle se fait plus présente, notamment les verres dont l'art prend une nouvelle dimension à Venise. Les ateliers de Murano mettent au point un verre transparent et blanc qui prendra le nom de *cristallo* : c'est le succès assuré dans toute l'Europe. Le verre vénitien ou « à la façon de Venise » devient un phénomène de mode au sein des élites. Les verriers italiens s'installent un peu partout en Europe et essaiment leur savoir-faire en France, aux Pays-Bas, en Flandre, en Angleterre, en Allemagne, etc.[39]. Les peintres témoignent de cette évolution en figurant de plus en plus souvent des objets en verre. Comme c'est le cas sur *La Cène* de Marco d'Oggiono conservée au ILL. 70 musée national de la Renaissance au Château d'Écouen, copie peinte entre 1506 et 1509 de *La Cène* de Léonard de Vinci de Sainte-Marie-des-Grâces à Milan (1498). La transparence et la finesse des verres, qui ont ici une forme de gobelet, ainsi que des carafons d'eau, sont fascinantes. On voit au travers d'eux les motifs de la nappe, les assiettes et la nourriture qu'elles contiennent. Dans *La Cène* de Joos van Cleve, le calice à coupe ILL. 57 conique posé devant Jésus est couvert d'une cloche tout aussi transparente que le verre. Le pied est en trompette et « ourlé d'un bord replié », et la tige semble constituée d'un élément soufflé. Cette forme de verre était répandue à la fin du Moyen Âge et au début de la Renaissance. Le couvercle du verre permettait de conserver l'arôme du vin[40]. À Murano, on fabriquait aussi des « verres colorés raffinés : bleu paon, vert émeraude et violet améthyste[41] ». Sur la peinture de Joos van Cleve, l'on distingue parmi les verres transparents des verres de couleur verte qui ne paraissent pas être destinés à boire du vin.

68
Leandro Bassano
Les Noces de Cana
Après 1578, huile sur toile,
152 × 214 cm
Paris, musée du Louvre

69
Tintoret, Jacopo di Robusti, dit
Les Noces de Cana
1561, huile sur toile,
135 × 545 cm
Venise, Basilica di Santa Maria della Salute

Ci-dessous et double page suivante
70, 71 et 72
Marco d'Oggiono, d'après Léonard de Vinci
La Cène
Entre 1506 et 1509
(d'après l'original de 1498), huile sur toile,
260 × 549 cm
Écouen, musée national de la Renaissance

73
Véronèse, Paolo Caliari dit
Les Noces de Cana
1563, huile sur toile,
666 × 990 cm
Paris, musée du Louvre

Ainsi, si la peinture religieuse peut être perçue comme un « assemblage symbolique », elle n'en offre pas moins « un souci du détail vraisemblable » où les artistes reproduisent des éléments de leur environnement, dont ceux de la table. Mais cela répond aussi « aux lois d'une esthétique nouvelle selon laquelle l'image dévote doit d'abord être convaincante pour être efficace[42] ». Pour les artistes, c'était également un défi de peindre avec habileté des verres dont les formes, « élégantes et légères, et les transparences suggestives des créations vénitiennes » les fascinaient[43]. Les tableaux peints à Venise, mais pas seulement, sont aujourd'hui utiles à la datation des objets en verre conservés dans les musées. Ainsi les célèbres *Noces de Cana* de Véronèse (1562-1563) permettent-elles d'attester la forme de la coupe à boire à balustre de la seconde moitié du XVIe siècle. La coupe est large et peu profonde, raccordée à la tige par un nœud, et se termine avec un pied en forme de disque. On peut aussi en voir une sur le *Bacchus* de Caravage à la fin du XVIe siècle, à la Galerie des Offices à Florence[44]. ILL. 73

Sur la table des *Noces* de Véronèse, les « coupes sur piédouche », qui sont probablement en argent ou en étain, servent à présenter les fruits et les confiseries[45]. À la différence des représentations médiévales, la table est couverte de vaisselle. Le XVIe siècle est un siècle de

mutation où le couvert s'individualise progressivement, annonçant « une plus grande délicatesse du convive à l'égard de ce qu'il mange[46] ». La fourchette devient d'un usage plus régulier en Italie lors des banquets. Au début du XVIIe siècle, un Anglais en porte témoignage : « Les Italiens et beaucoup d'étrangers établis dans cette presqu'île se servent toujours d'une petite fourche quand ils coupent leur viande[47]. » Ainsi, dans son tableau peint pour le couvent des Bénédictins de San Giorgio Maggiore à Venise, Véronèse représente des fourchettes sur la nappe et dans les mains des convives. On les retrouve également dans d'autres œuvres du peintre, notamment dans *Le Repas chez Levi* de 1573[48]. Pour autant, la fourchette n'est pas encore sur toutes les grandes tables européennes, il lui faudra attendre le courant des siècles modernes pour s'imposer parmi les couverts. L'habitude de manger sur des tranchoirs perdurera aussi jusqu'au XVIIe siècle, même si le tranchoir est progressivement remplacé par l'assiette. Il pouvait avoir la forme d'une plaque de métal carrée, rectangulaire ou circulaire, avec parfois « une bordure concave pour empêcher les sauces de déborder[49] ». Les peintres de cette époque représentent déjà des repas avec des
ILL. 70 assiettes comme *La Cène* de Marco d'Oggiono d'Écouen où chacun des personnages a une assiette devant lui. D'autres continuent à figurer des tranchoirs comme Véronèse dans les *Noces de Cana* quelques décennies plus tard. L'évolution de la vaisselle de table et des manières de manger ne s'est en effet pas faite de façon linéaire et chronologique, comme cela a trop souvent été dit : des modes nouvelles ont pu coexister avec les usages anciens qui perduraient.

Dans son tableau, Véronèse a plutôt mis l'accent sur le caractère festif et gastronomique des noces de Cana, mais il en souligne en même temps le contexte biblique en figurant le miracle avec Jésus et les jarres. Peut-être s'est-il inspiré des commentaires de l'Arétin, mort à Venise en 1556[50], pour imaginer la somptuosité de ses *Noces*. Dans ses écrits, le poète évoque la « pompe royale » de l'événement, les plus nobles personnes de la Cité, les « vaisseaux d'or, de pur argent, et gravés » mis sur les tables, « les serviteurs qui, à la table, levaient et posaient les viandes ». Sans oublier le miracle de la transformation de l'eau dans les « six vaisseaux de pierre » en un vin « qui fut recueilli des vignes célestes », et après en avoir rempli « une coupe de cristal, on eut juré qu'elle était remplie de rubis distillés[51] », comme sur le tableau de Véronèse. Ainsi, du Moyen Âge au XVIe siècle, l'image religieuse s'est-elle transformée : le « repas du Seigneur » se fait plus réaliste dans le sens où l'artiste y intègre des éléments de la table de son époque, et où le spectateur peut s'imaginer participer aux noces de Cana comme s'il assistait à un riche mariage de son temps. Si l'image religieuse est un « outil efficace du "faire-croire", […] un aide-mémoire de la croyance », comme l'écrit Daniel Arasse[52], son efficacité réside aussi dans la capacité de l'artiste à rendre crédible son œuvre en y intégrant les mutations de la société, comme l'évolution de la vaisselle et des manières de manger.

Ci-dessus et double page suivante
74, 75 et 76
Véronèse, Paolo Caliari dit
Les Noces de Cana
1563
Détails ill. 73, p. 82

HIC:COQUI
TUR:CARO
ET HIC: MINISTRAVERUN
MINISTRI
HIC FECER

HIC FECERUN: PRANDIUM:
ET HIC: EPISCOPUS: CIBU: ET
POTU: BENEDICIT.
ODO: EPS:

appelé *solarium*, qui, ici, est « desservi par un escalier extérieur[67] ». Le *solarium* était la pièce où le maître de la maison pouvait « se détendre et festoyer en toute tranquillité avec quelques compagnons choisis ». La scène de la broderie suggère un festin « privé » qu'Harold partage probablement avec ses partenaires de chasse et avec ceux qui le suivront dans sa traversée de la Manche, vers la Normandie[68]. D'ailleurs, le personnage situé en haut de l'escalier les incite à se dépêcher pour embarquer rapidement.

Nous sommes à l'évidence à la fin du repas, au moment d'une « libation collective ». Harold figure au milieu de la table et boit avec une coupe à la main. La coupe pourrait être « un indice de la pénétration de mœurs nouvelles venues du continent ». Deux autres convives utilisent une corne à boire, dont l'usage était traditionnel chez les Anglo-Saxons : l'embouchure de la corne était généralement ornée « de plaquettes de métal précieux[69] », comme on peut l'observer sur la broderie. L'hydromel est alors la boisson la plus prisée : elle est celle que le roi offre à ses guerriers en échange de leur vie au combat. Dans le même temps, le vin prend de l'importance jusqu'à devenir la boisson des élites à la veille de la conquête normande, sans pour autant détrôner l'hydromel. La cervoise (une sorte de bière), quant à elle, est la boisson de tous les jours, « pour les grands comme pour les humbles, pour les hommes comme pour les femmes, pour les adultes comme pour les enfants », la distinction se faisant par la qualité de la boisson selon les milieux sociaux et les moments de sa consommation[70].

Le deuxième repas de la tenture, peu avant la bataille de Hastings, se déroule en plusieurs séquences, depuis le ravitaillement jusqu'au festin en passant par l'apprêtement culinaire. Guillaume et ses hommes viennent de débarquer sur la côte anglaise, le 28 septembre 1066, après une traversée épuisante. Le besoin d'alimentation se fait sentir et les Normands prennent sur le pays pour s'approvisionner en vivres : un personnage porte sur ses épaules ce qui semble être un cochon, deux autres s'apprêtent à sacrifier un bœuf et un mouton. Puis arrive
ILL. 80 la préparation du repas : « Ici on cuit la viande et ici les serviteurs font leur service », dit la légende à cet endroit de la tenture. Deux hommes viennent d'installer deux bâtons fourchus qui soutiennent une barre avec une marmite suspendue, léchée par les flammes d'un brasero. Au-dessus, sur une sorte d'étagère, attendent des brochettes de viande. Dans cette cuisine improvisée, un personnage barbu sort à l'aide d'une pince à long manche des pains ou des gâteaux d'un fourneau portatif à trois pieds. Puis vient le service des mets. Des servi- ILL. 81
teurs, qui paraissent traverser un grand portail, distribuent les brochettes de viande et de volaille à d'autres personnages, qui peuvent aussi être des serviteurs qui disposent les denrées cuites dans les plats, ou des cavaliers qui mangent sur leurs boucliers renversés posés sur des tréteaux.

Les hauts dignitaires sont, quant à eux, installés en *sigma* derrière une table semi-circulaire qui rappelle les représentations de la Cène à la manière byzantine. Cela suggère la sacralité du festin que confirme la légende : « l'évêque bénit la nourriture et la boisson ». Odon, que l'on reconnaît par sa tonsure, est placé au milieu de la table et fait un geste de bénédiction, face à un poisson qui pourrait symboliser le Christ. Des convives mettent la main directement au plat car, à cette époque, l'on mange avec les doigts, et un serviteur, serviette au bras, présente une coupe ou une écuelle en faisant une génuflexion. L'événement se termine par une réunion de Guillaume, au centre, et de ses demi-frères, l'évêque Odon et le comte Robert de Mortain. À la différence du festin de Harold, celui de Guillaume (même s'il ne semble pas être présent à table) est un festin public dont le rôle est d'asseoir la position du duc et de sa famille. Ce n'est pas rien d'organiser un tel repas lors d'une campagne militaire, l'artiste ou les artistes de la tenture ont voulu signifier son importance en montrant les différentes étapes de sa conception. Guillaume « est celui qui rend possible le festin[71] » en mobilisant le personnel et la nourriture nécessaires à l'événement : c'est la démonstration de son pouvoir, de son statut, et un message fort que transmet ici l'image.

Hiérarchie et mise en scène de la table

Dans l'iconographie profane de la fin du Moyen Âge, la table est généralement traitée de façon réaliste[72]. Surtout dans le cas des miniatures « qui donnent une restitution vivante d'une certaine image de la société[73] ». Certes, la table figurée est « idéalisée et stéréotypée » et met avant tout en scène celle des élites, mais elle est aussi

un superbe témoignage (corroboré par les textes) de la façon dont on la dressait et des codes que l'on employait pour fixer l'étiquette du banquet. La hiérarchie des convives est ainsi marquée par leur emplacement et par des objets qui symbolisent l'importance du ou des personnages honorés. Pour les banquets officiels, l'ordre de préséance est minutieusement décrit par les chroniqueurs de l'époque et représenté par les miniaturistes. Lors de la visite de l'empereur Charles IV à Paris, au tournant des années 1377-1378, l'accueil grandiose et le faste déployé marquent les contemporains. L'événement est relaté dans les *Grandes Chroniques de France* de Charles V dans un manuscrit[74] richement illustré avec des enluminures qui concernent notamment la venue de l'empereur et sa réception.

ILL. 82 Sur l'une des peintures, figure le banquet offert par le roi de France à Charles IV et au fils de ce dernier, le roi des Romains, dans la grande salle du Palais de la Cité à Paris. Le texte informe de la place assignée à chacun à table : d'abord l'archevêque de Reims, puis l'empereur romain germanique, ensuite le roi de France, puis le roi des Romains qui sont figurés de gauche à droite sur la miniature, Charles V étant placé au centre. Le peintre a suivi d'assez près le texte qui décrit l'événement pour représenter le banquet. « Et avaient l'Empereur, le Roi et le roi des Romains, chacun séparément, un ciel de drap d'or, bordé de velours aux armes de France, et par-dessus [...] en avait un très grand qui continuait le long de la table, et tous les piliers et fenestrages derrières la table, houssés de drap d'or très richement, et le dais aussi », écrivent les auteurs des *Grandes Chroniques de France*[75]. La description correspond, sur l'image, à l'étoffe pourpre dorée qui couvre le fond de la scène et aux dais bleus semés de fleurs de lys placés derrière chaque souverain. Dans la miniature de Jean Fouquet, ILL. 83
qui illustra aussi un exemplaire des *Grandes Chroniques de France* vers 1460[76], les ciels des dais au-dessus de la tête des illustres personnages sont bien apparents. Le dais marque en effet la place des plus éminents convives et figure sur nombre d'enluminures de banquet. La table

82
Anonyme
***Banquet offert par Charles V à l'empereur Charles IV en la grande salle du palais*, dans les *Grandes Chroniques de France*,**
ms occidentaux, français 2813, fol. 473 verso
Vers 1375-1380, miniature sur parchemin
Paris, Bibliothèque nationale de France

83
Jean Fouquet
***Banquet offert par Charles V à l'empereur Charles IV en la grande salle du palais*, dans les *Grandes Chroniques de France*,**
ms occidentaux, français 6465, fol. 444 verso
Vers 1455-1460, miniature sur parchemin
Paris, Bibliothèque nationale de France

84
Anonyme
Banquet* ou *Comment le noble roi Alexandre fut empoisonné,* dans *Le Livre des Conquêtes et Faits d'Alexandre,
inv. L. Dut 456, fol. 29BR
Milieu du xve siècle, Bourgogne, miniature sur parchemin,
38 × 27,5 cm
Paris, musée du Petit Palais

85
Frères de Limbourg
Le Mois de Janvier,* dans *Les Très Riches Heures du duc de Berry,
ms 65, fol. 1 verso
Vers 1416, miniature sur vélin,
29 × 21 cm
Chantilly, musée Condé

surélevée sur une estrade est aussi une façon d'insister sur le haut statut de la personne représentée, comme le montre la miniature du *Livre des conquêtes et faits* ILL. 69 *d'Alexandre*[77], rédigé par Jean Wauquelin et enluminé par cinq artistes, à la demande du duc de Bourgogne Philippe le Bon, au xve siècle. Les serviteurs sont ainsi obligés de monter trois marches pour atteindre la table d'Alexandre.

Des pièces d'orfèvrerie indiquent également la qualité du ou des convives les plus importants du repas. La salière ouvragée en métal précieux est ainsi une constante sur la table du prince. C'est aussi le cas de la nef, qui est un objet luxueux en forme de navire, dans lequel on mettait, entre autres, des couverts et des épices, et qui marquait à table la place du roi, du prince, du seigneur, ou de l'hôte que l'on voulait honorer. Dans la miniature représentant le banquet du ILL. 82 roi de France et de l'empereur, les trois nefs sont d'or et de grandeurs différentes selon l'ordre de préséance : celle de Charles IV est ainsi plus grande que celle de Charles V qui est, elle, plus grande que celle du roi des Romains. L'objet est « une coque portée par un pied qui repose lui-même sur un entablement », « une sorte de piédestal ou de plancher », formant l'assise de la nef tout en soutenant son poids[78]. La nef est généralement ciselée et décorée d'émaux et de pierres précieuses et rencontre un grand succès à la fin du Moyen Âge. Les comptes et les inventaires des frères du roi en témoignent : Louis Ier d'Anjou en possédait une en or, vingt-quatre en argent doré et six en argent blanc. On trouve une vingtaine de nefs dans les inventaires du duc de Berry de 1401 à 1416[79]. Dans la miniature des *Très Riches Heures du duc de Berry* , des frères de ILL. 85 Limbourg, conservée au musée Condé à Chantilly, et qui illustre le mois de janvier, une grande nef trône sur la table ducale.

aproche · aproche

86
David Aubert
Banquet au palais du roi Yon,
dans *Renaut de Montauban,*
ms 5073 RES, fol. 148
Vers 1462-1470, miniature sur parchemin
Paris, Bibliothèque nationale de France

87
Anonyme
Arrivée de Wenceslas à Reims,
dans *Chroniques d'Angleterre* de Jean de Wavrin,
ms occidentaux, français 81, fol. 203
Vers 1480-1490, Bruges, miniature sur parchemin
Paris, Bibliothèque nationale de France

Dans la pièce où se déroulait le banquet se trouvait aussi un dressoir orné d'une vaisselle précieuse qui témoignait du prestige de celui qui recevait. Lors des noces de Charles le Téméraire et de Marguerite d'York à Bruges en 1468, se dressait au milieu de la salle « un haut et riche buffet, fait à la manière d'un losange ». Le dessous était « clos […] et tout tapissé et tendu des armes » du duc de Bourgogne. Au-dessus, il y avait des étagères, dont celles du bas étaient chargées de vaisselle d'argent doré et celles d'en haut de vaisselle d'or garnie de pierreries[80]. Dans les enluminures, le dressoir est fréquemment représenté. Il peut avoir la forme d'un vaisselier en bois, comme celui qui figure sur la gauche de la miniature du banquet du mariage de Renaut et de Clarisse dans le palais du roi Yon, dans un manuscrit
ILL. 86 des années 1462-1470[81], racontant en prose l'histoire de Renaut de Montauban et de ses frères se révoltant contre Charlemagne. Sur les étagères du dressoir, des plats ronds et des aiguières sont présentés sur un tissu rouge, de la même couleur que le dais de la mariée. Cette dernière est le personnage le plus illustre de la scène, car elle est aussi la sœur du roi. D'ailleurs, les autres convives installés à une table à droite sont de petite taille, pour montrer leur infériorité sociale par rapport au rang de Clarisse. La vaisselle précieuse peut aussi être présentée sur une structure étagée couverte d'un linge blanc, comme on peut le voir sur une image de la fin du xve siècle des *Anciennes Chroniques d'Angleterre* de Jean de Wavrin[82]. Le rôle du dressoir est important dans la ILL. 87
mise en scène du faste du banquet, car plus la vaisselle est luxueuse, plus l'hôte affirme son statut élevé dans la société : celle qui apparaît dans l'enluminure des *Très Riches Heures du duc de Berry* est ainsi une vaisselle d'or ou d'argent doré, très abondante.

L'art de servir

Mettre la table au Moyen Âge consiste à poser une planche de bois sur des tréteaux avant de la couvrir d'une nappe. « On dresse les sièges et les tables et les dressoirs », explique Barthélemy l'Anglais dans son encyclopédie du xiiie siècle, *De proprietatibus rerum*, qui devient en français le *Livre des propriétés des choses* ou *Le Propriétaire en françoys*. Quand le repas est terminé, « on ôte les nappes et les reliefs et on abat les tables[83] », c'est-à-dire qu'on les démonte pour ensuite les ranger. Dans les miniatures, la base des tréteaux en bois est très souvent visible, lorsque la nappe ne tombe pas jusqu'au sol. « On met les salières et les couteaux et les cuillers premiers sur la table et puis le pain et le vin », poursuit notre auteur. Chaque convive a devant lui un tranchoir, principalement rectangulaire ou carré, qui fait office d'« assiette » et que les artistes n'ont pas manqué de figurer dans leur représentation du repas. L'écuelle, qui pouvait être partagée par deux convives, et dans

laquelle on versait principalement les mets en sauce, ou plus ou moins liquides, n'apparaît que très rarement sur les images. On peut néanmoins visualiser leur emplacement avec l'une des enluminures du *Livre des conquêtes et faits d'Alexandre* qui représente un banquet au moment du vœu du paon : sur la table, ce qui semble
ILL. 88 être une écuelle, est disposée face à deux convives. D'ailleurs, les menus de l'époque étaient conçus selon le nombre d'écuelles ; le banquet des « noces de maître Hely prévues un mardi du mois de mai », avait ainsi été préparé pour vingt écuelles, c'est-à-dire pour quarante personnes, précise l'auteur du *Mesnagier de Paris* dans son traité de domesticité rédigé vers 1393[84].

Dans les grandes cours européennes s'était élaborée une réglementation minutieuse de l'ordonnancement des festins et des banquets. Et, notamment, à la cour de Bourgogne, ce dont témoigne, dans ses *Mémoires* (1473)[85], Olivier de La Marche, maître d'hôtel de Charles le Téméraire. Le maître d'hôtel est celui qui gère le service de bouche d'une grande maison. Il veille au bon déroulement du banquet et orchestre les séquences du repas[86]. Dans la tapisserie *Le Festin* (1510-1515), ILL. 89
conservée au musée des Arts décoratifs à Paris, on le reconnaît aisément par le bâton posé sur l'une de ses épaules : le bâton symbolisant en effet le commandement. L'écuyer-tranchant est aussi reconnaissable avec ses deux couteaux de tailles différentes dans sa main gauche. Il connaît le goût du prince et tranche sa nourriture dans un rituel complexe que décrit avec précision Olivier de La Marche pour la cour de Bourgogne[87]. Dans les *Très Riches Heures du duc de Berry*, la scène de banquet qui fut réalisée par les frères de Limbourg, entre 1410 et 1416[88], représente le duc à table le jour des vœux et des étrennes, l'écuyer-tranchant est face au prince et s'apprête à découper les animaux rôtis qui garnissent un plat rond. À sa gauche s'active un autre officier servant qui pourrait être le panetier, c'est-à-dire celui qui s'occupe, entre autres, de la salière et du pain.

88
Anonyme
***Le Vœu du paon (dit du faisan)*, dans *Le Livre des Conquêtes et Faits d'Alexandre*,**
inv. L. Dut. 456, fol. 86R
Milieu du XVe siècle, Bourgogne, miniature sur parchemin,
38 × 27,5 cm
Paris, musée du Petit Palais

89
Anonyme
Le Festin
Vers 1510-1515,
Pays-Bas du Sud
Tapisserie de laine et soie,
282 × 366 cm
Paris, musée des Arts Décoratifs

Le personnage en bleu, non loin du dressoir, est l'échanson, chargé de servir le vin du prince après l'avoir coupé d'eau comme il était de coutume à l'époque et comme le montre la miniature[89]. Tous ces personnages sont des nobles et la rigoureuse répartition des rôles à laquelle ils obéissent illustre la sophistication de la table médiévale, du moins celle des princes et des rois.

Les enlumineurs n'ont pas manqué de représenter le service des mets. Les servants, toujours élégamment habillés, selon la mode du temps, portent avec cérémonie des plats principalement garnis de viandes rôties — la nourriture aristocratique par excellence. Mais seuls les personnages les plus éminents ont le privilège de recevoir leurs mets couverts d'une sorte de cloche, comme on le voit dans la miniature de Jean Fouquet représentant le banquet du roi de France Charles V et de l'empereur Charles IV qui se déroula à Paris en 1378, dans la grande salle du Palais de la Cité. La cuisine est

bien souvent éloignée du lieu où l'on banquette et les serviteurs sont parfois obligés de traverser une cour pour atteindre la table des convives, comme le suggère l'une des peintures de *Renaut de Montauban*[90]. Parfois l'artiste représente le cuisinier et le passe-plats par où transitent les mets de la cuisine vers la salle du repas : c'est ce que montre une enluminure d'un manuscrit des *Anciennes et nouvelles chroniques d'Angleterre* (1470-1480)[91], illustrant un banquet politique qui réunit le roi du Portugal et le duc de Lancastre. Le cuisinier est sur la gauche, derrière une ouverture devant laquelle a été dressée une table où attendent les plats qu'il sauce à l'aide d'une spatule en bois, avant que les serviteurs ne viennent les prendre pour les servir. L'artiste a ici montré le dynamisme de l'événement : les convives parlent, les cuisiniers et les serviteurs font leur office. Rappelons que le banquet est un repas hors norme qui se déroule lors d'un moment particulier.

ILL. 90

À l'époque, le service des mets se fait en plusieurs séquences successives composées d'un ensemble de plats que l'on dépose en même temps sur la table[92]. Le nombre de services pouvait augmenter selon l'importance du repas, qui se définit aussi par l'abondance de la nourriture et du vin. Le menu du banquet de « Monseigneur de Foyes », présenté dans *Le Viandier* imprimé de 1486 (un traité de cuisine), est ainsi composé de quatre services de plusieurs plats :

> « Premier mets [service] : Poussins au sucre, levras ou lapereaux à la cresme d'amandes, froide saulce, vin aigre, venoison à souppes. Second metz [service] : Espaules de chevreaux farcis, poulettes de mer, panneaulx[93] tous armés, cailles au sucre. Tiers metz [service] : Daulphins de cresme, lasches[94], lombardes, poires, orenges frictes, gelée, pastés de levratz. Fruicterie [service] : Cresme blanches, et fraises, jonchée[95], et amandes.[96] »

90
Anonyme
***Banquet du roi du Portugal et du duc de Lancaster*, dans le *Recueil des Chroniques d'Angleterre*,**
Royal ms 14 E IV, Fol. 244 verso
Vers 1470, Nord de la France et Flandres, miniature sur parchemin
Londres, The British Library

91
Anonyme
***Saint Fortunat de Poitiers et saint Boniface de Mayence à table*, dans *Le Miroir historial de Vincent de Beauvais*,**
ms, 722, Fol.24 verso
XVe siècle, France, miniature sur parchemin, 45,3 × 33,5 cm
Chantilly, musée Condé

Le spectacle de l'entremets

Lors des grands repas d'apparat, un intermède, appelé *entremets* et qui était un divertissement entre les mets, laissait place au spectacle. Entraient alors les ménestrels, les musiciens, les montreurs d'ours, etc., comme l'évoque une enluminure du *Miroir historial* de Vincent
ILL. 91 de Beauvais, dans un manuscrit du XVe siècle. Mais l'entremets pouvait aussi correspondre à des préparations culinaires qui allaient de la simple bouillie de céréales à des oiseaux revêtus de leurs plumes, après avoir été apprêtés, à l'exemple du paon, sur la tête duquel on procédait généralement à un vœu. Il était en effet courant de prononcer des vœux sur des oiseaux nobles (cygne, paon, faisan), comme l'atteste Olivier de La Marche dans ses *Mémoires* : dans les « grandes fêtes et nobles assemblées on présente aux princes, aux seigneurs et aux nobles hommes le paon, ou quelque autre oiseau noble, pour faire vœux utiles et valables[97] ». Les artistes ont figuré ce moment important du banquet, avec le paon sur un plat, faisant ou non la roue, présenté devant un personnage qui tend sa main pour faire acte de vœu. Dans le *Livre des conquêtes et faits d'Alexandre*, c'est toute une série de miniatures qui montre différents convives procédant au vœu. Au célèbre banquet du Faisan, à ILL. 92
Lille, en 1454, une centaine de nobles firent vœu sur la tête du volatile pour adhérer officiellement au projet de croisade de Philippe le Bon[98]. Dans l'Antiquité, la chair du paon était considérée comme incorruptible et son plumage passait pour être « une image du firmament nocturne ». Pour Albert Pomme de Mirimonde, le paon illustre « la promesse d'immortalité faite par Jésus à ses disciples[99] ».

Les entremets pouvaient aussi être des pièces montées ou de véritables machineries qui s'intègrent dans un spectacle mis en scène en l'honneur du prince. Dans *Du fait de cuisine* (1420), Maître Chiquart, queux (chef) du duc de Savoie Amédée VIII, donne la recette d'un « entremets élevé[100] » dont la forme est celle d'un « château à quatre tours qui sera porté en salle par quatre hommes[101] ». Dans le manuscrit du *Viandier* de la Bibliothèque Vaticane, datant probablement de la seconde moitié du XVe siècle, on trouve des recettes d'entremets de « paintrerie » qui sont des représentations de sujets divers en toile ou en bois peints : à l'exemple de la tour couverte de toile teinte ou de l'image de saint Georges « et de sa pucelle » sur « une grande terrasse de pâte ou de léger bois ». L'entremets de la tour est gardé par des Sarrasins et des Maures qui font semblant de se défendre d'un « bel homme, haut et droit » qui joue l'homme sauvage[102].

Ces magnifiques entremets racontent généralement une histoire. Au banquet du roi Charles V et de l'empereur Charles IV, en 1378 à Paris, c'est la conquête de Jérusalem par Godefroy de Bouillon : elle est à la fois décrite dans les *Grandes Chroniques de France* et repré- ILL. 82
sentée sur la miniature du XIVe siècle. À la gauche de l'image, il y a un bateau (nef) qui est « si joliment peint

et habillé, et très richement et plaisamment », écrit le chroniqueur. Il transporte l'armée de Godefroy jusqu'en Palestine. Quatre bannières figurent sur le bateau, aux armes de Jérusalem (à l'arrière), de Flandre (devant), d'Auvergne (grand mât) et de Normandie (au milieu du pont[103]). À l'opposé se trouve l'entremets « fait à la façon et semblance de la cité de Jérusalem », avec une tour (minaret) dans laquelle « des Sarrazins crient leur loi ». L'image montre l'assaut de la ville. Le texte dit que les entremets se mirent l'un contre l'autre « et descendirent ceux de la nef, et par belle et bonne ordonnance vinrent donner assaut à la dite cité et longuement l'assaillirent » jusqu'à la conquête et la mise des bannières. La démonstration terminée, les entremets furent ramenés à leur place première[104].

L'écrit et l'image se rejoignent ici pour raconter un fait de la première croisade (fin du XIe siècle) monté en spectacle, lors d'un banquet solennel où se réunissent des souverains européens et chrétiens. Le banquet médiéval n'est pas seulement un moment de convivialité et de fête, il peut aussi être politique et historique, et c'est ce qu'a choisi de montrer l'enlumineur du XIVe siècle des *Grandes Chroniques de France* au travers de sa miniature, tout en y intégrant les codes de préséance à table. Au siècle suivant, celle de Jean Fouquet, représentant le même banquet, relève d'une approche différente et s'inscrit plutôt dans un contexte gastronomique avec la cérémonie du service des plats. Nous sommes probablement au moment du rôt, juste avant la découpe de la viande, comme le laisse penser l'emplacement des serviettes et la position des couteaux : les manches sont en effet tournés vers le bord de la table côté service, pour être plus facilement saisis par les écuyers-tranchants lors de la découpe. Ainsi la représentation de Fouquet est-elle tout aussi réaliste que celle de son prédécesseur, le peintre ayant choisi d'illustrer le service du rôt plutôt que l'entremets ; dans les deux cas, cela témoigne d'une civilisation de la table des plus raffinées. ILL. 83

92
Anonyme
***Le Vœu du paon*, dans**
***Le Livre des Conquêtes et Faits d'Alexandre*,**
inv. L. Dut. 456, fol. 89R
Milieu du XVe siècle, Bourgogne, miniature sur parchemin, 38 × 27,5 cm
Paris, musée du Petit Palais

CHAPITRE III

Du péché de gourmandise au pays de Cocagne

« Saichez que manger à oultrance
Destruit les gens et moult peut nuyre ;
Mais la vertu de temperance,
Fait l'homme priser et reluyre.
Tous ces propos orrez deduyre,
En escoutant et parlant bas :
Et pourtant veuillez vous conduyre
Paisiblement sans nulz debas. »

Nicolas de La Chesnaye, *La Condamnation de Banquet*, 1503-1505.

Dans l'imaginaire médiéval, trois niveaux structurent le monde de haut en bas. Le paradis, qui est le royaume de Dieu, des anges et des bienheureux, de la « sainteté incorruptible et de la joie éternelle ». L'humanité, au centre, souffrante et pécheresse, qui court après la rédemption et la félicité, et qui est « le royaume du changement perpétuel, des épreuves sans cesse renouvelées au milieu du bien et du mal ». L'enfer, au registre inférieur, avec Satan et ses démons, où les damnés subissent leur peine éternelle pour tenter de rembourser « à la justice divine une dette impossible à effacer[105] ». Au tournant des XIIe et XIIIe siècles, l'au-delà est organisé en plusieurs lieux qui sont les limbes, le purgatoire, le paradis et l'enfer. On évoquera plus généralement le ciel, l'enfer et le purgatoire : ce dernier étant devenu « le troisième lieu de l'au-delà, lieu temporaire et non éternel », écrit Jacques Le Goff, où des péchés « pouvaient être expiés par une purgation après la mort[106] ».

Ce sont principalement le paradis et l'enfer qui sont représentés dans l'iconographie chrétienne. Mais les artistes durent imaginer des endroits que l'on ne connaissait pas et dont personne ne revenait. Au royaume des ténèbres se mêlent le fantastique et des éléments du quotidien. La métaphore culinaire est régulièrement utilisée pour figurer l'enfer, avec des ustensiles que chacun pouvait avoir dans sa cuisine : marmite, chaudron, pot, gril, broche, etc.[107]. Cela donnait à l'enfer une forme de réalisme tout en montrant au commun des mortels ce qu'il subirait s'il devait se retrouver dans un tel lieu. Dans son *Livre de l'enseignement puéril* ou *Doctrine puérile* (XIIIe siècle), le majorquin Raymond Lulle compare les damnés à une poignée de fèves ou de pois qui cuisent dans une eau bouillante[108]. L'image d'un enfer de feu où les réprouvés sont cuisinés de différentes façons s'impose progressivement. Les péchés capitaux y prennent une importance grandissante « comme spectacle structuré du châtiment » où la punition correspond à un vice spécifique[109].

Au registre inférieur du tympan du Jugement dernier de l'abbatiale Sainte-Foy de Conques, sculpté vers 1125, un personnage au ventre rond, sans doute un glouton, est ainsi plongé dans une marmite[110]. Raymond Lulle voit dans la gloutonnerie « un désir incontrôlable de manger et de boire ; elle conduit les hommes à engloutir plus qu'il n'est besoin », les incitant à ne vivre que pour satisfaire leur appétit[111]. La *gula* (gosier) désigne en latin le vice de « gourmandise », qui est l'un des sept péchés capitaux codifiés par le christianisme médiéval[112]. Pour l'homme du Moyen Âge, la consommation par Adam du fruit défendu est à l'origine de ce vice. Et l'introduction de la viande dans l'alimentation humaine après le Déluge a contribué à la dégradation de l'humanité, la nourriture carnée brisant la « solidarité qui régnait parmi tous les êtres animés jusqu'au Déluge et qui leur avait permis de vivre pacifiquement en commun au sein de l'arche ». La viande va dès lors symboliser le péché de gourmandise, plus particulièrement dans le monde monastique, qui avait le « dégoût d'un corps qui se nourrit de la mort des autres[113] ». Elle symbolisera également le péché de luxure, le mot *carne* désignant à la fois la chair et la viande[114]. Pour les confesseurs de la fin du Moyen Âge, la *gula* est un péché qui se commet

93
Enguerrand Quarton
Le Couronnement de la vierge, détail des démons et damnés en Enfer
1453
Détail ill. 330, p. 367

94
Fra Angelico, Guido di Pietro, dit
L'Enfer*, détail du *Retable du Jugement dernier
1435, tempera et or sur bois, 105 × 210 cm
Florence, Museo di San Marco

en société et qui concerne, outre les excès de viande et de vin, « tout ce qui est agréable à regarder, à sentir, à toucher, à entendre lors d'un repas pris avec les autres convives, hommes ou femmes[115] ». Elle est également un péché de la langue, cette dernière concourant au plaisir gustatif et libérant la parole à table sous l'effet de la boisson et de la bonne chère.

Les cuisines de l'enfer

« Fils, pour apprendre la peur de l'enfer éternel, rends-toi au four où on cuit le pain et imagine ce qu'il adviendrait de toi si tu devais te trouver un moment dans cette fournaise », écrit Raymond Lulle dans son *Livre de l'enseignement puéril*, aux alentours de 1280. Et « quand tu iras à l'abattoir et que tu verras les bouchers trancher la gorge des moutons de leurs grands couteaux acérés, assommer et décerveler les bœufs à grands coups de masse, les écorcher puis les découper en quartiers, pense à ceux qui souffrent les pires peines en enfer et qui ne peuvent trouver le repos dans la mort[116] ». Dans les écrits comme dans les images, les métaphores culinaires et alimentaires sont d'une redoutable efficacité pour rendre palpables les tortures de l'enfer et donner une idée de la condition des damnés. L'iconographie infernale s'affirme au XIVe siècle avec les fresques de Buonamico Buffalmacco (1330-1340) au Camposanto de Pise, qui, pour Jérôme Baschet, sont un tournant décisif : l'enfer y est en effet présenté « comme une structure rigoureuse, fondée sur le septénaire des péchés capitaux et déployant une logique pénale très élaborée », comme une justice imaginaire[117]. Les supplices s'inscrivent dans des zones délimitées qui correspondent à la punition du péché concerné : ainsi les gloutons sont-ils installés autour d'une table sans pouvoir atteindre les plats disposés dessus.

L'enfer est un monde de feu où les damnés subissent divers traitements dont celui de la cuisson. Les artistes s'inspirent du monde des cuisines pour montrer les châtiments des suppliciés. Il y a ceux qui cuisent dans un chaudron posé sur un foyer d'intenses flammes
ILL. 94 comme dans *Le Jugement dernier* de Fra Angelico, peint dans les années 1430 et aujourd'hui conservé au musée de San Marco à Florence. D'autres sont mis à bouillir ou rôtissent embrochés au-dessus d'une lèchefrite, un plat de forme allongée que l'on place sous la broche pour récupérer la graisse de cuisson de la pièce qui rôtit. Dans le *tondo* qui représente l'enfer sur le panneau *Les Sept Péchés capitaux et les Quatre Fins dernières* de Jérôme Bosch, que l'on date aujourd'hui du début ILL. 95
du XVIe siècle[118], et qui se trouve au musée du Prado à Madrid, le démon encapuchonné qui tourne la broche, tient une louche à long manche lui servant à arroser avec la graisse de la lèchefrite le damné en train de cuire, comme fait le cuisinier avec un morceau de viande. Une miniature d'un des manuscrits de *La Cité de Dieu* de saint Augustin, traduit dans les années 1470 par Raoul de ILL. 96
Praelles, et conservée à la bibliothèque Sainte-Geneviève à Paris[119], montre bien ces trois modes de cuisson que l'on retrouve dans les livres de cuisine de l'époque : l'étuvée, le bouilli et le rôtissage. Au court de son voyage dans les peines de l'enfer, Lazare « vit de grandes chaudières en forme de fours ardents, pleines de divers métaux fondus et bouillants, comme l'eau fait sur le feu. Et, dans ces métaux, étaient plongées les âmes des avaricieux et avaricieuses, usuriers et usurières [...] ». Des diables tenaient les âmes de force dans les chaudières, « avec de grandes broches et fourches de feu[120] ». Ainsi la représentation des châtiments des damnés au travers des péchés capitaux, et plus particulièrement celui de la *gula* pour ce qui nous concerne, « renforce l'efficacité de l'image [...] en accentuant l'implication du spectateur[121] », tout en l'incitant à la confession pour obtenir le pardon et ne pas subir dans l'au-delà les supplices encourus pour les péchés commis sur terre.

Le banquet infernal

L'enfer est aussi le lieu du banquet infernal, avec des damnés qui deviennent des plats cuisinés, et des convives que l'on gave éternellement ou que l'on empêche de manger. Au XIIIe siècle, le trouvère Raoul de Houdenc raconte dans *Le Songe d'Enfer* le voyage qu'il fit en rêve dans le royaume des ténèbres. Lorsqu'il arrive, on est en train d'installer les tables et le « Roi d'Enfer » tient sa cour. Les nappes sont faites de peau « d'usuriers sans loyauté » et les serviettes en cuir de vieilles courtisanes. Le banquet se déroule en plusieurs services comme dans le monde des vivants. Les mets sont nombreux et, parmi les plats, l'on peut citer les « lutteurs à la sauce à l'ail », les « usuriers gras à l'excès », un « rôti d'hérétiques à la grand'sauce Paris » — une « sauce de feu, assaisonnée »

95
Jérôme Bosch
La Gourmandise*, détail de la *Table des Péchés Capitaux
Début du XVIe siècle, peinture sur bois de peuplier, 119,5 × 139,5 cm
Madrid, Museo del Prado

96
Maître François
***Les Tourments de l'Enfer*, dans *La Cité de Dieu de Saint Augustin*,**
ms 246, fol. 389
Milieu des années 1470, miniature
Paris, Bibliothèque Sainte-Geneviève

97 et 98
Giovanni da Modena
L'Enfer
Entre 1408 et 1420, fresque
Bologne, Basilica di San Petronio,
Capella Bolognini

—, servi sur des broches de fer, ou encore un « pâté de vieilles putains sans loyauté ». Les cuisiniers s'activent à la tâche et font un entremets avec de nouveaux damnés fraîchement arrivés, en faisant frire leurs langues. « Tant de mets y eut-il que je n'en sais le compte. Les gens d'enfer se repurent de viande à leur gré », poursuit notre conteur[122]. La métaphore culinaire est là encore un bon moyen de décrire au public un enfer de feu et le calvaire perpétuel des pécheurs qui deviennent, ici, nourriture des démons.

Dans *Le Jugement dernier* de Fra Angelico, des diables empêchent les mangeurs de s'approcher de la nourriture. C'est le supplice de Tantale, en référence au roi Tantale, dans la mythologie grecque, condamné à souffrir de faim et de soif sous des arbres couverts de fruits savoureux, parce qu'il avait volé des mets aux dieux[123]. Dans la chapelle Bolognini, à Bologne, les gloutons de la fresque de Giovanni da Modena (vers 1410) ne sont ILL. 97
pas assis autour d'une table. Des démons leur enfoncent ILL. 98
des brochettes de viande dans la bouche et un cardinal

gola

99
Cristoforo de Predis
La Gourmandise, la Luxure et la Paresse*, dans l'*Histoire du Nouveau Testament
1476, miniature
Turin, Biblioteca Reale

se crève l'œil en voulant dévorer une belle volaille, car « l'appétit coupable [est] aussi celui de la vue[124] ». Le gavage est également un autre supplice du glouton, le péché de gourmandise étant avant tout celui de l'excès alimentaire et de ses dérivés. L'enluminure du Milanais
ILL. 99 Cristoforo de Predis, réalisée en 1476 pour le *Légendier des Sforza*, montre un couple à table face à de grandes écuelles garnies d'une nourriture que des diables leur font ingurgiter de force avec une cuillère en bois. Un autre démon fait la même chose à l'homme couché au lit avec une femme, dénonçant ainsi le lien entre la gourmandise et la luxure. Les gloutons et les gloutonnes pouvaient aussi être repus « par les diables de crapauds, serpents, couleuvres et autres bêtes venimeuses », tout en étant abreuvés d'un « fleuve repoussant, vil et abominable » mêlé de fiel, explique, avec gravure à l'appui, l'auteur de *L'Aiguillon de la crainte divine pour bien mourir* dans une édition de 1492. Lazare, nouvellement ressuscité, raconte dans ce même traité ce qu'il a vu des peines de l'enfer. Lors d'un « maudit banquet », les âmes des gloutons et des gloutonnes reçurent « trois mets calamiteux et misérables » :

« Le premier mets était la famine, car lesdites âmes étaient si affamées qu'elles défaillaient et, si elles eussent été mortelles, elles fussent mortes de faim. Pour ôter et rassasier cette faim, lesdits diables les nourrissaient de crapauds, de lézards, et de couleuvres infectes et abominables. Le second mets dont les âmes étaient servies était que, par rage de faim, quand elles pouvaient atteindre leurs propres membres, elles se mordaient et se dévoraient elles-mêmes. Le troisième mets, dont lesdites âmes étaient servies, étaient leurs propres membres cuits et rôtis, car elles mangeaient leurs propres langues cuites et rôties au feu d'enfer[125]. »

La description s'appuie, ici, comme pour le banquet du songe de Raoul de Houdenc, sur la façon dont les vivants servent leur repas. Dans un monde de pénurie alimentaire, les gourmands sont avant tout des gens aisés, des riches et des puissants que leur statut condamne irrémédiablement aux excès alimentaires, et par-là même, à la damnation[126]. Dans *Le Triomphe de la mort* (1562-1563) de Pieter Bruegel
l'Ancien, la table dressée d'une nappe blanche se démarque ILL. 100
du chaos de la scène, tout en y étant partie prenante. C'est une table de riches, avec des convives élégamment habil-

100
Pieter Brueghel l'Ancien
Le Triomphe de la mort
1562-1563, huile sur toile,
117 × 162 cm
Madrid, Museo del Prado

101
Jérôme Bosch
La Gourmandise*, détail de la *Table des Péchés Capitaux
Début du XVIe siècle, peinture sur bois de peuplier,
119,5 × 139,5 cm
Madrid, Museo del Prado

Double page suivante
102
Pieter Brueghel l'Ancien
***Le Triomphe de la mort*,**
1562-1563
Détail ill. 100, p. 109

lés, mais dont le repas est interrompu par la mort qui les emporte. La tête de mort dans le plat est un présage de ce qui les attend. Ce sont tous les plaisirs liés à la gourmandise qui sont fauchés : la boisson, avec le verre renversé sur la table, puis le rafraîchissoir et ses bouteilles qu'un squelette habillé vide sur le sol. Les jeux de société, la musique et l'amour courtois sont également touchés. La *gula*, c'est aussi la goinfrerie et la mauvaise tenue à table. Dans la scène qui la représente, dans *Les Sept Péchés capitaux et*
ILL. 101 *les Quatre Fins dernières* de Jérôme Bosch, le personnage bedonnant assis sur une chaise à dossier ronge la patte d'un animal, probablement un pied de cochon, et tient une cruche de l'autre main. L'homme debout, plus ou moins en guenilles, et qui ne semble pas faire partie du foyer, boit directement à la cruche. Sur la table, nappée de blanc, des plats de viande attendent d'être mangés, pendant qu'une femme apporte une volaille cuite et que, sur le sol, figure une saucisse embrochée, un tripode et un feu de braise. Les œuvres de Bosch ont un sens moralisateur, voire didactique[127], et sa *gula* n'y échappe pas. Le peintre insiste sur l'excès de viande qui, comme nous le savons, signifie aussi la concupiscence.

103
Anonyme
***Sergius Orata dans son bain*, dans *Faits et Dits Mémorables* de Valère Maxime,**
ms français 287, fol. 181
Vers 1470, miniature sur parchemin,
Paris, Bibliothèque nationale de France

La Condamnation de banquet

Manger est une nécessité vitale, mais le désir de nourriture peut mener à la tentation et ouvrir la voie à d'autres vices, comme celui de la luxure, qui est souvent associé au péché de gourmandise dans l'iconographie médiévale. Dans les villes, les étuves étaient certes des établissements de bain, mais elles pouvaient se transformer en maisons de plaisirs, où se mêlaient les délices de la table et de la sensualité. Les fabliaux de l'époque content souvent le moment du bain à domicile que la dame prend avec son amant. Le processus amoureux que le conteur décrit comprend généralement le bain, le repas fin et les ébats au lit[128]. Ce genre de scène illustre le chapitre sur la luxure de nombre de manuscrits enluminés des *Faits et dits mémorables* de Valère Maxime[129]. La miniature de l'un d'entre eux, datant du troisième quart du xve siècle[130], montre un homme et une femme nus dans un baquet d'eau, dont une partie s'ouvre sur une table dressée et nappée, garnie d'une pièce de viande rôtie. Les deux convives tiennent une même écuelle symbolisant le partage et l'union prochaine de leurs corps dans le lit prêt à les recevoir : l'image dénonce le bain pris en commun par un homme et une femme et la bonne chère, qui mènent tout droit aux plaisirs de la chair. ILL. 103

Les moralisateurs considéraient aussi la taverne comme un lieu de perdition. On y mangerait et on y boirait sans mesure, jusqu'aux pires débordements, comme le laisse penser une miniature d'une autre version de Valère Maxime[131]. Les deux tables de l'enluminure montrent deux groupes sociaux n'ayant pas le même comportement. Ceux situés à gauche de l'image paraissent éméchés, vomissent et sont de condition plus modeste que les convives de l'autre table. Ces derniers affichent une certaine élégance vestimentaire et agissent d'une façon différente : l'échauffement de l'alcool les orientant plutôt vers des attouchements et des épanchements amoureux. L'ensemble de la scène est observé de l'extérieur, au travers d'une fenêtre, par deux personnages qui représentent la conscience morale. L'enluminure ne montre pas seulement les excès de table, mais aussi l'embrasement des sens qui ne peut que conduire à la débauche. ILL. 105

Si la *gula* est un péché, elle est aussi un danger pour la santé. C'est ce qu'évoque Nicolas de La Chesnaye dans *La Condamnation de Banquet*, une moralité des années 1503-1505. L'auteur fut maître d'hôtel et conseiller des rois Louis XI, Charles VIII et Louis XII, ce qui veut dire qu'il connaissait à la fois la cuisine et le cérémonial de la table, mais aussi le droit. Son texte s'inscrit dans une tradition littéraire et iconographique où l'on condamne l'excès alimentaire[132]. Il relate l'histoire de Dîner, Souper et Banquet qui décident respectivement d'inviter à boire et à manger des convives qui représentent des facettes de la *gula* et qui sont Bonne Compagnie, Gourmandise, Friandise, Accoutumance, Passetemps, Je-Bois-à-Vous et Je-Pleige-à-Vous. Mais l'invitation se révèle être un complot où les invités sont attendus par dix maladies monstrueuses (*Appoplexie,*

Paralisie, Epilencie, Pleuresie, Colique, Esquinancie, Ydropisie, Jaunisse, Gravelle et *Goutte*[133]). Elles font d'abord un petit assaut chez Dîner, puis frappent plus violemment chez Souper, avant d'essayer de tuer toute la compagnie chez Banquet. Trois de ses hôtes en réchappent (Bonne Compagnie, Passetemps, Accoutumance) et demandent justice auprès de dame Expérience. Un procès se tient : Souper est sommé de rester à six lieues de Dîner, c'est-à-dire environ six heures, ce qui correspond au temps de la digestion, alors que Banquet est condamné à mort et tué par le bourreau Diète. La morale est ici évidente, si deux repas par jour sont requis, les excès de table mènent en revanche aux maladies.

Le sujet est à l'époque en vogue, comme en témoignent les tapisseries de *La Condamnation de*
ILL. 104 *Banquet* du Musée lorrain de Nancy, qui datent du début du XVIe siècle. Elles paraissent avoir été réalisées à Tournai et ne semblent pas avoir un lien direct avec la moralité de Nicolas de La Chesnaye, malgré la similitude du sujet. Le musée conserve cinq pièces sur les dix que l'ensemble a pu compter à l'origine. Elles représentent *Le repas de Dîner*, *Le repas de Banquet*, *L'assaut des maladies*, *La plainte et le mandat d'amener*, puis *L'arrestation et le jugement*[134]. La tapisserie du banquet rassemble tous les éléments d'un repas d'apparat : le dressoir de vaisselles précieuses à gauche, la nef avec une Vénus en haut du mât, sur la table, la hure de sanglier et les paons faisant la roue confirment l'appartenance des convives à l'élite, sans oublier les musiciens qui accentuent le caractère festif de l'événement. La pièce représente simultanément trois scènes que l'on peut suivre avec le personnage de Banquet. Il est d'abord à table, de dos, au premier plan, puis en haut à droite, où il revêt une armure pour le combat, pour ensuite revenir par une porte à gauche, armé d'une épée, accompagné des maladies à qui il montre du doigt ses compagnons de table qu'il est en train de trahir. Nous connaissons déjà la suite de l'histoire et l'une des inscriptions de la tapisserie relate en quelques lignes ce qui va se passer :

Chiere ilz firent joyeusement
Y estant Bancquet et sa route [sa bande]
Qui s'armerent et la proprement
Occirent l'assemblee toute.

104
Le Repas de Banquet*, détail de la tenture de la *Condamnation de Banquet
Vers 1510, Tournai, tapisserie de lice, 360 × 560 cm
Nancy, Musée lorrain

Double page suivante
105
Anonyme
***Scène de taverne*, dans *Faits et Dits Mémorables* de Valère Maxime,**
ms français 6185
Vers 1455, miniature sur parchemin
Paris, Bibliothèque nationale de France

Le pays de Cocagne

Le succès de *La Condamnation de Banquet* illustre également le rapport étroit qu'il peut y avoir « entre le texte et l'image, entre la littérature et l'iconographie », voire entre le théâtre et la tapisserie[135]. On observe le même phénomène avec le thème du pays de Cocagne qui est très répandu dans l'Occident médiéval et celui de la Renaissance. Mais si *La Condamnation de Banquet* concerne avant tout les privilégiés, le pays de Cocagne s'adresse en revanche à ceux qui manquent de nourriture et qui redoutent la faim, dans un contexte où les hommes ne sont pas à l'abri des disettes et des famines. Le rêve d'un pays où règne l'abondance et le bien-être alimentaire est dès lors un moyen d'oublier cette peur de la faim.

Le *Fabliau de Coquaigne*[136], qui date du milieu du XIIIe siècle, est la première description littéraire de ce fabuleux pays. C'est un endroit où il n'est nul besoin de travailler pour vivre et se nourrir. Plus on y dort et plus on y gagne, dit l'un des vers. Et celui qui dort jusqu'à midi « gagne cinq sols et demi[137] ». Les murs des maisons sont faits de bars, de saumons et d'aloses, les chevrons d'esturgeons, les toits de bacons et les « lattes » de saucisses. Dans les rues, les oies grasses rôtissent elles-mêmes et sont suivies de près par la sauce blanche à l'ail. Des tables dressées et couvertes de nappes blanches (signe de festivité) y sont également installées, et chacun peut y prendre à volonté et gratuitement les mets et les boissons qui s'y trouvent. Dans ce pays coule une rivière de vin, composée pour moitié de vin vermeil, dont celui de Beaune, le meilleur que l'on puisse trouver, et de vin blanc pour l'autre moitié, dont ceux d'Auxerre, de La Rochelle et de Tonnerre. C'est tous les jours fête et dimanche, et le Carême n'a lieu que tous les vingt ans. On peut y manger de la viande et du poisson à volonté et trois fois par semaine des flans chauds tombent du ciel. Loin de n'être qu'un rêve, le texte est aussi une critique de la société médiévale : dans le pays de Cocagne, il n'y a ainsi aucune restriction alimentaire, même durant le Carême, ni aucune hiérarchie sociale, la gourmandise n'est pas un péché, et chacun vit selon ses désirs et ses envies. Nombre d'éléments descriptifs de ce pays rêvé s'inscrivent également dans un contexte réel, l'imaginaire trouvant bien souvent sa source dans la vie même des hommes. Dans le Paris de la fin du Moyen Âge, les « cuisiniers-oyers » rôtissaient des oies que les Parisiens aimaient manger avec une sauce à l'ail dont la recette se trouve dans les traités culinaires de l'époque[138]. De même que les vins cités font partie des vins les plus réputés du moment.

Le thème du pays de Cocagne se diffuse dans toute l'Europe avec des variantes locales. Dans des textes italiens du XVIe siècle, des murs sont faits de fromage de pecorino et tapissés de ricotta, d'autres sont en parmesan[139]. Un auteur anonyme de Modène évoque une montagne de fromage râpé sur laquelle des macaronis cuisent dans un « gigantesque chaudron », avant d'être recrachés pour dévaler les versants de la montagne en s'enrobant de fromage, jusqu'à la plaine où attendent les gourmands[140]. Car on ne cuisine pas dans le pays de Cocagne, les aliments se préparent eux-mêmes pour le plus grand bonheur des mangeurs. Dans une version espagnole du milieu du XVIe siècle, les feuilles des arbres sont des mets sucrés, le fleuve est de miel et des boîtes de friandises sont partout répandues[141]. Et l'on pourrait ainsi multiplier les exemples. Au cours des XVIe et XVIIe siècles, douze variantes ont été repérées en France, vingt-deux en Allemagne, trente-trois en Italie, et quarante dans les Flandres. Le pays de Cocagne a particulièrement « habité l'imagination des hommes de l'espace germano-flamand[142] ».

En Allemagne, il se nomme dès le XVe siècle *Schlaraffenland*, « pays des paresseux et des fous ». Dans les anciens Pays-Bas, plus particulièrement en Hollande, il s'intitule *Cockaengen* ou *Cocanyngen* dans les récits influencés par la Cocagne française, *Het weeldig Land*, « la terre de l'abondance », ou *Luilekkerland*, « terre de la paresse et de la goinfrerie », dans les écrits qui s'inspirent des versions allemandes[143]. L'imaginaire de ce pays merveilleux, fait d'abondance alimentaire et d'oisiveté, est ainsi déjà bien en place lorsque Pieter Bruegel l'Ancien peint *Le Pays de Cocagne* en 1567. Un texte ILL. 106
néerlandais, paru une vingtaine d'années auparavant, en 1546, décrit avec force détails « ce pays légendaire[144] », et permet la compréhension du tableau de Bruegel l'Ancien. Pour accéder à ce pays « paresseux et délicieux qui est un pays très merveilleux, plus que beau et précieux, rempli de toutes les jouissances et voluptés », il faut traverser une montagne de pâte de sarrasin en mangeant son chemin, comme le personnage, en haut à droite de

Ci-contre et double page suivante
106, 107 et 108
Pieter Brueghel l'Ancien
Le Pays de Cocagne
1567, peinture sur bois, 52 × 78 cm
Munich, Alte Pinakothek

la peinture, qui sort du nuage de pâte une cuillère à
ILL. 107 la main. La rivière est faite de lait doux, les maisons couvertes de « délicieuses crêpes et tartes », et les haies qui les entourent sont faites de saucissons divers.

Dans ce pays, « les poulets, les oies, les pigeons, les bécasses et autres volailles » volent déjà tout rôtis. Et le paresseux qui ne peut les attraper attend la bouche ouverte que le volatile y arrive directement, tel le soldat sous le toit, les coudes posés sur un coussin. Les porcs y sont nombreux et « courent par tas, ci et là dans les champs, bien et délicieusement rôtis et ils portent un couteau sur le dos et s'il y a quelqu'un qui aime en manger », il peut en prendre un morceau. Le cochon de Bruegel est ainsi tout rôti avec une belle entaille sur le dos et un couteau sur son flanc. En revanche, le texte de 1546 n'évoque pas l'œuf que le peintre représente cuit et ouvert sur le dessus avec un couteau à l'intérieur et
ILL. 108 marchant sur des pattes. Chose étrange en effet que cet œuf qui semble être un écho des inventions de Jérôme Bosch. Certains y voient un symbole alchimique ou sexuel[145], d'autres une illustration de la gloutonnerie, le couteau dans la coquille pouvant évoquer une tentative de consommer un œuf déjà couvé[146]. À moins que ce ne soit tout simplement un œuf qui se dirige de lui-même vers les mangeurs, à l'instar des volatiles.

Mais *Le Pays de Cocagne* de Bruegel n'est pas un monde parfait. Car « être paresseux et gourmet, et aimer beaucoup manger, ce sont là trois choses qui ne valent rien », met en garde le récit de 1546. Cela s'adresse à toute la société, comme le suggère la légende accompagnant une gravure des années 1567, de Pierre van des Heyden, d'après Pierre Bruegel l'Ancien : « Vous qui êtes là paresseux et gourmets, paysans, guerriers ou clercs, qui arrivez là et goûtez de tout sans travailler. […][147] ». L'abondance alimentaire mène à la goinfrerie, l'oisiveté aux vices, et la gourmandise devient paresse. Le pays de Cocagne du XVIe siècle n'est plus celui du XIIIe siècle : il est désormais un repère où « se vautrent les vauriens, les paresseux et les goinfres en tout genre[148] ».

III.
CUISINE ET MARCHÉ (MOYEN ÂGE-TEMPS MODERNES)

CHAPITRE I

Marché et denrées

« Tout à l'heure je vous invitais à visiter avec moi les natures mortes des peintres flamands, celles d'un Snyders par exemple ou d'un Fyt, cet amoncellement succulent de chairs, de légumes, de poissons et de fruits, où l'estomac trouve son compte autant que les yeux, ces trophées, comme le magnifique tableau de De Heem au Musée de Bruxelles, qui commencent parmi les melons, les raisins et les grenades par une grande jatte de pêches et qui se terminent dans une ascension de lianes par une pyxide de cristal emplie d'une liqueur immatérielle. »

Paul Claudel, *La Peinture hollandaise et autres écrits sur l'art*, 1967

L'apparition de la nature morte marque un tournant dans l'histoire de la représentation alimentaire. Elle s'inscrit dans la continuité des peintures de genre du XVIe siècle qui mettent en scène la nourriture, et que l'on désigna longtemps selon le thème figuré de l'œuvre : pièces de fruits, de poissons, de banquets, de repas servis, etc. La *Corbeille de fruits* ILL. 112 (1596-1598) de Caravage est généralement considérée par les historiens de l'art comme l'un des premiers exemples de nature morte moderne. Pour Roberto Longhi, l'artiste a « libéré définitivement ce genre pictural des connotations philosophiques ou religieuses, en l'imposant comme sujet artistique sur le même plan que la représentation humaine[1] ». Il faut cependant attendre le milieu du XVIIe siècle pour qu'apparaisse un mot désignant plus spécifiquement la « peinture des choses inanimées[2] » : *stilleven* en hollandais, *stilleben* en allemand, *still-life* en anglais, et *soggetti di ferma* (sujets immobiles) dans l'ancienne appellation italienne[3]. Le français préfère le terme « nature morte », mais celui-ci ne s'affirma que dans le courant du XVIIIe siècle. La hiérarchie des genres, comme la présente André Félibien dans ses *Conférences de l'Académie royale* de 1667, avait en effet donné une « nuance de mépris » à cette catégorie de peinture en la classant au bas de l'échelle parce que représentant des objets inanimés, la peinture d'histoire étant alors considérée comme la plus honorable :

> « Ainsi celuy qui fait parfaitement des païsages est au-dessus d'un autre qui ne fait que des fruits, des fleurs ou des coquilles. Celuy qui peint des animaux vivans est plus estimable que ceux qui ne représentent que des choses mortes & sans mouvement ; Et comme la figure de l'homme est le plus parfait ouvrage de Dieu sur la terre, il est certain aussi que celuy qui se rend l'imitateur de Dieu en peignant des figures humaines, est beaucoup plus excellent que tous les autres[4]. »

Cet ordre des choses s'appuie sur une vision du monde qui allait de l'inanimé (objets, animaux morts, etc.) à l'animé qui comprend une âme, jusqu'à « l'âme immortelle, comme couronnement de la création[5] ». Un dessin du début du XVIe siècle du *Liber de intellectu* de l'humaniste Charles de Bouelles[6] résume assez bien ILL. 111

Double page précédente
109
Pieter Aertsen
Scène de marché*, fragment d'un *Ecce Homo
Vers 1550
Détail ill. 113, p. 126

110
Jean-Baptiste Siméon Chardin
La Raie
Vers 1725-1726
Détail ill. 120, p. 131

111
Anonyme
***Liber de intellectu* de Charles de Bouelles**
1510, gravure
Paris, Bibliothèque nationale de France

la manière dont on voyait le monde. Il représente un podium à degrés formant une pyramide. Le premier à gauche, au niveau du sol, montre un rocher, les deux degrés suivants présentent un arbre et un cheval. Au sommet de la pyramide, se trouvent deux hommes, l'un signifiant la raison, l'autre les vertus morales acquises au travers de l'étude. Les trois marches descendantes, à droite, présentent l'homme sensuel, l'homme gourmand, puis l'homme inanimé qui signifie la mort et le retour à la poussière. Si cette manière de voir la vie a pu influencer les peintres, il n'en reste pas moins que la pratique artistique ne s'inscrit pas nécessairement dans les canons académiques tels que les définissent les théoriciens de l'art. Fidèle à eux, Gérard de Lairesse ira même jusqu'à considérer, dans son *Grand Livre des peintres* (1787), que les légumes et les poissons ne méritaient pas que l'on s'en occupe. Il pensait que le pinceau ne pouvait « satisfaire ni l'odorat, ni le goût, ni l'ouïe, ni le toucher[7] », tout en précisant néanmoins que des « figures allégoriques » permettaient la représentation de plusieurs de ces sens. Quoi qu'il en soit, le discours des théoriciens n'empêchera pas le succès des natures mortes, notamment auprès du public bourgeois.

L'apparition de tableaux mettant en scène des aliments traduit, d'autre part, une mise en valeur de la nourriture au travers de sa production et de son abondance, dans un contexte alimentaire qui reste toutefois incertain pour le plus grand nombre. On veut montrer la richesse du monde et signifier que la terre est la mère nourricière des hommes, à une époque d'essor démographique (la population européenne double entre la fin du XVe siècle et la fin du XVIIIe siècle[8]), et où l'on constate une intensification des échanges commerciaux. Les peintres se mettent « à représenter le cycle de l'alimentation dans sa totalité[9] », depuis le choix des denrées jusqu'aux produits transformés. De son côté, le public est de plus en plus demandeur de scènes réalistes et de sujets du quotidien.

Scènes de marché

Les marchés sont des espaces publics où l'on propose des marchandises. Pour Fernand Braudel, l'échange est immédiat : « ce qui est vendu l'est sur-le-champ, ce qui est acheté est aussitôt saisi et [réglé][10] ». Ces lieux de commerce jouent un important rôle économique tout en étant des lieux de sociabilité. Ils sont au cœur d'« une vie de relations » et offrent une ouverture vers le monde extérieur. Leur bon achalandage témoigne de la richesse et du progrès commercial d'une ville, d'une province ou d'un pays. À l'exemple des anciens Pays-Bas qui sont alors l'une des régions européennes les plus prospères : ils sont le port, la foire et le « marché de toute l'Europe », affirme le Florentin Lodovico Guicciardini dans sa *Description de tout le Païs-Bas* en 1568. « La commodité maritime amène journellement de tous les pays, toutes sortes de biens, tant victuailles que toute autre chose pour l'usage de l'homme[11]. » Les habitants sont de grands marchands et le « pays fondé en grande partie sur la marchandise et sur les arts ». C'est-à-dire l'art des métiers, avec leurs produits manufacturés, mais aussi l'art de la peinture qui « est chose importante, utile et honorable [...] en tout le pays ». Guicciardini cite ainsi nombre d'artistes de renom, vivants et morts, parmi lesquels Jan van Eyck, Joos van Cleve, Jérôme Bosch, Frans Floris, Martin de Vos, Pieter Bruegel (l'Ancien), Martin van Heemskerck, ou encore Pieter Aertsen, que notre auteur qualifie de « maître fameux et digne[12] ».

Pieter Aertsen est l'un des principaux initiateurs des scènes de cuisine et de marché. Avec lui, les aliments deviennent des sujets de peinture à part entière dans l'art occidental de la Renaissance tardive[13]. Il naît à Amsterdam, où des bateaux chargés de marchandises arrivaient de France, d'Angleterre, d'Espagne, du Portugal, d'Allemagne, de Pologne, des pays scandinaves, et de bien d'autres endroits encore. Il séjourna également à Anvers, où les marchands étrangers apportaient une grande variété de vins et toutes sortes de vivres, pour les repas quotidiens comme pour les banquets et les festins[14]. Dans ces deux villes, à l'intense trafic commercial, les citadins paraissaient jouir d'un bien-être alimentaire[15] qui ne laissera pas indifférent des peintres comme Pieter Aertsen. Par la variété des denrées représentées sur les tableaux, les scènes de marché et les boutiques de marchandises témoignent de la richesse économique des Pays-Bas. L'artiste montre l'importance de la nourriture en la mettant au premier plan et en reléguant la scène biblique au fond du tableau. Cela suggère une autre vision du monde, différente de celle que l'on avait au Moyen Âge, où la beauté artistique s'inscrivait généralement dans un contexte sacré ou élitiste. On

112
Caravage, Michelangelo Merisi, dit
Corbeille de fruits
Vers 1596, huile sur toile, 46 × 64,5 cm
Milan, Pinacoteca Ambrosiana

113
Pieter Aertsen
Scène de marché*, fragment d'un *Ecce Homo
Vers 1550, huile sur bois, 59,5 × 122,5 cm
Munich, Alte Pinakothek

114
Jan Steen, copie de *Le Marché aux poissons de Leyde*
XVIIe siècle, huile sur toile, 43 × 56 cm
Francfort-sur-le-Main, Städel Museum

115
Lucas van Valkenborch
Marché aux viandes et aux poissons
Vers 1595, huile sur toile, 123,2 × 188 cm
Montréal, musée des Beaux-Arts

peut aussi y voir un intérêt grandissant pour les sujets profanes, à un moment où se développe la Réforme et où « les images religieuses deviennent de plus en plus suspectes, même dans les Flandres catholiques[16] ». Car les peintres évoquent la vie de leur époque. Et leurs œuvres s'inscrivent généralement dans le contexte historique dans lequel elles apparaissent.

Dans le fragment *Ecce homo*, peint vers 1550, c'est le marché qui attire avant tout le regard du spectateur, ILL. 113 et moins la scène biblique à l'arrière-plan de l'œuvre. La présentation des marchandises forme une courbe montante, depuis les denrées posées à même le sol jusqu'à celles disposées en hauteur sur des tréteaux, où le bel agencement des produits et les tenues élégantes des femmes, devant des plateaux de fruits rouges, désignent la partie élitiste du marché. Les fruits étaient en effet plutôt réservés à la table des riches qu'à celle des pauvres[17]. Le marché n'est pas encore totalement en place, du moins dans la partie populaire. Des hommes continuent à apporter des marchandises, pendant que des femmes achèvent la disposition des denrées dans des paniers ou des corbeilles en osier. Deux produits symbolisent les Pays-Bas : les chicons, c'est-à-dire les endives, disposés dans de hauts paniers situés à gauche de la peinture, puis les fromages de Hollande qui leur font pratiquement face à droite du tableau. Ces derniers étaient déjà réputés, ainsi des fromages d'Edam et de Gravesande. L'Italien Guicciardini évoque le beurre et les « très bons fromages » en abondance dans le pays, que l'on exportait également vers l'Allemagne, l'Angleterre et l'Espagne[18].

L'abondant poisson

Le poisson a longtemps joué un rôle important dans l'alimentation européenne en symbolisant les jours d'abstinence du calendrier chrétien, soit environ 140 à 160 jours[19] par an durant lesquels l'Église interdisait la consommation de la viande. Dans sa *Somme théologique* (XIIIe siècle), Thomas d'Aquin explique que « le jeûne a été institué par l'Église pour réprimer la convoitise des plaisirs du toucher qui ont pour objet la nourriture et la volupté. L'abstinence doit donc porter sur les aliments les plus délectables et les plus excitants. Telle est la chair des quadrupèdes et des oiseaux, tels aussi le laitage et les œufs[20] ». Symbole christique, le poisson devient ainsi l'aliment de substitution de la viande les jours où l'on ne peut en consommer — c'est-à-dire, selon les régions, les mercredis, les vendredis et les samedis, sans oublier le Carême et les veilles des grandes fêtes religieuses. Le rythme alimentaire des chrétiens suivra pendant des siècles l'alternance des jours gras (à viande) et des jours maigres (à poisson). Peindre des poissons à profusion

n'était ainsi pas seulement le signe de l'abondance alimentaire, comme dans la pêche miraculeuse de Jésus ou la multiplication des poissons pour nourrir ses fidèles[21]. C'était aussi le signe du salut par la pénitence, le poisson étant censé ne pas produire « l'incendie de la luxure » que provoquerait la viande selon une ancienne opinion[22]. Mais la Réforme protestante du XVIe siècle rejette les prescriptions diététiques de l'Église romaine, et une partie de l'Europe ne sera bientôt plus dans l'obligation d'alterner sa consommation de viande et de poisson. Si cela a pu avoir un impact sur l'industrie de la pêche, plus particulièrement en Angleterre, le poisson reste cependant un élément de base du régime alimentaire des Hollandais[23].

Il en est même une ressource importante. Les rivières en fournissaient une belle variété et nombre de ports maritimes vivaient de la pêche. À Dordrecht, par exemple, il y avait grande quantité d'esturgeon et de saumon et « autres sortes de bon poisson[24] ». *Le Marché aux poissons de Leyde* de Jan Steen, peint au XVIIe siècle[25], les montre dans des coupes en osier ou posés à même
ILL. 114 le sol. Deux personnages les ramassent et les rangent dans des paniers, annonçant ainsi la fin du marché. Les poissons plats (plie, carrelet, limande, sole, etc.) étaient appréciés des consommateurs et se trouvaient en quantité sur les côtes sablonneuses et dans les estuaires, avant que la surpêche ne les raréfie[26]. La scène est réaliste comme celle du *Marché aux viandes et aux pois-*
ILL. 115 *sons* (vers 1595) du Flamand Lucas van Valkenborch. La marchande de poissons, installée du côté de la rivière, les présente sur un étal, entiers ou prêts à être tranchés en darnes, ou vivants dans des baquets d'eau. Le poisson étant une denrée fragile, l'une des façons de le conserver frais était de le garder vivant jusqu'à sa consommation. Face à la poissonnière se trouve un boucher tenant une feuille (une sorte de tranchoir) à la main, prêt à débiter un morceau de viande pour l'une de ses clientes. Au sol, deux baquets remplis d'eau dans lesquels trempe de la viande en train de dessaler, à moins que ce ne soit de la viande en saumure. Le sel était un important moyen de conservation des aliments. « Dans l'univers, il offre à l'humanité des utilisations notables et remarquables », écrit Jean Bruyérin-Champier, qui fut un temps médecin de François Ier. « En effet, poursuit-il, nous utilisons toujours le sel pour conserver les viandes, les poissons et mille autres denrées[27]. »

Les peintres peignaient principalement des poissons frais, même si nous pouvons parfois remarquer des poissons séchés ou fumés. La mer et les bateaux à l'arrière-plan des *Marchands de poissons à leur étal* de Frans Snyders suggèrent une pêche récente. L'un des person- ILL. 116
nages renverse des anguilles encore vivantes pendant que l'autre tranche un saumon. C'est un fatras de poissons et de crustacés, jetés pêle-mêle, qui témoignent de la profusion et de la variété des animaux marins, allant jusqu'aux phoques et aux tortues. À l'époque, on avait déjà une idée exacte de la diversité des poissons. La pêche permettait de parfaire cette connaissance, mais aussi les travaux des naturalistes, comme ceux de Pierre Belon du Mans, qui publie en 1551 *L'Histoire naturelle des estranges poissons marins, avec la vraie peincture & description du Daulphin, & de plusieurs autres de son espèce*, et en 1555, *La Nature & diversité des poissons, avec leurs pourtraicts, representez au plus pres du naturel.* En son temps, Frans Snyders était considéré comme l'un des meilleurs peintres de poissons. Ses parents tenaient à Anvers une auberge à l'enseigne de « La Maison peinte » et géraient une grande salle qui servait aux banquets de mariage[28]. Dans *La Poissonnière*, réalisée vers 1616-1618, le peintre agence harmonieusement les crustacés et les poissons dans des plats ou directement sur la table, à l'exemple du homard qui, tel un roi et sa ILL. 117
cour, est entouré de crabes, d'araignées, de darnes de saumon et de divers poissons. Nous sommes là dans une boutique où la disposition des produits contraste avec la présentation chaotique des *Marchands de poissons à leur étal*. *La Poissonnière* annonce le prochain apprêtement culinaire des denrées tandis que l'autre tableau montre des poissons à peine sortis de l'eau. L'un et l'autre sont avant tout des mises en scène réglées par l'artiste beaucoup plus que des descriptions « réalistes ». Ils ne sont, selon la formule de Susan Koslow, que « des évocations fictives du métier de poissonnier[29] ».

À Naples, la représentation des poissons diffère sensiblement de celle des peintres flamands. « Giovan Battista Recco, Giuseppe Recco et Giovan Battista Ruoppolo dépeignent [un] univers marin, avec la circonspection des naturalistes et l'appréhension de l'univers. » Les poissons frétillent, « agonisent, se contractent, s'enchevêtrent, dévoilant de façon éloquente leur terrible *fatum*[30] ». C'est ce que montre la *Nature morte de poissons* (1691) de ILL. 119

116
Frans Snyders, copie ancienne d'après
Marchands de poissons à leur étal
XVIIe siècle, huile sur toile,
210 × 342,7 cm
Paris, musée du Louvre
Original conservé à Saint-Pétersbourg au musée de l'Ermitage, peint vers 1620

117
Frans Snyders
La Poissonnière
Vers 1616-1618, huile sur toile,
134 × 204 cm
Moscou, musée Pouchkine

118
Frans Snyders, copie ancienne d'après
Marchands de poissons à leur étal
XVIIe siècle,
Détail ill. 116, p. 129

119
Giuseppe Recco
Nature morte de poissons
1691, huile sur toile,
68,6 × 91,4 cm
Florence, Galleria degli Uffizi

120
Jean-Baptiste Siméon Chardin
La Raie
Vers 1725-1726, huile sur toile,
114 × 146 cm
Paris, musée du Louvre

Giuseppe Recco, du musée des Offices de Florence, où le regard agonisant des poissons interpelle le spectateur.

Au XVIIIe siècle, à Paris, *La Raie* (vers 1725-1726) de ILL. 120 Jean Siméon Chardin ne laisse également pas indifférent. Tableau de réception du peintre (avec *Le Buffet*) à l'Académie royale de peinture et de sculpture en 1728, l'œuvre fit couler beaucoup d'encre. Pour Denis Diderot, « l'objet est dégoûtant, mais c'est la chair même du poisson, c'est sa peau, c'est son sang[31] ». L'animal perturbe en effet. Il est éventré, sanguinolent et suspendu à un crochet. Il y a également cette impression de sourire et de regard, comme si la raie se satisfaisait de la situation dans laquelle elle se trouve, la mort l'aurait délivrée de la souffrance de ne plus être dans son environnement marin. À l'extrême fin du XIXe siècle, Marcel Proust la décrit ainsi comme « un monstre étrange, frais encore comme la mer où il ondoya[32] ». La raie est au centre de la peinture avec d'un côté, la représentation du monde végétal et animal et de l'autre, celle des objets de cuisine. On peut y voir un effet d'opposition accentué par la nappe blanche. Dans la composition, le chat surprend aussi. Il est l'« un des rares animaux vivants que l'artiste ait osé peindre », relève Pierre Rosenberg[33]. Arc-bouté sur ses pattes, le poil hérissé et l'air effronté ou hostile, il regarde les huîtres et commence à les piétiner. Les mollusques qui auraient ici « un rôle médiateur » en permettant, « sans horreur », le « manger cru[34] », semblent au contraire être pour lui source d'effroi. La raie, elle, doit être cuisinée, comme l'annoncent les ustensiles culinaires du tableau. Elle est depuis longtemps un mets apprécié. Dans *Le Nouveau Cuisinier royal et bourgeois* (1722), François Massialot propose ainsi une « raie en ragoût », une « raie à la sauce à l'Anchois » et une « raie frite à la sauce rousse[35] ». Dans son *Nouveau Traité de la cuisine* publié en 1739, Menon présente aussi plusieurs façons de préparer la raie. Elle pouvait être frite, confectionnée « à la Sainte Menehould », c'est-à-dire panée, ou servie avec une sauce aux câpres ou avec une autre sauce[36].

La force de la viande

Au Moyen Âge, les artistes représentaient la viande généralement cuite, dans le cadre d'un grand repas, ou rôtissant à la broche devant le feu d'une cheminée. Elle était signe de distinction sociale et la cuisson rôtie était le privilège des élites. Mais, à partir de la seconde moitié du XIVe siècle, plus précisément après le passage de la Peste noire (1348-1349), qui fit des ravages dans toute l'Europe, on constate une augmentation de la consommation de la viande, « même dans les couches inférieures de la société[37] ». C'est le début d'une période que Fernand Braudel nommera « l'Europe des carnivores ». L'importance de la viande dans le régime alimentaire des Européens perdurera jusqu'au XVIe siècle. « Les viandes de boucherie et de rôtisserie surabondent : bœufs, moutons, porcs, poulailles, pigeons, chevreaux, agneaux[38]… », sans oublier les gibiers. Le phénomène est plutôt urbain, même si la table paysanne n'est pas dépourvue de viande. À Paris, en 1577, « tout ouvrier, tout marchand si chétif qu'il soit, veut manger, les jours gras, du mouton, du chevreuil, de la perdrix, aussi bien que les riches », témoigne un ambassadeur vénitien[39]. Dans les pays du Nord, la consommation de viande est particulièrement forte : aux Pays-Bas, elle était d'un usage si courant « qu'une crise de famine en diminuait à peine la demande[40] ».

C'est dans ce contexte que Pieter Aertsen peint son *Étal de viandes* (1551). Là encore, l'artiste est précurseur. ILL. 121 Le tableau a longtemps été considéré comme la première nature morte de viandes et de victuailles de l'histoire de l'art[41]. Le succès est immédiat avec pas moins de quatre versions connues[42]. L'œuvre aurait été commandée par la Guilde des bouchers d'Anvers pour être accrochée dans leur halle (« *Vleeshuis* »), dont on peut encore aujourd'hui admirer le bâtiment. Mais aucun document ne semble pouvoir le confirmer[43]. L'étalage de viande, au premier plan du tableau, attire le regard du spectateur, plus particulièrement la tête sanguinolente, placée au milieu des autres victuailles comme un trophée de chasse. Elle est entourée de viandes crues, d'abats, de préparations charcutières, de confections culinaires avec les tartelettes et les bretzels suspendus, d'une motte de beurre, d'un morceau de fromage et, sans doute, d'une jatte de crème. Il y a aussi des poissons, apparemment des harengs, les uns étant séchés ou fumés, les autres frais. Ceux placés devant la motte de beurre symbolisent la nourriture maigre, le beurre étant à cette époque une matière grasse que l'on pouvait utiliser en période de jeûne[44]. Les bretzels étaient également consommés en temps de Carême[45]. Les deux autres poissons, disposés dans un plat, forment une croix qui oriente vers la scène religieuse placée à l'arrière-plan du tableau. Elle représente la Fuite en Égypte et l'on y voit la Vierge donner du pain à un enfant.

Ci-contre et page suivante
121 et 122
Pieter Aertsen
Étal de viandes avec la Fuite en Égypte
1551, huile sur bois,
123,3 × 150 cm
Uppsala, collections
de l'Université

Pour Kenneth M. Craig, cette scène représente la nourriture spirituelle. Elle contraste avec l'étal de viande qui figure la « nourriture corporelle[46] ». Pour d'autres, le tableau signifierait la lutte entre Carnaval et Carême[47]. La viande de boucherie était aussi vue comme une métaphore eucharistique symbolisant « le corps du Christ en tant que victime sacrificielle[48] ». En même temps, sa consommation pouvait être perçue comme un signe de la condition pécheresse de l'homme, « censé n'être devenu carnivore qu'après avoir été chassé du Paradis[49] ». On pensait aussi que la chair animale incitait à la tentation charnelle[50]. À la fin du XVIe siècle, la viande est généralement montrée dans un contexte professionnel, avec des garçons bouchers qui brandissent, telle une arme, leur couteau comme outil de dépeçage, à l'exemple des *Bouchers* (vers 1580) de Bartolomeo Passerotti[51]. Dans les villes de l'époque, les bouchers étaient une force économique que les pouvoirs publics ne pouvaient ignorer et la viande, une « denrée politique » étroitement surveillée. L'animal devait arriver vivant. Il subissait ensuite un contrôle sanitaire avant que le boucher ne l'abatte. Le consommateur était ainsi rassuré et pouvait vérifier si la bête était saine, « sans signe visible de maladie[52] ».

Dans les années 1582-1583, le Bolonais Annibal Carrache peint la *Grande Boucherie* qui est aujourd'hui à la Christ Church Picture Gallery à Oxford. La tradi- ILL. 123
tion veut qu'il s'y soit représenté avec des membres de sa famille[53]. Le tableau montre le cycle du travail du boucher : depuis l'abattage de l'animal jusqu'à son dépeçage et sa vente en quartiers de viande. Quatre des six personnages représentent des bouchers. Celui qui est agenouillé au sol s'apprête à tuer un jeune bouc. Le personnage à droite porte une demi-carcasse qu'il tente d'accrocher à un croc. Les viscères sont bien visibles et rappellent l'origine animale de la chair. Un boucher, à gauche du tableau, pèse de la viande avec une balance. Le morceau est probablement destiné au hallebardier qui attend non loin de là tout en cherchant de l'argent

Page précédente
123
Annibal Carrache
La Grande Boucherie
Vers 1582-1583, huile sur toile,
185 × 266 cm
Oxford, Christ Church Picture Gallery

124
Annibal Carrache
La Petite Boucherie
Vers 1583, huile sur toile,
59 × 71 cm
Fort Worth, Kimbell Art Museum

Page de droite
125
Rembrandt Harmensz. van Rijn
Le Bœuf écorché
1655, huile sur bois,
94 × 69 cm
Paris, musée du Louvre

dans sa bourse. Un autre boucher, derrière l'étal où est présentée la viande détaillée, s'apprête à en donner un morceau à une vieille femme. Ce tableau montre la « matérialité de la chair », par la lourdeur et la « pesanteur de la viande », que symbolisent la balance et la difficulté de soulever la demi-carcasse. Les divers morceaux suspendus à des crochets le suggèrent aussi, comme on peut également le voir dans la *Petite* ILL. 124 *Boucherie* (vers 1583), un autre tableau du peintre. Avec « l'épaisseur du gras et la densité du muscle », Carrache insiste, dans ces deux peintures, sur le poids de la viande[54], symbolisant son importance dans l'alimentation humaine.

Depuis l'Antiquité, le bœuf est « signe de richesse domestique et patrimoniale[55] ». Au XVIIe siècle, les Flamands et les Hollandais avaient coutume d'en sacrifier un à la fin de l'année : « Vers le mois de novembre ils achètent un bœuf, ou la moitié d'un, selon la grandeur ou le nombre de leur famille », écrit dans les années 1660 le père Boussingault, auteur du *Guide universelle de tous les Pais Bas, ou des dix-sept provinces*. Ils le salent « et en enfument une partie pour l'été, qu'ils mangent avec du beurre, ou sur de la salade, poursuit-il. Tous les dimanches ils en tirent une grande pièce du saloir, qu'ils cuisent, et en font plusieurs repas, ladite pièce froide retourne toute la semaine sur la table, avec quelque morceau de viande bouillie, du lait ou bien quelques légumes[56] ». Les peintures de l'époque témoignent de cette habitude. Dans ILL. 121 l'*Étal de viandes* de Pieter Aertsen, l'on voit ainsi au fond du tableau, à droite, l'intérieur d'une maison avec une carcasse de bœuf ouverte et suspendue devant une table nappée. Dans un *Intérieur flamand* de Marten Van Cleve[57], peint vers 1555-1560, le bœuf ouvert est aussi suspendu dans la demeure, non loin du foyer et des membres de la maisonnée en train de manger et de cuisiner. Cette carcasse imposante est l'assurance pour la famille d'une nourriture régulière pour les mois à venir et symbolise le bien-être alimentaire. Dans le *Marché aux viandes et* ILL. 115 *aux poissons* (vers 1595) de Lucas van Valkenborch, nous remarquons aussi une carcasse suspendue d'une couleur dorée, faisant penser à une viande fumée. Nous pourrions encore citer l'*Intérieur de cuisine avec un bœuf écorché* (vers 1643) de David Teniers le Jeune[58], où le plat en grès, disposé sous l'animal pour recueillir le sang, suggère un abattage récent.

Le célèbre *Bœuf écorché* (1655) de Rembrandt ILL. 125 découle aussi de cette habitude hollandaise de préparer un bœuf à la fin de l'année. Il s'inscrit également dans cette tradition iconographique de représenter depuis le XVIe siècle, comme nous venons de le voir, une carcasse de bœuf suspendue dans une cuisine ou dans une pièce à manger pour signifier la prospérité alimentaire du foyer et une certaine aisance sociale. Toutefois, le tableau de Rembrandt diffère des autres œuvres. « Le peintre s'est gardé de peindre tout motif, figure ou accessoire, qui pourrait détourner l'œil du spectacle de la viande. [...] *Le Bœuf écorché* de Rembrandt ne donne à voir rien d'autre... qu'un bœuf écorché[59] », même si l'on distingue le visage d'une femme dans l'embrasure d'une porte à l'arrière-plan du tableau. La singularité du tableau de Rembrandt est aussi dans la représentation de la chair de l'animal : une viande resserrée, séchée sur le dessus, d'une couleur rouge sombre, avec une graisse aux reflets jaunâtres. Cela suggère une carcasse suspendue depuis plusieurs jours. Elle semble faire son travail de mortification, de rassissement, au cours duquel la viande s'attendrit progressivement[60]. Le peintre représente ainsi son *Bœuf écorché* à un moment où le processus de maturation paraît engagé dans le but de donner tendreté et saveur à la viande. Il choisit un état de la matière conforme à sa démarche picturale qui tend à la transformation, à la métamorphose de ce qui est.

Les bovins étaient principalement destinés au marché urbain et la viande de bœuf représentait le « dynamisme commercial » de la ville et le goût du citadin privilégié. Il en va tout autrement du cochon et de sa chair qui symbolisent la nourriture rurale et « une économie familiale tendant à l'autarcie[61] ». Son sacrifice annuel dans les campagnes était un véritable rituel et donnait lieu à des réjouissances où l'on préparait les salaisons et les charcuteries. « Le sang est converti en boudins ; [une] partie des entrailles et de la chair, en andouilles et saucisses ; les jambes, les oreilles, les langues, les échinées, jusques aux moindres extrémités et particules, tout s'emploie, rien ne se perd », explique Olivier de Serres dans *Le Théâtre d'agriculture et mesnage des champs*, au début du XVIIe siècle[62]. C'est ce que montre également le tableau de Leandro Bassano, *Le Mois de décembre*, peint vers 1595-1600. On ILL. 126 y voit les divers apprêts du cochon après son abattage comme cela se pratiquera longtemps dans les campagnes

126
Leandro Bassano
***Le Mois de décembre*, avec le signe du Capricorne et l'abattage du cochon**
1595-1600, huile sur toile, 80 × 121 cm
Tula, musée d'Art de l'État

européennes. L'œuvre s'inscrit dans une série de tableaux qui dépeint les douze mois de l'année. Ces peintures « reprennent la disposition des images des *Mois* qui, au début du XVe siècle, avaient connu une brillante fortune artistique dans les miniatures françaises et flamandes et, aussi, dans les peintures murales de l'Italie[63] ». À Venise, la dynastie des Bassano s'était spécialisée dans les tableaux champêtres qui montrent la vie rurale, sous couvert d'allégories comme ici, ou de scènes religieuses.

La chasse est aussi une pratique de la campagne mais plutôt réservée à la haute société. Pour Robert de Salnove, auteur d'un ouvrage sur la vénerie en 1655, elle « a été de tout temps le divertissement des rois, des princes et des gentilshommes, et a tenu le premier rang des plus nobles exercices[64] ». En témoigne le célèbre *Livre de la chasse* de Gaston Phébus, richement illustré, qui fut composé entre 1387 et 1389. Quelques dizaines de copies manuscrites sont parvenues jusqu'à nous, la plupart datant du XVe siècle, dont deux exemplaires conservés à la Bibliothèque nationale de France[65]. Nombre de règlements seront édictés au sujet de la chasse, notamment pour préserver le privilège de l'aristocratie dans ce domaine. Mais sa pratique s'élargit à d'autres couches de la société au grand désespoir de Robert de Salnove qui écrit : « toutes sortes de personnes chassent plutôt pour l'utilité, que pour l'action et le plaisir ; d'où j'appréhende que cette Chasse noble, ne devienne roturière[66] ». Dans les Pays-Bas méridionaux, les bouchers de Bruxelles, d'Anvers, de Louvain, de Malines, de Gand et de Bruges obtiennent des droits de chasse[67]. Selon un édit de 1613, la venaison pouvait être vendue en ville dans les marchés publics, ou devant « les maisons des villes et franchises », le matin de neuf à onze heures et l'après-midi de trois à cinq heures. Celle qui n'avait pas été vendue durant ces plages horaires pouvait ensuite être « portée par toute la ville[68] ». Le gibier ne devait pas être transporté dans des sacs ni dans des paniers et ne pas être couvert[69]. Il en est ainsi dans les *Paysans sur le chemin du marché* (vers 1630-1640), attribué à Jan Boeckhorst et Frans Snyders[70], où l'un des personnages porte un gros gibier sur ses épaules.

Dans *La Marchande de gibier* de Frans Snyders, ILL. 127 la venaison est présentée avec son plumage et son pelage, au-dessus d'une nappe blanche, et se différencie nettement du carré de viande, du porcelet et des deux volailles, prêts à être cuisinés. C'est d'un côté, la noblesse du gibier restant dans ses habits de vie, et de

127
Frans Snyders
La Marchande de gibier
Vers 1630, huile sur toile,
221 × 187 cm
Paris, musée du Louvre

128
Frans Snyders, attribué à
Nature morte de légumes
Début du XVIIe siècle,
huile sur toile,
144 × 157 cm
Karlsruhe, Staatliche Kunsthalle

l'autre, l'apprêt des viandes bouchères et charcutières dont la destinée est la table bourgeoise. La dimension érotique du tableau est ici évidente. Les sourires et les regards des deux personnages sont significatifs. La femme propose une figue à l'homme. Le fruit symbolise le sexe féminin[71], qui est également suggéré par l'ouverture d'éviscération de la biche. Le lièvre suspendu incarne la fécondité, la lubricité et la « sexualité déchaînée[72] ». Les volatiles, comme nous le verrons dans un autre chapitre, sont généralement associés au désir charnel et les singes, au péché originel car ils aiment manger des fruits[73].

Profusion de légumes et de fruits

Longtemps, les légumes ont été considérés comme une nourriture du pauvre et du paysan. Mais, au cours des XVIe et XVIIe siècles, ils deviennent à la mode à la table des élites. Ils témoignent de l'évolution du goût et d'une nouvelle passion pour le jardinage et l'horticulture. « Non seulement les artichauts, cardons et asperges méditerranéens le disputent aux melons, aux oranges et aux citrons de toutes sortes dans le cœur des gourmands, mais les champignons, les truffes et quantité de légumes indigènes s'accumulent sur les bonnes tables et fleurissent dans les livres de cuisine », écrit Jean-Louis Flandrin[74].

129
Pieter Aertsen
Femme du marché à son étal
1567, huile sur bois,
111 × 110 cm
Berlin, Gemäldegalerie

Le phénomène est particulièrement visible en France où la table des élites est traditionnellement carnée. Il se rencontre aussi dans d'autres pays d'Europe, comme en Angleterre où « les plats de légumes envahissent les livres de cuisine[75] ». Les Italiens avaient depuis longtemps une réputation de mangeurs de légumes. Montaigne note dans son *Journal de voyage*, au début des années 1580, qu'« ils servent des fèves crues par toute l'Italie, et des pois et des amandes vertes, et ne font guère cuire les artichauts[76] ». Giacomo Castelvetro, réfugié en Angleterre parce que protestant, écrit un texte en 1614 qui montre l'importance des légumes et des salades dans l'alimentation italienne : le *Brieve racconto di tutte le radici di tutte le erbe e di tutti i frutti che crudi o cotti in Italia si mangiano*[77].

En Flandre, non loin de Bruges, on trouve dans le jardin d'un seigneur, dans les années 1560, des « herbes pour salade », des « porées » (poireaux, bettes ou blettes), « beaucoup de sortes de racines » qui sont généralement des raves, des « concourdes », probablement des courges, des concombres, artichauts, cardes, asperges « et autres semblables hortages[78] ». Cette description évoque nombre de tableaux peints à la même époque : la *Vendeuse de marché avec fruits, légumes et volaille* (1564)[79], *La Terre* (1569) de la série des *Quatre Éléments* de Joachim Beuckelaer, dont nous reparlerons plus loin, la *Femme du marché à son étal* (1567) de Pieter Aertsen ILL. 129
ou encore la *Nature morte de légumes* (vers 1600) attribué à Frans Snyders. Cette dernière œuvre est « l'un des ILL. 128
rares exemples de ce genre dans la peinture flamande du début du XVIIe siècle ne représentant ni scène de marché, ni scène de cuisine, mais montrant la sphère même de production agricole[80] », où l'on voit en arrière-plan des paysans travailler la terre. Outre les raves, le tableau montre une belle variété de choux avec un subtil jeu de couleurs. Ceux-ci sont à l'honneur dans le traité d'agronomie d'Olivier de Serres. Les « cabus ou pommés » sont bons durant tout l'été et l'automne, voire l'hiver dans les pays qui ne sont pas trop froids. Les « cabus primerains ou hivernaux » peuvent être mangés « dès la fin du mois de mai ou [au] commencement de juin ». Les blancs et les verts ne sont bons que lorsque le froid les a touchés, car il les attendrit. L'auteur évoque aussi les choux « vert-obscur » qui blanchissent au cœur faute d'air, et les « pommés rouges », entremêlés de blanc à l'intérieur, qui ressemblent à « porphyre ou jaspe » lorsqu'ils sont coupés[81].

Les anciens Pays-Bas produisent beaucoup de fruits, principalement des « poires, pommes, prunes, cerises, mores, pêches, abricots, noix, noisettes, nèfles, et en quelque endroit [des] châtaignes ». Mais, à part les pommes et les poires, qui « sont très bonnes et durent toute l'année », les fruits n'ont pas la saveur et le goût de ceux d'Italie, écrit Lodovico Guicciardini. Les figues, les amandes et « autres fruits semblables » croissent à grand-peine dans le plat pays, encore moins les « olives, oranges, limons, grenades, et autres tels nobles fruits ». On les trouve pourtant en abondance et en toute saison en provenance d'Espagne et du Portugal par la mer[82]. On les voit aussi régulièrement sur les tableaux des peintres, non pas seulement dans les scènes de marché et de garde-manger, mais également dans les représentations de tables mises. Le jardin, perçu comme le « lieu originel de la Création », devient « l'endroit où l'homme peut

jouer au Créateur[83] ». Il cherche à améliorer le goût des fruits en perfectionnant les modes de greffage et de taille.
ILL. 129 bis La *Fruitière* (vers 1580) de Vincenzo Campi s'inscrit dans ce contexte de valorisation des végétaux, de modernisation des méthodes agricoles et des techniques arboricoles. Outre des légumes, la peinture présente une belle variété de fruits de différentes saisons agencés dans divers récipients. Comme en témoignent une quinzaine de poésies italiennes du XIVe au XVIe siècle, les fruits étaient à cette époque classés en trois groupes : ceux qui se mangent en entier (figues, poires, coings, pommes, etc.), les fruits où seul l'extérieur est consommé (pêches, abricots, cerises), puis les autres où l'on ne mange que l'intérieur (noix, noisettes, châtaignes[84]). Ces regroupements se retrouvent en partie autour de la belle fruitière. Le tableau de Campi évoque la sensualité gourmande et la sensualité tout court. Fruit parmi les fruits, la séduisante jeune femme invite aux plaisirs de la vie. Les pêches qu'elle porte dans son tablier symbolisent le fruit défendu et le raisin, dont elle tient une grappe, représente la Rédemption[85]. La variété et l'abondance des fruits et des légumes exposés incarnent la fertilité de la nature[86], mais une nature façonnée par l'homme qui cherche à produire les plus beaux fruits de la terre pour sa propre satisfaction.

Les célèbres têtes composées de Giuseppe Arcimboldo sont une autre façon de représenter les fruits et les légumes. Une manière de les valoriser et de les anoblir aussi. Originaire de Milan, l'artiste passe une partie de sa vie à la cour des Habsbourg à Vienne et à Prague, sous Maximilien II et Rodolphe II. Il réalise plusieurs versions d'un même thème, comme celui des quatre saisons où chacune des saisons est présentée sous l'apparence d'un portrait de profil constitué d'éléments de la période concernée. *L'Automne* apparaît ainsi avec des grappes de raisin, des feuilles de vigne et des planches d'un tonnelet, *L'Hiver* est figuré « par un vieux

129 bis
Vincenzo Campi
***La Fruitière* (*La Marchande de fruits*)**
Vers 1580, huile sur toile,
143 × 213 cm
Milan, Pinacoteca di Brera

Double page suivante
130
Pieter Aertsen
Femme du marché à son étal
1567
Détail ill. 129, p. 142

131
Giuseppe Arcimboldo
L'Été
1573, huile sur toile,
76 × 64 cm
Paris, musée du Louvre

132
Giuseppe Arcimboldo
Portrait de l'empereur Rodolphe II de Habsbourg en Vertumne
1590, huile sur toile,
70,5 × 57 cm
Mariefred, Gripsholms slott

133 et 134
Giuseppe Arcimboldo
Légumes dans un bol* ou *Le Jardinier
Vers 1590, tableau réversible,
huile sur bois, 35 × 24 cm
Crémone, Museo Civico Ala Ponzone

tronc d'arbre noueux », *Le Printemps* par des fleurs et des plantes. Quant à *L'Été*, dont la version de 1573 est conservée au musée du Louvre avec les autres saisons de la même
ILL. 131 série, il est fait d'une diversité de fruits et de légumes. La joue et une partie du visage se composent d'une grosse pêche, d'un coing, d'une tête d'ail, d'une cébette et de bien d'autres végétaux. Le menton est une poire, le nez un cornichon ou un concombre, la bouche est formée de cerises et de petits pois dans leur cosse. L'œil est une cerise placée entre deux petites poires[87]. Remarquons l'aubergine et l'épi de maïs sur le côté de la tête. La première est encore rare. Elle vient d'Asie et a été importée par les Arabes au cours du Moyen Âge. Le second est arrivé en Europe avec Christophe Colomb à la fin du XVe siècle. Il a très vite été acclimaté en Espagne, au Portugal, dans la France du Sud-Ouest et en Italie du Nord entre 1530 et 1540[88]. Sa présence dans les têtes composées d'Arcimboldo, dès 1563, témoigne de l'acclimatation et de la connaissance d'une plante qui était encore inconnue des Européens quelques décennies auparavant.

Le maïs se trouve aussi dans la représentation de
Vertumne[89] (vers 1590), étrange portrait de Rodolphe II ILL. 132
de Habsbourg en « dieu des Saisons assimilé au dieu des Éléments ». Le visage et le haut du corps se composent de fruits, de légumes et de fleurs des différentes saisons. Cela suggérerait « la paix, la prospérité et l'harmonie » du règne de l'empereur. Le tableau serait le point culminant de l'iconographie impériale, c'est-à-dire le couronnement des séries des *Saisons* et des *Éléments* d'Arcimboldo[90]. L'artiste a aussi peint des « figures réversibles » qui sont des tableaux qui se retournent de haut en bas et qui montrent d'un côté un portrait et de l'autre une nature morte. C'est ainsi le cas du *Jardinier* ou *Légumes dans un*
bol, actuellement à Crémone, datant de 1590 environ[91]. ILL. 133, 134
Le récipient et les légumes se transforment, une fois le tableau retourné, en un visage grotesque. L'ustensile devient un couvre-chef, les feuilles, des cheveux et une barbe, les deux champignons forment les lèvres, les noix et les noisettes, les yeux, l'oignon et le navet, les joues et le raifort le nez[92].

Les quatre éléments

Au milieu des années 1560, Arcimboldo réalise aussi sous forme de portraits un cycle des Éléments. *L'Air* est ainsi composé d'oiseaux, *La Terre* est principalement faite de gibiers, *L'Eau* est constituée d'animaux aquatiques, *Le Feu* rassemble des objets ayant un rapport avec lui (bougie, lampe à l'huile, pierre à feu, fagot de brindilles, bûches enflammées, armes à feu…)[93]. À cette même époque, le neveu de Pieter Aertsen, Joachim Beuckelaer, peint également un cycle des *Quatre Éléments* (1569-1570). L'air, l'eau et la terre sont respectivement ILL. 135
représentés par des marchés de volailles, de poissons, ILL. 136
de fruits et de légumes, le feu par une cuisine en acti- ILL. 137
vité. Dieu fit les quatre éléments dont toutes choses ILL. 138
dépendent, comme « herbes, arbres, oiseaux et toutes autres bêtes, poissons, et hommes », dit Aldebrandin de Sienne au XIIIe siècle dans le *Livre de physique* ou *Régime du corps*[94]. Cette théorie des éléments, d'origine antique, assignait à chacune des espèces végétales et animales une place hiérarchique et l'associait à des qualités humorales : ainsi le bœuf était-il considéré comme froid et sec, et donc grossier, parce que terrestre. Alors que le veau était plus délicat car plus léger, plus tendre et plus humide[95]. Comme l'écrit encore Aldebrandin de Sienne dans son ouvrage à succès rédigé en français, puis traduit en italien, en catalan et en flamand[96] : « […] toutes choses sont chaudes et moites, chaudes et sèches, froides et moites, froides et sèches[97] ». Il en est de même des hommes dont les humeurs évoluent selon leur tempérament (sanguin, colérique, flegmatique, mélancolique) et le contexte social dans lequel ils vivent, chacun devant consommer la nourriture qui lui convient selon sa condition et sa propre complexion.

Cette vision du monde s'intègre dans une « grande chaîne de l'être » qui s'organise « selon un principe vertical et hiérarchique », allant des objets inanimés jusqu'à Dieu[98]. Les plantes et les animaux y occupent une place d'après leur appartenance à l'un des quatre éléments et selon une hiérarchie interne à chacun des éléments. La terre est au bas de l'échelle. Elle est « le substrat naturel dans lequel poussent toutes les plantes[99] ». Les fruits y sont supérieurs aux bulbes (oignon, ail, échalote) et aux racines (carotte, navet et autres raves) car plus éloignés du sol. Ils font les délices des riches convives. Dans la chaîne de l'être, l'eau se situe au-dessus de la terre ; les dauphins et les baleines y dominent les autres animaux aquatiques. L'air arrive en troisième position. Les volatiles vivant près de l'eau (canards par exemple) sont inférieurs aux poulets et aux chapons. Ces derniers sont régulièrement sur la table des privilégiés. Enfin, au sommet de la chaîne, se trouvent le feu et les animaux mythiques qui lui sont associés, comme la salamandre et le phénix.

Cette classification figure pour l'essentiel dans les *Quatre Éléments* de Beuckelaer : les végétaux pour la terre, les poissons pour l'eau, les volatiles pour l'air. Le feu, quant à lui, n'est pas représenté par des animaux mythiques mais par une cuisine, comme nous l'avons déjà constaté. Chacune des peintures inclut à l'arrière-plan une petite scène biblique qui n'est pas toujours bien visible. La Fuite en Égypte, la Pêche miraculeuse, le Fils prodigue et le Christ dans la maison de Marthe et Marie. Ces tableaux, où l'on discerne des connexions entre le monde religieux, les éléments et la vie humaine, montrent avant tout la production comestible de la terre, de l'eau et de l'air[100], dans un contexte économique, au travers des marchés de ville (poissons et volatiles) et de la vente à la campagne (végétaux). Les marchandes et marchands proposent leurs produits en regardant les clients potentiels, qui sont aussi les spectateurs du tableau. Ces étalages de victuailles procurent à ceux qui les regardent une forme de satiété. Ils représentent l'abondance et la prospérité alimentaire. On y devine aussi une certaine sensualité. La « profusion et la variété des choses » donnent du plaisir, écrit Leon Battista Alberti dans son *De Pictura*. Pour lui, « l'esprit en toute chose se plaît à la variété et à l'abondance[101] ».

135
Joachim Beuckelaer
Les Quatre Éléments : l'Air
(un marché aux volailles avec le Fils prodigue à l'arrière-plan)
1570, huile sur toile,
157 × 214 cm
Londres, The National Gallery

136
Joachim Beuckelaer
Les Quatre Éléments : le Feu
(une cuisine avec le Christ dans la maison de Marthe et Marie à l'arrière-plan)
1570, huile sur toile,
157 × 214 cm
Londres, The National Gallery

137
Joachim Beuckelaer
Les Quatre Éléments : la Terre
(un marché aux fruits et aux légumes avec la Fuite en Égypte à l'arrière-plan)
1569, huile sur toile,
157 × 214 cm
Londres, The National Gallery

138
Joachim Beuckelaer
Les Quatre Éléments : l'Eau
(un marché aux poissons avec la Pêche miraculeuse à l'arrière-plan)
1569, huile sur toile,
158,1 × 214,9 cm
Londres, The National Gallery

CHAPITRE II

Cuisine, cuisinier et cuisinière…

« On a beau voir une maison dorée,
On a beau voir une chambre parée,
On a beau voir le grenier & la cave,
On a beau voir le Cabinet tant brave,
On a beau dire, on a beau faire mine,
Si on ne void une bonne cuysine,
Il n'y a riens en la maison qui plaise,
Car la cuysine esiouyt & faict aise
Le corps humain, & la munition
Engendre au cueur grand recreation. »

Gilles Corrozet, *Les Blasons domestiques*, 1539

Au tournant du Moyen Âge et de la Renaissance, les scènes de cuisine prennent de l'importance dans la représentation picturale. Selon les époques, les pays et les courants artistiques, les peintres figureront le cuisinier ou la cuisinière : l'un et l'autre n'ont pas la même signification. Le premier évolue généralement dans une demeure aristocratique, alors que la seconde est plutôt attachée à une maison bourgeoise. Ainsi, les enlumineurs des manuscrits médiévaux français représenteront le cuisinier du seigneur s'activant devant l'âtre de la cheminée, alors que les peintres hollandais, flamands et italiens du XVIe siècle préféreront représenter des cuisinières à la sensualité bien affirmée. Cela montre les approches différentes des artistes selon le contexte dans lequel ils vivent et la manière dont ils perçoivent la cuisine. Si les grandes maisons restent longtemps l'apanage des cuisiniers, que l'on nomme aussi queux au Moyen Âge, les peintres préfèrent à partir de la Renaissance choisir la cuisinière pour évoquer le lieu et la pratique de la cuisine, car elle incarne à la fois la mère nourricière, la femme chaleureuse et le confort du foyer. Pour les artistes, la cuisine en tant qu'espace est aussi un moyen d'aborder l'activité culinaire, de montrer la condition sociale des personnages qui y figurent, tout en suggérant le plaisir des sens.

La cuisine représentée

Le lieu où l'on cuisine a été diversement représenté par les peintres. Dans les demeures modestes, le foyer est généralement disposé au sol et installé au centre de l'unique pièce. Par exemple, dans *La Visite à la ferme* (vers 1597) de Jan Brueghel l'Ancien, conservée au Kunsthistorisches Museum de Vienne[102], le chaudron est immense. Il s'impose comme le symbole du foyer bien pourvu et représente l'abondance alimentaire et la communauté familiale. S'il avait été vide, il aurait signifié le « foyer éteint », « l'habitation désertée », le décès, la famine et la guerre[103]. Il est suspendu à une crémaillère où un système de crochets permet de régler sa hauteur pour mieux gérer l'intensité du feu. La chaleur est aussi recherchée par les enfants, la mère et son bébé qui s'y réchauffent. Un banc à foyer est installé non loin, à l'adresse de ceux qui souhaiteraient s'y asseoir pour également profiter du feu. La famille n'est pas misérable, la nourriture est omniprésente dans la maison. Outre ce qui cuit dans le chaudron, deux personnages barattent du beurre au fond du tableau. Sur la table, où un mangeur est déjà installé, se trouve une miche de pain, une motte de beurre et des écuelles garnies d'une composition blanche. Le thème du tableau est la visite d'un couple aisé, probablement les seigneurs des fermiers, venant fêter le nouveau-né. L'homme semble offrir au paysan un pain de sucre, ce qui n'est pas rien, le sucre étant à cette époque une denrée coûteuse. ILL. 141

La Cuisine riche ou l'allégorie de la *Voluptas carnis*, qui signifie la volupté charnelle ou la volupté de la chair, peinte en 1570 par Pieter Aertsen, montre un espace chargé de nourriture où se côtoient végétaux, poissons, viandes, abats, fromages et pain… Une profusion alimentaire digne d'une cuisine bien achalandée et où apparaissent néanmoins trois couples qui regardent le spectateur et qui représentent, peut-être, les trois âges ILL. 140

139
Gérard Dou
La Cuisinière de village
ou *Femme versant de l'eau*
Vers 1640
Détail ill. 331, p. 367

Double page suivante
140
Pieter Aertsen
***La Cuisine riche* (allégorie de la *Voluptas carnis*)**
1570, huile sur bois,
110,5 × 213 cm
Copenhague, Statens Museum for Kunst

141
Jan I Brueghel, dit « de Velours »
La Visite à la ferme
1597, huile sur cuivre, 27 × 36 cm
Vienne, Kunsthistorisches Museum

de la vie amoureuse avec la jeunesse, la famille (ou l'âge mur) et la vieillesse. Sur la gauche de la cheminée, il y a ainsi deux personnages qui font face à deux jeunes gens qui semblent badiner. Au-devant de la peinture se trouvent deux parents qui entourent leur enfant occupé à manger. Le sens du tableau va bien au-delà de la simple représentation d'une cuisine remplie d'aliments. L'excès de nourriture, et plus spécifiquement celui de la viande, est perçu comme un danger car le sensuel fait perdre de vue le divin : « rien n'étouffe et n'assomme tant l'esprit que le ventre plein et réchauffé de viandes », explique le frère capucin Laurent de Paris en 1602. Pour lui, la volupté charnelle se répartit entre les « plaisirs de la gueule et ceux de la luxure ». Les deux rendent « l'homme animal et brutal, lui corrompent sa santé, lui gâtent et pourrissent le corps[104] ». Le seul remède est donc la modération et la tempérance. Le tableau est ainsi une mise en garde contre le plaisir alimentaire et l'abondance des denrées qu'il est nécessaire de contrôler pour se nourrir sans excès, en accord avec son esprit. Ce que confirme, d'une certaine façon, la présence du hibou, symbole de sagesse et de clairvoyance, mais qui peut aussi représenter « ceux qui s'écartent de la lumière spirituelle[105] ».

Tout autre est le message de *La Cuisine grasse* et de *La Cuisine maigre* (1563) gravées par Pieter van der Heyden d'après des dessins originaux de Pieter Bruegel l'Ancien, et publiées à Anvers par Jérôme (Hieronymus) Cock, un célèbre éditeur d'estampes[106]. L'époque est pour l'estampe une période « d'efflorescence particulièrement brillante[107] ». Des éditeurs acquièrent une belle réputation en collaborant avec des artistes de renom. C'est ainsi le cas de Cock avec Jérôme Bosch, Pieter Bruegel et le graveur Pieter van der Heyden. Les estampes atteignent un large public et contribuent à populariser les œuvres des peintres. Le thème de la cuisine grasse et de la cuisine maigre n'est pas nouveau. On le retrouve notamment dans le théâtre de la fin du Moyen Âge, dans le combat de Carnaval et de Carême, dans l'alternance calendaire de la viande et du poisson, dans l'opposition entre l'indigence et l'abondance, et « les rêveries de Cocagne ». « Dans les mystères, le monde du diable est celui de la cuisine grasse et la chrétienté celui du maigre, de l'ascèse[108]. »

ILL. 142
ILL. 143

La Cuisine maigre montre une famille affamée se jetant sur un plat de moules. Tous manquent quoti-

142
Pieter van der Heyden, d'après Pieter Bruegel l'Ancien
La Cuisine grasse
1563, gravure au burin sur papier, 22 × 29 cm
Cassel, musée départemental de Flandre

143
Pieter van der Heyden, d'après Pieter Bruegel l'Ancien
La Cuisine maigre
1563, gravure au burin sur papier, 22 × 29 cm
Cassel, musée départemental de Flandre

144
Anonyme
Maison de poupées pour adultes
Vers 1686-1710, armoire en chêne revêtue d'écaille et d'étain, bois, tissu, céramique, H. 255 cm; pr. 78 cm
Amsterdam, Rijksmuseum

diennement de nourriture, même le chien. Ce n'est pas « une abstinence délibérée en période de Carême[109] » mais le signe d'une très grande pauvreté. La cuisine est pratiquement vide d'aliments et le petit chaudron suspendu au-dessus du foyer symbolise le peu à partager et l'insuffisance alimentaire. Le contraste est grand avec *La Cuisine grasse* où les gros personnages s'empiffrent jusqu'à l'excès. La cuisine est ici bien achalandée : des jambons pendent au plafond, des saucisses fument dans l'âtre de la cheminée, la crémaillère tient trois chaudrons ou marmites devant une broche où rôtit un cochon de lait, dont le jus s'écoule dans une lèchefrite. Non loin de là, des saucisses cuisent sur un gril posé sur des braises. La principale table est jonchée de viandes et de charcuteries, et au sol, le mortier et la râpe symbolisent une cuisine en constante activité. Les personnages et les animaux domestiques sont tous obèses et rejettent un homme maigre qui allait jouer de la musique, probablement en échange d'un peu de nourriture. La légende de la gravure, écrite en français et en flamand, dit en substance : hors d'ici maigre-dos, tu as une mine hideuse. Tu n'as que faire ici car c'est Grasse cuisine. Dans *La Cuisine maigre*, où l'on voit une scène à peu près similaire, le gros personnage tente de fuir pendant qu'un membre de la famille maigre essaie de le retenir pour lui offrir quelques aliments. La légende précise : « Ou maigre-os le pot remue, est un pauvre convive. Pour ce, à grasse cuisine irai, tant que je vive. » La portée morale est ici évidente : les gras refusent de donner de la nourriture aux nécessiteux alors que les maigres n'hésitent pas à proposer le peu de denrées dont ils disposent. Les riches ne partagent pas leur richesse et restent entre eux au contraire des pauvres qui invitent à leur table.

Dans les grandes demeures, la cuisine est une pièce indépendante. Elle est ordonnée et représente la position sociale du maître de maison. Elle peut être d'apparat comme le montre une maison de poupées pour adultes des années 1690 du Rijksmuseum d'Amsterdam. Elle est ILL. 144
placée au rez-de-chaussée à côté d'une autre cuisine où se préparent les repas. Cette maison de poupées est « une grande armoire agencée comme une maison à étages mais sans façade », permettant ainsi d'en voir l'intérieur. Conçue par plusieurs artistes, elle est « un bon exemple de la décoration [...] d'une maison de notable » au tournant des XVIIe et XVIIIe siècles[110]. Le prêtre français Pierre Sartre, qui fit un voyage en Hollande l'été 1719, nous a laissé une description de la maison néerlandaise. Le rez-de-chaussée est ainsi ordinairement composé « en salles et cuisine tenues avec grande propreté ; elles sont toutes pavées de marbre et couvertes de nattes fines pour ne pas gâter le pavé ». On ne voit jamais de cendres dans les cheminées, même dans la cuisine, car il y a sous le foyer « une espèce de trou où ils les font tomber lorsque le dîner est préparé ; de sorte que rien n'est plus froid que la cuisine des Hollandais », souligne le père Sartre. D'ailleurs, ils n'utilisent pas de bois mais des tourbes de terre pour allumer leur feu. L'ornement est fait « d'armoires vitrées » dans lesquelles sont présentés avec art les « ustensiles presque tous de cuivre, si bien tenus que les yeux en sont éblouis ». Mais cette trop grande propreté perturbe notre auteur qui écrit encore :

145
Jan II van Coninxloo, anciennement attribué à *Le Miracle du tamis brisé*, volet gauche de retable
1552, huile sur bois, école des Pays-Bas méridionaux, 167 × 81 cm
Bruxelles, Musées royaux des Beaux-Arts de Belgique

Ci-contre et page suivante
146 et 147
Hendrick van Steenwyck le Jeune
Jésus chez Marthe et Marie
1620, huile sur toile, 68 × 105 cm
Paris, musée du Louvre

« En un mot, je ne sais si on peut imaginer rien de mieux arrangé et de meilleur goût ; les yeux y trouvent leur compte, mais il faut convenir que cette propreté est fort déplacée et qu'ils aiment mieux mourir de faim au milieu du brillant de leurs chaudrons et leur vaisselle, que d'entreprendre le moindre mets qui dérangerait toute cette économie. Ils me montraient avec complaisance la propreté de leur cuisine qui était aussi froide deux heures avant le dîner qu'elle aurait pu l'être après. Pour moi, je ne donnais point dans ces idées, et je savais bien leur reprocher au dîner que le bouillon n'était qu'une eau pleine de sel et de muscade, farcie de ris de veau et de viande hachée, dans laquelle on ne sentait aucun goût de viande, et qui annonçait clairement qu'elle était l'ouvrage d'une heure de préparation. Le souper ne demande pas plus de façon : du beurre, du fromage, de la viande salée, voilà des mets qui ne demandent pas grande attention. Ainsi, ils ont la consolation de voir leur cuisine aussi luisante que leur chambre de parade, et hors une tourbe ou deux qui fait continuellement bouillir de l'eau pour leur thé, on peut dire qu'elle est aussi froide[111]. »

Le Miracle du tamis brisé, peint sur un volet de retable en 1552 par un artiste anonyme, montre une cuisine ILL. 145 propre et bien rangée. « On est entre deux repas. La pièce est lavée, frottée, astiquée[112]. » Elle est éclairée par la lumière du jour au travers de grandes fenêtres qui donnent sur un jardin verdoyant. C'est une cuisine bien fournie en matériel. Sur la hotte de la cheminée sont accrochés une broche à rôtir, un gril et deux lèchefrites. La marmite suspendue à l'une des crémaillères paraît vide, ce qui serait assez normal puisque la cuisine n'est pas en activité. D'autres ustensiles sont visibles un peu partout dans la pièce, notamment le tripode sur le sol carrelé. Dans ce décor, saint Benoît est représenté agenouillé en prière : il demande à Dieu de remettre en état le tamis que sa nourrice a brisé au sol[113]. Dans *Jésus chez Marthe et Marie* (1620) de Hendrick Van Steenwyck le Jeune, l'on voit au fond du tableau une cuisine en ILL. 146 activité, également bien ordonnée, avec les outils de cuisson sur la hotte. À la droite de la cheminée, la vais- ILL. 147 selle est rangée et présentée comme si elle était disposée sur un dressoir. Figurer une cuisine ordonnée et propre,

148
Monogrammiste de Brunswick
La Cuisine
XVIe siècle, huile sur bois
Sébastopol, M. Kroshitsky Art Museum

Double page suivante
149
Giuseppe Maria Crespi
La Fille de cuisine
Vers 1722, huile sur toile, 57 × 43 cm
Florence, Galleria degli Uffizi

150
Monogrammiste de Brunswick
La Cuisine
XVIe siècle
Détail ill. 148, p. 161

c'est signifier l'ordre de la maison bourgeoise et la réussite de la famille dans la société.

La propreté de la cuisine, c'est aussi celle de la vaisselle comme le montre cette peinture hollandaise (*La Cuisine*) attribuée au Monogrammiste de Brunswick, où l'on voit une femme et un homme nettoyant les cuivres. L'artiste met l'accent sur les pots et les contenants et moins sur la cuisine qui n'est représentée que par une simple cheminée. Tout autre est l'œuvre de l'Italien Giuseppe Maria Crespi, *La Fille de cuisine* (1722). Dans un angle, entre la cheminée et le mur, une servante nettoie la vaisselle dans un évier. Elle est de dos et montée sur un escabeau pour être à la bonne hauteur et pour avoir un meilleur confort dans ce qu'elle fait. Toute la partie supérieure de la scène est éclairée par une lumière qui s'attarde sur les épaules et la tête de la servante. La beauté du tableau réside pour une part dans la façon dont cette femme, dont on ne voit pas le visage, est éclairée et se détache sur le reste de la pièce plongée dans la pénombre. La servante accomplit un travail ingrat, mais sa tâche est nécessaire au bon fonctionnement de la cuisine. Les pots de terre, rangés sur les étagères situées au-dessus d'elle, servent principalement à la confection des mets. Alors que les assiettes et les plats en étain, qui paraissent sécher sur une desserte, sont plutôt réservés au service et à la table.

ILL. 148
ILL. 149

La cuisine est un lieu de vie et de sociabilité. Elle est l'une des pièces les mieux chauffées de la maison. « C'est le seul lieu où la chaleur tient » et où « le feu est conservé[114] ». Les habitants y accomplissent leurs tâches

708 1417

1502
1092

151
David Teniers le Jeune
Chanter dans la cuisine
Vers 1633, huile sur bois,
31 × 55 cm
Madrid, Museo del Prado

152
David Teniers le Jeune
La Cuisine
1643, huile sur toile,
35 × 50 cm
Madrid, Museo del Prado

153
Willem Kalf
Intérieur d'une cuisine rustique
XVIIe siècle, huile sur bois,
40 × 52 cm
Paris, musée du Louvre

154
Jean-Baptiste Lallemand
Intérieur de cuisine
Seconde moitié du XVIIIe siècle,
huile sur toile,
40 × 54 cm
Dijon, musée des Beaux-Arts

quotidiennes et s'y retrouvent lors de réunions festives.
Au début des années 1550, le Normand Gilles de
Gouberville raconte dans ses mémoires qu'au cœur de
l'hiver, il s'habillait « devant le feu de la cuisine », qu'il
lui arrivait de dormir « sur une chaise près du feu, dans
la cuisine », et qu'il y passa la fête de Noël 1553 avec ses
serviteurs[115]. Dans un tableau de David Teniers le Jeune,
réalisé vers 1633[116], les personnages sont assis devant
la cheminée et poussent la chansonnette : l'aiguière et
ILL. 151 la cruche suggèrent une consommation d'alcool. Dans
une autre œuvre de 1643 (*La Cuisine*) du même peintre,
ILL. 152 une femme et deux hommes sont devant le foyer. L'un
d'eux est sur un petit banc avec son épaule appuyée
contre la cheminée, comme s'il dormait, alors qu'un
jeune homme nettoie des moules dans une autre partie
de la cuisine. À la même époque, Willem Kalf peint un
ILL. 153 improbable *Intérieur d'une cuisine rustique*. Cette cuisine
est dans un état de délabrement avancé et paraît aban-
donnée. Mais la vie y est représentée par la nourriture
et par la présence des trois personnages, dont deux
sont installés devant le foyer où chauffe une marmite.
Dans un autre *Intérieur de cuisine*, peint au XVIIIe siècle
ILL. 154 par Jean-Baptiste Lallemand, une femme sommeille sur
une chaise devant le feu avec un chat sur les genoux
et près d'une enfant qui joue, assise sur le sol. Un peu
plus loin, une cuisinière mélange une préparation dans
un récipient en cuivre, tout en paraissant intriguée par
le visage qu'elle aperçoit de l'autre côté de la fenêtre.
Toutes ces représentations montrent une cuisine qui n'a
pas pour seul rôle la préparation des repas. Elle est un
lieu important de la vie de la maison avec le feu de la
cheminée comme point d'ancrage.

155
Willem Kalf
Intérieur d'une cuisine rustique
XVIIe siècle
Détail ill. 153, p. 165

156
David Teniers le Jeune
La Cuisine
1643
Détail ill. 152, p. 164

157
Anonyme
La Cuisson à la broche*, dans Boccace, Maître de Guillebert de Mets, le *Décaméron,
ms 5070 réserve
1432, Flandres, miniature
Paris, Bibliothèque nationale de France

Le cuisinier des enlumineurs

Si les miniaturistes de la fin du Moyen Âge aimèrent représenter la table, le repas et le banquet, ils ont aussi figuré le cuisinier et son activité. Dans une superbe
ILL. 157 copie de 1432 du *Décaméron* de Boccace, dans la traduction française de Laurent de Premierfait, conservée à la Bibliothèque de l'Arsenal à Paris[117], les cent nouvelles ont été illustrées par deux enlumineurs au style bien distinct : le maître de Guillebert de Mets — Guillebert de Mets étant le copiste du manuscrit — et le maître de Jean Mansel. Le style du premier est reconnaissable par son « dessin dur, au modelé très ferme des visages et surtout aux yeux fortement marqués[118] ». La cinquante-quatrième nouvelle est illustrée par une scène de cuisine où l'on voit un cuisinier ceinturé d'un tablier blanc, brandir un couteau et une cuisse, face à une femme agenouillée qui tourne des volatiles embrochés devant le foyer de la cheminée, tout en protégeant son visage de la forte chaleur du feu avec l'une des ses mains. Au sol est posée une lèchefrite pour récupérer la graisse de cuisson. Le cuisinier, la broche et les oiseaux annoncent une demeure seigneuriale, ce que confirme le texte de la nouvelle.

Celle-ci raconte l'histoire d'un cuisinier auquel son maître demande de rôtir et de bien apprêter une grue qu'il avait tuée. Quand l'animal est cuit, dégageant une « très grande fumée et odeur », une femme dont le cuisinier est amoureux entre dans la cuisine. « Sentant l'odeur de la grue et regardant icelle embrochée », elle lui demande une cuisse. Il refuse dans un premier temps avant de se rendre aux arguments de la femme : « par la foi de Dieu si tu ne me donnes cette cuisse de grue tu n'auras de moi aucun plaisir ». Mais, au souper, lorsque le queux présente l'oiseau rôti à son maître, celui-ci remarque qu'il lui manque une cuisse. Il en demande la raison à son cuisinier qui lui répond : « Monseigneur, je vous dis que les grues n'ont qu'une seule cuisse. » L'histoire se poursuit le lendemain où le seigneur et son cuisinier iront vérifier si les grues ont une seule jambe[119]... Ce récit décrit un cuisinier essayant de berner son maître pour les beaux yeux d'une femme. La cuisine attire les convoitises par la nourriture qui s'y trouve. Elle symbolise aussi la sensualité et les plaisirs de la vie comme nous allons bientôt le voir.

Dans une grande maison, le cuisinier fait un « métier subtil et somptueux » et doit avoir la confiance de son employeur. En témoigne le maître d'hôtel Olivier de La Marche qui décrit, dans son *État de la maison du duc Charles de Bourgogne* (1473), le fonctionnement des cuisines ducales tout en rappelant l'importance du queux auprès du prince[120]. À la fin du Moyen Âge, il existe déjà une forme de « vedettariat » des chefs de cuisine. C'est ainsi le cas de Guillaume Tirel, dit Taillevent, queux des rois Charles V et Charles VI. On lui attribue le *Viandier*, un célèbre recueil de recettes dont nous connaissons plusieurs manuscrits, et qui deviendra en 1486 le premier livre de cuisine français imprimé. L'image du grand chef est valorisée car il représentait la condition aristocratique de l'art culinaire. Dans le même temps, les ouvrages de diététique, de littérature et les encyclopédies abordent de plus en plus souvent le sujet de la nourriture. Un dixième des ballades et des rondeaux du poète Eustache Deschamps concerne ainsi ce thème[121].

Barthélemy l'Anglais y consacre aussi de nombreuses lignes dans son *Livre des propriétés des choses*. Dans une des copies du XVe siècle, enluminée par Évrard d'Espinques[122], l'une des miniatures présente un cuisinier qui goûte, avec une spatule en bois, une préparation culinaire mijotant dans un des pots de terre disposés

158
Evrard d'Espinques
Les Sauces, cuisinier*, dans Barthélémy L'Anglais, *Livre des propriétés des choses,
ms français 9140, fol. 361 verso
XVe siècle, miniature
Paris, Bibliothèque nationale de France

ILL. 158 devant le foyer de la cheminée. Le cuisinier fait partie d'un ensemble de quatre images qui ouvre le dix-neuvième livre du manuscrit consacré aux couleurs, aux saveurs, aux odeurs et aux liqueurs[123]. Les pots qui servent à la cuisson sont généralement « globulaires, à fond rond, ansés, sans goulot ni bec verseur ». Ils diffusent la chaleur et « égalisent la montée de la température ». Les archéologues en trouvent en quantité importante dans leurs fouilles. Dans les manuscrits médiévaux, nombre d'images représentent des « pots de terre et leur contexte d'utilisation », reflétant les réalités culinaires de l'époque[124]. Les trois pots figurant sur la miniature d'Espinques sont globulaires et non ansés. Ils sont placés sur le sol devant les flammes. Le cuisinier les tournera de temps en temps pour une cuisson régulière du potage (ce qui cuit dans un pot). Au-dessus du foyer, une autre préparation chauffe dans une marmite suspendue à une crémaillère. Dans la miniature, le jaune montre l'importance du feu dans l'activité culinaire. C'est également la couleur de la table de travail, sur laquelle se trouvent les outils de base du cuisinier médiéval : un couteau, un mortier et peut-être un pot à sel ou à épices. Les reflets des vêtements du queux, dont la tête porte un couvre-chef, tendent aussi vers le jaune. Le tissu blanc, posé sur son épaule droite, suggère par sa blancheur la propreté du lieu et l'hygiène nécessaire à la pratique de la cuisine.

Le *Tacuinum sanitatis* de la Bibliothèque nationale d'Autriche est richement illustré d'images de nourriture. Deux autres versions, conservées à la Bibliothèque nationale de France et à la Biblioteca Casanatense de Rome, lui sont très similaires. C'est un « recueil de courts préceptes médicaux concernant les plantes, les aliments mais aussi les diverses occupations de la vie quotidienne ». Le texte a été rédigé dans le courant du XIe siècle par Ibn Butlan, célèbre médecin de Bagdad qui vécut à Alep et à Antioche. Neuf manuscrits en arabe et dix-sept en latin sont parvenus jusqu'à nous. Si le récit se réfère « aux habitudes de vie et à l'environnement des pays du Proche-Orient », l'iconographie montre, quant à elle, « la vie en Italie du Nord à la fin du XIVe siècle » : l'artiste serait d'origine lombarde ou de Vérone[125]. Chaque image a un titre et illustre des préceptes diététiques qui « permettent de vivre en bonne santé[126] ». Les aliments, les boissons et la cuisine y jouent bien sûr un rôle important. Les cuisinières et les cuisiniers sont plusieurs fois représentés dans leurs activités respectives. Ainsi, dans la miniature intitulée « foies d'animaux », un personnage s'occupe de volailles ILL. 160

sur une table de cuisine tandis qu'un jeune homme cuit les foies dans une marmite, ou un chaudron, suspendue au-dessus du foyer, sous une hotte tronconique. Outre les considérations médicinales, le texte évoque les foies d'oies « gavées de lait et de pâtes », les foies de poules et ceux des « porcs nourris avec des figues ». Une autre image, qui concerne la rate, représente aussi une cuisine avec une hotte conique, et l'un des personnages est un enfant assis sur un tabouret. Il tourne une broche tout en se protégeant le visage avec une planchette de bois. C'est en effet un rôle généralement attribué aux enfants et aux femmes, comme nous avons pu déjà le constater. ILL. 159 Dans une autre miniature, des cuisinières s'attellent à la préparation des « entrailles », c'est-à-dire des tripes, l'une les apprêtant pendant que l'autre les cuit dans un grand chaudron[127]. C'est tout un art alimentaire et culinaire de la fin du Moyen Âge que montrent ainsi les images du *Tacuinum sanitatis*.

La cuisinière des peintres en séduction

Avec le XVIe siècle, la représentation du cuisinier est délaissée au profit de la cuisinière. Il ne disparaît cependant pas totalement. On peut ainsi le rencontrer dans des illustrations de livres de cuisine. L'*Opera* du cuisinier Bartolomeo Scappi, publiée à Venise en 1570, présente ainsi une série de planches montrant des ustensiles de cuisine, la procession du service de table, des espaces culinaires et des cuisiniers qui travaillent. L'une d'elles concerne la *Cuisine principale*, dont nous présentons une gravure de 1605. C'est un lieu professionnel composé, ILL. 161 entre autres, de tables de travail, d'un grand mortier, d'une fontaine d'eau et d'un fourneau sur lequel sont disposés des pots de cuisson. Dans la cheminée, au fond de la pièce, un feu est allumé. Le foyer, avec ses grandes flammes, est l'indispensable élément de toute cuisine de l'époque. D'ailleurs, le seul personnage représenté dans la gravure est assis à l'un des côtés de la cheminée,

159
Anonyme
***Cuisson des entrailles et boyaux d'animaux*, dans *Tacuinum Sanitatis*, codex Vindobonensis,**
séries nova 2644
Entre 1370 et 1400, Italie du Nord, miniature
Vienne, Österreischischen Nationalbibliothek

160
Anonyme
***Préparation de volailles et cuisson de foies de volailles*, dans *Tacuinum Sanitatis*, codex Vindobonensis,**
séries nova 2644
Entre 1370 et 1400, Italie du No'd, miniature
Vienne, Österreischischen Nationalbibliothek

161
Anonyme
Une cuisine
1605, gravure tirée de L'*Opera* de Bartolomeo Scappi
Localisation inconnue

derrière un pare-feu, et tourne la broche où rôtit une viande. Une scène qui est récurrente dans les représentations des grandes cuisines.

Mais c'est l'image de la cuisinière qui s'impose dans la peinture, notamment grâce à Pieter Aertsen et à Joachim Beuckelaer qui s'en feront une spécialité et créeront un modèle repris par bien d'autres peintres. La composition est pratiquement toujours la même : une cuisinière de profil ou de face, qui tient une broche avec des volailles et de la viande enfilées, tout en fixant du regard le spectateur[128]. *La Cuisinière* d'Aertsen, peinte en 1559 et conservée aux Musées royaux des Beaux-Arts de Belgique, à Bruxelles, est d'un aspect robuste avec de forts avant-bras et des mains qui témoignent de la dureté de son travail. D'un côté, elle tient le bout d'une broche à rôtir et de l'autre, une écumoire qui semble marquer une ligne de démarcation entre les produits prêts à être cuits et ceux qui sont encore à l'état brut, comme les raves. L'ustensile suggère une cuisson bouillie ou de mijotage et sert à récupérer la partie solide d'une préparation culinaire. Dans le tableau, la tête de l'écumoire est d'ailleurs placée au même niveau que le pot de terre à deux anses situé dans l'âtre de la cheminée. L'outil de cuisine pourrait aussi symboliser la séparation entre le pur et l'impur[129]. ILL. 162

Dans *Marthe préparant le dîner de Jésus*, d'après Joachim Beuckelaer, la cuisinière est d'une allure plus jeune et plus féminine que la précédente. Le sens du tableau est aussi plus ambigu. La scène biblique rejetée dans un coin au fond de la peinture n'attire pas vraiment le regard du spectateur happé par la cuisinière qui s'apprête à embrocher un volatile. L'allusion sexuelle est ici évidente : elle tient d'une main, l'embout phallique de la broche et de l'autre, la volaille à enfiler et dont la base suggère le sexe féminin. En néerlandais, les mots *vogel* (oiseau) et *vogelen* pouvaient signifier le pénis et la copulation. Et le terme *kip*, qui veut dire poule ou poulet, « s'employait souvent pour désigner une femme de mœurs légères[130] ». Pour l'historien de l'art Jan Emmens, les cuisinières et les servantes de cuisine qui incarnent la luxure (*voluptas carnis*) « mettent le spectateur en garde contre les faiblesses de la chair, qu'il s'agisse de sexualité ou de volupté dans un sens plus général[131] ». ILL. 163

La *Scène de cuisine avec la parabole du festin* (1605) de Joachim Wtewael a également une connotation érotique. ILL. 164

162
Pieter Aertsen
La Cuisinière
1559, huile sur bois,
127,5 × 82 cm
Bruxelles, Musées royaux des Beaux-Arts de Belgique

163
Atelier de Joachim Beuckelaer, anciennement attribué à Pieter Aertsen
La Cuisinière (Marthe préparant le dîner de Jésus)
1586, huile sur bois, 105 × 74 cm
Toulon, musée des Beaux-Arts

164
Joachim Wtewael, d'après
Scène de cuisine avec la parabole du festin
1605, huile sur toile,
63 × 100 cm
Paris, musée du Louvre

165
François Boucher
La Belle Cuisinière
Avant 1735, huile sur bois,
55 × 53 cm
Paris, musée Cognacq-Jay

Au centre de la composition, la sensualité et le déhanchement de la figure féminine qui, là aussi, est prête à mettre en broche un oiseau, symbolisent la volupté charnelle. On est loin de la cuisinière d'Aertsen de 1559 qui représentait le travail dans la cuisine. Au fil du temps, la cuisinière des peintres a en effet évolué vers une représentation de plus en plus sensuelle. Dans le tableau de Wtewael, l'abondante nourriture éparpillée dans l'espace culinaire annonce aussi les plaisirs de la chère. L'œuvre est censée montrer les préparatifs du festin dans l'Évangile de saint Luc, où Jésus conseille d'inviter les pauvres, les estropiés, les boiteux et les aveugles, plutôt que les amis, les frères, la famille et les voisins riches, afin d'éviter que ceux-ci ne rendent la pareille[132]. La scène religieuse figure à l'arrière-plan du tableau, comme il est de tradition désormais. On peut notamment y voir un personnage handicapé rappelant ainsi au spectateur le récit allégorique de Jésus. Mais la préoccupation première de l'artiste semble avoir été la scène de cuisine présentée dans un contexte d'érotisation.

Dans le tableau de Wtewael, on remarque également deux jeunes gens qui badinent devant le feu de la cheminée. Ils symbolisent les amours en cuisine. Dans un petit ouvrage publié en 1641, *L'Oeconomie ou le vray advis pour se faire bien servir*, le Sieur Crespin se souvient d'une maison où il travailla qui était « toute remplie d'amourettes, que le plus petit jusqu'au plus grand était entaché de cette furieuse maladie ». Ainsi, le maître d'hôtel excusait le cuisinier lorsque Monsieur « disait que rien n'était cuit ou bon ; ou que la viande sentait le relent, ou que tout était trop salé ». La cause en était l'amour du cuisinier que le maître d'hôtel protégeait afin que ses propres amours ne soient pas dévoilés par le cuisinier[133].

Pour les peintres libertins du siècle des Lumières, la jeune cuisinière est un objet de convoitise gourmande. Dans une cuisine rustique à la manière d'un Willem Kalf, un garçon lutine *La Belle Cuisinière* (avant 1735) de François Boucher devant le foyer d'une cheminée où ILL. 165
chauffent un chaudron et un tripode. Sous l'empressement du jeune homme, un des œufs que la jeune femme

166
François Boucher, attribué à
La Cuisinière et un jeune homme
Vers 1735, huile sur toile,
87 × 125,5 cm
Collection particulière

167
Nicolas Lancret, attribué à
La Cuisine
Début du XVIIIe siècle,
huile sur toile, 44 × 55 cm
Saint-Pétersbourg, musée
de l'Ermitage

porte dans son tablier se brise au sol. C'est « le signe d'une virginité menacée[134] », comme peut l'être la cruche cassée ou l'oiseau mort. La légende qui accompagne la gravure que fit Pierre Aveline d'après le tableau met ainsi « en garde la jouvencelle contre d'autres joyeux périls : Vos œufs s'échappent Mathurine. Ce présage est mauvais pour vous. Ce grivois dans votre cuisine pourrait bien vous les casser tous[135] ». Pour les frères Goncourt, la volupté est « tout l'idéal de Boucher : c'est tout ce que sa peinture a d'âme[136] ». En témoigne encore *La Cuisinière*
ILL. 166 *et un jeune homme* (1735) dont se dégage la fraîcheur des premiers amours, et où l'échange des regards va bien au-delà de la séduction qui n'est plus à faire. La carotte que tient le jeune homme, ainsi que les deux oignons ou raves posés sur la table, et le chou que la cuisinière offre dans son tablier blanc, symbolisent les prochains épanchements des deux jouvenceaux. Dans *La Cuisine* ou *Le Valet galant* de Nicolas Lancret, l'action est bien ILL. 167
engagée. La jeune femme à la peau laiteuse est présentée semi-allongée parmi diverses denrées, comme un aliment du désir que l'homme commencerait à déguster. C'est un ingrédient du plaisir au même titre que les autres nourritures de la table. Dans les romans libertins du XVIIIe siècle, « la bonne chère demeure une préoccupation permanente, […] indissociable de la bonne chair des corps faits pour l'amour[137] ». Ces peintures de cuisinières s'inscrivent ainsi dans les « mœurs galantes de l'époque », où la table et le lit ne sont jamais très éloignés.

CHAPITRE III

Pratique de la cuisine en peinture

« On ne s'est peut-être jamais avisé de chercher du rapport entre deux objets aussi éloignez que paroissent l'être l'art de la peinture & la cuisine. [...] L'union & la rupture des couleurs qui font la beauté du coloris, représentent assez bien, ce me semble, ce mélange des sucs & des ingrédiens dont le Cuisinier compose ses ragoûts. Il faut que ces ingrédiens & ces sucs soient noyez & fondus de la même manière que le Peintre fond ses couleurs, & que la même harmonie, qui dans un tableau frappe les yeux des connoisseurs, se fasse sentir aux palais fins dans le goût d'une sauce. »

Préfacier, *Suite des Dons de Comus, ou l'art de la cuisine, réduit en pratique*, 1742

Les artistes ont très tôt représenté les gestes de cuisine. Par exemple au détour d'une miniature, lorsqu'un cuisinier s'apprête à goûter une sauce avec une cuillère en bois ou à découper avec un couteau un cuissot de viande. Ou encore sur le frontispice d'un livre de recettes, comme celui du *Cuisinier*
ILL. 169 *Taillevant* publié à Lyon vers 1495-1496[138], où le queux tient d'une main, une poêle penderesse[139] au-dessus du foyer, et de l'autre, une spatule, s'apprêtant à mélanger la préparation qui cuit. Ces images illustrent avant tout des manuscrits ou des ouvrages abordant les savoirs encyclopédique, technique, culinaire, médicinal ou diététique. Au XVIe siècle, les peintres se mettent aussi à figurer sur leurs toiles des pratiques de cuisine et l'élaboration de mets. Cela montre l'importance croissante que prend l'art culinaire dans la société.

La publication de recueils de recettes un peu partout en Europe témoigne de cet intérêt. L'*Opera* de Bartolomeo Scappi (1570), ouvrage que nous avons déjà évoqué, rencontre un succès bien au-delà de l'Italie. En Allemagne, *Ein new Kochbuch* de Marx Rumpolt, édité à Francfort en 1581, est aussi une somme culinaire. L'ouvrage regroupe un grand nombre de recettes, fruits de l'expérience professionnelle de l'auteur, qui a été cuisinier « à la cour de Saxe, peut-être à celle de Maximilien II, et de manière certaine à la cour archiépiscopale de Mayence[140] ». En France, la parution en 1651, à Paris, du *Cuisinier françois* de La Varenne, qui sera traduit en anglais deux ans plus tard, annonce une nouvelle ère culinaire[141]. La cuisine française devient alors une référence. Pour les érudits des Lumières, elle est un art au même titre que la musique et la peinture, où l'union des couleurs d'un tableau est comme l'harmonie des saveurs composant une sauce. La représentation picturale des pratiques de cuisine s'inscrit dans un contexte d'intellectualisation du fait culinaire. Le geste du cuisinier ou de la cuisinière est comme celui du peintre : il participe à l'élaboration du plat, de la même manière que le peintre conçoit son tableau — le mets pouvant alors, comme une toile, devenir une œuvre d'art.

168
Anonyme
Jeune femme dans une cuisine
XVIIe siècle
Détail ill. 332, p. 367

169
Anonyme
Frontispice du livre de recette du cuisinier Taillevant,
à Lyon, chez Martin Havard
Vers 1495-1496
Paris, Bibliothèque nationale de France

170
Vincenzo Campi
La Cuisine
Vers 1585, huile sur toile,
145 × 220 cm
Milan, Pinacoteca di Brera

Gestes de cuisine…

L'exploration du thème de la cuisine dans la peinture a pour pionniers les artistes hollandais et flamands. Le succès des œuvres de Pieter Aertsen et de Joachim Beuckelaer contribue à sa diffusion, notamment en Italie, où des peintres comme Jacopo Bassano et ses fils, et Vincenzo Campi, s'emparent du sujet[142]. Ainsi
ILL. 170 *La Cuisine* de Campi, actuellement à la Pinacothèque de Brera à Milan, nous fait entrer de plain-pied dans celle d'une grande maison où chacun s'active à une préparation culinaire. Montrer des gestes de cuisine, c'est une façon, pour l'artiste, d'inviter le spectateur à participer, par le regard, à la conception des mets. C'est une cuisine pleine de vie que celle de Campi, où l'on devine la chaleur du lieu par les pommettes rouges des cuisinières, et où le peintre souligne l'importance des mains dans la pratique culinaire.

Le tableau se présente en plusieurs séquences. Au-devant de la scène, trois femmes font des préparatifs de base : l'une apprête un volatile qui sera ensuite embroché par le garçon, une autre râpe du fromage tandis qu'une vieille dame pile des herbes dans un mortier à l'aide d'un pilon. Ces herbes garniront une tourte comme celle que l'on voit sur la table au milieu de la cuisine et qu'une cuisinière va bientôt couvrir d'une pâte qu'elle déroule d'un rouleau à pâtisserie, pendant qu'une autre en pétrit un morceau. Les tourtes de légumes étaient appréciées des Italiens depuis le Moyen Âge. On trouve des recettes dans les livres de cuisine de l'époque comme cette *Torta de herbe*, dont la farce se compose de blettes, de persil, d'épinard, de menthe, de lard salé, de fromage et d'œufs[143]. Le tableau est très réaliste dans la représentation des techniques culinaires, dont la plupart se pratiquent encore de nos jours. À l'arrière-plan de la composition, une autre femme, placée devant le dressoir de la cuisine où sont exposés une série de plats, décore avec un couteau des chaussons ou des rissoles farcis, qu'elle badigeonnera ensuite d'un jaune d'œuf pour qu'ils prennent une belle couleur durant leur cuisson, à l'exemple de ceux qui sont déjà dorés à sa gauche.

Ci-contre et page suivante
171 et 172
Diego Velázquez
Vieille femme faisant cuire des œufs
1618, huile sur toile,
100,5 × 119,5 cm
Édimbourg, National Gallery of Scotland

C'est tout un parcours culinaire que dessine ce tableau, partant de l'apprêtement des denrées jusqu'à la confection des mets, où l'on peut pratiquement voir le déroulement d'une recette. L'œuvre est en même temps organisée en trois espaces différents[144] qui sont en continuité tout en étant bien distincts. Ainsi, les deux hommes s'occupant de la carcasse suspendue à un arbre paraissent à l'intérieur de la cuisine tout en étant à l'extérieur. Ils symbolisent l'approvisionnement alimentaire, alors que le troisième lieu où, sous une tonnelle, se situe la table couverte d'une nappe blanche, face à un dressoir de vaisselle d'apparat, est la destination du repas en préparation. Cet endroit est représenté au fond de la peinture, presque en miniature, à la différence de la cuisine et de son activité qui sont ici le principal sujet du tableau.

Les artistes peuvent aussi figurer le geste culinaire dans un contexte plus intimiste que celui d'une cuisine.
ILL. 171 Comme dans la *Vieille Femme faisant cuire des œufs* et *Le Christ dans la maison de Marthe et Marie*, tous deux datés ILL. 173
de 1618, que Diego Velázquez peignit au début de sa carrière lorsqu'il était encore à Séville. Dans la péninsule Ibérique de la première moitié du XVIIe siècle, le naturalisme est l'un des traits dominants de la peinture espagnole[145]. Les peintres se mettent à représenter les choses concrètes de la vie. Les *bodegónes* désignent alors des tableaux de cuisine, de nourriture, de boisson, avec parfois des personnages du peuple, « le plus souvent marchands ou cuisiniers[146] ». Dans les deux peintures de Velázquez, nous retrouvons le mortier, l'indispensable outil des cuisines d'alors : il sert à broyer ou piler des denrées, comme le fait la jeune femme dans *Le Christ dans la maison de Marthe et Marie*. Le pilon est fermement tenu par l'une des mains tandis que l'autre main maintient le mortier. Le pilage au mortier est probablement l'un des gestes les plus usités dans les cuisines de l'époque, qu'elles soient familiales ou professionnelles.

173
Diego Velázquez
Le Christ dans la maison de Marthe et Marie
Vers 1618, huile sur toile, 60 × 103,5 cm
Londres, The National Gallery

Sur la table sont dispersées têtes et gousses d'ail, ainsi qu'un piment et une cruche vernissée. Dans les deux assiettes sont respectivement posés des poissons et des œufs. Pour Yves Bottineau, outre le poisson, qui représente le Christ, la cruche évoque la « piété et l'amour de Dieu », l'œuf, la « résurrection et l'expiation ». Pour lui, le sens général du tableau est « la primauté de la vie contemplative sur la vie active[147] ».

Mais l'artiste met en avant la scène de cuisine et non la scène biblique. Dans le tableau, la vieille femme semble apporter conseil à la jeune servante. Le poisson suggère un repas maigre qui peut être mis en relation avec l'image religieuse en arrière-plan. Toutefois, d'autres artistes, comme Pieter Aertsen ou Joachim
ILL. 163 Beuckelaer dans *Marthe préparant le dîner de Jésus* ou le
ILL. 136 *Feu* des *Quatre Éléments*, préfèrent figurer des volatiles ou des morceaux de viande dans une cuisine, plutôt que des poissons, pour représenter le repas de Jésus chez Marthe et Marie. Comme nous le savons, la viande peut aussi symboliser le corps du Christ. Le texte de saint Luc raconte que Jésus est accueilli par Marthe dans sa maison. Elle s'affaire « aux nombreuses tâches du service », pendant que sa sœur Marie écoute le Christ, assise à ses pieds[148]. Cela sous-entend que Marthe prépare le repas. C'est pourquoi les peintres représenteront généralement l'accueil de Jésus chez Marthe et Marie par une cuisine ou par l'activité culinaire, tout en ayant le choix des denrées à figurer, puisque ce passage de l'Évangile ne donne aucune référence alimentaire.

Dans ses tableaux, Velázquez renonce à la profusion des aliments et des ustensiles de cuisine, et montre ce qui « fait la maigre chair des gens du peuple[149] ». Il va à l'essentiel, comme dans la *Vieille Femme faisant cuire des œufs*. Le couteau posé sur une assiette blanche a proba- ILL. 172

174
Johannes Vermeer
La Laitière
Vers 1658, huile sur toile,
45 × 40 cm
Amsterdam, Rijksmuseum

blement servi à éplucher un oignon, dont témoigne la pelure sur la table, non loin d'un autre oignon. Il a aussi certainement été employé pour couper des œufs durs ou sera de nouveau utilisé pour trancher dans le sens de la longueur celui que tient la femme âgée. Dans l'autre main, la spatule en bois est prête à servir. L'œuf qui est dans le liquide (eau, huile, etc.), dans une jatte posée sur un fourneau, est divisé en deux, le jaune y est bien apparent. Ce qui veut dire que nous ne sommes pas en présence d'un œuf poché qui serait en train de cuire, comme on a pu l'écrire — nous ne verrions alors pas le jaune —, mais face à un œuf dur que l'on réchauffe. Au-delà des considérations culinaires qui peuvent avoir leur importance dans la manière de percevoir le tableau, un œuf poché étant une préparation plus sophistiquée qu'un œuf dur, cette peinture montre une scène de la vie simple et annonce, peut-être, un moment de partage entre le jeune homme qui porte une cucurbitacée et une carafe de vin et la vieille femme préparant des œufs.

ILL. 174 En Hollande, *La Laitière* (vers 1658) de Vermeer représente aussi une scène de la vie quotidienne, ou plutôt une scène de la vie domestique. La servante, ou la cuisinière, verse du lait avec attention et délicatesse dans un récipient creux en terre à deux anses. Le filet de lait crémeux coule avec régularité, la cruche étant maintenue par les deux mains. La sérénité du geste et la générosité du personnage, à la fois humble femme et mère nourricière de par ses formes généreuses, baignent dans « la clarté paisible[150] » d'une pièce éclairée par une large fenêtre. Le tableau va très vite rencontrer du succès : la douceur qui s'en dégage y contribue. Mais, en même temps, il représente une femme absorbée par son travail. « Ses manches retroussées jusqu'aux coudes, ses mains plus brunes que ses bras forts, son regard intense, expriment son engagement dans le travail quotidien[151]. » Elle a l'assurance du geste bien fait et s'apprête à confectionner une recette de cuisine. Le pain est l'un des éléments de cette préparation culinaire. Une miche et du pain noir attendent dans la corbeille tressée. Sur la table, d'autres morceaux sont prêts à être plongés dans le récipient qui se remplit de lait. Avec notre regard d'aujourd'hui, nous pourrions penser à une soupe au lait ou à un pain perdu, mais les livres de recettes de l'époque, qui présentent principalement une cuisine élitiste, ne paraissent pas pouvoir nous renseigner à ce sujet. Ce qui est certain, par contre, c'est que le pain est un aliment fondamental de la culture chrétienne. Il occupe un rôle central dans l'alimentation de tous. C'est un aliment que l'on ne gaspille pas, qu'on ne jette pas, d'où sa réutilisation dans des préparations culinaires.

…et pratiques de cuisine

Gestes et pratiques de cuisine définissent des connaissances techniques et des savoir-faire professionnels que des artistes n'hésitent pas à peindre. Ainsi, dans *La Cuisine* de Campi, la pâte enroulée autour d'un rouleau ILL. 170
à pâtisserie est une astuce qui permet ensuite de la dérouler progressivement dans un moule pour former un fond de tarte ou pour constituer le dessus d'une tourte avant sa cuisson. Avec les siècles modernes, la cuisine devient un savoir de plus en plus valorisé dont témoigne la publication d'un nombre croissant de livres de recettes. Les peintres cherchent à représenter le processus culinaire, en insistant sur son mouvement général dont le but est la transformation des denrées en mets. La peinture de Campi montre très bien cette agitation contrôlée si spécifique à la cuisine où chacun sait ce qu'il a à faire. Dans un tableau flamand de la fin du XVIe siècle, *Intérieur de cuisine ou le Christ avec les pèlerins d'Emmaüs*, l'artiste anonyme suggère l'activité, au travers ILL. 175
des trois personnages figurés dans l'espace culinaire, par une évolution allant du cru au cuit : la cuisson étant la transformation culturelle du cru[152]. C'est d'abord l'apprêtement des volatiles, puis leur mise en broche, enfin leur rôtissage devant le foyer de la cheminée. L'une des femmes les arrose avec de la graisse et du jus récupérés dans la lèchefrite, tout en surveillant leur cuisson. Le lieu est propre et bien agencé, ce qui est un signe d'aisance. Dans une maison bien tenue, l'art de recevoir se traduit en effet par la qualité de la cuisine et la noblesse des plats présentés. Nous savons que la volaille rôtie est l'un des plats les plus aristocratiques de l'époque. Et, à la table des pèlerins, se trouve Jésus, l'hôte de marque qui en est le plus digne.

D'autres artistes s'attacheront à représenter plus particulièrement une technique culinaire. C'est le cas de François Desportes, au XVIIIe siècle, et de sa *Venaison piquée pour une mise en broche* (1716), conser- ILL. 176
vée au musée de la Chasse et de la nature à Paris. Le tableau a été peint, avec deux autres, à la demande de

175
Anonyme flamand
***Intérieur de cuisine* ou**
le Christ avec les pèlerins d'Emmaüs
XVIe siècle, huile sur toile,
56 × 74 cm
Lille, Palais des Beaux-Arts

176
François Desportes
Venaison piquée pour une mise en broche
1716, huile sur toile, 109 × 96 cm
Paris, musée de la Chasse
et de la nature

Philippe d'Orléans, régent du royaume de France de 1715 à 1723, pendant la minorité de Louis XV. Ces tableaux ornaient une pièce du Palais-Royal, où le régent « faisait quelquefois par divertissement de légers essais de cuisine ». L'un était « de gibier en plume, l'autre de toutes sortes de légumes et le troisième de viandes prêtes à mettre en bouche », témoigne le fils de Desportes[153]. Dans son *Abrégé de la vie des plus fameux peintres* (1762), Dezallier d'Argenville apporte des précisions sur l'emplacement des œuvres : l'« on voit au Palais-Royal trois tableaux qui étaient destinés pour une cuisine particulière, dont tous les ustensiles étaient d'argent ; l'un est un amas de gibier en plume placé sur la cheminée, les deux autres servent de dessus de porte, représentant des légumes et de la viande piquée prête à mettre en broche : on ne peut rien désirer de plus convenable à la nature du lieu[154] ». Ces tableaux ont en effet été spécifiquement peints pour un endroit où l'on confectionnait des mets.

Le régent était un fin gourmet. Il connaissait la cuisine des grands chefs, dont celle de François Massialot, qu'il avait goûtée lorsqu'il était plus jeune, lequel Massialot était aussi connu pour ses ouvrages culinaires, comme *Le Cuisinier roial et bourgeois* publié

Desportes.
1716

177
Anonyme
Les Apprêts du banquet
Vers 1630, huile sur toile,
91 × 114 cm
Strasbourg, musée des Beaux-Arts

178
Michel Honoré Bounieu
Les Apprêts du pot-au-feu
XVIIIe siècle, huile sur toile,
64,5 × 80,5 cm
Paris, musée du Louvre

en 1691. Les soupers du régent étaient réputés. Le duc de Saint-Simon, qui y participait souvent, évoque dans ses *Mémoires* « la chère exquise » qui y était apprêtée. Les courtisans et le régent « mettaient souvent la main à l'œuvre avec les cuisiniers[155] ». Philippe d'Orléans appréciait la peinture de Desportes, et la *Venaison piquée pour une mise en broche* atteste, d'une certaine façon, de la passion du régent pour l'art de la cuisine : le
ILL. 176 tableau est un chef-d'œuvre de technicité culinaire. Il montre sur la gauche des volatiles lardés, c'est-à-dire piqués de bâtonnets de lard, qui couvrent ici l'intégralité des ventres, le but étant de protéger la viande de la chaleur durant son rôtissage tout en la nourrissant de graisse, pour la rendre plus goûteuse et éviter son dessèchement. À la droite du tableau, d'autres volatiles, qui paraissent être des canards, sont bardés, c'est-à-dire recouverts d'une mince tranche de lard gras maintenue avec de la ficelle. Il est rare qu'un artiste représente avec autant de minutie et de beauté des techniques culinaires. Le tableau symbolise à la fois l'art de la cuisine et l'habileté du cuisinier français. Ce dernier avait très tôt acquis une réputation dans la manière de préparer et de rôtir les viandes. Dans les années 1510, l'Italien Antonio de Beatis vante ainsi l'« épaule de mouton rôtie avec de petits oignons comme on l'accommode dans toute la France[156] ». Et, dans son *Journal de voyage en Italie*, à la fin du XVIe siècle, Montaigne remarque « qu'ils ne lardent point leur rôti » comme en France[157].

Les Apprêts du banquet, tableau anonyme peint vers
ILL. 177 1630, permet de visualiser les viandes lardées après leur cuisson. Des mets composant un service de rôts sont disposés sur une table couverte d'une nappe blanche. Au-devant sont placés un pâté en croûte et un petit cochon de lait, au second plan, une pièce de viande et des volatiles dont la chair est piquée de morceaux de lard. La volaille posée sur un réchaud est proposée avec sa tête et ses pattes. Les mets sont servis à la française, c'est-à-dire qu'un ensemble de plats est placé en même temps sur la table. Ceux du tableau correspondent à ce que l'on peut trouver dans les ouvrages culinaires de l'époque. Avec *Les Apprêts du pot-au-feu,* Michel-Honoré Bounieu (1740-1814) présente une recette emblématique de la cuisine
ILL. 178 française. Dans *Campagne de France*, Goethe raconte sa découverte du plat chez un villageois lorrain, en octobre 1792 : « Pour la première fois, je pus observer là exactement le *pot-au-feu* national. Une grande marmite de fer était suspendue à un crochet, qu'on pouvait élever et abaisser au moyen d'une crémaillère ; dans la marmite se trouvait déjà une bonne pièce de bœuf avec l'eau et le sel. On y ajouta des carottes, des navets, des poireaux, des choux et d'autres légumes[158]. » Ces denrées se trouvent pour la plupart dans la peinture de Bounieu. Le corps principal du tableau se compose du bœuf, du chou et de la marmite de cuivre. Le morceau de viande est mis en valeur par le tissu blanc sur lequel il est posé. Le chou, placé juste derrière, paraît plus gros que la marmite, mais c'est cette dernière qui joue le rôle capital, même si sa contenance ne paraît pas suffisante pour accueillir tous les ingrédients représentés. Par un subtil jeu de lumière qui accentue la brillance du cuivre, dans lequel se reflètent la viande et le chou, le peintre suggère l'importance de la marmite dans la préparation de la recette. Elle est l'indispensable ustensile sans quoi le pot-au-feu ne pourrait se faire. C'est en effet de son antre que sortira le fameux bouillon que l'on versera ensuite sur des tranches de pain, pour former les soupes, que l'on consommera avant la viande et les légumes. Pour Goethe, « toute personne aurait pu se contenter de cette simple cuisine ». Le tableau symbolise la cuisine bourgeoise où le « bœuf est sans contredit la viande la plus utile pour le ménage[159] ».

De la pourvoyeuse à l'éplucheuse

Audiger, qui fut maître d'hôtel, publie à Paris en 1692 *La Maison réglée, et l'art de diriger la maison d'un grand seigneur & autres, tant à la ville qu'à la campagne*. L'ouvrage instruit des différentes catégories de personnels qui y travaillent. Selon le train de vie de la demeure, la domesticité y est plus ou moins importante. La cuisine d'un grand seigneur en ville pouvait ainsi être dirigée par un écuyer de cuisine, et rassembler des aides ou des garçons de cuisine, des servantes, des rôtisseurs, etc. Dans une maison à la campagne, le devoir de la « ménagère », ou femme de charge, était, parmi bien d'autres tâches, « d'apprêter à manger et d'avoir sous la clef tout ce qui concerne la nourriture des domestiques ». Dans une demeure bourgeoise, c'est plutôt la cuisinière, et moins le cuisinier, qui s'active aux préparatifs des repas. Elle devait avoir des connaissances en viande pour les achats, et savoir

179
Esaias Boursse
La Peleuse de pommes
3e quart du XVIIe siècle, huile sur toile,
58 × 48 cm
Strasbourg, musée des Beaux-Arts

faire, entre autres choses, « une bonne soupe, déguiser toutes sortes de viandes, en faire des ragoûts, ainsi que du poisson et des œufs, et toutes sortes de légumes pour les autres jours ; comme aussi ne pas ignorer la manière de faire quelques compotes et quelques autres bagatelles pour le dessert[160] ».

À la façon de *La Laitière* de Vermeer ou de *La Peleuse de pommes* d'Esaias Boursse (1631-1672), Chardin saura représenter avec élégance et simplicité cette domesticité de maison que décrit Audiger. Dans une peinture sacralisant la vie domestique, le geste quotidien devient un geste artistique et historique. Ses toiles sont d'une ILL. 174 ILL. 179

grande sincérité. Elles mettent en avant le rôle des gens de service dans le fonctionnement des grandes maisons. Ils sont plusieurs dizaines de milliers dans le Paris du XVIIIe siècle[161] et forment un important groupe social qui ne passe pas inaperçu. Chardin, qui est né dans la capitale qu'il ne quittera pratiquement jamais, n'a pu que les côtoyer. Vivre à Paris, c'est aussi être au courant de tout ce qui s'y faisait en matière de peinture. À cette époque, la peinture hollandaise du XVIIe siècle était très en vogue[162] et l'artiste a pu s'en inspirer. Mais l'originalité de son travail était également reconnue. Dans *Description raisonnée des tableaux exposés au salon du Louvre* en 1739, le chevalier de Neufville de Brunaubois-Montador écrit au sujet de Chardin : « On aime tout ce qu'il produit ; mais ce qui semble avoir la préférence cette année, est *une cuisinière revenant de la boucherie et du marché au pain*. C'est bien le caractère le plus correct que je connaisse[163]. »

L'auteur parle ici de *La Pourvoyeuse*, tableau qui ILL. 180 rencontrera un vif succès. On en connaît quatre versions, dont une qui a disparu pendant la Seconde Guerre mondiale. Celles de Berlin et d'Ottawa datent de 1738, celle du Louvre de 1739[164]. Une pourvoyeuse est, à l'époque, une femme chargée de livrer les provisions d'une maison. Les grands seigneurs passaient devant un notaire des « marchés de pourvoierie » avec un pourvoyeur qui « s'engageait à fournir un approvisionnement régulier de certaines denrées à des prix convenus à l'avance[165] ». Le tableau du Louvre montre une femme arrivant avec un cuissot de viande maintenu dans un tissu blanc et deux miches de pain, qui sont pour un instant posées sur un buffet. Les portes ouvertes indiquent qu'elle arrive du dehors. Elle pénètre dans la demeure chargée de denrées et fait le lien entre le monde extérieur et le monde intérieur, entre l'univers social et l'univers familial[166]. Elle est éclairée d'une fine lumière qui est accentuée par l'angle sombre des murs. Son attention semble attirée par ce qui se passe dans une autre pièce, à l'arrière-plan du tableau, où se situe la fontaine d'eau. On y voit deux personnages discutant dans l'entrebâillement d'une porte, peut-être un entretien amoureux. Le mot « pourvoyeuse » pouvait aussi signifier « entremetteuse ». Les deux bouteilles au sol, caractéristiques de cette époque, sont en verre noir. Elles étaient parfaites pour le transport et la conservation du

180
Jean-Baptiste Siméon Chardin
La Pourvoyeuse
1739, huile sur toile,
47 × 38 cm
Paris, musée du Louvre

181
Jean-Baptiste Siméon Chardin
La Ratisseuse
1739, huile sur toile,
46,2 × 37 cm
Munich, Alte Pinakothek

vin car elles ne « laissaient pas passer la lumière[167] ». Le visage joufflu de la pourvoyeuse suggère qu'elle est bien nourrie, ce qui est généralement le cas des personnels de maison. Sa position légèrement déhanchée et son corps aux formes généreuses apportent une touche de sensualité au tableau. Située entre la viande et le pain, la jeune femme peut aussi être perçue comme une nourriture désirable.

ILL. 181 *La Ratisseuse* (1739) est d'une approche différente. Elle pourrait être comparée à *La Peleuse de pommes* du

ILL. 179 Hollandais Esaias Boursse : même position assise des personnages et même activité d'éplucheuse de légumes ou de fruits. Dans la scène néerlandaise du XVIIe siècle, l'héroïne est absorbée par son travail, alors que celle de Chardin est plutôt pensive, ne ratissant plus le navet qu'elle tient encore dans l'une de ses mains mais qui est prêt à tomber, tant elle semble prise par sa rêverie — à moins que ce ne soit un moment de fatigue, le travail d'une servante étant harassant. Les légumes qui sont déjà épluchés attendent sur le sol dans une jatte remplie d'eau. Son couteau paraît pointer vers le billot sur lequel est planté un couperet non loin d'une trace de sang. À l'évidence, il a été récemment utilisé. Dans le tableau de Boursse, la viande est représentée avec le sang gouttant sur le sol. Les deux œuvres montrent, dans des contextes différents, les apprêts culinaires journaliers qui symbolisent la pratique quotidienne de la cuisine, commune à toutes les sociétés humaines.

Dans une cuisine, l'eau est nécessaire au nettoyage du lieu et de la vaisselle, au lavage des denrées et à la préparation culinaire. À Paris, l'eau était apportée dans les appartements par des porteurs d'eau. Chez les plus aisés, elle était conservée dans des fontaines qui pouvaient être de cuivre. Dans l'inventaire après décès de Marguerite Saintard, la femme de Chardin, figure « une fontaine de cuivre rouge, garnie de son couvercle et anneaux aussi de cuivre rouge contenant deux voies d'eau avec son robinet de potin [un alliage de cuivre] posée sur un pied en bois de chêne[168] ». Dans ses œuvres, l'artiste a plusieurs fois représenté cet objet. On

ILL. 180 le remarque au second plan de *La Pourvoyeuse*, il devient la pièce maîtresse d'un tableau intitulé *La Fontaine de cuivre* conservé au Louvre. Devant cette fontaine, sont déposés sur le sol, dans une approche fonctionnelle, une cassotte, ou louche à eau, un seau placé sous le robinet, et une cruche vernissée avec son couvercle. Avec *La Femme à la fontaine* peinte vers 1733, Chardin y ajoute le geste d'une servante qui remplit une cruche d'eau. Geste quotidien à l'époque, qui devait être répété plusieurs fois par jour. Par ses scènes de genre, le ILL. 182

peintre montre la vie qui l'entoure, la figurant au travers des activités les plus ordinaires, comme par exemple porter des denrées, éplucher des légumes, tirer de l'eau d'une fontaine. La réalité qu'il représente est celle qu'il sélectionne en tant qu'artiste et celle qu'il vit en tant qu'homme du XVIIIe siècle.

Cuisiner en gras et en maigre

Dans les pays de tradition catholique, la pratique de la cuisine s'inscrit dans un « cycle alimentaire marqué par la religion[169] », avec, entre autres, l'alternance des jours gras et des jours maigres puis le Carême. Les livres de cuisine reflètent cette réalité. Ainsi, La Varenne propose dans son *Cuisinier françois* (1651) des recettes pour les jours maigres, d'autres pour le Carême, dans lesquelles il n'entre pas d'œufs, et des plats spécifiques pour le Vendredi saint. Une même recette pouvait être préparée en gras ou en maigre, comme le potage de marrons dans l'édition bruxelloise de *La Cuisinière bourgeoise* de 1753, où la différence se jouera dans l'emploi d'un bouillon gras (à base de viande) ou d'un bouillon maigre (à base de légumes)[170]. Au fil du temps, ces distinctions seront moins visibles dans les ouvrages culinaires, tout en continuant à exister. D'autres livres plus spécifiques paraîtront, à un moment où il semble y avoir des signes d'un certain relâchement dans le respect du calendrier religieux. Le médecin Philippe Hecquet souligne ainsi les abus d'exemption dans son *Traité des dispenses du carême, dans lequel on découvre la fausseté des prétextes qu'on apporte pour les obtenir*, dont la seconde édition date de 1710. Trois ans plus tard, Nicolas Andry, également médecin, publie un *Traité des alimens de caresme* pour expliquer « les différentes qualités des légumes, des herbages, des racines, des fruits, des poissons, des amphibies, des assaisonnements, des boissons, même les plus en usage », comme l'eau, le vin, la bière, le cidre, le thé, le café et le chocolat.

Les artistes figureront l'alternance du maigre et du gras dans leur peinture, en les représentant respectivement par le poisson et la viande, ce que les contemporains comprenaient parfaitement. Avec ses *Déjeuners*,

182
Jean-Baptiste Siméon Chardin
Une femme tirant de l'eau à la fontaine*, dit *La Fontaine* ou *La Femme à la fontaine
Vers 1733, huile sur toile,
38 × 43 cm
Stockholm, Nationalmuseum

183
Jean-Baptiste Siméon Chardin
Menu de maigre et ustensiles de cuisine
1731, huile sur cuivre,
33 × 41 cm
Paris, musée du Louvre

184
Jean-Baptiste Siméon Chardin
Menu de gras et ustensiles de cuisine
1731, huile sur cuivre,
33 × 41 cm
Paris, musée du Louvre

185
Luis Meléndez
Nature morte avec une tranche de saumon, un citron et des ustensiles de cuisine
1772, huile sur toile,
42 × 62 cm
Madrid, Museo del Prado

François Desportes traitera de ce thème dès le début du XVIIIe siècle, comme nous le verrons dans un prochain chapitre. D'autres peintres approcheront le sujet plutôt par la cuisine que par le repas. À l'exemple de Jean Siméon Chardin et de ses deux peintures sur cuivre de
ILL. 183 1731 : *Menu de maigre* et *Menu de gras*. Dans la première
ILL. 184 œuvre, les « harengs suspendus à un crochet éclairent des mille facettes de leurs écailles le centre du tableau[171] ». Depuis des siècles, le hareng symbolise la nourriture maigre pour la majorité de la population. Séché, fumé, salé ou caqué (en saumure), il a longtemps fait l'objet d'un intense commerce international. Le sel est d'ailleurs suggéré par l'égrugeoir (petit mortier à sel) à droite du tableau. Parmi les objets représentés sur la table, la poêle et le gril pouvaient être employés dans l'apprêtement des harengs. De leur côté, les deux poireaux rachitiques (ou ciboules) symbolisent l'alimentation contrainte et peu abondante. La seconde œuvre, *Menu de gras*, est le pendant de la précédente. La composition du tableau est décentrée vers la gauche, alors que celle du *Menu maigre* l'est vers la droite. Le poivrier se substitue à l'égrugeoir, les rognons aux œufs, la pièce de viande aux poissons. La lumière qui illumine l'intérieur de la bassine de cuivre du premier tableau, devant laquelle se trouvent les harengs, éclaire, dans la seconde peinture, l'extérieur du chaudron qui est en rapport avec la viande placée derrière lui. L'écumoire étendue entre le chaudron et la cruche, et dont la queue passe devant le morceau de viande, suggère une cuisson bouillie avec l'eau de la cruche, à moins que ce ne soit la préparation d'un ragoût de viande avec le vin des bouteilles situées à droite du tableau. Si les harengs et les poireaux annoncent une nourriture modeste, la viande et les rognons correspondent, eux, à une cuisine bourgeoise.

Dans la peinture espagnole, des tableaux de Luis Meléndez peuvent aussi faire écho aux périodes maigres et grasses par les denrées représentées[172]. Sa *Nature morte avec une tranche de saumon, un citron et des ustensiles de cuisine*
(1772), par exemple, pourrait ainsi évoquer le calendrier ILL. 185
religieux par la seule présence du poisson, tant l'aliment était assimilé aux moments où l'on ne pouvait pas manger

186
Luis Meléndez
Nature morte de jambon et d'œufs
XVIIIe siècle, huile sur toile,
42 × 59 cm
Collection particulière

Double page suivante
187
Jean-Baptiste Siméon Chardin
Menu de maigre et ustensiles de cuisine
1731
Détail ill. 183, p. 196

188
Jean-Baptiste Siméon Chardin
Menu de gras et ustensiles de cuisine
1731
Détail ill. 184, p. 196

de viande. Mais, en même temps, rien n'interdisait la consommation du poisson les autres jours de l'année. Le tableau est d'une grande sobriété propre à la tradition des *bodegónes*. Ses éléments sont traités « avec un langage direct et efficace » où chaque objet a une « puissance expressive » qui est due à la perfection avec laquelle il a été exécuté[173]. Ces objets sont disposés sur une table abîmée par des coups de couteau, et forment une diagonale allant du citron aux ustensiles de cuisine, en passant par la darne de saumon. À l'arrière-plan du tableau, sur la gauche, sont concentrés un pot et une bassine de cuivre, ainsi qu'une cruche en poterie d'Alcorcón ou de Valdeverdeja, « avec un morceau de céramique posé en guise de couvercle qui a pour nom *tejoleta*[174] ». À l'opposé, à l'extrême droite, se situe le citron, isolé des autres accessoires de la peinture, mais qui a en même temps toute sa place dans la composition en tant qu'ingrédient accompagnant le saumon. Dans la *Nature morte de jambon et d'œufs*, on retrouve le pot (ou cruche) ILL. 186 couvert d'une *tejoleta*. Il servait à conserver des denrées liquides et pouvait être utilisé pour cuisiner directement à la source de chaleur[175]. La spatule en bois posée dessus, le jambon, les œufs, l'ail et le sachet d'épices, tous placés autour de la poêle, sont une mise en pratique culinaire.

IV.
DU REPAS DES HUMBLES À LA TABLE DES ÉLITES (XVIe-XIXe SIÈCLE)

CHAPITRE I

Repas et fêtes populaires

« Je vais vous dire un mot de notre nourriture, c'est-à-dire de la manière de vivre du paysan aisé. Pour ceux qui ne le sont pas, du pain d'orge ou de seigle, une soupe à l'huile de noix ou même de chènevis, une mauvaise boisson, c'est-à-dire de l'eau passée sur du marc, ou de l'eau pure, c'est tout ce qu'ils ont pour entretenir une vie condamnée à un travail rude et continuel. Mais chez notre maître, nous avions avant de partir pour la charrue une soupe au bouillon de porc salé, cuit avec des choux ou des pois ronds, jointe à un morceau de ce salé et une assiettée de pois ou de choux ; ou bien une soupe au beurre et à l'oignon, suivie d'une omelette, ou d'œufs durs, ou d'herbages, ou de fromage blanc assez bon. »

Rétif de la Bretonne, *La Vie de mon père*, 1779

Les artistes portent aussi intérêt aux petites gens. Pieter Bruegel l'Ancien, que l'on nommait le « peintre des campagnards », prenait ainsi plaisir « à aller aux kermesses et aux noces villageoises, déguisé en paysan, offrant des cadeaux comme les autres convives et se disant de la famille de l'un des conjoints ». Son bonheur, écrit Carel van Mander dans *Le Livre des peintres* (1604), « était d'étudier ces mœurs rustiques, ces ripailles, ces danses, ces amours champêtres qu'il excellait à traduire par son pinceau [...][1] ». Pour autant, il ne faut pas se laisser tromper par les peintures de Bruegel et de ses successeurs : la vie à la campagne était loin d'être une éternelle fête. Elle était même difficile pour la majorité des paysans, qui représentaient environ quatre-vingts pour cent de la population européenne[2]. Dans la Hollande de Rembrandt (1606-1669), ils ne se nourrissaient pratiquement que de légumes et de laitage. Les matelots, eux, se contentaient de poisson, de bouillie de gruau et de fromage. En ville, la table des petites gens et de la petite bourgeoisie étaient à peine plus variée[3]. La viande était rare et bien souvent consommée salée ou fumée, sauf au mois de novembre, lors des fêtes de « boucherie », lorsque que l'on sacrifiait un porc ou un bœuf, comme on l'a vu dans un précédent chapitre. Dans la France du XVIIe siècle, la plupart des paysans vivaient en circuit fermé, dans une économie de subsistance. Pour payer leurs impôts et diverses redevances, ils vendaient en partie ce qu'ils produisaient : récolte, « fruits et légumes de qualité », œufs, fromages, beurre, poulets. Ils ne gardaient « que le strict nécessaire ou l'invendable, comme les fruits trop avancés » et la viande n'apparaissait presque jamais dans les repas, sauf en période de fêtes[4].

Fini en effet le temps de l'abondance carnée et de « l'Europe des carnivores », dont témoignaient encore les tableaux de Pieter Aertsen et d'Annibal Carrache, alors qu'elle prenait fin. Dès leur époque, en vérité, la viande commençait à se faire rare sur les tables (à part celle des élites), au grand désespoir des contemporains qui se rappelaient un temps où l'on en mangeait régulièrement. En 1550, un auteur allemand écrivait ainsi : « Chez le paysan, on a autrement mangé qu'à présent. Alors, chaque jour, il y avait de la viande et de la nourriture à profusion ; aux kermesses et aux festins, les tables croulaient sous leurs charges. Aujourd'hui, tout est bien changé. Depuis des années, en vérité, quel temps calamiteux, quelle cherté ! Et la nourriture des paysans les plus à l'aise est presque pire que celle des journaliers et des valets d'hier. » Dix ans plus tard, le gentilhomme normand Gilles de Gouberville ne dit pas autre chose dans son journal : « Du temps de mon père, on avait tous les jours de la viande, les mets étaient abondants, on engouffrait le vin comme si c'eut été de l'eau[5]. » Cela n'a toutefois pas empêché la vogue des « œuvres paysannes » en Europe. En France, il existe ainsi « une longue et forte tradition de la scène de genre », avec des représentations du monde populaire et rural. Le dépouillement des inventaires parisiens entre 1550 et 1610 montre l'importance de cette veine picturale, dont les plus grands représentants dans le Paris de Louis XIII et de Mazarin furent les frères Le Nain, avec, entre autres, leurs célèbres peintures figurant des familles et

Double page précédente

189
Albert Auguste Fourié
Repas de noces à Yport
1886
Détail ill. 206, p. 225

190
David II Téniers, attribué à
***Fête villageoise*, détail**
Détail ill. 202, p. 220

191
Annibal Carrache
Le Mangeur de haricots
1584, huile sur toile, 78 × 95 cm
Rome, Galleria Colonna

des repas de paysans[6]. Les scènes de vie à la campagne sont alors à la mode auprès d'un public bourgeois, à une époque où se développe aussi toute une littérature sur l'agronomie, avec notamment *Le Théâtre d'agriculture et mesnage des champs* (1600) d'Olivier de Serres, sur le jardinage et l'arboriculture, à l'exemple du *Jardinier françois* (1651) de Nicolas de Bonnefons, ou encore sur la vie champêtre, avec *Le Plaisir des champs* (1583 et 1604) de Claude Gauchet.

Le repas des humbles

La publication à Paris, par le célèbre médecin Jacques Dubois, dit Sylvius, dans les années 1540, de quatre opuscules[7] consacrés à la nourriture des pauvres, témoigne d'une attention particulière portée à l'alimentation des plus modestes. Dans un contexte de disette, de tensions politique et économique, l'auteur propose un régime alimentaire adapté à la condition sociale du pauvre. Les denrées de digestion difficile, qui sont considérées comme plus nourrissantes, leur sont ainsi destinées : « les aliments lourds et grossiers, qui engendrent des sucs visqueux et un sang épais, sont réputés plus substantiels et plus riches pour les travailleurs[8] ». Ainsi, à la différence des plus aisés, les pauvres doivent se contenter d'une nourriture lourde et indigeste, du moins en théorie. Outre le discours diététique, l'alimentation s'inscrit à l'époque dans un système de valeurs sociales où « l'ail, l'oignon, les poireaux, les légumes secs, les fromages, la bière, la viande de bœuf, les salaisons, les bouillies sont essentiellement populaires et paysans[9] ». Comme nous le savons déjà, toute une hiérarchie alimentaire définit la nourriture de chacun selon sa condition, et les légumes poussant sous terre ou au plus près du sol se retrouvent plutôt sur la table des pauvres que sur celle des riches. Les artistes avaient bien compris cela en figurant des aliments en adéquation avec la position sociale du ou des mangeurs représentés dans leurs peintures.

C'est le cas du Bolonais Annibal Carrache qui peint vers 1583-1584 *Le Mangeur de haricots*, conservé à la Galleria Colonna à Rome. ILL. 191 La toile montre un homme couvert d'un chapeau, qui s'apprête à porter à sa bouche une cuillère garnie de haricots, tout en regardant le spectateur, comme s'il était interpelé. On a en effet l'impression que le personnage est dérangé pendant son repas ou, du moins, que quelque chose attire son attention. Son regard, son bras levé, la tête avancée et la bouche grande ouverte donnent au mangeur le mouvement de son action : la prise de sa nourriture. Ses ongles sales laissent supposer un travailleur de la terre. L'une de ses mains est posée sur un morceau de pain, comme si le mangeur cherchait à le protéger, tout en suggérant l'importance de cet aliment. Il provient de la miche qui forme plus ou moins quatre boules. Le pain est la principale denrée des tables modestes, les autres aliments ne sont que le companage : c'est-à-dire qu'ils accompagnent sa consommation, à l'inverse d'aujourd'hui, où le pain est le complément de nos plats. Le mangeur est en bout de table, et les quatre catégories d'aliments qui composent son repas sont symétriquement disposées devant lui, formant une sorte de quadrilatère. Au premier plan, la miche et la tarte de blettes, qui était une spécialité de Bologne (*Torta di bieta alla Bolognese*[10]). Au second plan, une petite botte de cives (petits oignons) et le bol de haricots secs. Ces derniers paraissent être des doliques, *fagioli all'occhio* en italien[11], que l'on produisait alors dans toute la Péninsule. Les haricots secs, comme les fèves, étaient considérés comme des denrées du pauvre ; leur présence sur le tableau de Carrache conforte la condition sociale du mangeur. Le repas est assez copieux mais le menu est végétarien : on est bien là dans le contexte d'une nourriture « du rustre », notamment marquée par l'absence de la viande.

Pain et pommes de terre

Si le pain représente la nourriture de base, même chez le paysan aisé, il est aussi un symbole chrétien et figure à la fois le corps du Christ et le pain quotidien que l'on demande à Dieu pour nourrir ses enfants dans la prière du Notre Père. Faire une croix avec la pointe du couteau sur la miche a longtemps été une habitude[12]. Comme le « geste solennel » et « presque sacré » du père de famille qui rompt le pain au début de chaque repas[13]. Le pain cuit pouvait aussi avoir une croix déjà formée sur sa croûte, comme celle qui apparaît très nettement sur la miche présentée sur la table de *La Famille heureuse* (1642) des frères Le Nain, et placée de telle sorte que ILL. 192 le spectateur ne peut que la voir, renforçant ainsi le sens chrétien de la scène. Il en est de même du vin qui symbolise, avec le pain, l'eucharistie. « Le plus néces-

192 et 193
Frères Le Nain
***La Famille heureuse*, ou**
Le Retour du baptême
1642, huile sur toile, 61 × 78 cm
Paris, musée du Louvre

saire de tous les aliments, que la Divine bonté a créés pour l'entretien de la vie de l'homme, écrit Nicolas de Bonnefons dans *Les Délices de la campagne* (1655), c'est le pain ; sa bénédiction s'étend tellement sur cette nourriture, que jamais l'on ne s'en dégoûte[14]. » Celui des paysans se compose généralement de méteil qui est un mélange de plusieurs céréales : froment, seigle, voire de l'orge et de l'avoine en période de grande difficulté. Mais cela variait selon les traditions et les ressources naturelles des régions et des pays. En Provence et en Sicile, par exemple, les paysans mangeaient un pain de froment, alors qu'en Allemagne, en Pologne et dans d'autres pays du nord et de l'est de l'Europe, c'est le seigle qui dominait[15]. Le pain, généralement cuit pour la semaine ou pour la quinzaine, voire plus, se mangeait rassis, trempé dans la soupe, qui constituait l'essentiel des repas[16]. Au Moyen Âge, la soupe désignait la tranche de pain que l'on mouillait d'un bouillon, avant que le sens du mot ne s'inverse pour signifier le bouillon de légumes.

Le pain est au centre des peintures des frères Le Nain représentant des paysans à table. Ces scènes de repas, qui sont probablement moins réalistes qu'on a bien voulu le penser, sont construites, selon Jacques Thuillier, sur une « formule simple » : « autour d'une nappe blanche trois personnages, dont le groupe symétrique [...] rappelle le schéma fréquent des Pèlerins d'Emmaüs. Le reste, décor, personnages supplémentaires, accessoires, animaux, intervient comme variations et ornements[17] ». Dans *Le Repas de paysans* (1642), dont les copies anciennes témoignent ILL. 194 d'un succès précoce, trois hommes de conditions différentes sont installés autour d'une table, couverte d'une nappe blanche plissée qui traîne au sol. Nous ne sommes pas, à proprement parler, devant une table dressée qui annoncerait un repas, même si le personnage central tient un couteau prêt à trancher le pain. L'homme a une certaine prestance et des vêtements plus soignés que les deux autres. Celui qui est à gauche a une tenue plus simple, tout en étant correctement vêtu et chaussé de souliers, alors que le troisième personnage, situé à droite, est pieds nus, les yeux baissés, et porte des vêtements déchirés. Difficile ici de raconter l'histoire de ces trois personnages, si ce n'est qu'ils sont réunis dans la pièce principale d'une maison où l'on distingue la cheminée et le lit au fond à droite. Joël Cornette voit dans ce tableau « la représentation allégorique d'un partage eucharistique », dans une communion christique qui transcende les différences et les oppositions sociales, et « dans la certitude de la présence de Dieu ». Pour l'historien, le vin est le signe le plus tangible car il est « immédiatement visible par la transparence du verre[18] ». Le vin est aussi présent dans *La Famille heureuse* et dans *La Famille de paysans*. Dans ce tableau, l'accent est plutôt mis sur ILL. 195 l'aspect culinaire au travers des outils de cuisine. Le feu crépite dans la cheminée et une marmite est posée devant le foyer. Sur le sol, près de la table, se trouve un tripode en terre avec son couvercle et une cuiller à l'intérieur. La marmite et le tripode sont les ustensiles d'une cuisine paysanne faite de bouilli et de mijotage. La famille est modeste et nombreuse, le père en est le garant et doit la nourrir au quotidien, d'où la miche entaillée qu'il maintient contre son corps : c'est l'assurance des prochains repas.

194
Frères Le Nain
Repas de paysans
1642, huile sur toile,
97 × 122 cm
Paris, musée du Louvre

Ci-dessus et page suivante
195 et 196
Frères Le Nain
Famille de paysans dans un intérieur
XVIIe siècle, huile sur toile,
113 × 159 cm
Paris, musée du Louvre

d'autres personnes font la fête, ainsi qu'à l'arrière-plan de la peinture où est dressée une autre table (sans verres) qui, peut-être, concernerait un groupe de personnes socialement différent de ceux du premier plan. Un homme portant l'épée et faisant signe de la main, et une femme à ses côtés, tous deux élégamment habillés et se tenant debout, sont ainsi manifestement de condition supérieure. La fête est en effet un moment privilégié où les classes sociales peuvent se mélanger. Des gens de la ville pouvaient aussi venir s'encanailler en visitant les paysans durant leurs fêtes[25], comme le faisait Pieter Bruegel l'Ancien.

Ce dernier était familier du monde paysan et ses représentations devinrent célèbres. « C'était merveille de voir comme il s'entendait à accoutrer ses paysans à la mode campinoise ou autrement, à rendre leur attitude, leur démarche, leur façon de danser. Il était d'une précision extraordinaire dans ses compositions et se servait de la plume avec beaucoup d'adresse pour tracer de petites vues d'après nature », écrit Carel van Mander dans son *Livre des peintres* (1604)[26]. Bruegel peint la joie et la vitalité des campagnards en fête, comme dans *La Danse de la mariée* (1566) où le spectateur peut s'imaginer parmi les danseurs au rythme des cornemuses. *Le Repas de*

199
Pieter Bruegel l'Ancien
Le Repas de noces
1568, huile sur bois,
114 × 164 cm
Vienne, Kunsthistorisches
Museum

noces, peint vers 1568, et conservé au Kunsthistorisches Museum de Vienne, est probablement l'une de ses œuvres les plus célèbres. Il a su là aussi donner une énergie interne à la scène et de la vivacité à chacun des personnages. Le repas se déroule dans un grand espace, probablement une grange. La mariée est assise devant une tenture verte, entre deux femmes, alors que le marié ne se distingue pas des autres convives, à moins que ce ne soit, mais sans qu'on puisse l'affirmer, le jeune homme au bonnet rouge[27], en bout de table, qui prend les assiettes garnies posées sur une ancienne porte que tiennent deux personnes. Tous les invités mangent de bon cœur, même le petit enfant assis par terre et qui lèche son doigt après l'avoir passé dans le fond de son assiette. Derrière lui, un serviteur remplit les cruches, tandis que deux musiciens jouent de la cornemuse. L'événement paraît se dérouler à la fin des moissons, comme le suggèrent la paroi du fond constituée de la récolte et les gerbes de blé qui servent de décoration. La représentation en diagonale permet de voir l'ensemble de la table et l'alternance des couleurs renforce l'aspect rythmique de l'œuvre[28]. *Le Repas de noces* de Bruegel est un hymne à la vie, à la joie et à la bonne humeur. Son fils aîné, Pieter Breughel le Jeune, contribuera à diffuser l'œuvre de son père en la copiant, tout en y apportant des variantes et de l'innovation[29]. ILL. 199

Les scènes de fêtes villageoises, ainsi que les grands moments de la vie, sont également appréciés au XVIIe siècle, comme en témoignent les tableaux de David Teniers le Jeune et de Jan Steen. Le premier, qui naît à Anvers en 1610, s'était notamment spécialisé dans la représentation des villageois, des fêtes et des kermesses. Il s'installe dans le village de Perck, entre Anvers et Malines, pour copier la nature, dit Jean-Baptiste Descamps dans *La Vie des peintres flamands, allemands et hollandois* (1754) : « […] il l'étudia dans les *Kermesses* ou fêtes de villages : sans s'avilir avec les habitants des campagnes, il se mêla avec eux pour observer leurs danses et leurs jeux, leurs festins rustiques, leur joie, leur colère, leurs combats[30] ». Le tableau conservé au château de Compiègne (*Fête villageoise*) montre une noce avec des musiciens, des danseurs, des convives à table, sans oublier la mariée que l'on reconnaît aisément par la tenture placée derrière elle. Les couleurs sont légères et le ciel est d'une belle luminosité malgré les nuages. Le peintre figure le repas de noces et la fête dans une vue d'ensemble, comme s'il avait été un observateur. Jan Steen, quant à lui, ILL. 202

201 et 201 bis
Pieter Bruegel l'Ancien
Le Repas de noces
1568
Détails ill. 199, p. 215

202
David Teniers Le Jeune, attribué à
Fête villageoise
Compiègne, château

naît à Leyde en 1636. Son père était brasseur et installera son fils dans une brasserie à Delft. L'artiste semble avoir eu une vie assez mouvementée et deviendra également cabaretier. Selon Jean-Baptiste Descamps, nombre de ses œuvres se retrouveront chez des marchands de vin[31]. Jan Steen connaît donc bien les débits de boisson qu'il représentera dans sa peinture, comme en témoigne la *Fête dans une auberge* du Louvre, datant probablement du troisième quart du XVIIe siècle. C'est un bel espace, carrelé, haut de plafond, avec de grandes fenêtres qui laissent passer la lumière du jour. Nous ne sommes pas dans une masure sombre, ni dans une taverne ou une auberge de bas étage, et les personnes représentées pourraient faire partie de ce que nous nommons aujourd'hui « la classe moyenne ». Le peintre montre les différentes activités que l'on peut faire à cet endroit : chanter, danser, boire, manger, lutiner, etc.

ILL. 203

Dans la Hollande de Rembrandt, toutes les occasions sont bonnes pour banqueter et faire la fête : « la naissance d'un enfant, son baptême, son sevrage, pour les relevailles de la mère, pour les anniversaires familiaux, pour le Mardi gras, pour un départ en voyage, un retour au foyer, une nomination à quelque charge ou pour l'entrée dans un corps constitué, pour les fiançailles, pour la noce, pour les funérailles », sans parler des fêtes municipales, professionnelles et religieuses, même si l'Église et l'État ne voyaient pas cela d'un très bon œil[32]. Les peintres représentent donc une tradition bien ancrée dans la société, surtout chez les paysans et les bourgeois, une réalité

historique que l'on rencontre aussi dans d'autres pays. En France, Claude Gauchet, qui fut aumônier d'Henri IV, et qui mena « joyeusement une vie de gentilhomme campagnard », donne un bel aperçu des fêtes champêtres dans un poème en quatre parties, *Le Plaisir des champs* (1583 et 1604). La description d'une noce et d'une danse de village a fourni le sujet et servi de modèle « à plusieurs riches tentures de tapisserie, à plusieurs précieux tableaux et à un nombre infini de nobles gravures et de cartouches », écrit Guillaume Colletet dans la notice consacrée à la vie et à l'œuvre de Claude Gauchet. La nourriture et la cuisine jouent bien sûr un rôle majeur dans la réussite des festivités comme en témoigne cet extrait de « La Feste du village avec la danse » :

« Pendant nous en allons, attendant la grand'messe,
Desjeuner à Beau-val, où la nappe se dresse
De linge blanc et fin ; là se met le jambon,
Le pasté de giblet petri de la façon
De la femme à Pierrot, qui est, sans mocquerie,
Sur tous les patissiers nette en pasticerie.
Le pasté de chevreuil qu'avions faict apporter,
Ouvert nous faict à tous envie d'en taster
Chacun, sur le vin blanc. Mais pour boire à la troupe
Pleine jusques au bord Pierrot prend une coupe
Dont il vuide le fond : "Or voyez à ce coup,
Dict-il, que je vous ayme et respecte beaucoup[33] " ! »

Ci-dessus et double page suivante
203 et 204
Jan Steen
Fête dans une auberge
1674, huile sur toile,
117 × 161 cm
Paris, musée du Louvre

205
Nicolas Lancret
Le Festin de noces de village
1736, huile sur toile,
44 × 35 cm
Angers, musée des Beaux-Arts

Le repas de noces à Yport

Le thème du repas de noces est récurrent chez les peintres. Nous pourrions même dire que c'est l'une des représentations les plus anciennes et les plus populaires, depuis au moins les noces de Cana, tant l'événement rythme la vie humaine. Selon les époques, le contexte et le groupe social figurés, la fête est plus ou moins cérémonieuse et la table plus ou moins garnie de mets. Le mariage villageois est apprécié du public, et les peintures flamandes et hollandaises resteront longtemps le modèle à suivre, avec le repas représenté dans un environnement campagnard, la mariée et ses invités installés autour du banquet, des musiciens et des danseurs, puis des personnages faisant la fête. C'est ainsi le cas du *Festin de noces de village* de Nicolas Lancret, au XVIIIe siècle, conservé au musée des Beaux-Arts d'Angers. ILL. 205

Au siècle suivant, Albert Fourié expose *Un repas de noces à Yport* (1886) qui rencontre rapidement le succès. Envoyé au Salon de 1887, l'œuvre « compte ILL. 206 parmi les tableaux qui ont fait sensation durant ces derniers temps. Le ministre des Beaux-Arts s'assura la propriété de la toile aussitôt l'ouverture du salon », écrit Pierre Larousse dans son *Grand Dictionnaire universel du XIXe siècle*[34]. La peinture est aujourd'hui à Rouen, au musée des Beaux-Arts, elle est couramment reproduite dans les revues et a toujours du succès auprès du public. Sa fraîcheur, ses effets de lumière, le réalisme des personnages, des objets de table et de l'ensemble de la scène y sont probablement pour quelque chose. Yport est une commune, située entre Étretat et Fécamp. La côte normande est alors un des lieux de prédilection des peintres qui y viennent dès les années 1820. « Du peintre mondain qui passe six mois de l'année dans sa riche villa d'Étretat, au peintre maudit qui négocie sa nuit dans une auberge de campagne en échange d'un portrait rapidement brossé, ils sont des centaines à trouver le long des falaises la lumière changeante et les motifs pittoresques propices à leur art[35]. » Albert Fourié (1854-1937) passait une partie de l'année à Yport où il avait une propriété.

Dans son tableau, la table est dressée à l'ombre d'un arbre où, sur l'une des branches est suspendue la tenture placée derrière les mariés. Nous sommes au milieu du repas, probablement au moment du « trou normand » qui consiste à prendre un petit verre d'alcool ou d'eau-de-vie, avant de manger le plat principal — ici, une belle volaille rôtie. Les adultes portent un toast aux mariés avant de boire l'alcool. La pratique du trou normand se développe dans le courant du XIXe siècle et reste aujourd'hui encore une habitude lors des repas de mariage, notamment dans l'ouest de la France — dans son *Almanach des gourmands* (1804), le gastronome Grimod de La Reynière parlait « du coup du milieu », alors très en vogue à Paris. La nappe a été bien repas-

sée avant d'être étendue sur la table, comme l'attestent les marques du pliage. La cristallerie — on peut remarquer la variété des carafes — est sortie pour l'occasion et montre l'embourgeoisement de la table à la fin du XIXe siècle, même dans les campagnes : la belle vaisselle est gardée dans les armoires ou vaisseliers jusqu'au moment des repas de fête. Le cidre est la principale boisson consommée, mais le vin est aussi apprécié.

« Aux angles, se dressait l'eau-de-vie dans des carafes. Le cidre doux en bouteilles poussait sa mousse épaisse autour des bouchons, et tous les verres, d'avance, avaient été remplis de vin jusqu'au bord », écrit Gustave Flaubert dans sa description du repas de noces de *Madame Bovary* (1873). Sur la table, « il y avait [...] quatre aloyaux, six fricassées de poulet, du veau à la casserole, trois gigots, et, au milieu, un joli cochon de lait rôti, flanqué de quatre andouilles à l'oseille. [...] De grands plats de crème jaune, qui flottaient d'eux-mêmes au moindre choc de la table, présentaient, dessinés sur leur surface unie, les chiffres des nouveaux époux en arabesques de nonpareille. On avait été chercher un pâtissier à Yvetot, pour les tourtes et les nougats[36] ».

On n'est guère surpris qu'Albert Fourié ait illustré une édition de *Madame Bovary*[37], tant son tableau rejoint la description de Flaubert. Son approche quasi photographique témoigne d'un « moment important de la sociabilité paysanne[38] » et de l'évolution gastronomique de la table au XIXe siècle.

206
Albert Auguste Fourié
Repas de noces à Yport
1886, huile sur toile,
245 × 355 cm
Rouen, musée des Beaux-Arts

CHAPITRE II

Convivialité de table

« La gourmandise est un des principaux liens de la société ; c'est elle qui étend graduellement cet esprit de convivialité, qui réunit chaque jour les divers états, les fond en un seul tout, anime la conversation, et adoucit les angles de l'inégalité conventionnelle. C'est elle aussi qui motive les efforts que doit faire tout amphitryon pour bien recevoir ses convives, ainsi que la reconnaissance de ceux-ci, quand ils voient qu'on s'est savamment occupé d'eux… »

Jean Anthelme Brillat-Savarin, *Physiologie du goût*, 1826

La publication à Bâle en 1530 de *La Civilité puérile* (*De civilitate morum puerilium*) d'Érasme de Rotterdam marque un tournant dans l'évolution des manières de table. Rédigé en latin, à l'adresse d'un jeune enfant[39], ce petit ouvrage rencontre un grand succès et se répand rapidement en Europe, tout en étant traduit en langues vernaculaires (anglais, allemand, tchèque, français, etc.). Les comportements sont en mutation et la bonne tenue à table s'affirme comme un critère de civilité. Pour l'humaniste, « les bonnes mœurs se reflètent dans la politesse des manières » et dans « la rectitude appliquée aux gestes ». Si la gaîté est de mise à table, l'effronterie ne l'est pas. Ceux qui se comportent mal ressemblent à des animaux : celui qui porte la main au plat, à peine assis, agit ainsi en loup, ou en cigogne, s'il ingurgite d'un coup de gros morceaux de nourriture[40].

Les convenances de table deviennent un moyen de montrer son degré de civilité. Dans son ouvrage, Érasme présente « des modèles de comportement conformes à son temps, modèles qu'exigeait […] la couche dirigeante », relève Norbert Elias dans *La Civilisation des mœurs* (1973). Mais, en même temps, il propose des règles de conduite qui s'appliquent à tous et pas seulement aux élites[41]. L'influence du traité d'Érasme est profonde : on la retrouve notamment dans les livres de civilité qui paraissent au cours des siècles suivants : comme *Les Règles de la bienséance et de la civilité chrétienne, divisé en deux parties, à l'usage des écoles chrestiennes*, de Jean-Baptiste de La Salle, publiées dans les années 1710 et régulièrement éditées jusque dans le courant du XIXe siècle. Ou encore dans *La Civilité puérile et honneste pour l'instruction des enfans* […] *dressée par un missionnaire*, éditée à Troyes en 1730.

La civilité se diffuse progressivement dans la société et se transforme en un savoir-vivre qui devient le propre de l'honnête homme. L'image témoigne de cette évolution des mœurs de table qui pénètre jusque dans les foyers, en montrant des repas intimes, touchant à la famille, loin des banquets, des dîners et des soupers officiels. Ce sont aussi les repas sur l'herbe, qui allient la convivialité et les plaisirs champêtres, un thème dont les peintres s'emparent assez tôt. L'arrivée des boissons exotiques (thé, café, chocolat) en Europe à partir du XVIe siècle apportera également son lot d'innovations tout en créant de nouvelles habitudes de consommation. L'art témoignera aussi de ces nouvelles normes de sociabilité.

De la concorde familiale à la table bourgeoise

Les peintres figurent de plus en plus souvent la convivialité à table, notamment celle de la famille. La table est en effet un moyen de montrer le bonheur familial : elle rassemble les individus autour de la nourriture tout en renforçant les liens affectifs. Vers 1530, le peintre hollandais Maarten Van Heemskerck peint les portraits d'un patricien et de sa famille[42] devant une table sur laquelle objets et nourriture sont disposés à la manière d'une nature morte, avec probablement un symbolisme spécifique. Le beurre, les fromages, les morceaux ILL. 209 de pain et les demi-pommes, annoncent un repas déjà bien avancé. La joie des enfants et le sourire satisfait des parents expriment avant tout la fierté de la réus-

207
Knut Ekvall
Famille heureuse
Fin du XIXe siècle
Détail ill. 211, p. 231

208
Jean Mes, d'après Martin de Vos
Concordia
Vers 1590, gravure
Paris, Bibliothèque nationale de France

209
Maerten van Heemskerck
Portrait d'une famille
Vers 1530, huile sur bois, 119 × 140,5 cm
Cassel, Musemslandschaft Hessen Kassel, Gemäldegalerie

site sociale et familiale. C'est la concorde, c'est-à-dire l'« union d'une famille où on vit en grande paix et tranquillité », telle que la définit Antoine Furetière dans son *Dictionnaire universel* de 1690.

Concordia est justement le titre d'une gravure coloriée de Jean Mes (vers 1590), d'après l'Anversois Martin de Vos, conservée à la Bibliothèque nationale de France. La famille est installée autour d'une table ronde nappée, seul le petit enfant est assis devant le feu de cheminée et mange sa bouillie, tout en regardant son père. Le jeune garçon debout a les mains jointes comme s'il priait. Érasme précise dans *La Civilité puérile* que lorsque l'on demande à un enfant de dire le *Benedicite*, celui-ci doit prendre une « contenance pleine de recueillement, autant des mains que du visage » et se tourner « vers le personnage le plus respectable de l'assistance, ou vers l'image du Christ, si par hasard il y en a une[43] ». Les parents sont assis l'un à côté de l'autre à la gauche de la table. Et les enfants sont présentés du plus âgé au plus jeune, en partant de la mère. Celle-ci porte une écuelle à sa bouche tout en prenant le pain que l'une de ses filles lui tend, tandis que sa deuxième fille tient une boisson. La famille est représentée au milieu du repas, et montre la satisfaction de pouvoir manger en toute quiétude, dans une pièce chauffée et dans un confort familial qui rassure. « En paix avons contentement. En noises tout desbauchement », dit la devise de la gravure. Cette famille ne paraît pas être dans le besoin, ce que confirme la présence d'une servante qui travaille dans une autre pièce au fond, à droite de l'image. ILL. 208

Dans *La Bénédiction de la table* (vers 1635) d'Abraham Bosse, les habits des personnages, les plats bien garnis, le dressoir et le rafraîchissoir situés à gauche de la gravure, là où se tient le serviteur, indiquent un milieu aisé. Abraham Bosse est connu pour ses estampes et ses gravures montrant des scènes de la vie quotidienne qui l'ont rendu célèbre. Né au début du XVIIe siècle à Tours, qui « était un foyer et un centre artistique depuis la ILL. 210

210
Abraham Bosse
La Bénédiction de la table
Vers 1635, eau-forte
Paris, Bibliothèque nationale de France

211
Knut Ekvall
Famille heureuse
Fin du XIXe siècle, huile sur toile
Collection particulière

Double page suivante
212
Jan Steen
La prière à table avant le repas
XVIIe siècle, huile sur toile
Grantham, Belvoir Castle

213
Claude Monet
Le Déjeuner
1868, huile sur toile,
230 × 150 cm
Francfort-sur-le-Main, Städel Museum

Renaissance[44] », il poursuit sa carrière à Paris, et contribue à donner en France ses lettres de noblesse à la gravure. Il s'inspire de la vie, a un souci du réalisme, et figure « ses contemporains dans leurs activités quotidiennes, sensible à rendre avec le plus de justesse possible les multiples détails spécifiques au rang ou à la fonction sociale de chacun », tout en donnant un côté théâtral à ses scènes de genre[45]. Dans *La Bénédiction de la table*, l'artiste montre une famille protestante réunie pour le repas, au moment où elle rend grâces à Dieu pour la nourriture qu'elle s'apprête à manger. Les visages sont sereins et arborent un léger sourire. Le père est assis tel un patriarche devant le Décalogue : « investi d'une autorité quasi sacrale », il est « l'interprète de la loi divine auprès des membres de sa famille », en chef et pasteur de son troupeau[46]. À sa gauche sont assises sa femme et ses filles, et ses fils à sa droite, dont l'un est debout à l'extrémité de la table. La pièce s'ouvre largement sur l'extérieur, vers une terrasse, puis un jardin. Dans les grandes demeures, à la belle saison, on choisissait, pour prendre les repas, l'endroit « le plus vaste, le plus frais et le mieux orienté pour être à l'abri des grandes chaleurs », indique l'auteur de *L'Art de bien traiter* en 1674[47]. L'action de grâces avant la prise du repas est une constante durant des siècles (on remercie Dieu d'avoir garni la table de nourriture). Elle participe d'une certaine façon au bonheur de la famille par la croyance qu'elle entretient en une protection divine étendue sur elle, en des temps où la moindre crise pouvait entraîner une pénurie alimentaire. L'assurance d'un bon repas provoque la joie et l'insouciance. Cela est bien visible dans *La Prière à table avant le repas* de Jan Steen (vers 1663-1665). Le panier de pain au sol et les plats que la servante dispose sur la table sont les signes d'une période faste. ILL. 212

Avec le XIXe siècle le repas familial se laïcise. La famille bourgeoise devient le modèle du bien-être à table et les artistes la représentent bien souvent dans la salle à manger. Dans *Le Déjeuner* (1868), Claude Monet « insiste sur les valeurs bourgeoises de la sainteté et de l'intimité de la famille », même si la visiteuse et la servante rompent le cercle familial[48]. La mère et l'enfant attendent l'arrivée du père dont la place est marquée par le journal plié sur la table et les œufs prêts à être consommés dans l'assiette. Les éléments du repas paraissent déjà tous servis : le pain, les œufs cuits, le plat de viande avec ce qui semble être des pommes de terre au centre de la table, la salade dans le saladier, derrière le vinaigrier et l'huilier, puis le raisin dans l'assiette. Dans ses *Usages du monde. Règles du savoir-vivre dans la société moderne* (1891), la baronne Staffe explique que l'on pouvait « placer sur la table presque ILL. 213

214 et 215
Gustave Caillebotte
Le Déjeuner
1876, huile sur toile, 52 × 75 cm
Collection particulière

tous les mets qui composent le menu» lors d'un déjeuner[49]. La *Famille heureuse* de Knut Ekvall, peintre suédois (1843-1912), est aussi installée autour d'une table, dans une salle à manger. La lumière étincelante du lustre se répand sur les visages et la table. Le bébé que la mère fait manger sous les regards attendris de ses frères et sœurs et de son père, est l'attraction. Là encore, la table est pour l'artiste le moyen de mettre en scène le bonheur familial, d'affirmer un idéal où la nourriture et la convivialité jouent les premiers rôles. Au fil du temps, la table bourgeoise se couvre de vaisselle, de cristallerie et de couverts. L'industrie s'est mise à son service en produisant quantité d'ustensiles de table, dont témoignent les catalogues d'orfèvrerie de la seconde moitié du XIXe siècle[50], contribuant ainsi à la sophistication des manières de manger. Les cristalleries ont particulièrement attiré l'attention des peintres. Elles sont en nombre dans *Le Déjeuner* (1876) de Gustave Caillebotte qui nous convie à un repas dans l'hôtel particulier familial, rue de Miromesnil, avec son frère et sa mère à qui le majordome tend un plat de service. Les personnages sont vus à contre-jour dans un savant jeu d'ombre et de lumière, où les objets de cristal, de forme et de taille variées, scintillent d'un éclat puissant renforcé par contraste avec le fond noir de la table. Leur transparence dans laquelle se reflète la luminosité du jour donne toute la clarté nécessaire à la scène.

ILL. 211
ILL. 214

216
Anonyme, d'après Abraham Bosse
Le Goût*, de la *Suite des cinq sens
Après 1635, huile sur toile, 104 × 137 cm
Tours, musée des Beaux-Arts

Les joies de la table

La délicatesse et la galanterie font aussi partie de la convivialité de table. Comme ce couple assis l'un en face de l'autre dans l'allégorie du *Goût* (après 1635), peinture inspirée d'une gravure d'Abraham Bosse de la
ILL. 216 série des *Cinq sens*. C'est un repas en tête à tête malgré la présence du personnel. Les deux personnages sont élégamment vêtus et l'atmosphère est sophistiquée et sensuelle. Une nappe aux plis impeccables recouvre la table carrée. Tenant un verre à jambe transparent rempli d'un vin vermeil, l'homme regarde langoureusement sa partenaire. Tout en échangeant des regards avec lui, la jeune femme s'occupe de l'artichaut qu'elle « effeuille avec délicatesse[51] ». Le légume est posé au milieu de la table sur un réchaud qui le maintient à la bonne température. L'artichaut est alors très en vogue, particulièrement à la cour, et on lui prête des vertus aphrodisiaques[52]. Il symbolise ici l'élan amoureux et le goût précieux du Grand Siècle. Il peut être apprêté de différentes manières comme en témoignent les livres de cuisine de l'époque : artichaut frit, à la sauce blanche, au beurre blanc, cul d'artichaut en pâte ou à la compote, etc.

Le plaisir d'être ensemble est une autre forme de commensalité. Au siècle des Lumières, les joies de la table se font plus gastronomiques et les images plus savoureuses. Dans un contexte où l'on débat d'une nouvelle cuisine qui prône la légèreté et une plus grande simplicité culinaire, où la cuisine devient un fait de civilisation et un art à part entière, et où se développe toute une littérature gastronomique[53], la représentation de la table est pour l'artiste une façon de montrer la sensibilité gourmande des élites, notamment sous la Régence et le règne de Louis XV où les mœurs de table deviennent plus libres. *Le Déjeuner*

d'huîtres de Jean-François de Troy (1735) en est un
ILL. 217 exemple fameux. Commandé par le roi pour orner l'une des salles à manger de ses petits appartements de Versailles[54], le tableau, qui est le pendant du *Déjeuner de jambon* (1735) de Nicolas Lancret, montre des hommes
ILL. 218 heureux dégustant des huîtres et buvant du champagne. La gaieté est de mise, l'ambiance est festive, et certains des convives sont émerveillés du bouchon qui fuse de la bouteille vers le plafond, devant l'une des colonnes. Le vin de Champagne est à la mode depuis qu'il est devenu mousseux au tournant des XVIIe et XVIIIe siècles. Il symbolise la joie de vivre et l'appartenance au monde aristocratique et princier. La forme des bouteilles qui apparaissent sur la toile correspond à celle que l'on employait alors pour le champagne. Pour contenir la pression du vin, on fabriquait des bouteilles en forme de pomme puis de poire d'un verre épais et de couleur

À gauche et double page suivante
217 et 219
Jean-François de Troy
Le Déjeuner d'huîtres
1735, huile sur toile, 180 × 126 cm
Chantilly, musée Condé

218
Nicolas Lancret
Le Déjeuner de jambon
1735, huile sur toile, 188 × 123 cm
Chantilly, musée Condé

verte que l'on nommait « champenoises ». Les bouteilles n'avaient pas d'étiquettes mais elles pouvaient avoir des armoiries ou « un cachet de verre imprimé sur le flanc de la bouteille au moment de la fabrication[55] ».

Les huîtres étaient aussi très appréciées. Diderot et d'Alembert confirment cet engouement dans leur *Encyclopédie* en écrivant : il « n'est pas rare de trouver des personnes qui avalent cent, et même cent cinquante huîtres à peine mâchées : ce qui ne sert que de prélude à un dîner très-copieux, et qui leur réussit à merveille ». Les livres de cuisine témoignent du succès de l'huître que l'on consommait également cuite — pas moins de cinquante recettes dans *Le Cuisinier moderne* de Vincent La Chapelle (1742). Sur le tableau, nos joyeux convives les mangent crues et des serviteurs les ouvrent au fur et à mesure de leur consommation. Depuis longtemps, l'huître est considérée comme un aliment qui « excite la luxure endormie » et qui réveille les « ardeurs de Vénus[56] ». Dans les années 1580, le médecin Laurent Joubert rapporte qu'à Venise, « on mange des huîtres à l'heure du coucher, pour devenir plus gaillard à faire l'amour[57] ». Casanova, le grand séducteur vénitien, utilise l'huître dans ses jeux érotiques : « Après avoir fait du punch nous nous amusâmes à manger des huîtres les troquant lorsque nous les avions déjà dans la bouche. [...] Quelle sauce que celle d'une huître que je hume de la bouche de l'objet que j'adore ! C'est sa salive. Il est impossible que la force de l'amour ne s'augmente quand je l'écrase, quand je l'avale[58] ».

Les femmes sont absentes du tableau de Jean-François de Troy. C'est une compagnie d'hommes qui déguste des huîtres, peut-être des chasseurs, car la salle à manger était celle des « retours de chasse », où étaient organisés des soupers qui réunissaient une quinzaine de personnes (dont quelques dames à partir de 1738). La table ronde ou ovale « favorisait l'absence de l'étiquette » et chacun pouvait se placer où il le souhaitait[59]. Sur la toile, l'on distingue des plats d'huîtres, des assiettes et des couverts. Les rafraîchissoirs individuels, en porcelaine, permettent de maintenir les verres au frais, en les mettant à l'envers dans le bol rempli d'eau fraîche ou de glace. Face à la table, une desserte, avec des tablettes sur le côté pour ranger la vaisselle, fait aussi office de rafraîchissoir et garde les bouteilles dans de la glace. Le tableau n'est que mouvement, tous les personnages sont en action par le geste et le regard : certains gobent des huîtres et boivent du champagne, pendant que d'autres s'amusent du bouchon de la bouteille et de la mousse qui se forme dans le verre lorsque l'on verse le vin d'assez haut.

Les soupers des retours de chasse duraient deux heures, puis tous les convives allaient vers le petit salon où « le roi y chauffait son café, se le versait lui-même, comme l'on faisait à sa suite[60] ». Le café était prisé, tout comme le chocolat et le thé. Ces boissons arrivèrent en France dans le courant du XVIIe siècle et firent fureur auprès d'une élite en quête de nouveauté, notamment à Paris et à la cour, mais la vogue était européenne[61]. Dans son *Traitez nouveaux & curieux du café, du thé et du chocolate* (1688), Philippe Sylvestre Dufour explique ainsi que le café n'est connu en France que depuis une quarantaine d'années, et qu'« il n'y a guère plus de vingt-cinq [ans] qu'on a commencé à s'en servir ». Que le thé « est en grande vogue et en grande estime en Angleterre », qu'on en fait cas en France, en Hollande et en Italie, mais peu ou pas en Espagne et en Allemagne. Quant au chocolat, son usage est devenu si commun en Europe, « principalement en Espagne et ensuite en Angleterre, en France et en Italie, que nous ne le devons plus considérer comme un breuvage particulier à l'Amérique où il a pris naissance, mais comme une boisson qui s'est naturalisée parmi nous[62] ». Ces nouveaux breuvages vont contribuer à créer de nouvelles habitudes de table et une vaisselle spécifique à leur consommation (tasses, cafetière, chocolatière...).

Les artistes figureront cette nouvelle sociabilité des boissons exotiques chez les élites. Ils représentent généralement le repas du matin, comme *Le Déjeuner* (1739) de François Boucher (le déjeuner étant à l'époque ce que nous appelons aujourd'hui le petit-déjeuner) ; la collation ou le goûter, telle *La Tasse de chocolat* (1768) de Jean-Baptiste Charpentier, qui montre la famille du duc de Penthièvre prenant du chocolat ; ou encore la vaisselle à dégustation, comme le *Nécessaire à thé* (vers 1781-1783) de Jean-Étienne Liotard. *La Belle Chocolatière* qu'il réalise vers 1743-1744, conservée aujourd'hui à la Gemäldegalerie Alte Meister de Dresde, est une œuvre délicieuse. Elle montre une jeune servante portant un petit plateau avec un verre d'eau et une tasse de chocolat dite « trembleuse », c'est-à-dire ILL. 220

220
Jean-Étienne Liotard
La Belle Chocolatière
1744, pastel, 82,5 × 52,5 cm
Dresde, Gemäldegalerie Alte Meister

556

paysage de verdure où la nappe est étendue sur l'herbe et les convives assis sur le sol. Les mets se composent de pain, de jambon, de lapin rôti et d'un pâté en croûte que découpe un homme. Cette nourriture se conserve aisément, elle est facilement transportable dans des paniers en osier comme celui que porte le serviteur noir. Ces deux œuvres, mais on pourrait aussi ajouter *Le Repas au retour de la chasse* (avant 1725) de Nicolas Lancret, qui se déroule également en plein air, témoignent d'une évolution du repas de chasse où la présence féminine et les rapports galants mais policés qu'elle implique ont pu être rapprochés de l'esprit des Fêtes galantes, du moins tel que le définit l'historien de l'art Christoph Martin Vogtherr. Le sujet y « dépeint l'harmonie entre l'homme et la nature et propose un cadre idéal pour une quête amoureuse qui conserve une apparence policée, mais se libère de certaines conventions sociales, ainsi que des tensions urbaines[70] ».

Le repas sur l'herbe ne concerne pas seulement les chasseurs et la haute société, mais aussi les autres couches de la population. Un tableau de Nicolas Lancret, *L'Automne* (1738), conservé au Louvre, ILL. 227
montre des jeunes gens pique-niquant avec sérénité, loin de la frivolité du déjeuner et de la halte de De Troy et Van Loo. Le mot « pique-nique » est attesté dès le XVIIIe siècle, notamment dans le *Dictionnaire de l'Académie française* (1762) : « souper à pique-nique », « faire un repas à pique-nique », ou encore « faire un pique-nique », cela signifie « faire un repas où chacun paye son écot ». Un siècle plus tard, le *Dictionnaire de la langue française* (1872-1877) d'Émile Littré confirme la définition : c'est un « repas de plaisir où chacun paye son écot, et qui se fait soit en payant sa quote-part d'une dépense de plaisir, soit en apportant chacun son plat dans la maison où l'on se réunit ». Les célèbres *Déjeuners sur l'herbe* d'Édouard Manet et de Claude ILL. 228

224
Bernard van Orley, d'après
Le Mois de juin et le signe du Cancer, la chasse au cerf et le repas
Quatrième pièce de la tenture *Les Chasses de Maximilien*
1531-1533, Bruxelles, tapisserie (laine et soie, fils d'or et d'argent) tissée par Guillaume et Jean Dermoyen, 420 × 582 cm
Paris, musée du Louvre

225
Jean-François de Troy
Le Déjeuner de chasse
1737, huile sur toile,
240 × 169 cm
Paris, musée du Louvre

226
Charles André, dit Carle Van Loo
Halte de chasse
1737, huile sur toile,
220 × 250 cm
Paris, musée du Louvre

227
Nicolas Lancret
L'Automne
1738, huile sur toile,
69 × 89 cm
Paris, musée du Louvre

228
Édouard Manet
Le Déjeuner sur l'herbe
1863, huile sur toile,
207 × 265 cm
Paris, musée d'Orsay

229
Claude Monet
Le Déjeuner sur l'herbe
1865-1866, huile sur toile,
248,7 × 218 cm
Paris, musée d'Orsay

230
Claude Monet
Le Déjeuner sur l'herbe
1865-1866
Détail ill. 229, p. 249

Monet, datant respectivement de 1863 et de 1865-1866, et conservés au musée d'Orsay, s'inscrivent dans cette continuité iconographique, artistique et historique du repas de plein air. ILL. 229

Celui de Manet est une composition plutôt que la figuration d'une réalité. Le tableau fit scandale en 1863 au « Salon des Refusés ». La femme nue parmi les deux hommes habillés choqua : la scène paraissait sous-entendre des relations autres que celles de l'amitié et de la convivialité. Sur les vêtements féminins étalés au sol, l'artiste a peint une nature morte qui rassemble des fruits de différentes saisons, comme les cerises et les figues[71]. Le panier est renversé, des fruits et le pain se retrouvent à terre. Ce désordre volontaire indique-t-il que la partie fine est terminée comme certains l'ont cru, ou s'agit-il simplement du repos du modèle pendant une séance de nu en plein air ? *Le Déjeuner sur l'herbe* de Manet suggère dans tous les cas « la liberté de mœurs de la vie de bohème[72] ». Tout autre est le tableau de Monet qui évoque avant tout une journée plaisante passée à la campagne, comme le faisaient nombre de citadins de l'époque. Dans *Aux Champs* (1878), Émile Zola témoigne de l'importance de cette journée : « Les Parisiens montrent aujourd'hui un goût immodéré pour la campagne. […] Outre les chemins de fer, il y a les bateaux à vapeur de la Seine, les omnibus, les tramways, sans compter les fiacres. Le dimanche, c'est un écrasement ; par certains dimanches de soleil, on a calculé que près d'un quart de la population […] prenaient d'assaut les voitures et les wagons, et se répandaient dans la campagne. Des ménages emportent leur dîner et mangent sur l'herbe[73]. » Les personnages de Monet viennent de s'installer. La femme distribue les assiettes et les mets sont rassemblés dans le coin gauche de la nappe. Poulet rôti, bouteille de vin, pain et fruits sont les classiques du pique-nique. Le pâté en croûte aussi, généralement garni de viande, dans une pâte épaisse pour mieux la conserver, après une cuisson de plus de quatre heures. « Les rouelles de veau, les gigots de mouton, les perdrix, les bécasses, les filets de lièvre, les poulardes, les chapons, les dindons désossés, garnis de veau, font d'excellents pâtés », indique *La Bonne Cuisinière bourgeoise à l'usage de la ville et de la campagne* (1853), rédigée par « les meilleurs cuisiniers de la capitale[74] ». Celui que Monet représente dans son *Déjeuner sur l'herbe* est un beau pâté en croûte historié (c'est-à-dire décoré) comme on avait l'habitude de le faire à cette époque. Le tableau est des plus agréables, il transporte le spectateur à la campagne dans un cadre idyllique, à l'ombre des arbres où les rayons du soleil viennent éclairer la nappe au niveau des victuailles. Le peintre représente ici tout un art de vivre, toute une plénitude du bien-être et de la convivialité.

Un repas de plein air pouvait aussi être plus conséquent, comme en témoigne ce « menu d'un déjeuner sur l'herbe » de 1830 :

« **Prologue**
Saucisson de doubles boyaux avec Truffes
Rillettes Tourangelles
et Bagatelles Printanières
Résistance
Œufs sous la cendre
Langouste à la sauce du sieur Vincent
Fromage de cochon de Reims
Pâté de Canard désossé du sieur Lemoine de Chartres
Noix de veau de Pontoise, piquée de Jambon et servie dans sa gelée
Poulet froid
Salade de Laitue rouge au Lard rissolé
Pour la fin
Fraises de bois dans une jatte de Crème fraîche
Tortillons en pâte feuilletée
Vins
Chablis de la bonne année
Un flacon du petit lait d'Henri IV
Vin de la Commanderie pour l'Entremets
Café de la Zingari, avec Arquebusade de Lyon
Liqueur de Vespétro et de Parfait Amour[75]. »

CHAPITRE III

La table cérémonielle

« Ce n'est pas le tout d'être doué d'un excellent appétit lorsqu'on s'asseoit à la table d'un Amphitryon de première classe, il faut encore connoître et pratiquer les us et coutumes de la Civilité Gourmande, et ce n'est pas une petite affaire. »

Alexandre Balthazar Laurent GRIMOD DE LA REYNIÈRE, *Manuel des Amphitryons*, 1808

Le cérémonial de la table est une mise en scène du pouvoir. Dès l'époque mésopotamienne, les rois avaient compris la portée du banquet et de sa figuration dans l'affirmation de leur autorité. Au Moyen Âge, la réception à Paris de l'empereur Charles IV par le roi de France Charles V en 1377-1378, donnera lieu à des enluminures témoignant d'un faste qui marqua les contemporains et dont il fallait laisser trace pour la postérité par l'écrit et par l'image. Le cérémonial de la cour de Bourgogne et son prestige nous sont connus par les *Mémoires* (1473) du maître d'hôtel Olivier de La Marche. L'étiquette bourguignonne devait être adoptée par les cours d'Angleterre et d'Espagne[76], puis au XVIe siècle par celles de Vienne et de Prague. Le spectacle du repas princier et de l'opulence alimentaire rassurent les courtisans qui y assistent et les sujets du souverain sur leur propre subsistance[77]. Le roi est sacré, et il serait inconcevable, voire inquiétant, qu'il ne puisse se nourrir selon son rang et sa magnificence : d'où l'importance du repas solennel et de sa représentation. L'iconographie joue ici un rôle de propagande en mettant en valeur, à travers le banquet, la puissance royale ou impériale.

Les repas royaux suivent des règles strictes et, à la cour de France, le repas public est codifié depuis au moins la seconde moitié du XVIe siècle, sous le règne d'Henri III. L'étiquette différait selon l'événement et, au siècle des Lumières, « le festin royal » correspondait au repas du sacre, « le grand couvert en cérémonie » avec la nef sur la table était réservé aux jours de fête, « le grand couvert avec toute la famille royale » aux festins de noces, etc.[78]. Des souverains éprouveront le besoin de conserver les fastes de leur règne par l'image. Louis XIV fera ainsi graver les fêtes qu'il donnera dans le parc du château de Versailles mais, paradoxalement, aucune illustration du repas royal se déroulant à la cour n'est parvenue jusqu'à nous[79]. L'impératrice Marie-Thérèse d'Autriche, quant à elle, commandera au peintre Martin van Meytens (1695-1770) une série de tableaux représentant entre autres les repas de cour les plus marquants de son règne.

La table mise dans les natures mortes

On peut aussi considérer la table mise des natures mortes du XVIIe siècle comme une cérémonie de la table. Non pas celle du service des mets, de l'étiquette et de la hiérarchisation sociale des convives, mais celle de l'ordonnancement artistique des objets soumis à un agencement bien souvent symbolique. Ce genre de tableau ne représente pas un repas, ni un festin, même si la mise en scène peut en être somptueuse, mais plutôt « une desserte d'exposition faite pour étonner durablement les spectateurs[80] ». Les objets sont disposés les uns à côté des autres et parfois en cercle, comme dans la *Nature morte au nautile* du Hollandais Gerrit Willemsz. Heda (vers 1625-1649) ou du *Déjeuner* ILL. 232
(Collation avec poisson et verre) de Pieter Claesz (1646). ILL. 233
C'est tout un courant pictural des tables mises qui se développe à Anvers et à Amsterdam et, plus particulièrement, à Haarlem[81]. Cette dernière ville était aussi connue pour ses fromages, et les peintres les figureront sur leurs tableaux, tel Floris Claesz. Van Dyck,

231
Charles Giraud
La Salle à manger de la princesse Mathilde, rue de Courcelles
1854
Détail ill. 242, p. 263

Double page suivante
232
Gerrit Willemsz. Heda
Nature morte au nautile
Francfort-sur-le-Main, Städel Museum

233
Pieter Claesz
***Déjeuner* (*Collation avec poisson et verre*)**
1646, huile sur bois, 60 × 84 cm
Moscou, musée Pouchkine

234
Floris Claesz. van Dyck
Nature morte avec fruits, noix et fromage
1613, huile sur bois, 66,6 × 95 cm
Haarlem, Frans Hals Museum

235
Clara Peeters
Table
Vers 1611, huile sur bois,
55 × 73 cm
Madrid, Museo del Prado

dans *Nature morte avec fruits, noix et fromage* (1613) ILL. 234 conservé au musée Frans Hals de Haarlem. La nappe damassée étendue sur une autre nappe est un tissu précieux et les grands fromages sont des marchandises de valeur que l'on gardait longtemps et que l'on mentionnait dans des inventaires après décès[82]. Le fromage était à l'époque servi en dessert, Nicolas Gillis et Floris Claesz. Van Dyck le représentent en pyramide et superposent des moitiés de meules à pâte dure qui sont de taille, de couleur et de maturité différentes — une couleur plus claire indiquant un fromage plus jeune que les autres. Les traces de couteau sont bien visibles ainsi que le carottage de l'échantillon prélevé durant l'affinage de la meule. Leur présentation en pyramide pourrait aussi signifier les âges de la vie. Certains voient également dans ces fromages une valeur d'immortalité, puisqu'il résulte du lait durci « et que le Christ était lui-même le lait divin[83] ». Quant

aux fruits secs, Gillis et Van Dyck illustrent peut-être des recommandations diététiques qui prônaient de les servir avec des fromages à pâte dure, pour qu'« ils absorbent les vapeurs nuisibles produites par la digestion au cours du repas et compensent la fraîcheur et l'humidité excessives[84] ».

Les objets qui figurent sur les tables mises sont généralement d'apparat : verres, hanaps, vases, vaisselle de porcelaine, d'argent et d'or, etc., comme dans la *Table* (vers 1611) de Clara Peeters. Dans la *Nature morte avec crabe, abricots, pain et fruits d'été* (1640) de Pieter Claesz, les verres sont des « *berkemeiers* » ou « gobelets à pastilles », qui se caractérisent par « une coupe large en forme d'entonnoir ». Un autre tableau (*Nature morte au verre à vin et à la coupe en argent*) montre un verre que l'on appelait « *roemer* » (de « römer » voulant dire « Romain » en allemand), reconnaissable par sa coupe ballonnée et son pied cylindrique. Il était très

ILL. 235
ILL. 236
ILL. 238

236
Pieter Claesz
Nature morte avec crabe, abricots, pain et fruits d'été
1640, huile sur bois,
63 × 87,5 cm
Nostell, Nostell Priory

populaire au XVIIe siècle en Allemagne et les Pays-Bas en importaient « de grandes quantités de Rhénanie ». Sa couleur verte venait de l'oxyde de fer que contenait le sable servant à sa fabrication. Les « *roemers* » et les « *berkemeiers* » se retrouvaient sur les mêmes tables et les praticiens aisés les utilisaient au quotidien pour boire leur vin[85]. Ils sont régulièrement représentés dans les natures mortes de table. La *Nature morte au verre à vin et à la coupe en argent* de Pieter Claesz, où apparait un « *roemer* », est un « Banketje[86] monochrome » où dominent les valeurs argentée, grise et verte[87]. La composition est d'une simplicité raffinée avec les effets de lumière sur le verre de vin et à l'intérieur du pied de la coupe couchée sur la table, dont le reflet circulaire encercle l'olive. Seule dans un grand plat, celle-ci paraît annoncer la fin des agapes, la coupe aussi (ou verre dans d'autres tableaux), car il était de coutume de la renverser pour signifier la fin du repas[88] et, symboliquement, la mort. La table chaotique, tout en restant néanmoins ordonnée, est également pour le peintre

237
Pieter Claesz
Nature morte avec crabe, abricots, pain et fruits d'été
1640
Détail ill. 236, p. 257

238
Pieter Claesz
Nature morte au verre à vin et à la coupe d'argent
XVIe siècle, huile sur bois,
43,2 × 60 cm
Berlin, Gemäldegalerie

239
François Desportes
Nature morte avec un chien
ou *Le Déjeuner gras*
1741, huile sur toile,
74 × 92,5 cm
Oberschleissheim, Staatsgalerie
im Neuen Schloss

une façon de montrer le temps qui passe, de suggérer que tout a une fin, même les plaisirs gastronomiques : nappe blanche froissée, vaisselle renversée et sale, tourte de fruits entamée, citron pelé en spirale, montre qui rappelle que la vie est éphémère. Par de multiples détails, ces tableaux se rattachent au symbolisme des vanités.

Paul Claudel résume assez bien le projet des peintres néerlandais dans *La Peinture hollandaise et autres écrits sur l'art* (1967) : « La nature morte hollandaise est un arrangement qui est en train de se désagréger, c'est quelque chose en proie à la durée. Et si cette montre que souvent Claesz aime à placer sur le rebord de ses plateaux et dont le disque du citron coupé en deux imite le cadran, ne suffisait pas à nous avertir, comment ne pas voir dans la pelure suspendue de ce fruit le ressort détendu du temps, que la conque plus haut de l'escargot de nacre nous montre remonté et récupéré, tandis que le vin à côté dans le vidrecome établit comme un sentiment de l'éternité[89] ? »

Dès 1704, François Desportes peint des tableaux ayant pour thème le *Déjeuner gras* et le *Déjeuner maigre*. En présentant des objets et des mets sur une table, il se situe dans la continuité des tables mises des peintres de Haarlem : « Un pâté, des aliments entamés, des morceaux de pain, de la vaisselle et une

aiguière sont des éléments récurrents dans la peinture hollandaise du XVIIe siècle », écrivent les biographes de Desportes[90]. Au fil du temps, ses *Déjeuners* se font plus opulents, à une époque où l'art de la table et l'art culinaire sont considérés comme des faits de civilisation. La peinture devient « une gourmandise pour les connaisseurs, tant la touche et la matière en étaient
ILL. 239 délectables[91] ». Le *Déjeuner gras* peint en 1741 est dans cette délectation avec le chien qui représente le désir gourmand, et l'envie que donne ce beau jambon à l'os piqué d'une branche de laurier et posé sur un plat argenté. La nappe blanche, l'argenterie et le pâté en croûte donnent une noblesse à l'ensemble, en même temps que le jambon, les raves, le panier de cerises et le pain sentent bon la campagne. Le jambon symbolise le gras et la richesse alimentaire des jours où l'on peut manger de la viande dans la tradition catholique. À l'inverse, le *Déjeuner maigre* (1741) propose des nourritures des jours à poisson. Les harengs saurs posés ILL. 240
directement sur la table sont, comme nous le savons déjà, l'un des aliments les plus représentatifs du repas maigre et concernent toutes les couches de la population, alors que les huîtres, dont on devine la fraîcheur marine, par leur apparence et au travers du panier et des algues, s'adressent plutôt à une élite cherchant des plaisirs gastronomiques.

240
François Desportes
Nature morte avec un chat
ou *Le Déjeuner maigre*
1741, huile sur toile,
74 × 92,5 cm
Oberschleissheim, Staatsgalerie
im Neuen Schloss

241
Anonyme d'après Abraham Bosse
Femmes à table en l'absence de leurs maris
Vers 1636, huile sur bois
Écouen, musée national de la Renaissance

La théâtralisation de la salle à manger

Dans les grandes demeures, la salle à manger comme pièce spécifiquement réservée aux repas apparaît progressivement dans le courant du XVIIe siècle, mais ne s'affirme vraiment qu'au siècle suivant[92]. Longtemps en effet, on mangea indifféremment dans les pièces de la maison : l'antichambre, la salle de réception, la chambre, etc., selon l'importance du repas. La scène des *Femmes à table en l'absence de leurs maris*, d'après une gravure (vers
ILL. 241 1636) d'Abraham Bosse, se déroule dans une chambre, aux murs tendus de tapisserie et à la fenêtre grande ouverte, malgré le feu dans la cheminée. Le lit est bien visible à gauche, comme celui qui apparaît aussi dans la gravure de Jean Mes, *Concordia*, réalisée au début des années 1590, d'après Martin de Vos. Les dames sont installées autour d'une table rectangulaire, placée face à la fenêtre, entre le lit et la cheminée. Elles conversent joyeusement tout en mangeant entre elles, loin de leurs maris qui « s'en vont donner carrière et prendre leurs plaisirs à la ville ou aux champs », dit, entre autres choses, la légende de la gravure. Cette dernière, comme dans la peinture qui s'en inspire, montre des femmes du Grand Siècle, prenant une forme d'indépendance par la parole et l'esprit[93]. Dignes contemporaines, et peut-être disciples, des Précieuses de l'hôtel de Rambouillet[94].

Les artistes ont très tôt peint des tableaux pour décorer les lieux où l'on mange. À la fin du XVIIe siècle et au début du XVIIIe, des inventaires du château de Wideville signalent des œuvres de Louise Moillon : « Dans le grand salon à manger [...] un autre grand tableau [...] représentant une femme à table et des fruits, pêches et abricots et autres dessins et un page

242
Charles Giraud
La Salle à manger de la princesse Mathilde, rue de Courcelles
1854, huile sur toile, 56 × 61 cm
Compiègne, palais, musées du Second Empire

qui lui sert à boire », datant des années 1631-1633[95]. En 1717, le régent commande à François Desportes « deux grands tableaux destinés au décor de la salle à manger » du château de la Muette, près du bois de Boulogne, qu'il avait acquis pour sa fille, la duchesse de Berry[96]. Nombre de tableaux célèbres furent conçus pour embellir des salles à manger, notamment celles de Louis XV : en 1735, *Le Déjeuner d'huîtres* de Jean-François de Troy et *Le Déjeuner de jambon* de Nicolas Lancret pour une salle à manger des petits appartements de Versailles ; deux ans plus tard, *Le Déjeuner de chasse* de Jean-François de Troy et la *Halte de chasse* de Carle van Loo pour la grande salle à manger du rez-de-chaussée du château de Fontainebleau. C'est dire l'importance que prend la salle à manger comme lieu de sociabilité chez les aristocrates. Sa décoration ne se résume cependant pas aux tableaux, c'est toute la pièce qui devient somptueuse, notamment dans les hôtels particuliers ; un buffet-dressoir fixe et des fontaines prennent place le long d'un mur (château de Champs-sur-Marne, palais Rohan à Strasbourg[97]). Le décorum de la salle à manger illustre une nouvelle théâtralisation de la gastronomie et une cérémonie plus intimiste de la table, qui se démarque du repas officiel de la cour, tout en étant également un spectacle. Elle est à la fois un lieu privé pour les repas du quotidien et un espace ouvert au monde extérieur pour les déjeuners ou les dîners de réception. Les très grandes maisons pouvaient en avoir une d'apparat et une autre pour les repas familiaux[98].

La salle à manger devient elle-même un thème de peinture pour les artistes, ainsi de *La Salle à manger de la princesse Mathilde, rue de Courcelles* (1854), dans son ILL. 242
hôtel particulier parisien, peinte par Charles Giraud, spécialiste des vues d'intérieur, tableau conservé au musée du château de Compiègne. Cousine de Napoléon III, la princesse tenait un salon littéraire et artistique, et invitait à dîner des écrivains : les frères Goncourt se souviennent dans leur *Journal* (27 mars

243
Antoine Zoegger
Projet de salle à manger pour le palais de Nathaniel de Rothschild à Vienne
Vers 1880, mine de plomb, plume et encre noire, aquarelle et gouache, 28,5 × 35 cm
Paris, musée d'Orsay

244
Martin Drölling
Intérieur d'une salle à manger
1816, huile sur toile, 60 × 80 cm
Collection particulière

245
Hans Hilsoe
À travers la salle à manger
Huile sur toile, 55,2 × 75 cm
Collection particulière

1865) d'une « salle à manger, à style d'atrium, aux colonnes cannelées, enguirlandées de lierre, la vraie salle à manger d'une cousine d'Auguste[99] ». La toile de Giraud, peinte une dizaine d'années auparavant, concorde avec cette description. La table est dressée pour une dizaine de personnes dans le jardin d'hiver. Les plats sont déjà disposés sur la table et couverts de cloches pour maintenir la chaleur des mets. La scène se déroule au moment où les invités arrivent en cortège dans la pièce. Deux valets attendent tandis qu'un troisième s'active devant une desserte. L'image nous montre la cérémonie de l'accueil des convives avant qu'ils ne s'asseyent à table.

La décoration de la salle à manger se fait de plus en plus ostentatoire, avec un mobilier qui s'intègre au décor : « nous verrons que les buffets, faisant pièces avec l'ensemble des lambris, pourront aussi jouer un rôle architecturalement décoratif », écrit César Daly dans *L'Architecture privée au* XIX*e siècle sous Napoléon III* (1864)[100]. C'est ce que montre le projet de salle à manger (vers 1880) d'Antoine Zoegger pour le palais de Nathaniel de Rothschild à Vienne. Des buffets- ILL. 243
dressoirs en accord avec la partie lambrissée des murs, une cheminée surmontée de cariatides en bois, des tableaux au-dessus des portes et un grand lustre suspendu au milieu de la pièce et au-dessus de la table, car l'éclairage doit donner à l'ensemble une ambiance chaleureuse et brillante[101]. Mais, dans les espaces de vie plus réduits, comme les appartements de ville, la salle à manger n'est pas aussi décorée et, longtemps, ne sera pas considérée comme une pièce principale. Dans *Intérieur d'une salle à manger* (1816) de Martin ILL. 244

H HILSØ

245 bis
Henry Cole
Le Dîner
XIXe siècle
Collection particulière

Drölling, la pièce n'est pas encore autonome, c'est-à-dire exclusivement réservée au repas. Elle est un lieu de passage, une entrée ou une antichambre, qui mène vers l'endroit où la femme joue de la musique. La porte ouverte, qui donne vue sur la fenêtre et la nature au loin, donne une impression d'espace, quand l'appartement paraît au contraire en manquer. La table du repas sur laquelle sont posées des assiettes n'est pas recouverte d'une nappe et s'appuie contre le mur. L'homme mange seul et met dans sa soupe ou son bouillon des morceaux de pain, tandis que la servante prend ou met de la vaisselle dans le placard mural. Le poêle en fonte et cuivre, à l'opposé de la table, est le moderne et modeste successeur des poêles de faïence dont s'étaient souvent dotées les salles à manger aristocratiques du XVIIIe siècle.

L'approche est inversée avec le tableau que Hans Hilsoe (*À travers la salle à manger*), peint quelques décennies plus tard. Le spectateur est là aussi face à une fenêtre lumineuse et à une porte ouverte mais qui donne sur la salle à manger. Celle-ci a désormais trouvé sa place dans les intérieurs bourgeois, elle est devenue une pièce autonome et n'est plus un lieu de passage. Elle est également l'endroit, hormis le restaurant, où se font les dîners mondains, notamment à la Belle Époque. Des artistes s'emparent de ce thème pour représenter la société élégante à table, comme Henry Cole et son *Dîner* ou Jules Alexandre Grün et *La Fin du dîner* (1913).

ILL. 245
ILL. 245 bis
ILL. 246

Ci-dessus et double page suivante
246 et 247
Jules-Alexandre Grün
La Fin du dîner
1913, huile sur toile,
215 × 320 cm
Tourcoing, musée des Beaux-Arts

248
Abraham Bosse
Banquet donné par Louis XIII aux chevaliers du Saint-Esprit
1633, eau-forte,
27,1 × 34,2 cm
Paris, musée Carnavalet

249
Banquet de couronnement de l'archiduc d'Autriche, futur empereur Joseph II, à Francfort, le 3 avril 1764
Vers 1764, huile sur toile,
360 × 320 cm
Vienne, château de Schönbrunn

Banquets et festins officiels

Les souverains ont toujours cherché à faire représenter des banquets et des festins de leur règne. La figuration du roi à table est un spectacle qui sacralise la personne royale au moment où elle prend son repas. La *Disposition du Festin fait par Sa Majesté à Mrs les Chevalliers après leurs Créations* ILL. 248 *faitte à Fontaineblau le 14e may 1633* d'Abraham Bosse montre le banquet que Louis XIII offre aux chevaliers du Saint-Esprit, à l'occasion de la nomination de nouveaux chevaliers et, en même temps, du chapitre de l'ordre, qui se tient, comme chaque année, à la Pentecôte. Les registres de « l'ordre du Benoist Saint-Esprit » témoignent de cet événement : « Le roi était seul à une table devant la cheminée, ayant deux autres grandes tables à ses côtés, où étaient tous les chevaliers en un seul rang. » Sur le côté droit (à gauche sur la gravure), étaient installés les cardinaux, archevêques et quelques chevaliers, et sur le côté gauche (à droite sur la gravure), « les princes, ducs et autres chevaliers avec les quatre plus grands officiers de l'ordre, qui dînèrent tous avec leurs grands manteaux et colliers ». Les tables furent servies « par huit maîtres d'hôtel, et ces services conduits par les cent Suisses de la garde[102] ». La scène se déroule dans une grande salle du château de Fontainebleau et la gravure d'Abraham Bosse illustre bien l'événement. Le dais au-dessus de la tête du roi marque son importance. Au plus près de lui, s'activent les officiers servants qui sont tous des gentilshommes de grandes familles (Conti, Guise, Rohan, etc.) du début du XVIIe siècle[103]. Le Grand Échanson, dont la charge était l'une des plus importantes de la cour, tient la coupe à boire du souverain, fermée d'un couvercle, qu'il s'apprête à lui servir. D'autres grands seigneurs servent le roi, comme le Grand Panetier, dont l'emblème est la nef et le cadenas ; ce dernier étant une sorte de plateau précieux avec des petits compartiments sur l'un des côtés et sur lequel sont déposés les couverts, la serviette et le pain du prince.

Les convives sont assis sur un seul côté de la table, chacun a une assiette et des couverts. Des plats de différentes grandeurs et agencés de manière harmonieuse et symétrique couvrent la table comme le veut le service à la française de l'époque, les mangeurs piochant dans les plats qui leur font face. Des salières et des saucières sont aussi disposées entre les plats, mais les verres sont absents de la table par manque de place, et lorsqu'un convive souhaitait boire, il devait en faire la demande à un serviteur. D'ailleurs, l'un d'eux figure au premier plan de la gravure et porte, entre autres choses, un petit plateau et un verre. L'artiste a choisi de représenter le festin avec le ballet des serviteurs et la cérémonie du service. Cela montre l'importance du cérémonial de la table et donne à la gravure un aspect vivant que renforce la gestuelle des convives qui parlent entre eux, tout en mangeant, voire regardent par la fenêtre en tournant la tête vers l'arrière. Mais la représentation d'un festin peut viser encore plus à illustrer le faste et la magnificence comme en témoignent les tableaux de Martin van Meytens et de son atelier. *Le Banquet du couronnement du futur empereur Joseph II comme Roi des Romains, à Francfort, le 3 avril 1764*, conservé au château de ILL. 249 Schönbrunn, impressionne par la foule qui déambule entre les tables, par le déploiement de luxe et par les dressoirs de pièces d'argenterie. L'événement est des plus importants pour la mère, Marie-Thérèse d'Autriche, car il conforte le statut d'héritiers de la couronne impériale de son fils et de ses descendants, et met fin aux tensions entre les différents princes-électeurs qui procédaient à l'élection de l'empereur dans le Saint-Empire romain

250
Alexandre Dufay, dit Casanova
Festin du mariage de Napoléon Ier et de Marie-Louise le 2 avril 1810
1812, huile sur toile,
149 × 236 cm
Fontainebleau, château,
musée Napoléon Ier

germanique. Ce tableau représente donc avant tout un événement politique[104].

Il illustre aussi la grandiose cérémonie du banquet, dont témoignent Goethe dans *Wilhelm Meister* ou encore le duc de Croÿ dans ses *Mémoires*[105]. La scène se déroule dans la grande salle de Römer, c'est-à-dire dans l'hôtel de ville de Francfort. La présentation diffère de ce que nous avons pu voir jusqu'à présent mais correspond à l'étiquette. Ainsi, les huit petites tables individuelles disposées sur les côtés de la salle sont réservées aux Grands Électeurs. Derrière chacune d'elles, on peut voir de hauts dressoirs garnis de vaisselle précieuse, surmontés d'un dais conforme au rang de chaque prince. La table rectangulaire placée au milieu de la pièce est celle des Électeurs secondaires. Au fond de la salle, face aux fenêtres, la table impériale est installée sur une estrade. L'Empereur et son fils, le roi des Romains, y ont déjà pris place alors que les autres convives ne peuvent pas s'asseoir à leur table tant que les souverains n'ont pas terminé leur repas[106]. Outre le dais, la table de l'Empereur est flanquée de deux dressoirs ornés de vaisselle d'or étincelante. L'emplacement des tables détermine ainsi la hiérarchie sociale des convives participant au banquet. Les souverains mangent dans une vaisselle d'or ou de vermeil alors que les autres convives se contentent d'une vaisselle d'argenterie que l'on distingue, notamment, sur la table rectangulaire où elle est reproduite avec minutie. « Le centre de la table est dominé par un surtout composé d'un haut plateau à contours monté sur de petits pieds à volutes[107]. » Les plats couverts d'un couvercle sont symétriquement agencés autour du surtout, comme le veut le service à la française : on peut y repérer les saucières, les grandes terrines oblongues et les grands pots à oille circulaires, tous posés sur de petits plateaux. Les couverts et les assiettes sont sur les bords de la table avec des serviettes artistiquement pliées. Les verres sont absents comme c'était l'usage à l'époque. Si, au premier abord, le tableau a pu paraître confus, avec la foule qui déambule entre les tables, il est en vérité un superbe témoignage d'un banquet impérial et de son étiquette, lors d'un couronnement, dans la seconde moitié du XVIIIe siècle.

Avec le premier Empire, le faste royal persiste dans les banquets de cérémonie. Napoléon « considère que les repas font partie de l'étiquette à laquelle il doit se

soumettre », et que les repas d'apparat contribuent à « la grandeur du pouvoir ». Mais, au quotidien, il n'aime pas manger et pense perdre son temps à table[108]. Le banquet de son mariage avec Marie-Louise (fille de l'empereur François Ier d'Autriche), au palais des Tuileries, le 2 avril 1810, est une démonstration de la pompe napoléonienne. Le peintre Alexandre Dufay, dit Casanova, a représenté l'événement sur un tableau qu'il a exposé au Salon de 1812. L'œuvre est elle aussi un témoignage ILL. 250 historique des plus précieux sur la représentation du repas de noces des souverains du premier Empire. Les convives sont assis autour d'une table en demi-cercle, recouverte d'une nappe blanche à frange dorée, et installée « sur une estrade élevée de cinq marches ». Les documents écrits évoquent « un dais très riche, suspendu au centre de la voûte », couvrant les places destinées aux souverains[109]. Sur le tableau, les deux nefs du couple impérial sont présentées sur deux petites tables supplémentaires. On retrouve ici la coutume médiévale de la nef qui marque l'importance des personnages à honorer. Les deux nefs font partie du grand service en vermeil composé de mille soixante-neuf pièces que la Ville de Paris avait offert à l'Empereur en 1804[110]. La décoration de la table est faite, entre autres, de candélabres à figures ailées, de « vases Médicis garnis de fleurs », de statuettes de personnages antiques disposées sur « des plateaux en glace et bronze doré ». Napoléon et l'impératrice ont chacun un cadenas qui est un signe de leur prééminence. Les couverts de la table sont moins visibles, mais l'on peut distinguer, face aux convives, des assiettes, des verres et des carafes d'eau et de vin. La *Description des cérémonies et des fêtes qui ont eu lieu pour le mariage* (1810) de Napoléon et de Marie-Louise, rédigée par les architectes de l'Empereur, Percier et Fontaine, résume en quelques lignes l'atmosphère qui se dégageait de ce repas de noces :

> « L'éclat que répandait la lumière des lustres et des girandoles suspendus au pourtour de la salle ; le bon ordre et la décence d'une nombreuse assemblée composée d'un grand nombre de personnes de la plus haute distinction, toutes vêtues avec une richesse extraordinaire ; la fraîcheur et l'élégance des décorations ; la magnificence et la somptuosité de la table, et surtout l'imposante et majestueuse réunion des souverains sur qui tous les regards étaient

251 et 252
Alexandre Dufay, dit Casanova
Festin du mariage de Napoléon Ier et de Marie-Louise le 2 avril 1810
1812
Détails ill. 250, p. 271

fixés, ne peuvent être décrits ; et il est difficile de se faire une idée exacte de l'effet que produisait sur les sens la vue du banquet impérial [...][111]. »

Les visites officielles donnent aussi lieu à des fêtes grandioses et à des représentations picturales qui attestent de l'élégance de la société du XIXe siècle. Ce fut le cas lors de la venue de la reine Victoria et du prince Albert en France (17-28 août 1855), à l'invitation de Napoléon III, et au moment de l'Exposition universelle de Paris[112]. Le faste déployé impressionne la reine, particulièrement le souper donné dans la salle de l'opéra de Versailles. « Tout était magnifiquement éclairé par d'innombrables lustres et décoré de guirlandes de fleurs. [...] C'est l'une des scènes les plus belles et les plus majestueuses auxquelles nous ayons jamais assisté », écrit la reine[113]. L'aquarelle d'Eugène Lami (*Souper offert par l'empereur Napoléon III à la reine Victoria dans la salle de l'Opéra du château de Versailles, le 25 août 1855*) donne une idée de ce qu'a pu voir la reine : elle était installée dans la loge d'honneur avec son mari et le couple impérial[114], et avait une vue imprenable sur la salle. Celle-ci est éclairée par d'immenses lustres et des plantes vertes lui donnent des allures de jardin. « La scène entière était couverte, et quatre cents personnes avaient pris place à quarante petites tables de dix couverts, chacune présidée par une dame de qualité et habilement composée », dit-elle encore. Les souvenirs de la reine rejoignent la représentation d'Eugène Lami qui montre la joie d'une belle société heureuse de pouvoir participer à ce souper royal et impérial. Le peintre lui donne des allures de fête, tout en rappelant aux spectateurs le caractère cérémoniel du repas, par la présence des souverains dans la loge d'honneur qui domine la salle. Outre leurs qualités artistiques, le réalisme des tableaux figurant des banquets officiels, comme ceux que nous venons d'évoquer, fait d'eux des documents historiques qui enrichissent notre connaissance de la table et de ses évolutions.

ILL. 253

253
Eugène Lami
Souper offert par Napoléon III à la reine Victoria le 25 août 1855
1855, aquarelle sur papier, 48,5 × 66,5 cm
Versailles, châteaux de Versailles et de Trianon

V.

LES PLAISIRS GASTRONOMIQUES (TEMPS MODERNES-XXe SIÈCLE)

CHAPITRE I

Douceurs, sucreries et desserts

« La Gourmandise est un livre immense,
sans cesse ouvert à quiconque y sait lire,
dont les pages offrent une suite de tableaux mobiles,
et dont l'horizon s'étend à perte de vue. »

Alexandre Balthazar Laurent Grimod de La Reynière,
Almanach des gourmands, 1806

Longtemps, le sucre a été perçu comme un ingrédient médicinal. *Le Platine en françois* de 1505, qui est la version française du *De honesta voluptate et valetudine* de Bartolomeo Sacchi, paru à Rome vers 1473-1475, rappelle que « nos anciens prédécesseurs en leurs mangers [...] n'avaient point l'usage dudit sucre si n'est aucunement en médecines mais en leurs viandes l'on ne trouve point qu'ils en usassent[1] ». Avec le xvie siècle, le goût sucré prend une importance grandissante à la table des élites. Dès la fin du Moyen Âge, la production et le commerce du sucre de canne s'étaient en effet intensifiés. Venise devient pour un temps une « capitale sucrière » en redistribuant « le sucre à travers les couches sociales aisées de l'Occident chrétien[2] ». Gênes la concurrencera dès le xive siècle, et la découverte des nouveaux mondes contribuera à l'extension de la culture de la canne à sucre. Du xvie siècle aux premières décennies du xviie siècle, le sucre est portugais — le Brésil ayant un quasi-monopole dans sa production — et les Pays-Bas seront un marché revendeur. Puis viendra la grande époque des Antilles, dont les Antilles françaises, qui s'imposeront sur le marché du sucre au xviiie siècle[3]. Le sucre devient progressivement l'indispensable ingrédient des pratiques alimentaires européennes, à la fois comme moyen de conservation et comme denrée nécessaire à la confection des confiseries et des pâtisseries.

Sucreries et confiseries

Il n'est dès lors pas anodin de voir apparaître des natures mortes de sucreries dès le début du xviie siècle. Le sucre est alors un produit de luxe. Lors du mariage d'Alexandre Farnèse et de Marie du Portugal, à Lisbonne et à Bruxelles, en 1565, les cuisiniers d'Anvers, qui rivalisaient avec ceux de Venise, notamment dans l'art de travailler le sucre, avaient ainsi réalisé une « composition en sucre de 3000 pièces reproduisant des scènes bibliques, les gestes militaires du Prince [...], et aussi des maquettes réalistes des villes de Gand et de Bruxelles », ainsi que des objets en sucre disposés sur la table[4]. La réception d'Henri III à Venise en juillet 1574 fut tout aussi sucrée. Le roi raconte dans une lettre à la princesse de Condé, Marie de Clèves, que les cordes des nefs placées sur sa table étaient de sucre étiré tout fin, « et leurs canons petits rouleaux de sucre bruni pour figurer le bronze, et leurs flancs de sucre roussi comme le bois, et d'autres petites figurines sur le pont étaient leur équipage[5] ». Dans son *Ouverture de cuisine*, publié à Liège en 1604, le « maître-cuisinier » Lancelot de Casteau explique, dans une recette, la manière de préparer le sucre pour faire des personnages et des fruits :

> « Mettez fondre du succre avec de l'eau de rose autant que voulez avoir, & le laissez boullir si longuement qu'il devienne comme cirope : en bouillant mettez deux blancs d'œufs bien battus, affin que le succre soit plus blanc, puis passez le succre fondu par l'estamine affin de tirer le blanc d'oeufs dehors, puis remettez le succre sur le feu, & le laissez bouillir si longement, en prennant le succre avec une spatule, le jetterez en haut, si voyez qu'il tombe comme neige il sera assez cuit, puis l'ostez arriere du feu, faut toujours mesler avec le spatule tant qu'il devienne comme petits grains & petits bouillons, alors jettez dans forme de fruitage ou de personnage ainsi que voulez[6]. »

Double page précédente
254
Jean Béraud
La Pâtisserie Gloppe, avenue des Champs-Élysées
1889
Détail ill. 272, p. 302

255
Roland Delaporte
La Petite collation* ou *Carafe d'orgeat
1787
Détail ill. 267, p. 296

La confiserie devient un art que les artistes n'hésitent pas à reproduire sur leurs tableaux. Georg Flegel, qui vécut à Francfort, peindra ainsi plusieurs natures mortes de sucreries. Il a représenté « avec beaucoup de minutie la structure cristalline du sucre candi préparé à Madère et sur les îles Canaries, qu'on appelait alors aussi sucre glace », relève Norbert Schneider dans son ouvrage sur *Les Natures mortes*[7]. Le tableau retenu, ici, montre des fruits candis, enveloppés de cristaux de sucre, disposés directement sur la table : on y reconnaît par exemple les
ILL. 256 figues. D'autres fruits, cuits au sirop ou confits au miel, sont également présentés dans l'assiette creuse posée sur une pile de « biscuits ». Quant à la seconde assiette, elle semble garnie de fruits séchés, sans que l'on puisse totalement l'affirmer. Pour Flegel, le sucre reprend les valeurs religieuses du miel que l'on a longtemps perçu comme une « douceur spirituelle[8] ». Dans ses tableaux, le symbolisme n'est jamais bien loin. La lame du couteau est ainsi posée sur un fruit candi dessinant une croix. Celui taillé en cercle suggère la couronne d'épines du Christ, dont le verre de vin rouge évoque le sang.

ILL. 257 Sa *Nature morte au perroquet* (vers 1620), qui présente un buffet de friandises, de fruits et de desserts, a aussi un langage secret. Le pain et le vin, disposés de chaque côté de la coupe de sucreries, au centre de la composition, rappellent l'eucharistie. La noix coupée, sur la droite et au-devant du tableau, « suggère l'image d'une croix [et] fait allusion au sacrifice du Sauveur[9] ». Elle symboliserait aussi la Trinité et elle est un emblème du mariage depuis l'Antiquité. Le grand buffet de Flegel pourrait en effet avoir été composé pour un repas de mariage, où les figues séchées et la grenade feraient allusion à la fécondité, et la pâte de fruits, dans sa boîte ronde, « à la douceur de la vie conjugale[10] ». Si le sucre tend à remplacer le miel dans la confection des confiseries et des pâtisseries, celui-ci ne disparaît pas pour autant des préparations douces. Au milieu du XVIe siècle, Michel Nostradamus propose ainsi, dans son traité de confitures, une recette d'écorces d'orange confites au sucre ou au miel :

> « [...] Et si voulés le faire avec du miel, prendrez du miel la quantite que vouldrez, & le mettrez dens une poelle, & le faites la fondre jusques à ce que toute lescume soit sus & quand vous verrés que toute lescume sera par-dessus, alors le laisserés reposer, jusques à ce qu'il sera froid : & alors avec une écumoire, ou cuillere percée osterez toute l'écume qui est par dessus, & la jetterez & le miel qui sera bien dispumé le mettrez dens les orenges, & en userés comme a esté dit du succre[11]. »

Nostradamus voyagea « en plusieurs et diverses régions du monde », dont l'Italie, notamment pour y découvrir les différentes façons de faire les confitures et autres végétaux confits, comme la laitue et la courge, dont il présente les recettes dans son ouvrage. Dans la *Nature morte avec des fleurs et des gâteaux* (1680) du

256
Georg Flegel
Nature morte avec fruits, pâtisseries et sucreries
1636, peinture sur bois,
19,8 × 23,9 cm
Francfort-sur-le-Main, Städel Museum

257
Georg Flegel
Nature morte au perroquet
Vers 1620, peinture sur cuivre,
78 × 67 cm
Munich, Alte Pinakothek

Napolitain Giuseppe Recco, l'on peut ainsi discerner une courge confite parmi les confiseries présentées sur le plat. Elles ont une couleur d'or qui est accentuée par la lumière, suggérant un trésor inaccessible que l'on ne peut savourer qu'avec les yeux. Les confiseries et les confitures étaient alors de plus en plus prisées. On distinguait les confitures liquides où les fruits étaient cuits et conservés dans un sirop, ou en marmelade, en compote ou en gelée, et les confitures sèches où les fruits étaient d'abord cuits dans un sirop avant d'être exposés, selon les saisons, au soleil ou à une autre source de chaleur[12]. Nostradamus vante ainsi les confitures de guignes de Toulouse, de Bordeaux et de l'Agenois. Il évoque l'importance des pots qui ne doivent pas avoir « plus de hauteur que deux travers de doigt », pour que la confiture puisse bien se voir, comme ceux de la « terre de Sicile » ou les « pots de Valence d'Espagne ». ILL. 258

Des *bodegónes* de sucreries

Dans la péninsule Ibérique, les sucreries sont un thème à part au sein des *bodegónes* qui, comme nous le savons, sont des natures mortes d'aliments. Juan Van der Hamen y León, qui naquit à Madrid en 1596, d'un père flamand d'ascendance aristocratique et d'une mère hispano-flamande, rencontra un vif succès avec ses *bodegónes* de sucreries. Il les peignait à la perfection et surpassait « les figures et portraits qu'il faisait », cela « lui valut, malgré lui, une plus grande renommée », ainsi qu'en témoigne le peintre Francisco Pacheco dans son *Arte de la pintura* (1649)[13]. Cela montre aussi l'intérêt des élites pour un genre de peinture qui conforte leurs préférences gustatives, en rapport avec la rareté et à la cherté des produits, et correspond à leur statut social. À Madrid, mais aussi dans d'autres villes d'Espagne, les *bodegónes* étaient recherchés pour « décorer les demeures de la noblesse, de la bourgeoisie, des fonctionnaires et de tous ceux qui étaient désireux d'embellir leur cadre de vie[14] ». Les nombreux inventaires parvenus jusqu'à nous le confirment et indiquent bien souvent l'emplacement des peintures : au-dessus des portes, dans la « salle où l'on mange », etc.

Les sucreries seront longtemps l'apanage des plus riches. Et toute bonne maison se devait d'avoir pour les grandes occasions « une boîte de compote de poires, quelques pots de gelée, des cédrats au sirop, en gelée,

258
Giuseppe Recco
Nature morte avec des fleurs et des gâteaux
1680, huile sur toile,
120 × 110 cm
Pesaro, Musei Civici

259
Juan van der Hamen y León
Panier et boîtes avec friandises
1622, huile sur toile,
84 × 105 cm
Madrid, Museo del Prado

260
Juan van der Hamen y León
Nature morte aux sucreries et aux récipients de cristal
1622, huile sur toile, 52 × 88 cm
Madrid, Museo del Prado

ou avec tous deux de la noix de muscade », rappelle le dramaturge Lope de Vega dans sa comédie *Le Sage au logis*[15]. Le tableau *Panier et boîtes avec friandises* (1622) ILL. 259 de Juan Van der Hamen y León s'inscrit parfaitement dans ce contexte. On y voit des pots de confiture, de gelée ou de miel, et des boîtes de confiseries en bois tendre, qui sont agencés sur le bord d'une fenêtre, à la manière d'un Sánchez Cotán, de part et d'autre d'un panier garni de fruits confits et candis, et dont certains forment l'anse. Datant de la même année, sa toile *aux* ILL. 260 *sucreries et aux récipients de cristal* du musée du Prado est considérée comme « l'une des œuvres les plus révélatrices de l'artiste, à une époque où il adhérait totalement à la technique ténébriste[16] ». On y découvre, se détachant en effet sur un fond sombre et disposés en zigzag sur une étagère, une coupe en faïence blanche supportant deux verres, une sorte de pot en terre rouge couvert dans lequel on devait conserver des friandises, des oublies ou gaufrettes à demi roulées, une coupe remplie de figues, peut-être confites, et de biscuits ressemblant à des biscuits à la cuiller, un autre verre en arrière-plan, puis une élégante carafe contenant peut-être de l'*aloja* — une « boisson aromatique à base d'eau, de miel et d'épices et qui était quelquefois parfumée à l'essence de jasmin ou de rose[17] ». Cette représentation d'une grande finesse évoque les plaisirs gourmands d'un possible goûter.

À Valence, qui a développé une tradition sucrière dès la fin du Moyen Âge, et qui était, avec Madrid et Séville, l'un des grands centres artistiques de l'Espagne du XVIIe siècle, Tomás Yepes (ou Hiepes) était considéré comme l'un des plus importants peintres de *bodegónes*. Il avait un atelier dans la ville, et son prestige était grand auprès des collectionneurs et des connaisseurs qui appréciaient son style naturaliste. Dans son recueil de biographies sur les peintres valenciens, Marcos Antonio de Orellana écrira à son sujet « qu'on ne voit ni corbeilles de fruits, ni fleurs, etc., ni biscuits, ni pâtés, ni fromages, ni tartes, ni pâtés en croûte, ni meubles, ni accessoires de pâtisserie ou autres objets du même genre, bien exécutés conformément à la nature, que l'on ne prenne sur-le-champ pour une œuvre de Yepes[18] ». Sa *Nature morte aux* ILL. 261 *sucreries*, également au musée du Prado, montre deux corbeilles en osier, dont l'une est garnie de noisettes

261
Thomas Yepes
Nature morte aux sucreries
Premier tiers du XVIIe siècle, huile sur toile, 66 × 95 cm
Madrid, Museo del Prado

et de marrons, et l'autre, d'oublies ou de gaufrettes roulées. Au-devant, sont placés « un petit pain enveloppé dans un lacis terminé à sa partie supérieure par quatre pointes[19] » et un assortiment de friandises. On y reconnaît notamment le touron, qui est une sorte de nougat apprécié encore aujourd'hui en Espagne. Le nougat est depuis longtemps une spécialité des régions du pourtour méditerranéen. Dans un ouvrage anonyme de 1607, l'auteur évoque les « nogats » et les « torrons » de Provence et du Languedoc confectionnés avec du miel blanc[20]. Au milieu du XVIIIe siècle, l'*Encyclopédie* de Diderot et d'Alembert définit le touron comme une confiserie faite « avec des amandes, des avelines[21], de l'écorce de citron vert coupée par tranches et desséchées à la poêle, ou dans l'étuve avec du sucre en poudre, et des blancs d'œufs bien fouettés ». Le nougat de Marseille était aussi réputé et vendu jusqu'à Paris[22].

Les artistes peignaient les spécialités culinaires de leur environnement régional. Les toiles de sucreries étaient recherchées et appréciées pour ce qu'elles représentaient, mais aussi parce qu'elles montraient le raffinement gustatif d'une élite qui avait le privilège des plaisirs sucrés. On peut de nos jours les percevoir dans un sens ethnographique, car elles nous donnent à voir les confiseries que l'on confectionnait à une époque donnée et dont on peut parfois trouver les recettes dans les traités de cuisine et de pâtisserie. Au Portugal, les tableaux de friandises de Josefa de Óbidos sont « un art gracieux et décoratif [...], sans artifices symboliques mais avec un rapport évident de tendresse envers les choses simples[23] ». Ses gâteaux de Pâques dans un panier en osier, à demi recouverts d'une dentelle blanche, peints vers 1660[24], et la diversité des douceurs (pâtis- ILL. 262
series, bonbons, sucres candis, confiture avec cuillère

262
Josefa de Obidos, Josefa de Ayala, dite
Nature morte avec gâteaux dans une corbeille et fleurs
Vers 1660, huile sur toile,
61 × 50,5 cm
Lisbonne, banque Espirito Santo

Double page suivante
263
Josefa de Obidos, Josefa de Ayala, dite
Nature morte avec gâteaux et fleurs
1676, huile sur toile,
85 × 160,5 cm
Santarem, Biblioteca Municipal

ILL. 263 en or) représentées sur le grand tableau de 1676[25] — qui a probablement décoré, avec un autre tableau, un salon aristocratique lors d'une fête ou d'un mariage[26] — témoignent du raffinement de la confiserie portugaise. Cette dernière est née, principalement, dans les couvents du pays, en particulier dans ceux des nonnes qui rivalisaient dans la confection des friandises et des sucreries[27]. Dans sa jeunesse, Josefa de Óbidos alla au couvent, notamment à Coimbra, pensant y consacrer sa vie avant de préférer la peinture. Peut-être a-t-elle pris part à la fabrication de ces confiseries qu'elle devait plus tard si bien représenter dans ses toiles.

Josepha em obidos
1676

264
Lubin Baugin
Le Dessert de gaufrettes
Vers 1630, huile sur bois,
41 × 52 cm
Paris, musée du Louvre

Biscuits, gâteaux et pâtisseries

Gaufrettes, oublies, biscuits figurent souvent sur les natures mortes du XVIIe siècle. Ces pâtisseries étaient connues depuis au moins le Moyen Âge. Dès l'époque de Saint Louis, il existait à Paris le corps de métier des oubloyers qui fabriquaient et vendaient des oublies dans la rue ou sur les parvis des églises. Les oublies étaient des sortes de gaufrettes ornées de symboles religieux, dont la pâte assez délayée était cuite entre deux fers, comme celle des gaufres. Les oublies ou gaufrettes pouvaient être de forme circulaire, roulées ou en cornet, comme on a pu l'observer sur certains *bodegónes*, et comme on peut le voir sur *Le Dessert de*
ILL. 264 *gaufrettes* que Lubin Baugin exécuta probablement au début des années 1630, à Saint-Germain-des-Prés (il y obtint sa maîtrise de peintre le 23 mai 1629)[28]. La sobriété, la simplicité et l'élégance retenue de cette œuvre font toute sa beauté. Pour Charles Sterling, « les cercles du plat, des rouleaux de gaufrettes, de la fiasque, s'inscrivent sans heurt dans le réseau des cubes qu'offrent la table et le mur ». Baugin « réussit à mettre en équilibre la vérité quotidienne et la beauté abstraite. [...] Il est peut-être le seul à créer des natures mortes vraiment françaises », en n'ajoutant pas d'autres gâteaux comme l'aurait probablement fait un Flamand ou un Italien[29]. Les gaufrettes délicatement roulées et le raffinement du verre soulignent le cadre élitiste du tableau. Les bourgeois de Paris aimaient les natures mortes, qu'ils « venaient acheter au faubourg Saint-Germain, et notamment à la célèbre foire[30] » qui s'y tenait.

ILL. 265 Les *Verreries et plateau de biscuits* (fin du XVIIe siècle) s'inscrivent aussi dans un environnement d'élégance. Elles ont été peintes par l'Allemand Christian Berentz, qui séjourna à Rome et y termina sa vie. Le grand plateau sur pied avec la carafe en cristal, les verres et la coupelle confirment le haut rang de ceux à qui sont destinés les boissons et les biscuits. Ces derniers sont disposés sur un plat en métal précieux, alors que d'autres sont encore dans leur papier d'emballage, suggérant leur achat en boutique. Le biscuit est ici « une pâtisserie friande faite avec de la plus fine farine, des œufs et du sucre : on y met aussi de l'anis et de l'écorce de citron », comme l'écrit Furetière dans son *Dictionnaire* de 1690. Les gâteaux peints par Berentz

BAVGIN

265
Christian Berentz
***Nature morte à la mouche* ou**
Verreries et plateau de biscuits
Fin du XVIIe siècle, huile sur toile,
61 × 44,5 cm
Rome, Gallerie Nazionale di Arte
Antica in Palazzo Corsini

266
Georg Flegel
Nature morte au verre à pied,
au bretzel et aux amandes
1637, peinture sur bois,
19 × 14,5 cm
Munster, Landesmuseum

paraissent être des biscuits à la cuiller, que l'on pouvait aussi appeler biscuits de Savoie. Les traités culinaires de l'époque proposent plusieurs recettes de biscuits, comme le « biscuit du Piedmont[31] » dans *Le Pastissier françois* de 1653. La recette indique bien la forme qu'il devait avoir : « Il faut seulement coucher la paste en long sur du papier, & luy donner environ l'espoisseur d'un travers de doigt, & le moins de largeur que vous pourrés, & la longueur d'un bon doigt ; poudrés le de sucre & le mettés au four[32]. »

En Alsace et en Allemagne, c'est une pâtisserie salée, le bretzel, qui est fort appréciée, comme le montre le tableau de Georg Flegel, *Nature morte au verre à pied, au bretzel et aux amandes* (1637), conservé ILL. 266
au Landesmuseum de Munster. Le bretzel qui trempe dans le verre de vin témoigne d'une tradition que l'on peut encore aujourd'hui rencontrer en Europe, notamment en France avec les biscuits, dits boudoirs, que l'on mouille dans une coupe de champagne, et en Italie avec les *biscotti* accompagnés de *vino santo*. Le verre peint par Flegel est un *römer* que nous avons déjà rencontré dans d'autres natures mortes. Au fil du temps, la pâtisserie se diversifie et prend de l'importance parmi les plaisirs gourmands de la vie, que les peintres aiment à représenter. L'art du pâtissier, qui est avant tout celui de la pâte et des pâtés de viande et de poisson, s'oriente de plus en plus vers les spécialités sucrées. Dans les statuts de 1566 des pâtissiers parisiens, l'on trouve déjà, parmi les tartelettes, les rissoles et bien d'autres préparations, des références à des petits choux et des brioches, qui ne sont pas nécessairement sucrés dans leur confection[33]. Le succès de ces deux pâtisseries ne se démentira pas. *La Petite Collation ou Carafe d'orgeat* du Parisien Roland Delaporte en est un bel exemple. L'orgeat est ILL. 267
une boisson fraîche faite avec des amandes, de l'eau et du sucre, généralement aromatisée à la fleur d'oranger, que l'on appréciait en particulier lors des collations. Les petits choux, que l'artiste a représentés dans une corbeille en osier ajourée, se font « avec du fromage mou bien gras », de la farine, du sel, de l'« écorce de citron confit hachée et de citron vert », et des jaunes d'œuf, explique le *Dictionnaire portatif de cuisine, d'office et de distillation* de 1767. Delaporte était l'un des peintres renommés du XVIIIe siècle, estimé pour l'illusion de vérité que donnaient ses tableaux, comme le souligne

267
Roland Delaporte
La Petite collation **ou** ***Carafe d'orgeat***
1787, huile sur toile, 37 × 46 cm
Paris, musée du Louvre

268
Jean-Baptiste Siméon Chardin
La Brioche
1763, huile sur toile, 47 × 56 cm
Paris, musée du Louvre

269
Jules Larcher
Bouteille de champagne, pain, biscuits et gâteaux sur une table nappée
1889, huile sur toile,
91,4 × 73,6 cm
Collection particulière

Double page suivante
270
Christian Berentz
Nature morte à la mouche* ou *Verreries et plateau de biscuits
Vers 1700
Détail ill. 265, p. 294

271
Jules Larcher
Bouteille de champagne, pain, biscuits et gâteaux sur une table nappée
1889
Détail ill. 269, p. 299

le périodique *L'Avant-Coureur* de 1765 : « [...] les objets y sont représentés avec une vérité qui fait illusion. S'ils ne vivent pas sur la toile, comme on peut le dire des figures, on peut dire néanmoins qu'ils y existent[34] ».

Deux ans auparavant, au Salon de 1763, Chardin présenta plusieurs tableaux qui firent l'admiration des critiques. « C'est la nature même ; les objets sont hors de la toile et d'une vérité à tromper les yeux », écrit Diderot[35]. *La Brioche* faisait partie de ces œuvres. Elle domine la composition, comme une sorte de montagne, surmontée d'une branche de fleurs d'oranger qui accentue sa hauteur. Cela suggère également le « délicat parfum[36] » de la pâtisserie. À sa gauche, se tient « une écuelle à bouillon en porcelaine » de la manufacture de Meissen. D'une forme sphérique avec des anses et un couvercle, ce modèle, que l'on appelait *bouillonterrine* en allemand, apparaît dans la manufacture avant 1730 et est fabriqué jusque vers 1765. L'écuelle « était destinée à consommer ou à "humer" le bouillon du matin[37] ». À la droite de la brioche, il y a un petit flacon à liqueur « taillé à facettes et doré ». Les cerises placées devant pourraient suggérer une liqueur faite de ce fruit, tel le kirsch. On avait l'habitude de mettre ces flacons à rafraîchir « dans des seaux à liqueurs ovales en porcelaine ou en orfèvrerie pour le dernier service du dessert[38] ». La brioche de Chardin est une brioche parisienne, avec sa boule sur le dessus qui lui donne sa forme si reconnaissable — elle était fort appréciée des citadins. François Marin en donne la recette dans la *Suite des Dons de Comus, ou l'art de la cuisine réduit en pratique* (1742), un important ouvrage culinaire du XVIIIe siècle :

ILL. 268

> « Brioches. Prenez un boisseau de farine, plus ou moins. Mettez votre farine sur le tour. Otez-en le tiers dont vous ferez un levain avec un quarteron de levure de bierre & de l'eau chaude. Vous la pétrissez un peu molle, vous la moulez un peu & la faites revenir dans une nape bien enveloppée pendant une demie heure. Avec le reste de la farine, vous faite votre pâte. Vous y mettez un quarteron de sel fin, quarante œufs, & quatre livres & demie de beurre bien manié. Vous le mêlez par petits morceaux avec les œufs dans le milieu de votre farine ; & un peu d'eau. Maniez-les bien, à mesure, prenez de la farine. Quand le tout est bien mêlé ensemble, vous le paitrissez deux ou trois fois, vous l'étendez & y mettez de votre levain par petits morceaux. Maniez bien le tout ensemble, & lui donnez trois tours avec la main. Laissez-le reposer une demie journée avant que de vous en servir. Ensuite vous prenez tel morceau que vous voulez, & le façonnez dessus. Dorez & faites cuire au four. On en fait de petites[39]. »

La brioche, qui devient une pâtisserie très populaire, est assez régulièrement représentée par les artistes. Celle qu'Édouard Manet peint vers 1870, est aujourd'hui conservée au Metropolitan Museum of Art de New York. L'on peut aussi voir une autre brioche d'un auteur anonyme, découpée et mise sur un plat, au musée d'Art moderne et contemporain de Strasbourg. Dans son tableau de 1889, exemple de l'opulence et du savoir-faire de l'art officiel sous la Troisième République, Jules Larcher la présente dans une serviette ou dans un papier blanc froissé, parmi une diversité de friandises. Les boudoirs, ces biscuits secs parsemés de sucre cristallisé que nous avons déjà évoqués, sont disposés devant les bouteilles et la flûte de champagne : toutes ces douceurs sucrées annoncent un prochain moment festif. Avec le XIXe siècle, la pâtisserie avait en effet pris une importance grandissante. Des pâtissiers devinrent célèbres, à l'exemple de Rouget à Paris, « le Montmorency du four », selon les mots de Grimod de La Reynière dans son *Almanach des gourmands* de 1810, qui porta « au plus haut degré de perfection toutes les parties de cet Art difficile, dont les progrès suffisent pour attester en cuisine la supériorité du dix-neuvième siècle sur le dix-huitième[40] ». Le célèbre Antonin Carême a également été pâtissier avant de devenir le grand chef que les têtes couronnées d'Europe s'arrachèrent. Parmi ses ouvrages, on en trouve ainsi deux concernant la pâtisserie : *Le Pâtissier royal parisien* (1815) et *Le Pâtissier pittoresque* (1842, 4e édition).

ILL. 269

Jules Gouffé, autre chef de cuisine, publiera aussi un livre sur le sujet en 1873, dans lequel il écrit : « La pâtisserie joue [...] un rôle important dans notre alimentation : ses entremets variés, ses gâteaux et ses petits fours sont une précieuse ressource pour les repas de famille ; ses pièces montées et ses solides pâtés rehaussent la richesse et l'éclat de la table des grandes maisons. Aussi la pâtisserie a-t-elle été en honneur chez tous les peuples civilisés[41]. » Dans le même temps, l'agencement des boutiques de pâtissiers et la présentation des mets

Larcher
1882

272
Jean Béraud
La Pâtisserie Gloppe, avenue des Champs-Élysées
1889, huile sur toile,
38 × 53 cm
Paris, musée Carnavalet

273
Gustave Caillebotte
Gâteaux
1881, huile sur toile,
54,5 × 73,5 cm
Collection particulière

révèlent un souci d'élégance : « Avant la Révolution, écrit Grimod de La Reynière en 1803, l'on n'avait pas imaginé de mettre ainsi les pâtés et les brioches sous verre[42]. » Si, dans le passé, les pâtissiers n'ont pas toujours eu une bonne réputation, « les hommes du meilleur ton, les femmes de la meilleure société ne rougissent plus d'entrer chez un pâtissier, de goûter ouvertement les produits de son industrie, de déguster les excellents vins et les liqueurs choisies dont il les accompagne », relève Alexandre Dumas dans son *Grand Dictionnaire de cuisine* (1873)[43]. C'est ce que montre *La Pâtisserie* ILL. 272 *Gloppe* (1889) de Jean Béraud, célèbre pâtisserie des Champs-Élysées, où la belle société parisienne déguste avec délectation, autour d'une table, ou debout, des gâteaux harmonieusement agencés sur un présentoir, dans un décor élégant, où le jeu des miroirs accentue l'impression de grandeur de la boutique. Le tableau[44] de Gustave Caillebotte (1881) nous met en présence d'un ILL. 273 assortiment d'éclairs au chocolat et au café, de tartes aux fruits, d'un saint-honoré et autres gâteaux, dont peut-être une brioche, sur le marbre d'une boutique. Le réalisme de la représentation, le choix du point de vue plongeant et du cadrage coupé sont des points communs avec d'autres natures mortes de Caillebotte, comme avec ses scènes urbaines, et illustrent le projet impressionniste de peindre « la vie moderne ».

274
Jacques Linard
Panier de grenades, pêches et raisins
Vers 1644, huile sur toile,
46 × 61 cm
Paris, musée du Louvre

Les fruits du dessert

La prédilection pour les plaisirs sucrés résulte d'une mutation du goût dont les prémices remontent à la Renaissance. Au cours des siècles suivants, on assiste à une plus grande séparation des plats salés et sucrés — ces derniers migrant progressivement vers le dernier service du repas, du moins en France. On le nommera dessert car il « se donne après la desserte des services précédents qui ont dû composer toute l'économie du festin », précise l'auteur de *L'Art de bien traiter* en 1674. Pour lui, « le dessert est le réveillon du repas » : il divertit par « d'agréables nouveautés, dont la délicatesse et la manière donnent autant de plaisir aux yeux que l'appétit en peut recevoir[45] ». Le dessert attire toutes les attentions, car il contribue à l'embellissement du repas aristocratique. Il est alors un signe de distinction sociale, par la présentation des mets qui le composent, « par la multiplication des ouvrages à base de sucre », par les nouveautés et par la variété, la rareté et la précocité des fruits[46]. Le mot « fruit » a longtemps été synonyme de dessert. Et, pour Nicolas de Bonnefons, qui publia *Le Jardinier françois* en 1651, « les plus friands et délicats après s'être plus que suffisamment gorgés de plusieurs sortes de bons mets, n'estiment pas avoir fait bonne chère, s'ils ne finissent leurs festins par les fruits[47] ».

À cette époque, le service du dessert d'une table de vingt-quatre couverts pouvait se composer de trois grands plats de gros fruits crus, de deux plats de fruits secs, de quatre plats moyens de confitures et quatre autres de petits fruits crus, de six assiettes de compotes et quatre de fromage, à quoi s'ajoutent des cerneaux de noix ou des eaux glacées, selon la saison[48]. Les fruits sont alors très en vogue au sein des élites, et il était de bon ton d'avoir son verger produisant des produits de qualité pour sa propre table. La nature a « publié son chef-d'œuvre » en voulant que « toute autre victuaille cède aux fruits des arbres », écrit Olivier de Serres dans *Le Théâtre d'agriculture et mesnage des champs* au début du XVIIe siècle, et de poursuivre :

> « Car ni le pain, ni la chair, ni le poisson, ne sont présentés à manger, que cuits et appareillés en cuisine, là où les fruicts comparoissent sur la table des rois et princes, tout cruds, sans fard, ne desguisement aucun : encores en leur simplicité, emportent-ils le prix, tant leurs gousts sont treuvés précieux, surpassans toute autre délicatesse. Plus rare présent ne pourriés-vous faire à vos amis, que de fruicts exquis : voire les plus grands seigneurs ont accoustumé de recevoir humainement le plain panier d'abricots bien choisis, et la douzaine de poires ou prunes de remarque, que l'homme vertueux leur offre, tant petit soit-il[49]. »

Si, dans un premier temps, les peintres de natures mortes peignirent des fruits dans un contexte marchand, ou bien dans le jardin, ou au moment de la récolte, ils se mirent ensuite à les représenter dans des corbeilles comme une composition florale[50]. Cela s'inscrit parfaitement dans la valorisation des fruits à table en tant qu'objet de délectation. La *Corbeille de fruits* (1596-1598) de Caravage en est l'un des premiers exemples. ILL. 112
Son « puissant réalisme » fait penser à un trompe-l'œil « juché haut sur un mur clair », où la corbeille se détache « vigoureusement comme un objet réel[51] ». Roberto Longhi la voit comme une « vulgaire corbeille du logeur remplie de fruits bon marché[52] ». Posée sur un rebord, qu'elle dépasse légèrement, la corbeille se compose d'un ensemble de fruits présentés en hauteur, à différent degrés de maturité. Les couleurs et les formes des pommes, des figues, du coing, de la poire, du raisin et des feuilles se détachent nettement du fond ocre jaune, donnant une saisissante impression de réalité. Caravage n'a pas voulu montrer la beauté des fruits parfaits, mais leur temporalité avec la pomme véreuse et les feuilles qui semblent se flétrir sous nos yeux. Ce thème de la caducité qui sera présent dans les natures mortes de vanité est ici associé, à travers la pomme et les raisins, à ceux du péché et de la rédemption.

Des artistes se spécialiseront dans la nature morte de corbeille et de coupe de fruits, comme Louise Moillon au Grand Siècle. Nombre de ses œuvres orneront les intérieurs des riches bourgeois de Paris. Elles témoignent de « l'absolue sincérité de leur auteur, éprise de la réalité la plus humble et la plus quotidienne[53] ». Dans son *Panier de grenades, pêches et raisins* (2e quart du ILL. 274
XVIIe siècle), Jacques Linard apporte une touche exotique en représentant des grenades. Olivier de Serres consacre près de deux pages au grenadier et à ses fruits. Selon ses dires, il existe trois sortes de variété : les douces, les aigres et les aigres-douces. Pour lui, la grenade est venue

LINARD

de Carthage en Italie, et se nomme ainsi « pour le grand nombre de grains dont sa pomme est composée[54] ». Pour d'autres, la chair de la grenade « aux multiples grains » symboliserait « l'Église unissant tous les fidèles en une seule et même foi » et sa couleur, le supplice du Christ[55]. Remarquons les trois grains de grenade posés devant le panier de fruits : doit-on y voir le symbole de la Trinité ?

Les fruits pouvaient aussi être présentés dans des plats ou dans des coupes comme *La Coupe d'abricots* sobre et raffinée de Lubin Baugin, peinte dans les années 1620-1630. Reposant sur un piédouche, sa forme, dite à godrons, viendrait de Delft, et les régions de Nevers et de Cosne-sur-Loire en fabriquaient. Elle était principalement utilisée comme coupe à fruits. Les archéologues en retrouvèrent un grand nombre à Paris, lors des fouilles de la cour Napoléon du Louvre, entre 1984 et 1986[56]. Les peintres cherchaient à imiter la nature et à reproduire au plus près les objets ou les aliments qu'ils voyaient et qu'ils agençaient, créant ainsi le motif de leur peinture, comme en témoigne un artiste anonyme vers 1620 :

> « En la saison des fruits vous remplirez des plats de faïence et mettrez soubs les fruits des feuilles de vigne si vous le trouvez bon (;) vous placerez les plats plains de fruits de la hauteur presque de votre œil environ un pied plus bas, et alors vous pourtrairez les fruits le plus pres du naturel… »

Et de poursuivre :

> « J'en ay ainsi usé (:) prenant un cocdinde ou un chapon ou autre viande toute rostye et non pas trop, l'ayant dans un plat, un grand réchauf dessous pour la tenir chaudement, plasant le plat de la viande la hauteur d'un pied moins de votre veue, la pourtraire diligemment (;) que vous voyez que la viande refroidisse (,) il convient la remettre a la broche tant de fois qu'il vous sera necessaire[57]… »

Lors des grands repas aristocratiques et royaux, les fruits pouvaient être dressés en pyramides. Ces pyramides étaient très appréciées du public et participaient à la mise en scène du service à la française. Dans la *Nouvelle Instruction pour les confitures, les liqueurs, et les fruits* de Massialot, dont la première édition date de 1692, et qui sera régulièrement rééditée jusqu'au XVIIIe siècle, et dans *Le Cannameliste français* (1751 et 1768) du Sieur Gilliers, qui fut chef d'office et distillateur de Stanislas Leszczynski, roi de Pologne, duc de Lorraine et de Bar, des gravures permettent de visualiser le service du dessert composé d'une suite de pyramides de fruits, dont certaines pouvaient atteindre des hauteurs impressionnantes : « quoi de plus agréable que de voir ces pyramides qui, par la diversité de couleurs, de figures et d'espèces de fruits dont elles sont composées, font la plus belle décoration des tables ? », s'exclame Massialot[58]. Cela ne pouvait qu'inspirer les peintres à un moment où la nature morte française devient plus décorative, et où le mécénat royal et aristocratique donne le ton au goût bourgeois[59]. Dans le même temps, la cuisine de cour devient le modèle d'une cuisine bourgeoise en construction[60].

ILL. 275 La pyramide du *Buffet* (1728) de Chardin trône au milieu d'un désordre suggérant un repas en cours ou sur le point de se terminer. Elle symbolise le luxe de la table et attend son moment de gloire avant d'être détruite par la dégustation des fruits qui la composent — entre autres, des pêches et des prunes. La blancheur de la nappe valorise leur couleur dans un reflet lumineux que le fond sombre du tableau accentue. Cette œuvre a été, avec la *Raie*, le « morceau de réception » de l'artiste à l'Académie royale de peinture et de sculpture en septembre 1728[61]. Les pyramides de fruits évoluent bien sûr selon les saisons, et le *Panier de fraises des bois* présenté au Salon de 1761 en offre un exemple : il unit la sophistication de la disposition en pyramide à la simplicité rustique des fruits cueillis dans un jardin. Toute différente est celle de la *Nature morte à l'argenterie* ou *Buffet d'orfèvrerie* (vers 1726-
ILL. 276 1730) de François Desportes : il s'agit là d'une nature morte décorative, grandiose et en quelque sorte royale. La pyramide se compose de trois niveaux de fruits, avec des raisins et des pêches, à sa base, des figues au milieu et des abricots au sommet. On aperçoit aussi devant, posé sur le socle de marbre, « une coupe en porcelaine de Chine contenant des prunes ». La pyramide est entourée d'une vaisselle d'orfèvrerie, dont les deux importantes aiguières en argent, « qui constituent l'un des rares témoignages de pièces du mobilier d'argent de Louis XIV[62] ». L'orfèvrerie de la table royale a en effet été détruite lors des fontes ordonnées par le roi. Desportes a peint plusieurs tableaux de *Pièces*

275
Jean-Baptiste Siméon Chardin
Le Buffet
1728, huile sur toile,
194 × 120 cm
Paris, musée du Louvre

276
François Desportes
Nature morte à l'argenterie
ou Buffet d'orfèvrerie
Vers 1726-1730, huile sur toile,
261 × 187 cm
New York, The Metropolitan Museum of Art

277
Claude Monet
Nature morte au melon
1872, huile sur toile, 53 × 73 cm
Lisbonne, Museu Calouste Gulbenkian

d'orfèvrerie, des objets qui « pouvaient lui être d'un usage quotidien », mais aussi des vaisselles royales. Au Louvre, l'atelier du peintre était environné d'orfèvres qui travaillaient pour la Couronne. À partir de 1724, plusieurs d'entres eux, dont Thomas Germain, pour qui Desportes avait une prédilection, renouvelaient « le service d'argent puis la vaisselle d'or de Louis XV[63] ». Les tableaux du peintre sont ainsi un précieux témoignage qui permet de mieux comprendre les pièces d'orfèvrerie énumérées dans le *Journal du Garde-meuble* et dans l'*Inventaire général du mobilier de la Couronne*[64].

Les pyramides de fruits vont aussi pénétrer l'intimité bourgeoise et trouver leur place dans la salle à manger, sans l'apparat décoratif de la période de Desportes et de Chardin. En témoignent la *Nature morte au melon* que Claude Monet peignit en 1872[65], avec sa petite pyramide de pêches, modeste héritière de celles de l'époque de Vatel, et la nature morte de Gustave Caillebotte (*Verres, carafes et compotiers de fruits*, 1879) qui retint l'attention de Huysmans lors de l'Exposition des Indépendants en 1880 : « […] des oranges, des pommes, dressées en pyramide, dans des

ILL. 277
ILL. 278

compotiers, sur de la fausse mousse, des verres à taille grossière, des carafes de vin, des bouteilles d'eau de Saint-Galmier, emplissent une table couverte d'une toile cirée qui reflète la couleur des objets posés sur elle[66]… ». Ce tableau renvoie au *Déjeuner* de 1876 où l'on retrouve une vaisselle similaire et deux pyramides de fruits. À la fin du XIXe siècle, le fruit de saison, exotique, cru, confit, en compote, reste l'âme du dessert. « Les fraises, les cerises, les framboises, les prunes se dressent en pyramide dans des compotiers », écrit la baronne Staffe dans *Traditions culinaires et l'art de manger toute chose à table* en 1894. Mais les maisons « élégantes et raffinées » préfèrent les répandre dans les compotiers et les « secouer légèrement pour les tasser régulièrement », alors que les cerises sont arrangées différemment, « les tiges en l'air » pour mieux les saisir. Quant aux fruits qui se pèlent, comme les pommes, poires, pêches, abricots, mandarine, bananes, etc., ils prennent « le plus souvent place dans les corbeilles où on les entremêle aux feuillages […][67] ». Une disposition que représentaient déjà Caravage, Louise Moillon et Jacques Linard…

278
Gustave Caillebotte
Verres, carafes et compotiers de fruits
1879, huile sur toile, 50 × 60 cm
Collection particulière

Victor Gilbert

CHAPITRE II

Des halles de Paris aux restaurants de la Belle Époque

« Le peintre devint le grand ami des deux gamins. Il avait l'amour des belles brutes. Il rêva longtemps un tableau colossal. Cadine et Marjolin s'aimant au milieu des Halles centrales, dans les légumes, dans la marée, dans la viande. Il les aurait assis sur leur lit de nourriture, les bras à la taille, échangeant le baiser idyllique. Et il voyait là un manifeste artistique, le positivisme de l'art, l'art moderne tout expérimental et tout matérialiste ; il y voyait encore une satire de la peinture à idées, un soufflet donné aux vieilles écoles. »

Émile Zola, *Le Ventre de Paris*, 1873

Avec le XIXe siècle, la peinture de genre trouve un nouvel élan, en proposant une approche novatrice du réel et du monde contemporain. Les artistes délaissent « les sujets savants pour des œuvres plaisantes et attrayantes[68] », où les scènes représentées de la vie quotidienne touchent un large public. Pour le *Grand Dictionnaire universel du XIXe siècle*, « le mot genre [...] s'applique [...] à toute œuvre qui exprime un côté quelconque de la vie réelle, élégant ou misérable[69] ». La table entre bien sûr dans cette définition, mais elle prend une importance particulière dans un siècle où triomphent la cuisine et la gastronomie françaises[70]. « L'art de la cuisine paraît avoir atteint depuis longtemps en France son plus haut point de perfection. C'est une science que tout le monde a étudiée, que tout le monde connaît[71] », témoigne déjà lady Morgan dans les années 1810. Les chefs français sont adulés, et les peintres les représentent désormais toqués et vêtus de leur tenue professionnelle blanche, comme *Le Chef*
ILL. 280 *cuisinier* (1882) de Claude Monet ou le cuisinier devant
ILL. 281 sa table de travail d'Adrien Henri Tanoux[72]. Les grands restaurants de la capitale attirent les gourmets du monde entier. Et leur réputation est si haute « qu'ils firent en Europe, pour notre cuisine, ce que les dix-septième et dix-huitième siècles avaient fait pour notre littérature, ils la rendirent universelle », écrit Eugène Briffault dans son *Paris à table* (1846)[73]. Paris s'affirme pour longtemps comme la capitale de la gastronomie et des plaisirs de la table. Elle est aussi celle des artistes, et nombre d'entre eux peindront sa sociabilité gourmande, sa modernité alimentaire, ses cafés et ses restaurants.

Les halles de Paris

Depuis la fin du Moyen Âge, la capitale française est perçue comme une ville d'abondance alimentaire[74], qui pourvoit au besoin quotidien des Parisiens et aux exigences gastronomiques d'une élite gourmande et cosmopolite. Chaque matin, Paris trouve « pour son déjeuner et pour la consommation de la journée, une masse énorme de denrées alimentaires », écrit Victor Bories dans un texte de 1867. Ces denrées arrivent régulièrement en quantité suffisante et à heure fixe, et sont rapidement mises « à la portée des innombrables consommateurs qui peuplent la capitale[75] ». Car « Paris est gros mangeur », s'exclame Maxime Du Camp dans son ouvrage sur les organes, les fonctions et la vie de Paris[76]. La majorité des aliments convergent vers les halles centrales qui resteront le principal marché de la ville jusqu'à leur destruction dans la seconde moitié du XXe siècle. C'est un lieu stratégique qui regorge de nourriture. C'est *Le Ventre de Paris* qu'Émile Zola célèbre dans son fameux roman.

Peindre les marchés et les halles de Paris, c'est ainsi montrer toutes les possibilités alimentaires d'une ville où la cuisine est érigée en art. C'est aussi témoigner du dynamisme du commerce des denrées, des petits marchands qui évoluent dans ce domaine, et de la modernité des halles de Baltard nouvellement érigées : les pavillons « de cet immense et élégant bâtiment, entièrement construit en brique et en fer, abritent la vente des différentes denrées alimentaires indispensables à la vie de Paris : viande, poisson, volaille, gibier, beurre, fromage, fruits, légumes, etc.[77] ». Sensible aux scènes

279
Victor-Gabriel Gilbert
La Halle aux poissons aux Halles centrales
1881
Détail ill. 282, p. 314

Double page suivante
280
Claude Monet
Le Chef cuisinier
1882, huile sur toile, 64 × 51 cm
Vienne, Kunsthistorisches Museum, Neue Galerie

281
Adrien Henri Tanoux
La Cuisine : un cuisinier et une servante dans une cuisine
Fin XIXe-début XXe siècle, huile sur toile, 55 × 46 cm
Collection particulière

Claude Monet 82

282
Victor-Gabriel Gilbert
La Halle aux poissons aux Halles centrales
1881, huile sur toile
Collection particulière

283
Victor-Gabriel Gilbert
La Place du marché
XIXe siècle, huile sur toile
Collection particulière

284
Victor-Gabriel Gilbert
Le Carreau des Halles
1880, huile sur toile, 54 × 73 cm
Le Havre, musée d'Art moderne
André Malraux

de la vie quotidienne, Victor Gabriel Gilbert en fera l'un des thèmes de sa peinture. Il est acquis à l'art naturaliste qui est, selon le critique Castagnary, « l'expression de la vie sous tous ses modes et à tous ses degrés, […] la vérité s'équilibrant avec la science[78] ».

Pour Joris-Karl Huysmans, les halles sont « une des gloires du Paris moderne[79] ». Chaque pavillon était spécialisé dans un domaine alimentaire, comme le montre *La Halle aux poissons aux Halles centrales* (1881) de Victor
ILL. 282 Gabriel Gilbert. L'œuvre est baignée par la clarté du petit matin et les rayons de lumière accentuent l'armature métallique des bâtisses. L'espace est grand et aéré pour permettre une meilleure circulation du public et de l'air. L'eau au sol suggère le nettoyage régulier des allées, mais rappelle aussi l'élément de vie des poissons qui en sont désormais privés. Les marchandes de poissons sont installées derrière leurs étals pour servir ou attendre leur clientèle. L'une d'elles, à la droite du tableau, mange un potage ou un bouillon dans un bol. Zola a donné une description saisissante de la diversité des poissons que l'on proposait

alors aux halles : « [...] les saumons, d'argent guilloché, dont chaque écaille semble un coup de burin dans le poli du métal ; les mulets, d'écailles plus fortes, de ciselures plus grossières ; les grands turbots, les grandes barbues, d'un grain serré et blanc comme du lait caillé ; les thons, lisses et vernis, pareils à des sacs de cuir noirâtre ; les bars arrondis, ouvrant une bouche énorme, faisant songer à quelque âme trop grosse, rendue à pleine gorge, dans la stupéfaction de l'agonie[80]... ».

Les halles centrales étaient avant tout un marché de vente en gros, même si des emplacements étaient réservés à la vente au détail. Elles alimentaient les autres marchés de la ville, telle cette *Place du marché*, où une belle jeune femme souriante, portant une coupe de fruits, marche d'un pas ferme au milieu d'une allée étroite bordée d'une diversité de produits alimentaires, dont les volatiles et le gibier, situés pratiquement au premier plan de la peinture. Bien différent est *Le Carreau des halles* (1880), conservé au musée d'Art moderne du Havre. Le « carreau » désigne ces larges trottoirs qui entouraient les pavillons et où se tenaient « à découvert les approvisionnements de gros légumes ». Les marchandes qui s'y installaient étaient dites *au petit pas* et n'avaient comme abri que des parapluies qui se révélaient insuffisants lorsque la pluie tombait ou lorsque le soleil brûlait, nous apprend Maxime Du Camp[81]. Le carreau est bien représenté sur la toile de Gilbert, où les marchandes, vêtues d'habits modestes, et qui venaient, pour la plupart, des campagnes environnantes de la capitale, présentent leurs légumes sur de petites tables mobiles ou dans des paniers posés à même le sol. Nous ne sommes plus là dans la modernité des halles de Baltard, mais dans la vie quotidienne du petit peuple de Paris.

ILL. 283
ILL. 284

Les plaisirs de la table

Dans sa *Physiologie du goût* (1826), Brillat-Savarin, l'un des pères fondateurs du discours gastronomique moderne, consacre plusieurs pages au plaisir de la table. Si, pour lui, « le plaisir de manger est la sensation actuelle et directe d'un besoin qui se satisfait », le plaisir de la table est, en revanche, « la sensation réfléchie qui naît des diverses circonstances de faits, de lieux, de choses et de personnes qui accompagnent le repas[82] ». L'agencement de la vaisselle sur la table, le service des plats, l'appréciation des mets, la convivialité, et bien d'autres choses encore, contribuent à la réussite d'un moment gastronomique. Dans *Contemplation* (1883), la jeune femme pensive de Jacques-Émile Blanche est assise devant une table dressée, probablement située dans un restaurant. La plénitude de son visage s'accorde avec la table dressée dans les règles de l'art qui lui apporte assurance et sérénité. Tout est là pour déguster les plats qui ne tarderont pas à être servis : les couverts au nombre de deux chacun, ce qui suggère au moins une entrée et un plat de résistance, la cuillère à dessert, les trois verres, dont un verre à eau et un autre de couleur verte, dans lequel l'on sert généralement un vin d'Alsace, la salière, le vinaigrier et la carafe d'eau. Sans oublier la nappe blanche repassée. Les habitudes bourgeoises sont dorénavant la norme de tous. Remarquons toutefois que les fourchettes sont placées à droite de la jeune femme, alors qu'elles devraient normalement être placées à sa gauche comme le veut l'usage de la table française.

ILL. 285

Nombreux sont les artistes qui ont peint des moments de repas, comme nous avons déjà pu le constater avec, notamment, les fameux *Déjeuners* des impressionnistes. Mais rares sont ceux qui ont représenté des mets gastronomiques, comme le fit Gustave Caillebotte dans quelques-unes de ses étonnantes natures mortes du début des années 1880. Elles s'inscrivent dans le contexte culinaire de l'époque où domine la haute cuisine française. Issu de la bourgeoisie parisienne et héritier « d'une grosse fortune commerçante[83] », Caillebotte n'était probablement pas insensible aux plaisirs de la table. Sa *Langouste à la parisienne* (1880-1882) témoigne de la sophistication de la grande cuisine parisienne et de celle des palaces. C'est une « langouste à la parisienne », comme on pouvait encore la déguster il y a quelques décennies, et dont on trouve la recette dans les livres de cuisine. Le crustacé, étendu et fixé sur une planchette, est cuit au court-bouillon puis refroidi. La queue est ensuite extraite de la carapace et divisée en escalopes régulières dont chacune est décorée d'une lamelle de truffe, puis « arrosée de gelée fondue ». Le reste de la chair est coupé en petits dés, puis mélangé à une macédoine de légumes liée à la mayonnaise et dressée en dôme dans des fonds d'artichauts. Ces derniers sont décorés et lustrés à la gelée. La langouste est ensuite disposée sur un plat de service de telle sorte qu'elle paraît se redresser. Les escalopes sont alors posées sur la carapace en partant

ILL. 286

J. E. Blanche

285
Jacques-Émile Blanche
Contemplation
1883, huile sur toile, 130 × 100 cm
Saint Petersburg, Floride, Museum of Fine Arts

286
Gustave Caillebotte
Langouste à la parisienne
1880-1882, huile sur toile, 58 × 72 cm
Collection particulière

287
Gustave Caillebotte
Hors-d'œuvre
1881, huile sur toile,
24,4 × 54,4 cm
Collection privée

de la tête, comme le montre le tableau de Caillebotte. Les fonds d'artichauts sont répartis tout autour avec des quartiers ou des demi-œufs durs et autres décorations[84]. Sur la toile, la langouste à la parisienne est présentée sur une desserte nappée, avec une saucière de mayonnaise ; les piles d'assiettes et les couverts annoncent son service imminent.

Au plus près du réalisme culinaire, les *Hors-d'œuvre* ILL. 287 (1881) de Caillebotte illustrent là aussi les pratiques du moment. Pour Alexandre Dumas, « on appelle hors-d'œuvre tous les plats qui, sans être suffisants pour constituer un repas substantiel, et qui cependant servis à part et dans des assiettes d'une forme particulière, complètent l'élégance d'un repas[85] ». Ces petites préparations, qui n'étaient à l'origine qu'accessoires, vont devenir, au fil du temps, l'entrée du repas à la française. Les hors-d'œuvre froids pouvaient être composés de diverses choses que l'on disposait dans des plats appelés raviers. Ceux peints

par Gustave Caillebotte ont une forme de losange, et l'on peut deviner les radis et les crevettes des raviers du milieu. Leur variété est infinie, et avec un dressage élégant, ils « égaient la table et impressionnent favorablement les convives dès leur entrée dans la salle à manger », écrit le chef Auguste Escoffier[86].

ILL. 288 Avec sa *Nature morte aux huîtres* (1881), Caillebotte s'inscrit à la fois dans la longue tradition des huîtres représentées dans la peinture et dans la continuité de ses proches prédécesseurs. À l'exemple de François Bonvin, qui peint un plat d'huîtres à la manière d'une nature morte hollandaise du XVIIe siècle[87], de la *Nature morte aux huîtres* d'Antoine Vollon, où figurent un verre et un pichet en grès, suggérant un environnement plus campagnard qu'urbain, ou encore des *Huîtres et champagne* d'Édouard Manet qui évoquent un contexte sensuel et érotique. Mais Caillebotte se différencie d'eux en plaçant sa représentation dans une

288
Gustave Caillebotte
Nature morte aux huîtres
1881, huile sur toile,
38 × 55 cm
Collection particulière

situation gastronomique. Les huîtres ouvertes attendent sur une table où un couvert est dressé. On est probablement dans un restaurant. La serviette pliée, avec un petit pain à l'intérieur, est disposée sur une assiette. Les huîtres sont prêtes à être dégustées, le citron coupé annonce leur prochaine consommation. Le mangeur ne devrait pas tarder à arriver, car la bouteille de vin blanc débouchée et rebouchée est déjà sur la table. Les huîtres n'apparaissent pas ici dans une symbolique particulière, mais dans une appréciation gustative et gourmande, donnant aux spectateurs l'envie de les savourer.

Si l'artiste a peint des plats représentatifs de la table française, comme ceux que nous venons de voir, il ne les a pas représentés en train d'être consommés par des convives, mais dans l'attente de l'être. Le mets est une œuvre d'art à part entière, même lorsqu'il est dressé dans son plus simple appareil, comme ces huîtres. L'iconographie culinaire des recueils de recettes de l'époque conforte l'idée que la cuisine est un art. Et, plus particulièrement, les images en couleur du *Livre de cuisine* (1867) de Jules Gouffé qui illustrent bien la cuisine artistique[88]. Elles montrent aussi l'importance de

la décoration dans la préparation des plats, car « le dressage des mets dans une cuisine est le fini d'un tableau, le vernis d'une toile, l'encadrement de l'œuvre », écrit Joseph Favre dans son *Dictionnaire universel de cuisine* (1891)[89]. Caillebotte l'avait bien compris en peignant ses tableaux gustatifs. Tout autre est la *Nature morte à la*
ILL. 289 *salade* (vers 1887-1888) d'Édouard Vuillard au musée d'Orsay. Elle ferait partie d'une série de natures mortes qui était destinée à décorer la salle à manger du peintre, rue de Miromesnil à Paris[90]. Œuvre intimiste, elle est « peinte pas petites touches modulées, [et] se pose comme un hommage à l'art silencieux de Chardin[91] ». La salade vient d'être assaisonnée : le vinaigrier n'est pas encore rebouché, donnant une impression de désordre qui, cependant, est maîtrisé. Il est momentané, car l'action se situe dans le cadre d'un repas, au moment où l'on va servir la salade après avoir mangé le plat principal. C'est un repas bourgeois : les assiettes au liseré d'or et les manches nacrés des couteaux posés sur la desserte en sont les principaux indices. La salade dans un repas est un instant de détente et marque une sorte de pause avant l'arrivée du fromage et du dessert.

289
Édouard Vuillard
Nature morte à la salade
Vers 1887-1888, huile sur toile,
46 × 65 cm
Paris, musée d'Orsay

290
Édouard Manet
La Prune
1877, huile sur toile,
73,6 × 50,2 cm
Washington, National Gallery of Art

La vie de café

« On compte à Paris une multitude infinie de cafés », écrit Grimod de La Reynière dans son *Almanach des gourmands* (1806), avant de citer des adresses renommées de la capitale, dont le café de « Foi », au Palais-Royal, « où se rend la meilleure compagnie, et où l'on prend, dans tous les genres, les meilleures compositions ». Le café Frascati, à l'angle de la rue de Richelieu et du boulevard Montmartre, est, quant à lui, considéré comme « le plus somptueux de Paris », et l'on y donne de « fort belles fêtes[92] ». Il était installé dans l'ancien hôtel Taillepied de Bondy, œuvre de Brongniart, et fut créé sous le Directoire par l'Italien Garchi[93]. L'établissement connaîtra une très grande vogue et sera pour un temps le rendez-vous de la société galante. Dans son *Journal d'un voyage à Paris* en août 1802, Sir John Dean Paul décrit les lieux : « le rez-de-chaussée se divise en élégants salons, splendidement éclairés et ornés de miroirs. Ces salons s'ouvrent sur un jardin rempli d'orangers et d'acacias illuminés, avec des grottes, des temples, des allées féeriques ; le joyeux effet des lampes de couleurs, ainsi que l'entrain général font penser aux contes des *Mille et Une Nuits*[94] ». Philibert-Louis Debucourt a représenté les salons du café Frascati dans une belle gravure de 1807. Dans un décor pompéien, des femmes élégantes déambulent au bras d'un homme. D'autres sont assises à de petites tables rondes, autour d'une boisson ou mangeant une glace. Au fond de la gravure, l'on semble discerner un autre salon car, comme en témoigne encore un voyageur anglais, « on communiquait d'une pièce à l'autre par des arcades ou des portes à deux battants ornées de glaces[95] ».

Les cafés font partie intégrante de la vie parisienne depuis l'ouverture du Procope en 1686. Ils prennent une importance grandissante avec le XVIIIe siècle et deviennent un incontournable lieu de sociabilité. « La vie de café, […] est menée à Paris par tout le monde, par les grands comme par les petits, par les riches comme par les pauvres, par les artistes comme par les artisans », écrit Alfred Delvau dans *Les Plaisirs de Paris* (1867)[96]. Les peintres auront leurs cafés favoris comme, par exemple, le café Guerbois dans les années 1860. Il se situait Grande-Rue-des-Batignolles (actuelle avenue de Clichy) et avait deux salles : celle du fond, à l'arrière, était occupée par des billards ; celle de devant, sur la rue, était « blanche et dorée » et remplie de glaces et de lumière[97]. C'est là que se retrouvaient ceux que l'on appellera « le groupe des Batignolles » : Manet, Bazille, Degas, Renoir, Pissarro, Monet, Cézanne, et bien d'autres artistes. « Les réunions au café Guerbois, de Manet apportant la peinture par tons clairs et couleurs vives et de Claude Monet, Pissarro, Renoir, apportant le procédé et la technique de la peinture de plein air, devaient avoir de féconds résultats. Il devait en sortir le puissant développement d'art que nous allons bientôt voir se produire sous le nom d'Impressionnisme », témoigne le critique Théodore Duret[98].

Avec les années 1870, le café de la Nouvelle Athènes, place Pigalle, devient le nouveau lieu de prédilection des artistes. C'est là que Degas peignit *L'Absinthe* (1876) où l'on voit une jeune femme hébétée devant son verre. On y retrouvait, entre autres, Manet et Renoir. Et les soirées se déroulaient autour de discutions animées. Pour George Moore, « l'influence de la *Nouvelle Athènes* est enracinée dans la pensée artistique du XIXe siècle. […] Je ne suis allé ni à Oxford ni à Cambridge, mais je suis allé à la *Nouvelle Athènes* », écrit-il dans les *Confessions d'un jeune Anglais* (1889). Assidu à l'établissement, il se souvient de l'odeur de chaque heure : « le matin, celle des œufs cuisant dans le beurre, celle de l'âcre cigarette, du café et du mauvais cognac ; à cinq heures, l'odeur végétale de l'absinthe ; bientôt après, on monte de la cuisine la soupe fumante, et à mesure que la soirée s'avance, ce sont les odeurs mêlées des cigarettes, du café et de la petite bière[99] ». Les cafés de Paris prennent une place importante dans les milieux littéraires et artistiques de l'époque et contribuent à la créativité des artistes par la vie intellectuelle qui s'y développe.

Ils deviennent également l'un des thèmes favoris des peintres qui les fréquentent. Édouard Manet a peint plusieurs scènes de café, saisissant ainsi la vie moderne parisienne. *La Prune* (1877), par exemple, montre une ILL. 290
jeune femme pensive, assise à une table marbrée, devant une prune à l'eau-de-vie. À l'époque, les cerises et les prunes à l'eau-de-vie étaient des boissons populaires, et les femmes pouvaient en prendre sans craindre pour leur réputation[100]. La jeune femme de Manet tient une cigarette non allumée dans l'une de ses mains, l'autre lui soutenant le visage. Elle est seule, mais sa présence dans un café est d'une certaine façon un moyen de contenir la

291
Édouard Manet
Un café, place du Théâtre Français
Vers 1877-1878, pastel sur toile, 32,4 × 45,7 cm
Glasgow, Burrell Collection

solitude qui l'envahit. C'est encore une femme seule qui apparaît sur le pastel *Un café, place du Théâtre Français*
ILL. 291 (1877-1878), malgré les autres personnages du tableau. L'espace s'ouvre vers une scène cernée de grandes colonnes, qui serait semblable à celle des Folies Bergère, un café-concert élégant et très en vogue qui attirait le Tout-Paris, « où se mêlaient des sociétés les plus variées, pour s'amuser et s'encanailler[101] ».

Le *Bar aux Folies Bergère* (début des années 1880)
ILL. 292 de Manet a stupéfié « les assistants qui se pressent, en échangeant des observations désorientées, sur le mirage de cette toile », écrit Huysmans[102]. Le sujet est moderne. La serveuse, parée de fleurs, qui attend derrière le comptoir en marbre, interpelle les spectateurs par l'expression de son regard absent et mélancolique. Le miroir, placé dans son dos, reflète le public de la salle du café-concert et montre un homme qui lui adresse la parole. La serveuse du bar s'appelait Suzon et travaillait véritablement aux Folies Bergère, mais Manet a peint son tableau en atelier et non sur place. Sur le comptoir attendent des bouteilles de champagne, le vin des plai- ILL. 293
sirs de la vie, des bières anglaises, reconnaissables « à l'étiquette ornée d'un triangle rouge[103] », du Pippermint et des bouteilles d'un vin rosé, sans oublier la coupe d'oranges ou de mandarines qui paraissent confites. La toile représente un lieu festif de la nuit parisienne, d'où l'exubérance de la lumière des lustres et des globes, ces derniers faisant penser à des pleines lunes : les Folies Bergère ne peuvent en effet exister que le soir, souligne encore Huysmans dans son ouvrage sur *L'Art moderne*[104].

L'attention de Manet s'est aussi portée sur la brasserie Reichshoffen. Elle a souvent été située boulevard

Rochechouart alors qu'elle se trouvait boulevard de Clichy, comme en témoigne le journal *La Lanterne* du 15 janvier 1878 : « une brasserie-concert établie boulevard de Clichy, au pied de la colline de Montmartre, a osé prendre pour enseigne le nom devenu légendaire de Reichshoffen ». Le nom se réfère à un village alsacien et à la bataille qui s'y déroula le 6 août 1870 face aux Prussiens. Manet a peint plusieurs tableaux avec la brasserie comme toile de fond : *Au café* (1878), *Café-concert* (1878), *La Serveuse de bocks* (1879), *Coin* ILL. 294 *de café-concert* (1878-1879). Dans ce dernier tableau, à la différence de celui des Folies Bergère, la serveuse est parmi la clientèle. Elle est énergique et pleine de vitalité : elle tient des bocks de bière dans une main, en dépose un autre sur la table, tout en regardant dans la direction opposée. Cette toile invite le spectateur à rejoindre la clientèle de la brasserie, pour regarder la danseuse évoluer sur la scène, tout en buvant une bière. Dans la seconde moitié du XIXe siècle, les brasseries rencontraient un succès grandissant. Elles attiraient la clientèle des fumeurs, car la plupart des cafés ne les acceptaient pas, et offraient un nouveau lieu de sociabilité où la bière coulait à flots. Elles proposaient aussi une atmosphère différente de celle des cafés, ce qui ne déplaisait pas aux artistes : la brasserie des Martyrs fut ainsi en son temps fréquentée par Courbet, Baudelaire, Théodore de Banville, etc.[105]. L'art décoratif y trouvera pleinement sa place, comme on peut encore le voir aujourd'hui à la brasserie Mollard, située face à la gare Saint-Lazare : elle fut considérée comme un « chef-d'œuvre de l'architecture moderne », lors de l'inauguration du nouveau décor en 1895[106].

292
Édouard Manet
Bar aux Folies Bergère
1882, huile sur toile,
96 × 130 cm
Londres, The Courtauld Gallery

Double page suivante
293
Édouard Manet
***Bar aux Folies Bergère*, détail**
1882
Détail ill. 292, p. 327

294
Édouard Manet
Le Coin de café-concert
1879, huile sur toile,
91,1 × 77,5 cm
Londres, The National Gallery

Manet

295
Édouard Manet
Chez le père Lathuille, en plein air
1879, huile sur toile,
92 × 112 cm
Tournai, musée des Beaux-Arts

La sociabilité des restaurants

Nombreux étaient les cafés et les brasseries qui proposaient à manger. Certains de ces établissements acquièrent une grande renommée gastronomique, comme le Café Anglais, le Café Riche et le Café de Paris. Les guides et les chroniqueurs de l'époque vantent les mérites des tables réputées de la capitale française. Le restaurant, créé à Paris dans les années 1760, devient le lieu privilégié des plaisirs gourmands. Il s'est d'abord adressé à un public élitiste, avant de se populariser, chacun pouvant ainsi trouver la table qui lui convient selon ses moyens financiers[107]. Paris va devenir la ville où l'on dîne le plus au restaurant, où « l'on peut faire la meilleure chère quand on ne regarde pas à la dépense, [et] où l'on peut le mieux se nourrir à des prix très modérés », explique l'*Almanach de l'étranger à Paris* en 1867. À cette époque, Manet, Degas et Caillebotte fréquentaient déjà les bonnes tables, alors que Renoir et Monet devront attendre les années 1880 pour aller dans les meilleurs restaurants de Paris[108]. L'on sait que Monet était un fin gourmet et que sa table à Giverny était réputée. Dans la capitale, il appréciait, entre autres établissements, le restaurant Prunier, Chez Julien, le Café Anglais et le Café de Paris : le 17 décembre 1894, il y prit un « délicieux dîner avec des soles aux épinards, quelque chose d'exquis, et des grives, délicieuses aussi », se souvient Germaine Hoschedé[109].

Impressionnistes et critiques avaient aussi pris l'habitude de se retrouver à un dîner mensuel au Café Riche, boulevard des Italiens. Les dîners impressionnistes avaient notamment réuni, entre 1885 et 1894, Monet, Pissarro, Renoir, Caillebotte, Sisley, Geffroy et Mirbeau[110]. La renommée du restaurant était grande ainsi que sa fameuse sauce, « qui n'est ni la sauce au fumet, ni la sauce au blanc, ni la sauce Robert, ni la sauce au velouté, ni la sauce à la Béchamel, ni la sauce perlée, ni la sauce au pauvre homme, ni la sauce à la bonne femme, ni la sauce salmis, ni ceci, ni cela, — mais qui est tout simplement la sauce du Café Riche et le secret de son cuisinier en chef », s'extasie Alfred Delvau dans les années 1860[111]. Dans *Bel-Ami*, Maupassant décrit un dîner de convives installés dans un des salons du Café Riche : « Une table carrée, de quatre couverts, étalait sa nappe blanche, si luisante qu'elle semblait vernie ; et les verres, l'argenterie, le réchaud brillaient gaiement sous la flamme de douze bougies portées par deux hauts candélabres. » Au menu furent servis des huîtres d'Ostende, qui étaient alors renommées, du potage, une truite rose, des côtelettes d'agneau « tendres, légères, couchées sur un lit épais et menu de pointes d'asperges », « des perdreaux flanqués de cailles, puis des petits pois, puis une terrine de foie gras accompagnée d'une salade aux feuilles dentelées, emplissant comme une mousse verte un grand saladier en forme de cuvette », venaient ensuite le dessert, le café et les liqueurs[112].

Situé non loin du Café Guerbois, Au Père Lathuille était aussi un établissement apprécié des artistes. Il a d'abord été une guinguette à la barrière de Clichy, au village des Batignolles, avant de devenir un restaurant fameux de la capitale. Les barrières étaient des entrées de la ville où l'on taxait les marchandises qui y arrivaient. En se plaçant en amont des barrières, les guinguettes échappaient ainsi à l'octroi. Elles attiraient une nombreuse clientèle qui venait boire et manger à un prix raisonnable. « Les Batignolles doivent une bonne partie de leur réputation au père La Tuile », témoigne Antoine Caillot dans son *Histoire des mœurs et usages des Français* (1827)[113]. Une partie du village devient un quartier de la capitale, lorsque celle-ci annexe les communes limitrophes par la loi du 16 juin 1859. Vingt ans plus tard, la toile de Manet *Chez le père Lathuille* fait sensation. « Dans une véritable lumière, en plein air, écrit Huysmans, des gens déjeunent et il faut voir comme la femme, à la mine pincée, est vivante, comme le jeune homme […] est d'attitude parlante et fidèle ! Ils causent, et nous savons fort bien quelles inévitables et quelles merveilleuses platitudes ils échangent dans ce tête-à-tête[114]. » Le jeune homme, Louis Gauthier-Lathuille, le fils du propriétaire, racontera plus tard la conception du tableau dans les jardins du restaurant ; il tient le pied d'un verre de vin blanc posé sur la table, peut-être une coupe de champagne, vu la forme du verre. La femme, qui est Judith French, une parente d'Offenbach, est devant une assiette remplie probablement d'un dessert : elle s'apprête à prendre une cuillère pour le manger et le serveur semble s'impatienter au loin avec une cafetière à la main. Le charme de cette toile est aussi celui de la vie parisienne et de ses restaurants qui sont devenus l'un des plaisirs les plus appréciés de Paris.

ILL. 295

manet, 1879

296
Anonyme
Frédéric Delair, propriétaire du restaurant La Tour d'Argent à Paris, prépare le canard au sang inventé en 1890
Fin du XIXe siècle, huile sur toile, 40 × 51 cm
Paris, collection particulière

Rive gauche, la Tour d'Argent commence à faire parler d'elle. En 1867, elle ressemble à un cabaret « où l'on déjeune fort bien, — surtout si l'on a le soin de demander du gigot à la gasconne, recette Beauvilliers, et une ou plusieurs fioles de Volnay ou de Coulanges[115] ». Le succès arrive surtout quand Frédéric Delair prend l'affaire en main au début des années 1890, avec le célèbre canard au sang numéroté. Un tableau anonyme[116] nous le montre en train de le découper sous le regard
ILL. 296 du personnel de salle. Les tranches levées sont ensuite mises dans un plat disposé sur un réchaud. Sur la table attendent la saucière et la grande presse argentée dans laquelle sera broyée la carcasse, et d'où s'écoulera le jus qui servira à confectionner la sauce. « Il fallait le voir, Frédéric, avec son lorgnon, ses favoris grisonnants, son sérieux imperturbable, découpant son coincoin dodu, troussé, déjà flambé, le jetant dans la casserole, préparant sa sauce, salant et poivrant comme peignait Claude Monet, avec le recul du jugé et la précision du mathématicien, et ouvrant, d'une main sûre, à l'avance, toutes les perspectives du goût[117] », se souvient l'écrivain Léon Daudet qui assista à cette véritable cérémonie du geste, à cette parfaite mise en scène de la grande tradition culinaire parisienne.

Si le Paris de la Belle Époque est celui des arts, de la mode et de la gastronomie, il est aussi celui de la mondanité. Henri Gervex est l'exemple même du « réaliste mondain » qui peindra la société élégante de la grande ville. La toile *Armenonville, le soir du Grand Prix de Longchamp* (1905), au musée Carnavalet, repré-
ILL. 297 sente le Pavillon d'Armenonville, « un luxueux restaurant du bois de Boulogne[118] ». Elle a été commandée par Léopold Mourier, cuisinier et propriétaire du restaurant et d'autres établissements chics de la capitale. Quelques années plus tard, il commanditera aussi *Une soirée au Pré Catelan* (1909), établissement qu'il avait récemment acquis[119]. La réputation du Pavillon d'Armenonville n'était pas nouvelle : les journaux en parlèrent beaucoup dans la seconde partie des années 1860, et la rédaction du *Figaro* y fit « d'assez fréquentes incursions[120] ». Gervex nous montre l'intérieur du restaurant avec une belle architecture classique (colonnes et piliers de marbre à chapiteau ionique), ouverte sur l'extérieur par de grandes baies vitrées, et où se réunit une société comme celle que Proust dépeint dans son œuvre.

297
Henri Gervex
Armenonville, le soir du Grand Prix de Longchamp
1905, huile sur toile,
66 × 98 cm
Paris, musée Carnavalet

Campbell's
CONDENSED
TOMATO
SOUP

CHAPITRE III

Des avant-gardes à la modernité alimentaire

« On a grand appétit de travailler, et alors mon cahier de dessin me sert comme un livre de cuisine quand on a faim. Je l'ouvre et le moindre des croquis peut m'offrir de la matière à travailler. »

Georges BRAQUE, 1954

Avec le début du XXe siècle, la représentation de la nourriture et de la table suit les nombreux mouvements d'avant-garde, comme l'expressionnisme, le fauvisme, le cubisme, le futurisme, etc. Les peintres avaient en effet compris la contradiction interne qu'il pouvait y avoir à « reproduire la nature ». Ce qui est vu peut être interprété de différentes façons, selon le contexte, la connaissance et la sensibilité de chacun. « C'est une vérité toute simple que nos sentiments influencent la manière dont nous voyons les choses et plus encore le souvenir que nous en gardons. C'est une banalité que de noter combien le même site nous semble différent suivant que nous sommes heureux ou malheureux », écrit Ernst Gombrich dans *L'Art et son histoire*[121]. Les artistes ne cherchent plus à représenter fidèlement ce qu'ils voient mais la manière dont ils perçoivent l'objet. Les formes se géométrisent, se disloquent, deviennent mouvement, et tendent à produire une image abstraite qui correspond à l'émotion de l'artiste au moment où celui-ci crée son œuvre. Pour Apollinaire, « l'art des peintres nouveaux prend l'univers infini comme idéal et c'est à cet idéal que l'on doit une nouvelle mesure de la perfection[122]... ».

La table des avant-gardes

Pour les avant-gardes, l'œuvre est « un organisme autonome » où l'image représentée « est délivrée de la nécessité de ressembler à quelque chose de réellement existant[123] ».
ILL. 299 Dans *Le Compotier* (1908) de Georges Braque, qui appartient à la première période du cubisme, le motif est encore identifiable : le compotier et les fruits qui le remplissent sont représentés selon le schématisme géométrique que l'on trouvait déjà dans les natures mortes de Cézanne, dont l'œuvre aura une grande influence sur la peinture d'avant-garde, et plus spécialement sur celle de Picasso et de Braque[124]. Dans un paysage de fruits donnant un effet de profondeur, le compotier surélevé et situé au premier plan du tableau, paraît s'ouvrir en s'élargissant pour laisser monter une pyramide de fruits qui semblent, ensuite, couler comme la lave d'un volcan. Le peintre attachait une grande importance à la matérialisation de l'espace. Il faisait des natures mortes, « parce que dans la nature il y a un espace tactile, [...] presque manuel. [...] Quand une nature morte n'est plus à la portée de la main, elle cesse d'être une nature morte », dit-il en 1954[125].

Dans la *Nature morte à la pastèque* (1912-1914)
d'Umberto Boccioni, protagoniste du futurisme italien, ILL. 300
le fruit éclaté et débité en tranches reste également identifiable, mais il s'inscrit dans un espace formé de plans disloqués, qui tend à suggérer le mouvement plutôt que la stabilité traditionnelle des natures mortes. Les peintres futuristes prônaient la « simultanéité d'ambiance », le démembrement des objets, l'éparpillement et la fusion des détails, afin de trouver la « sensation dynamique », qui est « le rythme particulier de chaque objet, son penchant, son mouvement, ou, pour mieux dire, sa force intérieure[126] ». C'est bien cette dynamique que l'on retrouve dans le tableau de Boccioni. La couleur y joue de surcroît un rôle important dans la reconnaissance du fruit, avec sa chair rouge et pulpeuse et le vert de sa « coque » protectrice, rappelant en même temps au spectateur la nature végétale de l'objet représenté.

298
Andy Warhol
Soupe Campbell I
1968, gravure, 89,5 × 58,7 cm
Londres, collection particulière

299
Georges Braque
Le Compotier
1908, huile sur toile,
53 × 64 cm
Stockholm, Moderna Museet

300
Umberto Boccioni
Nature morte à la pastèque
1912-1914, huile sur toile,
80,3 × 80,3 cm
Hanovre, Sprengel Museum

301
Chaïm Soutine
La Table
Vers 1919, huile sur toile,
80 × 100 cm
Paris, musée de l'Orangerie, collection Jean Walter-Paul Guillaume

302
Chaïm Soutine
La Raie
Vers 1924, Huile sur toile,
81,3 × 100 cm
New York, The Metropolitan Museum of Art

L'œuvre de Chaïm Soutine s'imprègne aussi du mouvement des objets, mais pour des raisons probablement différentes et plus personnelles que celles des futuristes. *La Table*, qui semble avoir été peinte vers 1919, s'incurve et s'étire sur le côté droit, donnant l'impression que la viande et les objets bougent vers une inévitable chute. Mais si l'un des morceaux de viande n'est pas loin de tomber, la bouteille de vin reste en revanche bien droite et « oppose une parfaite verticalité à l'inclinaison brusque de la table en cette partie[127] ». Dans un autre tableau, *La Raie* (vers 1924) est aussi en action. Elle rappelle celle de Chardin, le mouvement en plus. L'animal est debout, ailes déployées, et paraît s'avancer vers nous, affirmant sa puissance et sa volonté d'affrontement. Mais, malgré sa position défensive et dominante, la spatule en bois et les végétaux, probablement des tomates, annoncent sa prochaine cuisson et le devenir culinaire de la raie. Soutine avait l'habitude de rapporter des volailles et des légumes du marché pour assembler ses natures mortes avant de les peindre, comme *Le Lapin* (1923-1924), *La Dinde aux tomates* ou *La Nature morte au faisan*. Pour sa série des bœufs écorchés des années 1920-1925, il se faisait livrer des abattoirs « des carcasses pantelantes qu'il reproduira avec acharnement dans une sorte de transe, les arrosant de sang frais quand leur aspect commence à se ternir[128] ». Mais Soutine a aussi peint *Le Petit Pâtissier* (1922-1923), majestueusement assis sur une chaise comme un roi sur son trône, sa toque faisant d'ailleurs penser à une couronne royale. C'est « un pâtissier inouï, fascinant, réel, truculent, affligé d'une oreille immense et superbe, inattendue, et juste ; un chef-d'œuvre », écrit le collec-

ILL. 301 ILL. 302 ILL. 303

Soutine

303
Chaïm Soutine
Le Petit Pâtissier
Vers 1922-1923, huile sur toile,
72 × 44 cm
Paris, musée de l'Orangerie,
collection Jean Walter-Paul Guillaume

304
Pablo Picasso
Grande Nature morte
1917, huile sur toile,
85 × 112 cm
Paris, musée de l'Orangerie,
collection Jean Walter-Paul Guillaume

305
Pablo Picasso
La Salle à manger de l'artiste, rue La Boétie
1918-1919, gouache sur papier, 22,1 × 31,6 cm
Paris, musée Picasso

306
Édouard Vuillard
La Salle à manger rouge
1910-1911, huile sur toile, 50 × 50 cm
Paris, musée d'Orsay

tionneur et marchand d'art Paul Guillaume dans *Les Arts à Paris* en janvier 1923[129].

Dans l'œuvre de Picasso, surtout à partir de 1908, figurent de nombreuses natures mortes, dans lesquelles l'on rencontre bien sûr des éléments de nourriture, de cuisine et de table, traités avec une souveraine liberté, comme l'écrit André Fermigier : « le cubisme a ouvert la voie à toutes les libertés, celle de se distraire surtout et de manipuler les formes avec des intentions purement plaisantes et décoratives[130] ». Dans la *Grande Nature*
ILL. 304 *morte* (1917) du musée de l'Orangerie, les objets, posés sur une table représentée dans une perspective inversée[131], paraissent s'agiter et se déformer sous l'action du mouvement suggéré. L'on discerne bien la bouteille, peut-être de champagne, le verre élancé et le compotier, qui ressemble à une nef des tables médiévales. C'est à cette époque que Picasso trouvera l'aisance financière : il s'installera en 1918 dans un quartier chic de Paris, rue La Boétie, et peindra la salle à manger de son appartement[132]. Cela n'est pas anodin, car la salle à manger est ILL. 305
l'une des pièces les plus importantes de l'habitat bourgeois : en la peignant, il montre aussi sa réussite sociale.

À cette époque, la salle à manger doit être en façade et bien éclairée. Dans son tableau, Picasso signifie l'importance de la lumière par les deux grandes fenêtres, dont la clarté du jour se reflète sur le sol de la pièce. Le décor est d'une grande simplicité comme le recommande le *Larousse ménager* de 1926, car « la vraie décoration est

307
Paul Cézanne
La Table de cuisine
Vers 1888-1890, huile sur toile,
65 × 81,5 cm
Paris, musée d'Orsay

sur la table ; elle est constituée par le couvert et la disposition des mets[133] », ce que l'artiste ne représente cependant pas dans sa gouache. Mais la table est au cœur de sa composition : il l'a peinte horizontalement pour conforter son rôle de premier plan. C'est en effet autour d'elle que les convives se réuniront et apprécieront le repas qu'on leur servira. Avec son tableau, Picasso unit le classicisme et la modernité, les deux idéaux opposés vers lesquels doit tendre une salle à manger à cette époque[134]. Celle d'Édouard Vuillard (*La Salle à manger rouge*, 1910-1911) ILL. 306 est d'une allure bien différente. Elle donne presque une impression de confusion, de flou, dans un ton rouge dominant, depuis la nappe de la table jusqu'au papier peint de la pièce. Les grandes baies s'ouvrent sur un jardin ou un parc, et plusieurs personnages, dont l'un lit le journal, sont assis autour d'une table où l'on distingue des victuailles et des éléments de vaisselle, ce qui suggère, peut-être, la fin d'un repas…

La cuisine déstructurée

À l'exception notable de Cézanne avec, par exemple, sa *Table de cuisine* des années 1888 à 1890 conservée au ILL. 307 musée d'Orsay, les impressionnistes et postimpressionnistes ont peu représenté la cuisine. Pourtant, comme la salle à manger, elle prend une importance grandissante dans le foyer familial : « le désir d'augmenter le bien-être et de posséder chez soi tout ce qui peut y contribuer au point de vue de l'hygiène fait qu'on accorde maintenant à la cuisine, qui fut si longtemps le "coin" délaissé de la maison, la place qui lui est due, c'est-à-dire une des premières », explique à ses lectrices le *Larousse ménager*[135]. Avec le début du XXe siècle, la cuisine devient l'un des thèmes picturaux des avant-gardes, qui la représentent différemment selon les courants artistiques. Ainsi, *La Cuisine* (1915) de Nadezhda Udaltsova s'inscrit-elle dans ILL. 308 le cubisme synthétique, qui se compose à la fois de superpositions de plans, de citations et d'éléments inspirés du réel, comme par exemple le couteau de cuisine nettement visible parmi le chevauchement des quadrilatères.

La *Cuisine dans un chalet de montagne* (1918) de Ludwig Kirchner est d'une approche bien différente. « La ILL. 309 distorsion de l'espace crée une impression de chamboulement que seul le paysage alpin en toile de fond permet de structurer[136]. » Kirchner est l'un des fondateurs du groupe « Die Brücke » (le pont) de Dresde (1905). Pour

308
Nadezhda Udaltsova
La Cuisine
1915, huile sur toile
Saint-Pétersbourg, musée
Russe d'État

309
Ludwig Kirchner
Cuisine dans un chalet de montagne
1918, huile sur toile,
121,5 × 121,5 cm
Madrid, Museo Thyssen-Bornemisza

310
André Derain
La Table de cuisine
1922, huile sur toile,
119 × 119 cm
Paris, musée de l'Orangerie,
collection Jean Walter-Paul
Guillaume

311
Georges Braque
La Table de cuisine au gril
1943-1944,
huile et sable sur toile,
130 × 73,6 cm
Collection particulière

lui, le mouvement pictural doit être libre et spontané : il est « la manifestation vitale de l'être humain, vigoureuse et expressive[137] ». Son tableau représente l'intérieur du chalet suisse dans lequel il passa l'été 1918. La cuisine n'est ici qu'un élément de la pièce, et n'est constituée que d'un fourneau sur lequel sont disposées deux casseroles. Mais elle est importante, car elle contribue aux plaisirs de la table et devient une source de chaleur lorsque l'hiver arrive.

Dans une cuisine, la table de travail joue un rôle majeur dans les préparatifs culinaires. Celle peinte par André Derain, peu après 1920 (*La Table de cuisine*),
ILL. 310 est devenue célèbre. Le tableau est un des meilleurs exemples du retour au classicisme de Derain, et illustre la vive attention portée par le peintre aux objets. Cette table et ses accessoires d'un grand réalisme se trouvaient dans la villa « La Janette » à Saint-Cyr-sur-Mer, dans le Var, où le peintre passa plusieurs étés[138]. Les ustensiles disposés de façon réfléchie sur la table étaient connus de tous, et chacun pouvait en avoir dans sa propre cuisine. N'oublions pas que le père d'André Derain avait été pâtissier-crémier, montrant probablement à son fils l'importance de l'outil culinaire. Ceux présentés sur la table permettent d'imaginer les possibilités d'un menu composé d'un potage (soupière et assiette creuse), d'une viande ou d'un poisson grillé (le gril), de légumes sautés à la poêle, d'une salade (panier à salade) et d'un fromage (râpe à fromage). *La Table de cuisine au gril* de Braque, ILL. 311
réalisée une vingtaine d'années plus tard (vers 1943-1944), est d'une approche beaucoup moins classique que celle de Derain. On y voit une superposition d'ustensiles de cuisine, comme le gril et l'écumoire, qui sont bien visibles, alors que les autres objets, à part le pichet, sont plus difficilement reconnaissables. Un poisson trône au-dessus de la mêlée des outils culinaires et fait face au gril, annonciateur de sa prochaine cuisson.

Dans une forme quasiment abstraite, *La Cuisine*
(1948) de Picasso ne cesse d'interroger. Françoise Gilot, ILL. 312
qui était alors sa compagne, raconte que le peintre a exécuté une première version, dont le point de départ était la cuisine de la rue des Grands-Augustins (l'atelier de l'artiste à Paris), où ils allaient quelquefois dîner. L'œuvre « était peinte en blanc, contenait, outre l'équipement habituel, des oiseaux dans leurs cages. Les seules touches de couleur venaient de trois assiettes espagnoles accrochées au mur. La cuisine était essentiellement un cube vide, tout blanc, qui n'était animé que par les oiseaux et les trois assiettes[139] ». Dans la seconde version, celle présentée dans cet ouvrage, Picasso ajoute des détails colorés comme la plante à la droite de l'œuvre, la décoration des plats ou assiettes, « les silhouettes des trois oiseaux avec la cage ». Il ajoute aussi « des plages de couleur dont l'assemblage et la découpe suggèrent une profondeur et confèrent plus de densité et de relief au tableau[140] ». Il n'en reste pas moins que cette toile peut dérouter le spectateur qui chercherait en vain des éléments se rattachant à une vraie cuisine. Mais Picasso a peint, ici, la cuisine de sa vision intérieure et non celle qu'enregistrerait un moyen de reproduction mécanique.

G Braque

312
Pablo Picasso
La Cuisine
1948, huile sur toile,
175 × 252 cm
Paris, musée Picasso

313
André Derain
Nature morte au lapin
1938, huile sur toile,
89,2 × 116,2 cm
Paris, musée national d'Art moderne, Centre Georges Pompidou

314
Pablo Picasso
Le Pigeon aux petits pois
1911, huile sur toile,
64 × 53 cm
Volé au musée d'Art moderne de la Ville de Paris en 2010

Pigeon aux petits pois et lapin en civet

Nous pourrions dire la même chose concernant *Le Pigeon aux petits pois* (1911), un tableau qui appartient à la période du cubisme analytique. L'objet est totalement décomposé — analysé — puis reconstitué picturalement à l'aide de formes géométriques, dans un agrégat quasi abstrait de « facettes », mais où peuvent encore subsister quelques fragments de motifs figurés. Certes, l'intitulé de l'œuvre permet d'avoir une idée de ce qu'a voulu représenter Picasso. Difficile pourtant de visualiser un pigeon aux petits pois ! Cependant, une courbe dodue et une patte crispée de volatile, au centre de l'œuvre, laissent imaginer l'animal disposé sur une assiette, non loin des petits pois, évoqués ici par un petit tas de billes. Le mot « café » peut aussi, quant à lui, suggérer l'endroit où le peintre aurait pu consommer ce plat.

ILL. 314

À cette époque, le pigeon, ou pigeonneau, était un mets apprécié et plus couramment consommé qu'aujourd'hui. Dans *Le Ventre de Paris*, Zola décrit la manière dont on gavait les pigeons avant de les vendre. Et Auguste Escoffier propose trente-huit recettes de pigeonneaux dans son *Guide culinaire* (1921), depuis les « pigeonneaux à la bordelaise » jusqu'aux « côtelettes de pigeonneau en papillotes », en passant par les « pigeonneaux aux petits pois ». « L'apprêt aux petits pois peut se comprendre de plusieurs façons », explique Madame Saint-Ange dans son ouvrage *La*

CAFE

315
Andy Warhol
Boîtes de soupe Campbell
1962, 32 peintures acryliques sur toile, chaque toile : 50,8 × 40,6 cm
New York, Museum of Modern Art

Bonne Cuisine (1927), toujours édité de nos jours. La méthode habituelle des restaurants, poursuit-elle, « est de cuire le pigeon seul : soit au four, soit au beurre en casserole, sans aucun liquide ». Les petits pois sont cuits à part, puis versés sur le volatile au moment de le servir. Dans la cuisine des grandes maisons et dans « la bonne vieille cuisine bourgeoise », le pigeon et les petits pois sont cuits dans le même ustensile[141]. Ainsi, comme pour la salle à manger, le pigeon aux petits pois ne serait-il pas un signe d'embourgeoisement de Picasso, ou du moins, n'annoncerait-il pas pour lui la fin de la période des vaches maigres ?

En revanche, la *Nature morte au lapin* (1938) de Derain, au Centre George Pompidou, semble refléter
ILL. 313 une période sombre de la vie du peintre. Pour certains, le tableau a « un accent inquiétant d'agressivité et de théâtralité », avec le lapin écorché, « le bol rempli de sang, les viscères dans l'assiette, le couteau et le hachoir[142] ». D'autres voient dans la « victime écartelée » et le « calice dérisoire », des « objets ambigus » qui signifieraient la mort, et un tableau qui montrerait l'angoisse d'une Europe de la fin des années 1930[143]. Mais ce qui est surprenant, c'est que nul ne semble avoir vu dans ce tableau les éléments d'une préparation culinaire. Un lapin dépouillé et éviscéré n'est pas chose exceptionnelle dans les cuisines de l'entre-deux-guerres. Le *Larousse ménager* montre en images comment sacrifier l'animal, lui enlever sa peau, le vider, puis le découper. Madame Saint-Ange explique aussi la « façon de dépouiller un lapin ou un lièvre », de le préparer, tout en recueillant le sang « jusqu'à la dernière goutte et même les caillots, s'il s'en rencontre », et d'y ajouter un peu de vin rouge pour éviter qu'il ne coagule[144].

Sur le tableau de Derain, le lapin est déjà nu et vidé. La planche à découper et la feuille de boucher, placée sous la tête de l'animal, annoncent sa prochaine mise en morceaux. Le foie et le sang sont respectivement conservés dans une assiette creuse et un bol. La bouteille de vin à l'arrière-plan semble contenir du vin rouge. Tout cela suggère la préparation d'un civet : la liaison au sang étant l'une des caractéristiques de la recette. Généralement, le civet est fait de lièvre[145], mais le lapin était d'un accès plus facile que le lièvre. Selon une recette ménagère, les morceaux sont revenus dans du beurre, flambés au cognac, puis saupoudrés de farine, mouillés de vin de Bordeaux, salés et poivrés, et laissés mijoter pendant une heure avec un bouquet garni et une gousse d'ail. Des lardons et des petits oignons préalablement revenus dans de la matière grasse sont ensuite ajoutés, ainsi que le foie, des échalotes et du persil hachés. Puis l'ensemble est de nouveau mis sur le feu pour une demi-heure, avant d'y incorporer le sang, après avoir dégraissé la sauce[146]. Vu de cette façon, le tableau de Derain n'est pas aussi tragique qu'il y paraît, sauf pour le lapin…

Société de consommation et « Eat Art »

Avec la seconde partie du XXe siècle, la représentation artistique de la nourriture prend un nouveau sens en symbolisant la société de consommation. Le « pop art » (*popular art*) est l'un des courants qui illustre le mieux cette évolution. Il naît en Angleterre au milieu des années 1950, mais prend véritablement son ampleur aux États-Unis dans la décennie suivante. Pour les artistes américains, le « produit de leur civilisation industrielle [est] un phénomène de continuité humaine et historique, [et] leur passé culturel immédiat[147] ». Chaque objet a un usage et un pouvoir de communication qui expriment une tranche de vie, et la publicité y joue un rôle important. Dans l'imagerie pop, le produit alimentaire apparaît de façon récurrente, au point qu'il est, pour certains, « le signe même de sa reconnaissance[148] ». Andy Warhol, l'un des protagonistes du mouvement, trouvera la célébrité en reproduisant ainsi des boîtes de *Campbell's Soup* (1962). C'est une allégorie de l'in- ILL. 315
dustrialisation de la nourriture : la multiplication de l'image suggère la production de masse, mais en même temps, chacune des boîtes propose une soupe différente, offrant une variété de goûts au consommateur moderne. La conserve avait été inventée en France par Nicolas Appert au début du XIXe siècle, pour préserver et consommer en plein hiver des fruits et des légumes de la belle saison, à l'exemple du *Bocal de pêches* peint par Claude Monet (1866) conservé à la Gemäldegalerie de ILL. 316
Dresde. Elle restera longtemps un produit artisanal que les ménagères préparaient à la maison, avant de devenir un produit standardisé.

Avec *Foodscape* ou *Paysage alimentaire* (1964), Erró montre la profusion marchande de la société améri-

Campbell's CONDENSED CLAM CHOWDER (MANHATTAN STYLE) SOUP
Campbell's CONDENSED CHICKEN NOODLE SOUP
Campbell's CONDENSED CREAM OF VEGETABLE SOUP
Campbell's CONDENSED ONION SOUP
Campbell's CONDENSED GREEN PEA SOUP
Campbell's CONDENSED SCOTCH BROTH (A HEARTY SOUP) SOUP
Campbell's CONDENSED VEGETABLE SOUP
Campbell's CONDENSED SPLIT PEA WITH HAM SOUP
Campbell's CONDENSED VEGETABLE BEEF SOUP
Campbell's CONDENSED BEAN WITH BACON SOUP
Campbell's CONDENSED NEW GREAT AS A SAUCE TOO! CHEDDAR CHEESE SOUP
Campbell's CONDENSED BEEF (WITH VEGETABLES AND BARLEY) SOUP
Campbell's CONDENSED CREAM OF ASPARAGUS SOUP
Campbell's CONDENSED Old-fashioned TOMATO RICE SOUP
Campbell's CONDENSED CREAM OF CELERY SOUP
Campbell's CONDENSED BLACK BEAN SOUP
Campbell's CONDENSED TURKEY NOODLE SOUP
Campbell's CONDENSED BEEF BROTH (BOUILLON) SOUP
Campbell's CONDENSED CHICKEN GUMBO SOUP
Campbell's CONDENSED TURKEY VEGETABLE SOUP
Campbell's CONDENSED CHILI BEEF SOUP
Campbell's CONDENSED VEGETABLE BEAN SOUP
Campbell's CONDENSED CREAM OF CHICKEN SOUP
Campbell's CONDENSED CREAM OF MUSHROOM SOUP
Campbell's CONDENSED PEPPER POT SOUP
Campbell's CONDENSED CHICKEN WITH RICE SOUP
Campbell's CONDENSED CONSOMMÉ (BEEF) SOUP
Campbell's CONDENSED TOMATO SOUP
Campbell's CONDENSED MINESTRONE (ITALIAN-STYLE VEGETABLE SOUP) SOUP
Campbell's CONDENSED CHICKEN VEGETABLE SOUP
Campbell's CONDENSED VEGETARIAN VEGETABLE SOUP
Campbell's CONDENSED BEEF NOODLE SOUP

caine. Lorsqu'il découvre New York, il est « électrisé par le gigantisme et l'exubérance de la métropole[149] ». Il sillonne les rues, les supermarchés et les fast-foods, à la recherche de magazines, d'emballages alimentaires et autres images, qui deviendront les matériaux de ses collages, puis le modèle de ses peintures, comme *Foodscape*. On y voit une accumulation de denrées où se côtoient fruits, fromages, gâteaux, nombre de préparations culinaires, produits issus de l'industrie agro-alimentaire, etc. On est face à « un immense et très coloré patchwork, [formant] une sorte de tapis visuel[150] », qui est, en même temps, une critique de la société de consommation américaine. La représentation artistique prend aussi d'autres formes, à une époque où le tableau comme support de l'image tend à être dépassé. La palissade, par exemple, qui servait à masquer un chantier et qui pouvait être couverte d'affiches, devient avec Raymond Hains un tableau où figure le monde, qu'il présentera à la première Biennale de Paris en 1959. « Les affiches lacérées à la surface des palissades en sont la poésie, la fleur, le gâteau », écrit le critique d'art Pierre Restany. La même année, Hains découvre l'« entremets de la palissade » : une pâtisserie composée « d'un mur circulaire de gaufrettes enserrant un échafaudage de crème pâtissière couronné de framboises ». Il en exposera l'image au Salon « Comparaisons » en mai 1960[151], et découpera « deux gigantesques » entremets au festival du Nouveau Réalisme à Nice (13 juillet 1961), tout en disant qu'il venait d'annexer au monde de la peinture le *Larousse gastronomique* et les *Arts ménagers*[152]. ILL. 317

Raymond Hains était aussi l'un des membres signataires du Nouveau Réalisme, un groupe initié par Pierre Restany et créé chez Yves Klein le 27 octobre 1960[153]. Contrairement à l'art abstrait qui privilégie « l'univers intériorisé d'une conscience individuelle », le Nouveau Réalisme, selon Restany, offre une nouvelle approche du réel, où le monde est un tableau dont l'artiste s'approprie des « fragments dotés d'universelle signifiance ». « Ce que les nouveaux réalistes tentent de faire, explique-t-il, c'est de nous donner à voir cette réalité contemporaine à travers les images spécifiques qu'elle a suscitées, à travers ses formes organiques les plus intégralement pures[154] ». Marcel Duchamp avait déjà montré, dans les années 1910, comment un objet

316
Claude Monet
Le Bocal de pêches
1866, huile sur toile,
55 × 46 cm
Dresde, Gemäldegalerie

317
Erró, Gudmundur Gudmundsson, dit
Foodscape* ou *Paysage alimentaire
1964, huile sur toile,
200 × 300 cm
Stockholm, Moderna Museet

Dole
Swans Down
Swift
Royal
Baby Ruth
NESTLE
Planters
Butterfinger
Crest
m&m
POTATO STICKS
RED TAG
APRICOTS
WAXTEX
GREEN GIANT
White Rose
Uneeda Biscuit
COCOANUT
HERSHEYS

318
Daniel Spoerri
Tableau-piège
XXe siècle, technique mixte, collage en trois dimensions, 54,4 × 63,1 × 16 cm
Hambourg, Hamburger Kunsthalle

manufacturé pouvait devenir une œuvre d'art par sa volonté d'artiste, en se contentant de le choisir et de l'exposer pour lui donner une représentation symbolique. Ses « ready-made » deviennent célèbres, tel l'égouttoir à bouteilles (1914) qu'il exposera dans son atelier, ou l'urinoir (1917) qu'il rebaptisera *Fontaine*. D'autres artistes s'empareront des objets de la société pour les transformer en œuvre d'art. Au cours des années 1950-1960, Arman accumulera des déchets ménagers « dans des cuves de verre ou de plexiglas » ; César compressera des objets qui symbolisent la société moderne, comme la voiture, dans laquelle Roland Barthes voyait « une grande création d'époque[155] ». Daniel Spoerri saisira le réel en fixant sur un support des éléments de nourriture ou se rapportant à la nourriture : ses tableaux-pièges sont de « véritables natures mortes involontaires, instants figés du quotidien, inconsciemment composés », mais qui deviennent une mise en scène dont il assume la responsabilité[156].

Tout commence en 1960, dans une chambre de l'hôtel Carcassonne, rue Mouffetard, à Paris, où logeait l'artiste. Celui-ci décide de fixer sur la table les éléments de son propre repas (vaisselle, résidus, etc.), puis de l'exposer à la verticale sur le mur, la transformant ainsi en un tableau-piège, où l'on voit « l'état momentané d'une table après un repas » : la banalité y est élevée « au rang d'œuvre d'art[157] », comme le montre le *Tableau-piège* du Hamburger Kunsthalle, avec les deux verres, les serviettes usagées, l'assiette et
ILL. 318 les couverts sales. Dès lors, Spoerri fera « de la nourriture et de nos habitudes alimentaires son champ d'action propre ». En 1961, il transforme une galerie d'art de Copenhague en une épicerie proposant des produits alimentaires estampillés « Attention œuvre d'art — denrée périssable ». Il applique ainsi à des comestibles le concept de Marcel Duchamp, les changeant en « ready-made alimentaire[158] ». Deux ans plus tard, à l'occasion de son exposition à Paris intitulée « 723 ustensiles de cuisine », il ouvre un service de restaurant dans la galerie de l'exposition, le soir, à partir de 20 heures, du 2 au 13 mars 1963. Les fourneaux sont tenus par le « chef Spoerri Daniel » et le service est assuré par des critiques d'art. Chaque dîner a son thème : menu franco-niçois, menu de prison, menu roumain, menu-hommage à Raymond Hains avec, entre autres, « les entremets de la Palissade », etc. Les tables du restaurant deviennent des tableaux-pièges que les clients conçoivent avec les restes de leur repas. Pour Spoerri, « le restaurant est [...] un confluent de forces. L'artiste fait sa cuisine. Le critique d'art sert la soupe et approche l'œuvre du public. Le spectateur [...] fait le tableau. Avec moi, poursuit-il, non seulement il le consomme, mais participe à l'arrangement[159] ».

Bien d'autres événements alimentaires et banquets jalonneront la carrière de l'artiste. L'ouverture, en 1968, du « Restaurant Spoerri » à Düsseldorf montre, d'une certaine façon, son attachement à la cuisine. L'établissement rencontrera un vif succès et proposera une double lecture aux personnes qui le fréquenteront : on pouvait venir y manger comme dans n'importe quel autre restaurant, ou « considérer que tout cela était comme un long happening ». Il y avait trois cartes, explique Spoerri, « le plat du jour, les viandes et le menu exotique » dans lequel on pouvait trouver une « omelette aux vers de cactus, aux termites ou aux fourmis grillés, [un] ragoût de python, etc. ». Les clients pouvaient aussi demander que leur table soit transformée « en tableau-piège accompagné de la délivrance d'un certificat d'authenticité » signé par l'artiste[160]. En organisant des actions autour de la nourriture et en produisant des œuvres, où le matériau alimentaire est un élément de création artistique, Spoerri en vient à créer le « Eat Art » (littéralement « manger l'art »), qu'il lance officiellement en 1970, en ouvrant la « Eat Art Galerie ». Il y fera venir une trentaine d'artistes qui emploieront des denrées alimentaires dans les œuvres qu'ils présenteront. Arman fera ainsi une accumulation « de jambes de poupées miniatures en massepain et d'aspics d'anguilles ou de cuisses de grenouille ». César utilisera des bonbons et des pralinés « pour créer des variantes comestibles à ses *compressions* et propose de sucer son *Pouce*, en caramel ». Dorothée Selz et Antoni Miralda exposeront « leurs pains colorés conditionnés sous vitrine comme des objets muséographiques[161] ». Ainsi, loin des natures mortes et des tableaux de denrées alimentaires, l'aliment se substitue désormais à sa propre représentation.

ÉPILOGUE

> *« […] je ne m'étais jamais vraiment rendu compte que, devant son fourneau, le cuisinier peignait véritablement des tableaux de cuisine ! Je crois en fait qu'en pénétrant dans son atelier, il ressent la même émotion que le peintre devant sa toile blanche. »*
>
> Marc Meneau, *Musée Gourmand. Le peintre et le cuisinier*, 1992

Au terme de ce parcours, quelques réflexions s'imposent à nous. L'art a toujours représenté la nourriture et chaque époque a eu ses préférences dans ce qu'elle souhaitait montrer. Si la table et la cuisine ont longtemps été peintes dans leur contexte religieux, on assiste au fil du temps à une lente laïcisation de leur représentation et à une mise en avant des arts culinaires, associés à une forme d'épicurisme. C'est bien souvent le repas des élites qui a été figuré, de ceux qui n'étaient pas confrontés à la pénurie des denrées. Celui du pauvre n'a cependant pas été oublié par les artistes, qui peignirent aussi la profusion alimentaire rêvée. Cette abondance imaginée devient réalité avec la société de consommation qui s'affirme après la Seconde Guerre mondiale. Cela change le rapport de l'artiste à l'aliment et sa manière de percevoir la nourriture : celle-ci est désormais une marchandise comme une autre, accessible à tous. On la trouve principalement dans les supermarchés, devenus les temples de l'abondance alimentaire. C'est un « nouveau mode de relation des sociétés avec les aliments et l'acte de les consommer[1] » qui se met ainsi en place, et dont la culture pop s'empare dès les années 1960.

La nourriture « marchandisée »

Les artistes d'aujourd'hui se sont pleinement appropriés le sujet alimentaire, telle la Suisse Sylvie Fleury et son *Caddie* (2000) en plaqué or, érigé sur un socle en miroir, qui symbolise comme un totem la consommation de masse. La nourriture « marchandisée » est au cœur de leurs préoccupations, comme le montre le Français Philippe Cognée et sa série « Supermarché ». L'une des toiles[2] (*Supermarché* 2005) représente les rayonnages à perte de vue d'un magasin abandonné, avec des marchandises tombées sur un sol abîmé, dans une atmosphère de déclin annonçant une société en dérive. L'industrie alimentaire dans toute son horreur est celle des abattoirs, dont Cognée tire une série de trente-six peintures qu'il intitule *Carcasses* (2003). L'artiste avait visité une « entreprise de boucherie

319
Philippe Cognée
Supermarché Leclerc
2000, peinture à la cire sur toile,
152 × 130 cm
Paris, Galerie Daniel Templon

320
Sylvie Fleury
Ela 75K, Plumpity…Plump
2000, caddie plaqué or et socle avec miroir tournant
83 × 55 × 96 cm
Bruxelles, Almine Rech Gallery

321
Philippe Cognée
Carcasses rouges
2004, peinture à la cire sur toile,
130 × 195 cm
Paris, Galerie Daniel Templon

industrielle » à La Ferté-Bernard en septembre 2001, dans l'ouest de la France. Il raconte le cheminement des bêtes vers leur sacrifice : « L'une après l'autre, elles franchissent un sas et se trouvent bloquées dans un espace réduit. Après électrocution, elles sont tirées par la patte arrière puis dressées à la verticale à l'aide d'un palan. Masse monumentale, tête ballante, langue pendante. Un rail conduit la bête au centre d'une salle circulaire dans laquelle des hommes attendent, tablier blanc maculé de sang[3]. » Ces tableaux de carcasses suspendues s'inscrivent dans la lignée de ceux de Carrache, de Rembrandt, de Soutine, mais la différence est dans la représentation de la chaîne d'abattage industriel, dans le massacre en série qui se perpétue quotidiennement pour nourrir les hommes. De son côté, l'Allemand Ulrich Lamsfuß peint *Toute la famille gibier à plumes* [*Die ganze Familie Federvieh*] (2006), d'après un livre de cuisine[4]. Les volatiles sont présentés rôtis, prêts à être consommés.

Les nouvelles générations d'artistes figurent également l'aspect convivial et festif de la table, tel Philippe Cognée qui peint des repas de fête, avec des tables couvertes de vaisselle, de verres et de bouteilles de vin, mais rarement en présence des convives, comme le *Repas chez Brigitte* (2000) ou le *Repas en août chez Michel* (2003). Ces intitulés suggèrent une réalité de l'événement, que l'artiste aurait immortalisé d'un « acte photographique ». La photographie est en effet pour lui « tout à la fois un support et une notation d'étude, essentiellement un outil de travail[5] », à partir duquel il crée une toile. La cire qu'il fait fondre directement sur sa peinture donne le cachet qui caractérise ses œuvres : « effets de flou, de fluidité de la matière, de coulures, de désagrégation, de brouillage de la couleur, de marbrures subtiles[6]… ». Dans ce contexte de profusion alimentaire, des artistes utilisent la nourriture comme matériau artistique. C'est le cas de Gilles Barbier qui réalise *Le Festin* (2013), un « gargantuesque festin hyperréaliste[7] », selon ses propres termes, où sont rassemblées sur une longue table rectangulaire et autour d'un grand chaudron en cuivre, une diversité de denrées plus vraies que nature, allant des fruits de mer aux fruits de la terre, en passant par la charcuterie, la viande, le fromage et le dessert (artefact obtenu par moulage d'aliments). L'année suivante, il propose la *Grande Fontaine de chocolat* (2014), la *Table au caviar* (2014), où la quantité de caviar frise l'indécence, ou encore *Habiter la viande* (2014) : un amas de viande disposée sur un étal de boucher[8]. Ces œuvres renvoient à l'idée de pourrissement et posent la question de la valeur de la nourriture aujourd'hui en Occident et de son gaspillage. Mais l'art peut aussi se faire comestible, avec des spectateurs qui mangent comme dans un rituel sacrificiel une nourriture esthétisée[9], et qui, acteurs de l'œuvre, participent en même temps à sa destruction par l'acte de la dégustation.

Les cuisiniers et la peinture

Les chefs de cuisine se sont toujours intéressés à la peinture, plus particulièrement celle qui représente la nourriture, la cuisine et la table. C'est un sujet qui leur parle et nombre de salles de restaurant sont ornées d'œuvres picturales, comme l'étaient les salles à manger des élites de l'Ancien Régime et de la haute bourgeoisie du XIXe siècle. L'intérêt des chefs semble cependant s'être développé ces dernières décennies avec la parution d'ouvrages qui mettent en scène la peinture et la cuisine. En 1992, Marc Meneau, qui tient alors le restaurant L'Espérance à Saint-Père-sous-Vézelay, en

Bourgogne, publie le *Musée Gourmand. Le peintre et le cuisinier*, en collaboration avec une amie qui lui avait confectionné, un soir où il était invité avec sa femme, un plat inspiré d'un tableau d'Eugène Delacroix, d'où l'idée de leur ouvrage. Les auteurs élaborent des recettes à partir des tableaux qui les ont touchés : « Nous avons cherché, dans cette association de la peinture et de la cuisine, à transformer des moments d'éternité en plaisirs éphémères », précisent-ils en ouverture du livre[10]. En 2004 et 2007, Yves Pinard, chef du restaurant Le Grand Louvre, sous la Pyramide du musée, publie, avec Séverine Quoniam, deux ouvrages qui mettent en lien la cuisine et des œuvres de deux grands musées parisiens : respectivement *Cuisine et peinture au Louvre* puis *Cuisine et peinture au musée d'Orsay*. Le chef commente les tableaux selon sa perception et sa sensibilité et propose des recettes qui s'inspirent à la fois des peintures et de la cuisine ancienne. Il relève, à l'instar de Jean-Pierre Cuzin, qui fut conservateur général du Département des peintures du musée du Louvre, que la cuisine et la peinture présentent des analogies : « Elles utilisent un vocabulaire souvent commun, des instruments comparables, l'une et l'autre concoctant des recettes en jouant de sa palette[11]. » L'intérêt des grands musées pour la table et la cuisine dans leurs collections est alors assez nouveau.

En 2009, le Louvre publie à son tour *Plaisirs de la table*, avec des notices de Yves Pinard et une préface de Paul Bocuse. Si ce dernier constate la tendance actuelle de considérer « les cuisiniers comme des artistes et de voir dans chacune de leurs assiettes une œuvre d'art », il ne se sent proche des peintres et des sculpteurs que « par la dimension artisanale de leur travail ». Pour lui, la comparaison entre l'art et la cuisine « s'arrête au moment où l'artiste pose son pinceau et le cuisinier son assiette », car l'un ne se mange pas et l'autre si[12]. Les chefs se prêtent aussi volontiers à la préparation d'un repas inspiré d'un tableau dans l'émission de télévision « De l'art et du cochon » sur la chaîne Arte[13]. Mais si la cuisine est perçue comme une œuvre éphémère, qui peut néanmoins survivre au travers de l'écrit et de l'image, l'art d'aujourd'hui tend aussi à être fugace. Les frontières de l'art deviennent plus floues, et « en optant pour l'œuvre éphémère, écrit Bocuse, l'artiste est venu chasser sur les terres du cuisinier. En échafaudant des mises en scène culinaires relevant de la "performance", certains chefs mériteraient d'entrer dans les musées d'art contemporain[14]... »

Depuis des siècles, les artistes se sont ainsi emparés du thème de la nourriture, de sa symbolique, des façons de la cuisiner et de la manger. L'histoire de l'art et de la table continue aujourd'hui à se construire en empruntant diverses voies et différents supports artistiques. De la société de consommation à la haute cuisine, les artistes demeurent préoccupés (et ils le seront probablement toujours) des rapports que l'homme entretient avec la nourriture. Ils y discernent un témoignage de l'évolution et des mutations de la société humaine, tant il est vrai que les pratiques de cuisine et les manières de table sont aussi des pratiques artistiques, culturelles et identitaires.

322
Gilles Barbier
***Le Festin II*, détail**
2014, technique mixte,
165 × 390 × 115 cm
Paris, Galerie George-Philippe et Nathalie Vallois

ANNEXES

Double page précédente
323
Juan van der Hamen y León
Panier et boîtes avec friandises
Détail ill. 259, p. 285

324
Michael Peter Ancher
En préparant la table
Vers 1900, huile sur toile
Collection particulière

325
Louise Moillon
La Marchande de fruits et légumes
1630, huile sur toile, 120 × 165 cm
Paris, musée du Louvre

326
Nature morte aux poissons
Ier siècle apr. J.-C., Pompéi
Fresque, 44 × 44 cm
Naples, Museo Archeologico Nazionale

327
L'Hospitalité d'Abraham
VIe siècle
Mosaïque murale
Ravenne, Basilica di San Vitale

328
Jaume Huguet
La Cène
Vers 1463-1475, peinture sur bois (tempera et or, applications de stuc), 170 × 161 cm
Barcelone, Museu Nacional d'Art de Catalunya

329
Jean Baudouyn d'après Giulio Romano
***Le Dîner du général*, détail**
1546-1548, tapisserie, Tenture des *Fructus Belli*, 434 × 818 cm
Écouen, musée national de la Renaissance

▶ 330
Enguerrand Quarton
Le Couronnement de la vierge, détail des démons et damnés en Enfer
1453, technique mixte (détrempe et huile) et feuille d'or sur toile marouflée sur bois, 183 × 220 cm
Villeneuve-lès-Avignon, musée Pierre de Luxembourg (anciennement musée de l'Hospice)

331
Gérard Dou
La Cuisinière de village* ou *Femme versant de l'eau
Vers 1640, huile sur bois, 36 × 27 cm
Paris, musée du Louvre

332
Anonyme
***Jeune femme dans une cuisine*, détail**
XVIIe siècle, huile sur toile, 96 × 135 cm
Collection particulière

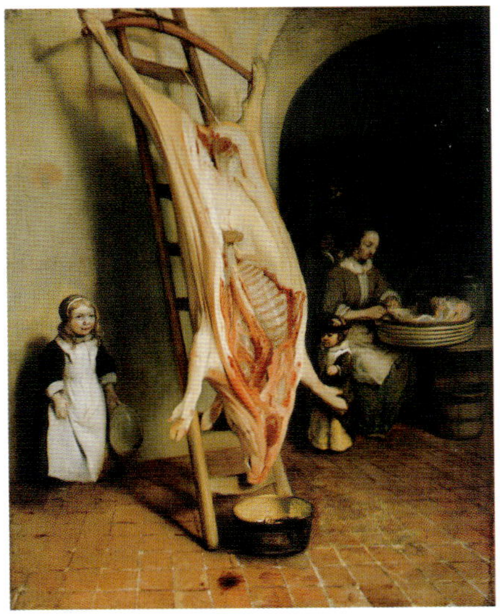

333
Barent Fabritius
Le Cochon tué
1656, huile sur toile, 80,9 × 66,9 cm
Berlin, Gemäldegalerie

Notes

INTRODUCTION

1. Brillat-Savarin, *Physiologie du goût, ou méditations de gastronomie transcendante*, Paris, A. Sautelet, t. 1, 1826, p. IX.
2. Montaigne, *Journal de voyage en Italie par la Suisse et l'Allemagne en 1580 et 1581*, Paris, Garnier, 1955, p. 17.
3. Alain Chapel, *La Cuisine c'est beaucoup plus que des recettes*, avec la collaboration de Jean-François Abert, Paris, Robert Laffont, 1980 et 1995, p. 62.
4. A.P. de Mirimonde, *Le Langage secret de certains tableaux du musée du Louvre*, Paris, Réunion des musées nationaux, 1984.
5. Voir à ce sujet Michel Foucault, *L'Archéologie du savoir*, Paris, Gallimard, 2011, p. 14-15.
6. Jean-Claude Schmitt, *Le Corps des images. Essais sur la culture visuelle au Moyen Âge*, Paris, Gallimard, 2002, p. 55.
7. Giorgio Vasari, *Les Vies des meilleurs peintres, sculpteurs et architectes*, traduction et édition commentée sous la direction d'André Chastel, Arles, Actes Sud, 2005, vol. I, livre I, p. 225.
8. Paul Lacroix, *Les Arts du Moyen Âge et à l'époque de la Renaissance*, Paris, Firmin Didot, 1874, 5e édition, p. VI.
9. Francis Haskell, *L'Historien et les images*, Paris, Gallimard, 1995, p. 484.
10. Émile Mâle, *L'Art religieux du* XIIIe *siècle en France*, Paris, Armand Colin, vol. 1, 1968, p. 11.
11. Jean-Claude Schmitt, « Images », *Dictionnaire raisonné de l'Occident médiéval*, Jacques Le Goff et Jean-Claude Schmitt (dir.), Paris, Fayard, 1999, p. 499.
12. Jean-Claude Schmitt, *Le Corps des images. Essais sur la culture visuelle au Moyen Âge*, *op. cit.*, p. 23. Jérôme Baschet, *L'Iconographie médiévale*, Paris, Gallimard, 2008, p. 16.
13. Jacques Le Goff, préface, dans Jérôme Baschet, *Les Justices de l'au-delà. Les représentations de l'enfer en France et en Italie (*XIIe-XVe *siècle)*, Rome, École française de Rome, 2014, p. XIII.
14. *Ibid.*, p. XII.

PARTIE1

Chapitre I – Offrandes égyptiennes et banquets mésopotamiens

1. Francis Joannès, « La fonction sociale du banquet dans les premières civilisations », *Histoire de l'alimentation*, Jean-Louis Flandrin et Massimo Montanari (dir.), Paris, Fayard, 1996, p. 47.
2. Christiane Ziegler, *Musée du Louvre, département des antiquités égyptiennes. Catalogue des stèles, peintures et reliefs égyptiens de l'Ancien Empire et de la Première Période Intermédiaire vers 2686-2040 avant J.-C.*, Paris, Réunion des musées nationaux, 1990, p. 11.
3. Francesco Tiradritti, *Peintures murales égyptiennes*, Paris, Citadelles & Mazenod, 2007, p. 9.
4. Edda Bresciani, « Nourritures et boissons de l'Égypte ancienne », *Histoire de l'alimentation*, *op. cit.*, p. 61.
5. *Ibid.*
6. Jean-Claude Goyon, *Rituels funéraires de l'ancienne Égypte*, Paris, éditions du Cerf, 2000, p. 90-91.
7. Elle pouvait aussi avoir d'autres formes et être faite d'une autre matière, par exemple en terre cuite.
8. Sydney H. Aufrère, « Nil, tables d'offrande et bassins à libation, jardins funéraires et labyrinthes », *Portes pour l'au-delà. L'Égypte, le Nil et le « Champ des Offrandes »*, cat. d'exp., Lattes, Musée archéologique Henri Prades, 1992, p. 19 et 25.
9. *Ibid.*, p. 27-28.
10. Pierre Tallet, *La Cuisine des pharaons*, Arles, Actes Sud, 2003, p. 14.
11. *L'Art égyptien au temps des pyramides*, cat. expo., Paris, Réunion des musées nationaux, 1999, notice de Christiane Ziegler, p. 207-208.
12. Guillemette Andreu, Marie-Hélène Rutschowscaya, Christiane Ziegler, *L'Égypte ancienne au Louvre*, Paris, Hachette, 1997, notice de Christiane Ziegler, p. 55.
13. www.louvre.fr, notice d'œuvre de Chloé Ragazzoli, consultée le 17-12-2015.
14. *Ibid.*
15. Sydney H. Aufrère, « Nil, tables d'offrande et bassins à libation, jardins funéraires et labyrinthes », *op. cit.*, p. 43. Pierre Tallet, *La Cuisine des pharaons*, *op. cit.*, p. 100.
16. Sydney H. Aufrère, « Nil, tables d'offrande et bassins à libation, jardins funéraires et labyrinthes », *op. cit.*, p. 40.
17. Pierre Tallet, *La Cuisine des pharaons*, *op. cit.*, p. 79.
18. Sydney H. Aufrère, « Nil, tables d'offrande et bassins à libation, jardins funéraires et labyrinthes », *op. cit.*, p. 40.
19. La tombe a été retrouvée intacte en 1906. L'essentiel du mobilier est visible au Musée égyptien de Turin.
20. Edda Bresciani, « Nourritures et boissons de l'Égypte ancienne », *op. cit.*, p. 63. *L'Alimentazione nel mondo antico. Gli Egizi*, Rome, Istituto Poligrafico e Zecca dello Stato, 2008, p. 69.
21. Paul Pierret, *Le Livre des morts des anciens Égyptiens. Traduction complète d'après le papyrus de Turin et les manuscrits du Louvre*, Paris, Ernest Leroux, 1882, p. III-IV.
22. Guillemette Andreu, Marie-Hélène Rutschowscaya, Christiane Ziegler, *L'Égypte ancienne au Louvre*, *op. cit.*, notice de Guillemette Andreu, p. 166-167.
23. *Ibid.*
24. Francesco Tiradritti, *Peintures murales égyptiennes*, *op. cit.*, p. 110.
25. Pierre Tallet, *La Cuisine des pharaons*, *op. cit.*, p. 11.
26. Francesco Tiradritti, *Peintures murales égyptiennes*, *op. cit.*, p. 56.
27. Sydney H. Aufrère, « Nil, tables d'offrande et bassins à libation, jardins funéraires et labyrinthes », *op. cit.*, p. 38.
28. Pierre Tallet, *La Cuisine des pharaons*, *op. cit.*, p. 52.
29. Anna Maria Donadoni Roveri, Elvira D'Amicone, Enrichetta Leospo, *Gebelein il villaggio e la necropoli*, Turin, Artema, 1994, p. 45-50.
30. Francesco Tiradritti, *Peintures murales égyptiennes*, *op. cit.*, p. 157.
31. Edda Bresciani, « Nourritures et boissons de l'Égypte ancienne », *op. cit.*, p. 67-68.
32. Pierre Tallet, *La Cuisine des pharaons*, *op. cit.*, p. 54.
33. Francesco Tiradritti, *Peintures murales égyptiennes*, *op. cit.*, p. 57.
34. Edda Bresciani, « Nourritures et boissons de l'Égypte ancienne », *op. cit.*, p. 68. Pierre Tallet, *La Cuisine des pharaons*, *op. cit.*, p. 67. Aujourd'hui, la poutargue est salée et séchée.
35. Sydney H. Aufrère, « Nil, tables d'offrande et bassins à libation, jardins funéraires et labyrinthes », *op. cit.*, p. 33.
36. Jean Bottéro, *La Plus Vieille Cuisine du monde*, Paris, Louis Audibert, 2002.
37. Les trois tablettes sont dans la *Yale Babylonian Collection* et référencées YBC 4644, YBC 8958, YBC 4648.
38. Jean Bottéro, « La plus vieille cuisine du monde », *L'Histoire* n° 187, avril 1995, p. 83.
39. Francis Joannès, « La fonction sociale du banquet dans les premières civilisations », *op. cit.*, p. 56.
40. Jean Bottéro, *La Plus Vieille Cuisine du monde*, *op. cit.*, p. 129.
41. *Ibid.*, p. 83-85.
42. *Ibid.*, p. 82.
43. Brigitte Lion et Cécile Michel, « Les images du banquet », *Dossiers d'archéologie. Banquets et fêtes au Proche-Orient ancien*, n° 280, février 2003, p. 33.
44. *Ibid.*
45. Francis Joannès, « La fonction sociale du banquet dans les premières civilisations », *op. cit.*, p. 52.
46. Jean Bottéro, « Le plus vieux festin du monde », *L'Histoire*, n° 85, 1986, p. 62.
47. Francis Joannès, « La fonction sociale du banquet dans les premières civilisations », *op. cit.*, p. 52-55.
48. Richard D. Barnett, Erika Bleibtreu, Geoffrey Turner, *Sculptures from the Southwest Palace of Sennacherib at Nineveh*, Londres, British Museum Press, 1998, p. 123-125.
49. Pierre Villard, « Les commensaux des rois néo-assyriens », *Le Banquet du monarque dans le monde antique*, Catherine Grandjean, Christophe Hugoniot et Brigitte Lion (dir.), Rennes et Tours, Presses universitaires de Rennes et Presses universitaires François Rabelais de Tours, 2013, p. 226.
50. Brigitte Lion et Cécile Michel, « Un banquet à la cour assyrienne », *Dossiers d'archéologie. Banquets et fêtes au Proche-Orient ancien*, *op. cit.*, p. 30.
51. Brigitte Lion et Cécile Michel, « Les images du banquet », *op. cit.*, p. 37.
52. Une victoire remportée sur l'Élam (région du sud-ouest de l'Iran).

Chapitre II – La convivialité gréco-romaine

53. Platon, *Le Banquet, Phèdre, Apologie de Socrate*, Le Monde de la Philosophie, présentation de Roger-Pol Droit, Paris, Flammarion, 2008, p. XVIII.
54. Pétrone, *Satyricon*, présentation de Géraldine Puccini, Paris, Arléa, 1995, p. 17.
55. Apicius, *L'Art culinaire*, introduction de Jacques André, Paris, Les Belles Lettres, 2002, p. VII.
56. Jean-Marie Dentzer, *Le Motif du banquet couché dans le Proche-Orient et le monde grec du* VIIe *au* IVe *siècle avant J.-C.*, Rome, École française de Rome, 1982, p. 78.
57. Charles Sterling, *La Nature morte de l'Antiquité au* XXe *siècle*, Paris, Macula, 1985, p. 9.
58. Adolphe Reinach, *Recueil Milliet. Textes grecs et latins relatifs à l'histoire de la peinture ancienne*, Paris, C. Klincksieck, t. 1, 1921, p. 391-393.
59. Charles Sterling, *La Nature morte de l'Antiquité au* XXe *siècle*, *op. cit.*, p. 9.
60. Marie-Claire Amouretti, « Villes et campagnes grecques », *Histoire de l'alimentation*, *op. cit.*, p. 141 et 146.
61. Pauline Schmitt Pantel, « Les repas grecs, un rituel civique », *Histoire de l'alimentation*, *op. cit.*, p. 152-153.
62. Cristiano Grottanelli, « La viande et ses rites », *Histoire de l'alimentation*, *op. cit.*, p. 118 et 123.

334
Georg Flegel
Nature morte avec fruits, pâtisseries et sucreries
Détail ill. 256, p. 283

63. John Boardman, *Les Vases athéniens à figures noires*, Paris, Thames & Hudson, 1996, p. 187.
64. « Le héros avait remporté le concours de tir à l'arc établi par le roi Eurytios, qui avait pour prix la main de la fille de celui-ci, Iode ; mais après la célébration de sa victoire, une querelle l'opposa bientôt aux fils du roi, et il en vint à tuer l'un de ceux-ci, nommé Iphitos, qui pourtant avait pris son parti. » Le banquet se déroule avant le drame. Martine Denoyelle, *Chefs-d'œuvre de la céramique grecque dans les collections du Louvre*, Paris, Réunion des musées nationaux, Paris, 1994, p. 38.
65. Zeev Gourarier, *Arts et manières de table en Occident, des origines à nos jours*, Thionville, Gérard Klopp, 1994, p. 35.
66. Jean-Marie Dentzer, *Le Motif du banquet couché dans le Proche-Orient et le monde grec du* VIe *au* IVe siècle avant J.-C., *op. cit.*, p. 79.
67. *Ibid.*, p. 132.
68. *Ibid.*, p. 140.
69. *À la table des Anciens. Guide de cuisine antique*, textes réunis et présentés par Laure de Chantal, Paris, Les Belles Lettres, 2007, p. 227.
70. Pauline Schmitt Pantel, « Manger entre citoyens. Les repas dans les cités grecques antiques », *Tables d'hier, tables d'ailleurs*, Jean-Louis Flandrin et Jane Cobbi (dir.), Paris, Odile Jacob, 1999, p. 43.
71. Pierre Somville, « La tombe du plongeur à Paestum », *Revue de l'histoire des religions*, t. 196, n° 1, 1979, p. 43.
72. *Ibid.*, p. 47.
73. Roland Martin, *L'Art grec*, Paris, La Pochothèque, 1994, p. 708.
74. *Ibid.*, p. 359.
75. Pauline Schmitt Pantel, « Les repas grecs, un rituel civique », *Histoire de l'alimentation, op. cit.*, p.154.
76. *Ibid.*
77. Jean-Marie Dentzer, *Le Motif du banquet couché dans le Proche-Orient et le monde grec du* VIe *au* IVe siècle avant J.-C., *op. cit.*, p. 11.
78. *Ibid.*, p. 13.
79. C'est « un dispositif d'encadrement reproduisant schématiquement la façade d'un temple », Roland Martin, *L'Art grec, op. cit.*, p. 710.
80. Zeev Gourarier, *Arts et manières de table en Occident, des origines à nos jours*, *op. cit.*, p. 45.
81. Florence Dupont, « Grammaire de l'alimentation et des repas romains », *Histoire de l'alimentation, op. cit.*, p.198.
82. Jérôme Carcopino, *La Vie quotidienne à Rome à l'apogée de l'Empire*, Paris, Hachette, 1982, p. 311.
83. Nicole Blanc et Anne Nercessian, *La Cuisine romaine antique*, Glénat-Faton, Grenoble, 1992, p. 62.
84. Florence Dupont, « De l'œuf à la pomme. La *cena* romaine », *Tables d'hier, tables d'ailleurs*, Jean-Louis Flandrin et Jane Cobbi (dir.), *op. cit.*, p. 62-63.
85. Suétone, *Vies des douze Césars*, traduction et notes de Henri Ailloud, Paris, Gallimard, 2002, p. 384-385.
86. Jean-Michel Croisille, *La Peinture romaine*, Paris, Picard, 2005, p. 14 et 264.
87. Alexia Maquinay, « L'*Otium* : scènes de banquets dans la peinture pompéienne », *L'Otium : loisirs et plaisirs dans le monde romain. De l'objet personnel à l'équipement public*, Caroline Leblond et Filipe Ferreira (éd.), Paris, UMR 8167, 2013, p. 61-62.
88. Jean-Michel Croisille, *La Peinture romaine*, *op. cit.*, p. 264.
89. La table tripode est désignée ainsi par analogie avec le trépied de la Pythie de Delphes.
90. *Pompéi. Un art de vivre*, cat. expo., Paris, Gallimard / musée Maillol, 2011, p. 148.
91. Alexia Maquinay, « L'*Otium* : scènes de banquets dans la peinture pompéienne », *op. cit.*, p. 55.
92. Plutarque, *Propos de table*, traduit du grec, présenté et annoté par François Rosso, Paris, Arléa, 2012, p. 116-117.
93. Prostituée de luxe dans la Grèce antique.
94. Alexia Maquinay, « L'*Otium* : scènes de banquets dans la peinture pompéienne », *op. cit.*, p. 57.
95. Selon la littérature, une *cena* pouvait aussi se composer d'au moins sept services. Jérôme Carcopino, *La Vie quotidienne à Rome à l'apogée de l'Empire, op. cit.*, p. 309.
96. Nicole Blanc et Anne Nercessian, *La Cuisine romaine antique*, *op. cit.*, p. 65.
97. Florence Dupont, « De l'œuf à la pomme. La *cena* romaine », *Tables d'hier, tables d'ailleurs*, *op. cit.*, p. 83.
98. *Ibid.*, p. 82.
99. Charles Sterling, *La Nature morte de l'Antiquité au* XXe siècle, *op. cit.*, p. 11.
100. Pline l'Ancien, *Histoire naturelle*, traduction de M.E. Littré, Paris, Firmin Didot, 1877, t. 2, livre XXXVI, p. 529.
101. Jacques André, *L'Alimentation et la cuisine à Rome*, Paris, Les Belles Lettres, 2009, p. 10.
102. Étienne Jollet, *La Nature morte ou la place des choses. L'objet et son lieu dans l'art occidental*, Paris, Hazan, 2007, p. 18.
103. Cité dans Étienne Jollet, *La Nature morte ou la place des choses, op. cit.*, p. 18.
104. Charles Sterling, *La Nature morte de l'Antiquité au* XXe siècle, *op. cit.*, p. 12.
105. Étienne Jollet, *La Nature morte ou la place des choses, op. cit.*, p. 18.
106. Amedeo Maiuri, *Pompéi*, Rome, Istituto poligrafico dello stato, 1978, p. 91.
107. Jean-Michel Croisille, *La Peinture romaine*, *op. cit.*, p. 237.
108. Robert Etienne, *La Vie quotidienne à Pompéi*, Paris, Hachette, 1966, p. 338.
109. Charles Sterling, *La Nature morte de l'Antiquité au* XXe siècle, *op. cit.*, p. 12.
110. Jacques André, *L'Alimentation et la cuisine à Rome*, *op. cit.*, p. 80.
111. Jean-Michel Croisille, *La Peinture romaine*, *op. cit.*, p. 233-235.
112. Jacques André, *L'Alimentation et la cuisine à Rome*, *op. cit.*, p. 68-70.
113. Jean-Michel Croisille, *La Peinture romaine*, *op. cit.*, p. 240.
114. *Pompéi. Un art de vivre*, *op. cit.*, p. 109.
115. Nicole Blanc et Anne Nercessian, *La Cuisine romaine antique*, *op. cit.*, p. 36.
116. Jacques André, *L'Alimentation et la cuisine à Rome*, *op. cit.*, p. 198.

Chapitre III – De la romanité au haut Moyen Âge

117. Édouard Salin, *La Civilisation mérovingienne, d'après les sépultures, les textes et le laboratoire*, première partie : « les idées et les faits », Paris, Picard, 1987, p. 438-439.
118. Massimo Montanari, *La Faim et l'abondance. Histoire de l'alimentation en Europe*, Paris, Seuil, 1995, p. 19-20.
119. *Ibid.*
120. Mireille Corbier, « La fève et la murène : hiérarchies sociales des nourritures à Rome », *Histoire de l'alimentation, op. cit.*, p. 219.
121. Massimo Montanari, « Romains, Barbares, chrétiens : à l'aube de la culture alimentaire européenne », *Histoire de l'alimentation, op. cit.*, p. 280.
122. Édouard Salin, *La Civilisation mérovingienne, op. cit.*, p. 445.
123. Massimo Montanari, « Romains, Barbares, chrétiens : à l'aube de la culture alimentaire européenne », *op. cit.*, p. 281.
124. Paul-Marie Duval, *La Vie quotidienne en Gaule pendant la paix romaine*, Paris, 1952, p. 110.
125. Émile Espérandieu, *Recueil général des bas-reliefs, statues et bustes de la Gaule romaine*, Paris, Imprimerie nationale, 1911, t. 4, n° 3163, p. 238.
126. Paul-Marie Duval, *La Vie quotidienne en Gaule pendant la paix romaine, op. cit.*, p. 111.
127. Odile Cavalier, *Le Trésor d'Apt. Un ensemble de vaisselle métallique gallo-romaine*, cat. expo., Fondation du Muséum Calvet, Avignon, 1988, p. 17. Émile Espérandieu, *Recueil général des bas-reliefs, statues et bustes de la Gaule romaine*, Paris, Imprimerie nationale, 1915, t. 6, p. 317-406 et p. 437-460.
128. Édouard Salin, *La Civilisation mérovingienne, d'après les sépultures, les textes et le laboratoire*, quatrième partie : « les croyances », Paris, Picard, 1989, p. 30.
129. David Colling, « Les scènes de banquet funéraire ou *Totenmahlreliefs* originaires d'Arlon », *Bulletin trimestriel de l'Institut archéologique du Luxembourg*, 87, 4, 2011, p. 156.
130. John Scheid, *Quand faire, c'est croire. Les rites sacrificiels des Romains*, Paris, Aubier, 2011, p. 188.
131. David Colling, « Les scènes de banquet funéraire ou *Totenmahlreliefs* originaires d'Arlon », *op. cit.*, p. 158.
132. En s'appuyant principalement sur la description d'Émile Espérandieu, *Recueil général des bas-reliefs, statues et bustes de la Gaule romaine*, Paris, Imprimerie nationale, 1913, t. 5, n° 4097, p. 266-270.
133. Paul-Marie Duval, *La Vie quotidienne en Gaule pendant la paix romaine, op. cit.*, p. 111.
134. C'est ainsi le cas de Christophe Vendries, « Ventre affamé n'a pas d'oreilles ? La représentation d'un esclave *Tibicen* dans une scène de banquet sculptée sur un cippe d'Arlon », *L'Antiquité classique*, t. 70, 2001, p. 123-136. Mais aussi de David Colling, « Les scènes de banquet funéraire ou *Totenmahlreliefs* originaires d'Arlon », *op. cit.*, p. 167.
135. Christophe Vendries, « Ventre affamé n'a pas d'oreilles ?, *op. cit.*, p. 129.
136. *Ibid.*, p. 134.
137. John Scheid, *Quand faire, c'est croire. Les rites sacrificiels des Romains, op. cit.*, p. 162.
138. *Ibid.*, p. 186-187.
139. Élisabeth Jastrzebowska, « Les scènes de banquet dans les peintures et sculptures chrétiennes des IIIe et IVe siècles », *Recherches Augustiniennes* 14, 1979, p. 9-10.
140. Silvia Malaguzzi, *Boire et manger, traditions et symboles*, Paris, Hazan, 2006, p. 26.
141. Paul-Albert Février, « À propos du repas funéraire : culte et sociabilité. "In Christo Deo, pax et concordia sit convivio nostro" », *La Méditerranée de Paul-Albert Février*, Rome, École française de Rome, 1996, p. 36.
142. Élisabeth Jastrzebowska, « Les scènes de banquet dans les peintures et sculptures chrétiennes des IIIe et IVe siècles », *op. cit.*, p. 67.

143. J.-P. Waltzing, *Étude historique sur les corporations professionnelles chez les Romains*, Louvain, Charles Peeters, 1895, t. 1, p. 392-393.
144. Élisabeth Jastrzebowska, « Les scènes de banquet dans les peintures et sculptures chrétiennes des IIIe et IVe siècles », *op. cit.*, p. 64-66.
145. Mireille Corbier, « La fève et la murène : hiérarchies sociales des nourritures à Rome », *Histoire de l'alimentation*, *op. cit.*, p. 227.
146. Paul-Albert Février, « À propos du repas funéraire : culte et sociabilité. "In Christo Deo, pax et concordia sit convivio nostro", *op. cit.*, p. 27.
147. Alix Barbet, Mihai Bucovala et Constantin Chera, « Découverte de peintures romaines », *Archeologia*, n° 295, novembre 1993, p. 42.
148. *Ibid.*
149. Élisabeth Jastrzebowska, « Les scènes de banquet dans les peintures et sculptures chrétiennes des IIIe et IVe siècles », *op. cit.*, p. 81.
150. Charles Lelong, *La Vie quotidienne en Gaule à l'époque mérovingienne*, Paris, Hachette, 1963, p. 141.
151. Pierre Chuvin, « Manger assis, manger couché », *L'Histoire* n° 85, 1986, p. 70.
152. Zeev Gourarier, *Arts et manières de table en Occident, des origines à nos jours, op. cit.*, p. 59.
153. *Ibid.*, p. 63.
154. Pierre Chuvin, « Manger assis, manger couché », *op. cit.*, p. 70.
155. Manuscrit 250 (136).
156. Robert Favreau, « Le manuscrit de Radegonde », *L'Actualité* n° 16, 1er trimestre 1992, p. 24-26.
157. Piotr Skubiszewski, « Le décor de la "Vie de Radegonde" de Poitiers », *La Vie de Sainte Radegonde par Fortunat, Poitiers, Bibliothèque municipale, manuscrit 250 (136)*, Robert Favreau (dir.) Paris, Seuil, 1995, p. 142. Le banquet et la prière sont dans la partie supérieure du folio 24 recto.
158. *Ibid.*, p. 157.
159. *La Vie de Sainte Radegonde par Fortunat, op. cit.*, p. 67 et 81.
160. Piotr Skubiszewski, « Le décor de la "Vie de Radegonde" de Poitiers », *op. cit.*, p. 172.

PARTIE 2

Chapitre I – Le repas sacré

1. Jean-Claude Schmitt, « Images », *Dictionnaire raisonné de l'Occident médiéval*, Jacques Le Goff et Jean-Claude Schmitt (dir.), Paris, Fayard, 1999, p. 505. Voir aussi : Jean-Claude Schmitt, « La Culture de l'imago », *Annales. Histoire, Sciences Sociales*, 51e année, n° 1, 1996, p. 3-36.
2. Émile Mâle, *L'Art religieux du XIIIe siècle en France*, Paris, Armand Colin, vol. 1, 1968, p. 11.
3. Yannick Pelletier, *Les Jubés de Bretagne*, Rennes, Ouest-France, 1986, p. 42-43.
4. Dominique Rigaux, « La Cène aux écrevisses, table et spiritualité dans les Alpes italiennes au *quattrocento* », *La Sociabilité à table. Commensalité et convivialité à travers les âges*, Rouen, Publications de l'université de Rouen n° 178, 1992, p. 217.
5. Miriam Feinberg Vamosh, *Les Nourritures au temps de la Bible, depuis la pomme d'Adam jusqu'au Dernier Repas*, Villiers-le-Bel, Bibli'O, 2011, p. 3.
6. Louis Réau, *Iconographie de l'art chrétien*, t. II, *Iconographie de la Bible*, II, *Nouveau Testament*, Paris, Presses universitaires de France, 1957, p. 417. *La Bible*, Société biblique de Genève, 2007, Matthieu 26.26, Marc 14.22, Luc 22.17, respectivement p. 1167, 1196, 1244.
7. *La Bible, op. cit.*, 2007, Matthieu 11.19, p. 1142.
8. Dominique Rigaux, À *la table du Seigneur. L'Eucharistie chez les Primitifs italiens 1250-1497*, Paris, éditions du Cerf, 1989, p. 24.
9. *Ibid.*, p. 27. La Cène 72 %, Les Noces de Cana 7,9 %, Le Repas chez Simon 7,6 %.
10. *La Bible, op. cit.*, Marc 14.18, p. 1196.
11. Louis Réau, *Iconographie de l'art chrétien, op. cit.* p. 413.
12. Dominique Rigaux, À *la table du Seigneur, op. cit.*, p. 29.
13. Louis Réau, *Iconographie de l'art chrétien, op. cit.* p. 409-410.
14. Henri Leclercq, « Cène », *Dictionnaire d'Archéologie chrétienne et de liturgie*, Fernand Cabrol et Henri Leclercq, Paris, Letouzey et Ané, t. II, 1925, colonnes 3045-3047.
15. Maurice Vloberg, *L'Eucharistie dans l'art*, Grenoble et Paris, B. Arthaud, 1946, p. 85.
16. *La Bible, op. cit.*, Jean 13.24, p. 1273.
17. Louis Réau, *Iconographie de l'art chrétien, op. cit.* p. 406.
18. Dominique Rigaux, À *la table du Seigneur, op. cit.*, p. 191.
19. A. P. de Mirimonde, *Le Langage secret de certains tableaux du musée du Louvre, op. cit.*, p. 54.
20. *La Bible, op. cit.*, Jean 13.26, p. 1274.
21. A. P. de Mirimonde, *Le Langage secret de certains tableaux du musée du Louvre, op. cit.*, p. 55.
22. Maurice Vloberg, *L'Eucharistie dans l'art, op. cit.*, p. 13-15.
23. *La Bible, op. cit.*, Luc 22.7, p. 1243.
24. Cité dans Johan Huizinga, *L'Automne du Moyen Âge*, Payot, 1993, p. 208.
25. Dominique Rigaux, « La Cène aux écrevisses, table et spiritualité dans les Alpes italiennes au *quattrocento* », *op. cit.*, p. 217-218.
26. *Ibid.*, p. 224.
27. *Encyclopédie des symboles*, Michel Cazenave (dir.), Paris, Librairie générale française, 1996, p. 215.
28. Dominique Rigaux, « La Cène aux écrevisses, table et spiritualité dans les Alpes italiennes au *quattrocento* », *op. cit.*, p. 223.
29. A. P. de Mirimonde, *Le Langage secret de certains tableaux du musée du Louvre, op. cit.*, p. 93.
30. Silvia Malaguzzi, *Boire et manger, traditions et symboles, op. cit.*, p. 242.
31. *La Bible, op. cit.*, Jean 2.14, p. 1253.
32. Bibliothèque nationale de France, manuscrit français 187, folio n° 6, vers 1320-1330.
33. Émile Mâle, *L'Art religieux du XIIIe siècle en France, op. cit.*, vol. 2, p. 115-116.
34. *La Bible, op. cit.*, Matthieu 5.13, p. 1132.
35. Gilbert Dunoyer de Segonzac, *Les Chemins du sel*, Paris, Découvertes Gallimard, 1991, p. 32-33.
36. Max Friedländer, *De Van Eyck à Breughel. Les Primitifs flamands*, Brionne, Gérard Monfort, 1985, p. 64.
37. Sacristie, toile provenant de l'église des Crociferi.
38. *Encyclopédie des symboles, op. cit.*, p. 83.
39. Pierre Ennès, « La verrerie », *Musée national de la Renaissance. Château d'Écouen*, Paris, Réunion des musées nationaux, 2000, p. 91-97. Voir aussi l'édition de 1987 et le texte de Alain Erlande-Brandenburg, p. 174-179.
40. *Murano, chefs-d'œuvre de verre de la Renaissance au XXIe siècle*, cat. expo., Rosa Barovier Mentasti et Cristina Tonini (dir.), Paris, Gallimard / musée Maillol, 2013, p. 62 et notice n° 21 p. 72-73.
41. Rosa Barovier Mentasti et Cristina Tonini, « Mille ans de verre », *Murano, chefs-d'œuvre de verre de la Renaissance au XXIe siècle, op. cit.*, p. 14.
42. Dominique Rigaux, « La Cène aux écrevisses, table et spiritualité dans les Alpes italiennes au *quattrocento* », *op. cit.*, p. 223. Voir aussi : Daniel Arasse, « Entre dévotion et culture : fonctions de l'image religieuse au XVe siècle », *Faire Croire. Modalités de la diffusion et de la réception des messages religieux du XIIe au XVe* siècle, Rome, École française de Rome, 1981, p. 131-146.
43. Rosa Barovier Mentasti et Cristina Tonini, « Mille ans de verre », *op. cit.*, p. 18.
44. *Murano, chefs-d'œuvre de verre de la Renaissance au XXIe siècle, op. cit.*, notice n° 12, p. 64-65.
45. Claudette Joannis, « Orfèvrerie, cristal et mobilier : plaisir des yeux d'un festin vénitien », *Les* Noces de Cana *de Véronèse. Une œuvre et sa restauration*, Paris, Réunion des musées nationaux, 1992, p. 284.
46. Patrick Rambourg, *Histoire de la cuisine et de la gastronomie françaises*, Paris, Perrin, coll. Tempus, 2010, p. 105.
47. Thomas Coryate, *Crudities*, 1776, t. 1, p. 107.
48. Zeev Gourarier, « Le service de la table au service de Dieu », *Les* Noces de Cana *de Véronèse. Une œuvre et sa restauration, op. cit.*, p. 196.
49. Pierre Ennès, « XVIe-XVIIIe siècle entre la Flandre et l'Italie », Pierre Ennès, Gérard Mabille et Philippe Thiébaut, *Histoire de la table. Les arts de la table des origines à nos jours*, Paris, Flammarion, 1994, p. 94.
50. Zeev Gourarier, « Le service de la table au service de Dieu », *op. cit.*, p. 186.
51. *Trois livres de l'Humanité de Jésuchrist : divinement descripte, & au vif représentée par Pierre Aretin Italien, Nouvellement traduictz en François*, 1539, p. 125-128.
52. Daniel Arasse, « Entre dévotion et culture : fonctions de l'image religieuse au XVe siècle », *op. cit.*, p. 133 et 137.

Chapitre II – La table profane

53. Boccace, *Décaméron*, Flandres, Paris, Bibliothèque de l'Arsenal, manuscrit 5070 réserve, 1432. Voir le chapitre II de la partie 3 de notre ouvrage.
54. Watriquet de Couvin, *Dits*, Paris, Bibliothèque de l'Arsenal, manuscrit 3525 réserve, folio 78, vers 1330.
55. *Dits de Watriquet de Couvin*, Aug. Scheler (ed.), Bruxelles, 1868, p. 505.
56. Barthélemy l'Anglais, *Livre des propriétés des choses*, traduction française de Jean Corbichon, Paris, Bibliothèque nationale de France, manuscrit Français 9140, vers 1480. Voir le chapitre II de la partie 3 de notre ouvrage.
57. Jean-Claude Schmitt, « Images », *Dictionnaire raisonné de l'Occident médiéval, op. cit.*, p. 509.
58. Patrick Boucheron, *Conjurer la peur, Sienne, 1338. Essai sur la force politique des images*, Paris, Seuil, 2013.
59. *Le Livre des métiers d'Étienne Boileau*, René de Lespinasse et François Bonnardot (éd), Paris, Imprimerie nationale,1879, p. 126-130.
60. Roland Recht, *L'Image médiévale. Le livre enluminé*, Paris, Réunion des musées nationaux, 2010, p. 53.
61. Jean-Claude Schmitt, « Images », *Dictionnaire raisonné de l'Occident médiéval, op. cit.*, p. 509.

62. Wolfgang Grape, *La Tapisserie de Bayeux*, Munich, Prestel, 1994, p. 54. Pour l'auteur, « la Tapisserie trouve ses origines en Normandie ; elle fut réalisée à Bayeux, sans doute dans les années soixante-dix du XIe siècle. » Mais la plupart des spécialistes s'accordent pour une origine anglaise.
63. Lucien Musset, *La Tapisserie de Bayeux*, Paris, Zodiaque, 2002, p. 17.
64. Pierre Bouet et François Neveux, *La Tapisserie de Bayeux. Révélations et mystères d'une broderie du Moyen Âge*, Rennes, Ouest-France, 2013, p. 10.
65. Wolfgang Grape, *La Tapisserie de Bayeux*, *op. cit.*, p. 78.
66. Alban Gautier, *Le Festin dans l'Angleterre anglo-saxonne (Ve-XIe siècle)*, Rennes, Presses universitaires de Rennes, 2006, p. 160.
67. Lucien Musset, *La Tapisserie de Bayeux, op. cit.*, p. 96.
68. Alban Gautier, *Le Festin dans l'Angleterre anglo-saxonne (Ve-XIe siècle)*, *op. cit.*, p. 166.
69. Lucien Musset, *La Tapisserie de Bayeux, op. cit.*, p. 96.
70. Alban Gautier, *Le Festin dans l'Angleterre anglo-saxonne (Ve-XIe siècle)*, *op. cit.*, p. 196-209.
71. *Ibid.*, p. 85.
72. Danièle Alexandre-Bidon, « À la table des miniaturistes : archéo-iconographie des gestes et des mets », *Du manuscrit à la table. Essais sur la cuisine au Moyen Âge et répertoire des manuscrits médiévaux contenant des recettes culinaires*, Carole Lambert (dir.), Paris et Montréal, Les Presses de l'Université de Montréal et Champion-Slatkine, 1992, p. 45.
73. Monique Closson, « Us et coutumes de la table du XIIe siècle au XVe siècle à travers les miniatures », *Manger et boire au Moyen Âge : cuisine, manières de table, régimes alimentaires*, Publications de la faculté des lettres et sciences humaines de Nice, t. 2, 1984, p. 21.
74. *Grandes Chroniques de France*, Paris, Bibliothèque nationale de France, manuscrit français 2813, folio 473v, vers 1375-1379.
75. *Les Grandes Chroniques de France. Chronique des règnes de Jean II et de Charles V*, R. Delachenal (éd.), t. II, 1364-1380, Paris, Renouard, 1916, p. 236.
76. *Grandes Chroniques de France*, Paris, Bibliothèque nationale de France, manuscrit français 6465, folio 444v, vers 1460. *Jean Fouquet. Peintre et enlumineur du XVe siècle*, cat. expo., François Avril (dir.), Paris, Bibliothèque nationale de France et Hazan, 2003, p. 219-224.
77. *Livre des conquêtes et faits d'Alexandre*, Petit Palais, musée des Beaux-Arts de la Ville de Paris, Numéro d'inventaire: LDUT00456, XVe siècle.
78. Françoise Robin, « Le luxe de la table dans les cours princières (1360-1480), *Gazette des Beaux-Arts* n° 86, juillet-août 1975, p. 7.
79. *Ibid.*, p. 4.
80. *Mémoires d'Olivier de La Marche, maître d'hôtel et capitaine des gardes de Charles le Téméraire*, H. Beaune et J. d'Arbaumont (éd.), Paris, Renouard, t. III, 1885, p. 119-120.
81. *Regnault de Montauban*, Bruges, Paris, Bibliothèque de l'Arsenal, t. 2, manuscrit 5073, folio 148, 1462-1470. *Trésors de la Bibliothèque de l'Arsenal*, cat. expo., Paris, Bibliothèque nationale, 1980, n° 71, p. 41.
82. Jean de Wavrin, *Anciennes Chroniques d'Angleterre*, Paris, Bibliothèque nationale de France, manuscrit français 81, folio 203, XVe siècle.
83. *Le Propriétaire en françoys, par Barthélemy de Glanville. Traduction de Jean Corbichon, revue par Pierre Ferget*, Lyon, Matthias Huss, 1485, 6e livre, XII-XXII.
84. *Le Mesnagier de Paris*, Georgina E. Brereton et Janet M. Ferrier (éd.), Paris, Librairie générale française, 1994, p. 573.
85. *Mémoires d'Olivier de La Marche, op. cit.*, t. IV, 1888, p. 1-94. Bruno Laurioux, *Le Moyen Âge à table*, Paris, Adam Biro, 1989, p. 138-140. Patrick Rambourg, *Histoire de la cuisine et de la gastronomie françaises, op. cit.*, p. 60-64.
86. Florent Quellier, « *Le Festin*, ou introduction à la culture de table aristocratique de la Renaissance », *Festins de la Renaissance. Cuisine et trésors de la table*, cat. expo., Élisabeth Latrémolière et Florent Quellier (dir.), Paris, Somogy / musée du Château royal de Blois, 2012, p. 14.
87. *Mémoires d'Olivier de La Marche, op. cit.*, t. IV, p. 42. Patrick Rambourg, *Histoire de la cuisine et de la gastronomie françaises, op. cit.*, p. 61-62.
88. Jean Dufournet, *Les Très Riches Heures du duc de Berry*, Paris, Bibliothèque de l'image, 1995, p. 8.
89. Pour le détail du service du vin, je vous renvoie à mon ouvrage : *Histoire de la cuisine et de la gastronomie françaises, op. cit.*, p. 63-64.
90. *Regnault de Montauban*, Bruges, Paris, Bibliothèque de l'Arsenal, t. 4, manuscrit 5075, folio 63v, 1462-1470.
91. Jehan de Wavrin, *Anciennes et nouvelles chroniques d'Angleterre*, Londres, British Library, Royal MS 14 E IV, folio 244v, 1470-1480.
92. Patrick Rambourg, *À table… le menu !*, Paris, Honoré Champion, 2013, p. 31-35.
93. Jeunes paons. L'ouvrage donne la recette « pour faire faisans et paons tous armés ». Les volatiles sont rôtis puis servis avec une sauce à base d'épices, de sucre, d'oignon et d'eau de rose.
94. Peut-être des « lesches », c'est-à-dire de longues tranches fines.
95. « Fromage frais, égoutté sur un panier en joncs », glossaire de l'édition de 2001.
96. *Le Viandier de Guillaume Tirel dit Taillevent*, Jérôme Pichon et Georges Vicaire (éd.), Paris, Techener, 1892, p. 99. Taillevent, *Le Viandier d'après l'édition de 1486*, Houilles, Manucius, 2001, p. 70-71.
97. *Mémoires d'Olivier de La Marche, op. cit.*, t. II, 1884, p. 367.
98. Agathe Lafortune-Martel, « De l'entremets culinaire aux pièces montées d'un menu de propagande », *Du manuscrit à la table, op. cit.*, p. 126.
99. A. P. de Mirimonde, *Le Langage secret de certains tableaux du musée du Louvre*, *op. cit.*, p. 35.
100. « Pour ung entremés eslevé, c'est assavoir ung chastel », Maistre Chiquart, *Du fait de cuisine*, 1420, édité par Terence Scully, dans *Vallesia*, XL, 1985, p. 145-148.
101. Agathe Lafortune-Martel, « De l'entremets culinaire aux pièces montées d'un menu de propagande », *Du manuscrit à la table, op. cit.*, p. 128.
102. *Le Viandier de Guillaume Tirel dit Taillevent*, *op. cit.*, p. 271-276.
103. *Les Grandes Chroniques de France. Chronique des règnes de Jean II et de Charles V*, *op. cit.*, p. 240.
104. *Ibid.*, p. 242.

Chapitre III – Du péché de gourmandise au pays de Cocagne

105. Arturo Graf, *L'Art du Diable*, Parkstone international, New York, USA, 2009, p. 171.
106. Jacques Le Goff, « Le temps du Purgatoire (IIIe-XIIIe siècle) », *L'Imaginaire médiéval*, Paris, Gallimard, 1991, p. 86 et 89.
107. Monique Blanc, *Voyages en enfer. De l'art paléochrétien à nos jours*, Paris, Citadelles & Mazenod, 2004, p. 149.
108. Raymond Lulle, *Livre de l'enseignement des enfants (Doctrina pueril)*, présentation et traduction de Bernard Jolibert, Klincksieck, 2005, p. 154. L'ouvrage de Raymond Lulle porte plusieurs titres possibles : *Livre de doctrine*, *Doctrina pueril*, *Doctrine d'enfant*, *Livre de doctrine puéril*, *Livre de l'enseignement puerill*.
109. Jérôme Baschet, « Les sept péchés capitaux et leurs châtiments dans l'iconographie médiévale », dans Carla Casagrande et Silvana Vecchio, *Histoire des péchés capitaux au Moyen Âge*, Paris, Aubier, 2003, p. 340.
110. *Ibid.*, p. 354-355.
111. Raymond Lulle, *Livre de l'enseignement des enfants, op. cit.*, p. 79.
112. Les sept péchés capitaux formulés par le pape Grégoire le Grand au VIe siècle sont : l'orgueil, l'envie, la colère, la tristesse, l'avarice, la gourmandise et la luxure.
113. Carla Casagrande et Silvana Vecchio, *Histoire des péchés capitaux au Moyen Âge*, *op. cit.*, p. 197-198.
114. Florent Quellier, *Gourmandise, histoire d'un péché capital*, Paris, Armand Colin, 2010, p. 24.
115. Mireille Vincent-Cassy, « La *Gula* curiale ou les débordements des banquets au début du règne de Charles VI », *La Sociabilité à table. Commensalité et convivialité à travers les âges*, *op. cit.*, p. 92.
116. Raymond Lulle, *Livre de l'enseignement des enfants, op. cit.*, p. 154-155.
117. Jérôme Baschet, *Les Justices de l'au-delà. Les représentations de l'enfer en France et en Italie (XIIe-XVe siècle)*, *op. cit.*, p. 5.
118. Roger H. Marijnissen, avec la collaboration de Peter Ruyffelaere, *Jérôme Bosch. Tout l'œuvre peint et dessiné*, nouvelle édition augmentée de « la problématique Jérôme Bosch depuis 1985 », Paris, éditions Charles Moreau, 2007, p. 329-334 et p. XVI.
119. Saint Augustin, *La Cité de Dieu, traduction de « Raoul de Praelles »*, Paris, bibliothèque Sainte-Geneviève, manuscrit 246, folio 389, après 1473.
120. *Ars moriendi (1492) ou L'art de bien mourir suivi de L'aiguillon de la crainte divine pour bien mourir, des Peines de l'Enfer et du Purgatoire et des Joies du Paradis*, présentation et adaptation de Pierre Girard-Augry, Paris, Dervy-Livres, 1986, p. 113.
121. Jérôme Baschet, « Les sept péchés capitaux et leurs châtiments dans l'iconographie médiévale », *op. cit.*, p. 383.
122. Raoul de Houdenc, *Le Songe d'Enfer suivi de La Voie de Paradis.* Poèmes du XIIIe siècle précédés d'une notice historique et critique et suivis de notes bibliographiques et d'éclaircissements par Philéas Lebesgue, Paris, Bibliothèque internationale d'édition, 1908, p. 75-90.
123. Florent Quellier, *Gourmandise, histoire d'un péché capital*, *op. cit.*, p. 28.
124. Jérôme Baschet, « Les sept péchés capitaux et leurs châtiments dans l'iconographie médiévale », *op. cit.*, p. 364.
125. *Ars moriendi (1492) ou L'art de bien mourir*, *op. cit.*, p. 116-118.
126. Carla Casagrande et Silvana Vecchio, *Histoire des péchés capitaux au Moyen Âge*, *op. cit.*, p. 224.
127. Roger Van Schoute et Monique Verboomen, *Jérôme Bosch*, Bruxelles, La Renaissance du Livre, 2007, p. 21.
128. Danièle Alexandre-Bidon et Marie-Thérèse Lorcin, *Le Quotidien au temps des fabliaux. Textes, images, objets*, Paris, Picard, 2003, p. 127.

129. Monique Blanc, *Voyages en enfer. De l'art paléochrétien à nos jours*, *op. cit.*, p. 153.
130. « Valerius Maximus », traduction [de Simon de Hesdin et Nicolas de Gonesse], sans le commentaire, Paris, Bibliothèque nationale de France, manuscrit Français 287, fol. 181, 3e quart du xve siècle.
131. « Valerius Maximus », translaté de latin en françoys par… maistre Symon de Hedin et par Nicolas de Gonesse, Paris, Bibliothèque nationale de France, manuscrit Français 6185, xve siècle.
132. Nicolas de La Chesnaye, *La Condamnation de Banquet*, édition critique par Jelle Koopmans et Paul Verhuyck, Genève, Droz, 1991, p. 8-9 et 27.
133. *Ibid.*, p. 18.
134. *Ibid.*, p. 31-36. Voir aussi : *Guides du Musée lorrain. Les tapisseries de la* Condamnation de Banquet, Nancy, Palais ducal, 1984, sans pagination.
135. Nicolas de La Chesnaye, *La Condamnation de Banquet*, *op. cit.*, p. 35.
136. *C'est li fabliaus de Coquaigne*, dans *Fabliaux et contes des poètes françois des xi, xii, xiii, xiv et xve siècles*, tirés des meilleurs auteurs, publiés par Barbazan, Paris, t. IV, 1808, p. 175-181.
137. « Qui plus i dort, plus i gaaigne :
Cil qui dort jusqu'à miedi,
Gaaigne cinc sols et demi. »
138. Patrick Rambourg, « Les savoirs alimentaires dans le Paris de la fin du Moyen Âge : entre pratique culinaire et hygiène alimentaire », *Le Choix des aliments. Informations et pratiques alimentaires de la fin du Moyen Âge à nos jours*, Martin Bruegel, Marilyn Nicoud, Eva Barlösius (dir.), Rennes et Tours, Presses universitaires de Rennes et Presses universitaires François-Rabelais de Tours, 2010, p. 181-196.
139. Hilário Franco Júnior, *Cocagne. Histoire d'un pays imaginaire*, Paris, Arkhê, 2013, p. 82.
140. Florent Quellier, *Gourmandise, histoire d'un péché capital*, *op. cit.*, p. 55.
141. Hilário Franco Júnior, *Cocagne. Histoire d'un pays imaginaire*, *op. cit.*, p. 82.
142. Jean Delumeau (dir.), *La Mort des pays de Cocagne. Comportements collectifs de la Renaissance à l'âge classique*, Paris, Publications de la Sorbonne, 1976, p. 11.
143. Hilário Franco Júnior, *Cocagne. Histoire d'un pays imaginaire*, *op. cit.*, p. 121 et 332.
144. Louis Lebeer, « Le Pays de Cocagne (*Het Luilekkerland*) », *Bulletin des Musées royaux des Beaux-Arts*, vol. 4, Bruxelles, 1955, p. 199-215.
145. Philippe et Françoise Roberts-Jones, *Pierre Bruegel l'Ancien*, Paris, Flammarion, 2011, p. 238.
146. Silvia Malaguzzi, *Boire et manger, traditions et symboles*, *op. cit.*, p. 46.
147. Louis Lebeer, « Le Pays de Cocagne (*Het Luilekkerland*) », *op. cit.*, p. 208.
148. Florent Quellier, *Gourmandise, histoire d'un péché capital*, *op. cit.*, p. 65.

PARTIE 3

Chapitre I – Marché et denrées

1. Roberto Longhi, « Un momento importante nella storia della natura morta », *Paragone*, n° 1, 1950, p. 34-39. Cité dans : Claus Grimm, *Natures mortes italiennes, espagnoles et françaises aux xviie* et *xviiie* siècles, Paris, Herscher, 1996, p. 17.
2. Charles Sterling, *La Nature morte de l'Antiquité au xxe* siècle, *op. cit.*, 1985, p. 42.
3. Carlo Volpe, « La Nature morte napolitaine au xviie siècle », *La Peinture napolitaine de Caravage à Giordano*, cat. expo., Paris, Réunion des musées nationaux, 1983, p. 70. Ensuite c'est le terme « natura morta » qui s'imposera dans la langue italienne.
4. André Félibien, *Conférences de l'Académie royale de peinture et de sculpture pendant l'année 1667*, Paris, Frédéric Léonard, 1668, préface.
5. Norbert Schneider, *Les Natures mortes. Réalité et symbolique des choses. La peinture de natures mortes à la naissance des Temps modernes*, Cologne, Benedikt Taschen, 1994, p. 7-8.
6. Charles de Bouelles, *Que hoc volumine continuentur ; Liber de intellectu ; Liber de sensu ; Liber de nichilo, Ars oppositorum ; Liber de generatione ; Liber de sapiente ; Liber de duodecim numeris ; Epistole complures*, 1510.
7. Gérard de Lairesse, *Le Grand Livre des peintres ou l'art de la peinture considéré dans toutes ses parties, & démontré par principes*, traduit du hollandais sur la seconde édition [la première édition hollandaise datant de 1707], Paris, à l'Hôtel de Thou, 1787, p. 474-475.
8. La population européenne serait passée de 80 à 180 millions d'habitants. Michel Morineau, « Croître sans savoir pourquoi : structures de production, démographie et rations alimentaires », *Histoire de l'alimentation*, *op. cit.*, p. 576.
9. Alberto Veca, « Images de la nourriture dans l'art moderne », *Histoire de l'alimentation, op. cit.*, p. 705.
10. Fernand Braudel, *Civilisation matérielle, économie et capitalisme xve- xviiie* siècle, Paris, Armand Colin, vol. 2, 1979, p. 17.
11. Lodovico Guicciardini, *Description de tout le Païs-Bas autrement dict la Germanie inférieure, ou Basse-Allemaigne*, Anvers, Guillaume Silvius, 1568, p. 26.
12. *Ibid.*, p. 134.
13. Reindert Falkenburg, « Matters of Taste: Pieter Aertsen's Market Scenes, Eating Habits, and Pictorial Rhetoric in the Sixteenth Century », *The Object as Subject: Studies in the Interpretation of Still Life*, Anne W. Lowenthal (ed.), Princeton University Press, 1996, p. 25.
14. Lodovico Guicciardini, *Description de tout le Païs-Bas*, *op. cit.*, p. 111 et 252.
15. N'oublions pas néanmoins que le bien-être alimentaire se définit à l'époque par rapport au groupe social auquel chacun appartient. Et que les villes, même celles qui ont une politique d'approvisionnement dynamique, ne sont pas à l'abri d'une crise frumentaire.
16. Kenneth Bendiner, *Food in Painting from the Renaissance to the Present*, Londres, Reaktion Books Ltd, 2004, p. 38.
17. Allen Grieco, « Réflexions sur l'histoire des fruits au Moyen Âge », *L'arbre. Histoire naturelle et symbolique de l'arbre, du bois et du fruit au Moyen Age*, Les Cahiers du Léopard d'or n°2, 1992, p. 151.
18. Lodovico Guicciardini, *Description de tout le Païs-Bas*, *op. cit.*, p. 12, 239-241, 254.
19. Massimo Montanari, *La Faim et l'abondance. Histoire de l'alimentation en Europe*, *op. cit.*, p. 109.
20. Cité par Carole Lambert, « La nourriture comme signe de distinction religieuse et sociale de Thomas d'Aquin à Érasme », *Heresis*, n° 26-27, 1996, p. 101-102.
21. *La Bible*, Société biblique de Genève, 2007, Luc 5.17 et Jean 6.14, p. 1211 et 1259.
22. Bruno Laurioux, *Manger au Moyen Âge*, Paris, Hachette, 2002, p. 104.
23. Massimo Montanari, *La Faim et l'abondance*, *op. cit.*, p. 157.
24. Lodovico Guicciardini, *Description de tout le Païs-Bas*, *op. cit.*, p. 243.
25. *Le Marché aux poissons de Leyde.*
26. Benoît Clavel, *L'animal dans l'alimentation médiévale et moderne en France du nord (xiie-xviie siècles)*, Revue archéologique de Picardie, n° spécial 19, 2001, p. 146.
27. Jean Bruyérin-Champier, *De re cibaria*, 1560, *L'alimentation de tous les peuples et de tous les temps jusqu'au xvie siècle*, Paris, 1998, p. 331.
28. Susan Koslow, *Frans Snyders. Peintre animalier et de natures mortes 1579-1657*, Anvers, Fonds Mercator Paribas, 1995, p. 13.
29. *Ibid.*, p. 138.
30. Filippo Maria Ferro, « Créatures des flots et de la conscience. « Figuralité » des poissons napolitains », *L'œil gourmand. Parcours dans la nature morte napolitaine du XVIIe siècle*, Paris, Galerie Canesso, 2007, p. 26.
31. Denis Diderot, *Salons de 1759-1761-1763*, texte établi par Jean Seznec, Paris, Flammarion, 1967, p. 139.
32. Article proposé en 1895 à la *Revue hebdomadaire* et refusé. Cité dans Pierre Rosenberg et Renaud Temperini, *Chardin*, Paris, Flammarion, 1999, p. 174.
33. *Chardin*, cat. expo, Paris, Réunion des musées nationaux, 1999, p. 118.
34. René Démoris, « Chardin ou la cuisine en peinture », *Dix-huitième siècle*, n° 15, 1983, p. 145.
35. François Massialot, *Le Nouveau Cuisinier royal et bourgeois*, Paris, Claude Prudhomme, 1722, t. 2, p. 296-298.
36. « Raye frite », « raye à la Sainte Menehould », « raye à la sauce aux câpres », « raye à differentes sauces », Menon, *Nouveau traité de la cuisine, avec de nouveaux desseins de tables et vingt-quatre menus*, Paris, t. 2, 1739, p. 236-239.
37. Massimo Montanari, *La Faim et l'abondance*, *op. cit.*, p. 103.
38. Fernand Braudel, *Civilisation matérielle, économie et capitalisme*, *op. cit.*, vol. 1, p. 211-212.
39. M. N. Tommaseo, *Relations des ambassadeurs vénitiens sur les affaires de France au xvie* siècle, Paris, Imprimerie royale, 1838, t. 2, p. 575.
40. Hermann Van Wee, « Typologie des crises et changements de structures aux Pays-Bas (*xve-xvie* siècles), *Annales. Économies, Sociétés, Civilisations*, 18e année, n° 2, 1963, p. 216.
41. Kenneth M. Craig, « Pieter Aertsen and *The Meat Stall* », *Oud Holland*, n° 96, 1982, p. 2.
42. Charlotte Houghton, « This Was Tomorrow : Pieter Aertsen's *Meat Stall* as Contemporary Art », *The Art bulletin*, vol. LXXXVI, n° 2, 2004, p. 279. Uppsala University Art Collections, North Carolina Museum of Art à Raleigh, Bonnefantenmuseum à Maastricht, collection particulière à Amsterdam.
43. Kenneth M. Craig, « Pieter Aertsen and *The Meat Stall* », *op. cit.*, p. 11. Charlotte Houghton, « This Was Tomorrow : Pieter Aertsen's *Meat Stall* as Contemporary Art », *op. cit.*, p. 284.
44. Patrick Rambourg, « Manger gras. Lard, saindoux, beurre et huile dans les traités de cuisine du Moyen Âge au xxe siècle », *Trop gros ? l'obésité et ses représentations*, Paris, Autrement, 2009, p. 75-91.

45. Kenneth M. Craig, « Pieter Aertsen and *The Meat Stall* », *op. cit.*, p. 19.
46. *Ibid.*, p. 6-7.
47. Ethan Matt Kavaler, *Pieter Aertsen's Meat Stall. Divers aspects of the market piece*, Nederlands Kunsthistorisch Jaarboek, vol. 40, 1989, p. 67-92.
48. Silvia Malaguzzi, *Boire et manger, traditions et symboles*, Paris, Hazan, 2006, p. 132.
49. Susan Koslow, *Frans Snyders, op. cit.*, p. 173.
50. Bernard Chevalier, « L'alimentation carnée à la fin du XVe siècle : réalité et symboles », *Pratiques & discours alimentaires à la Renaissance*, Jean-Claude Margolin et Robert Sauzet (dir.), Paris, Maisonneuve et Larose, 1982, p. 194.
51. Rome, Galleria Nazionale, Palazzo Barberini.
52. Madeleine Ferrières, *Histoire des peurs alimentaires du Moyen Âge à l'aube du XXe* siècle, Paris, Seuil, 2002, p. 49-50.
53. John Rupert Martin, « The Butcher's shop of the Carracci », *The Art bulletin*, vol. XLV, n° 3, 1963, p. 263-266.
54. Valérie Boudier, *La Cuisine du peintre. Scène de genre et nourriture au Cinquecento*, Rennes et Tours, Presses universitaires de Rennes et Presses universitaires François-Rabelais de Tours, 2010, p. 301-302.
55. Michel Pastoureau, « Mythologie, histoire et symbolique », *Le Bœuf. Histoire, Symbolique & Cuisine*, Paris, éditions Sang de la Terre, 1992, p. 21-23.
56. P. Boussingault, *La Guide universelle de tous les Pais Bas, ou des dix-sept provinces*, Paris, Cardin Besongne, 1668, p. 17.
57. Kunsthistorisches Museum à Vienne.
58. Collection particulière.
59. Nadeije Laneyrie-Dagen, *Lire la peinture de Rembrandt*, Paris, Larousse, 2006, p. 141.
60. Une pratique dont témoignent les auteurs de l'époque. En 1600, l'agronome Olivier de Serres écrit au sujet du bœuf gras : « Après estre escorché, demeurera pendu entier au rastelier, quinze ou vingt heures, pour donner loisir à la chair de s'affermir », *Le Théâtre d'agriculture et mesnage des champs* (1600), Arles, Actes Sud, 1996, p. 1184. *La Cuisinière bourgeoise*, Bruxelles, François Foppens, 1753, p. 25, précise : « il faut choisir celui qui a la couleur foncé d'un rouge cramoisy ; gras & bien couvert ; il faut le laisser mortifier quatre ou cinq jours en hiver, deux ou trois au printems & l'automne, pour l'été un jour ou deux suivant les chaleurs, & l'exposition des vents où vous mettez la viande ».
61. Massimo Montanari, *La Faim et l'abondance, op. cit.*, p. 107.
62. Olivier de Serres, *Le Théâtre d'agriculture et mesnage des champs, op. cit.*, p. 1177.
63. Ludwig Baldass, « Les tableaux champêtres des Bassano et la peinture réaliste des Pays-Bas au XVIe siècle », *Gazette des beaux-arts*, Paris et New York, 1955, 6e période, t. XLV, p. 153.
64. Robert de Salnove, *La Vénerie royale* (1655), Paris, Émile Nourry, 1929, p. XXIV.
65. Manuscrits français 616 et 619. Voir l'exposition virtuelle sur le site de la Bibliothèque nationale de France : www.http://expositions.bnf.fr/phebus.
66. Robert de Salnove, *La Vénerie royale, op. cit.*, p. XXIV.
67. Susan Koslow, *Frans Snyders, op. cit.*, p. 101.
68. A. L. Galesloot, *Recherches historiques sur la Maison de chasse des ducs de Brabant et de l'ancienne cour de Bruxelles, précédées d'un aperçu sur l'ancien droit de chasse en Brabant*, Bruxelles et Leipzig, Kiessling, Schnée, 1854, p. 32-33.
69. Dans un placard promulgué le 3 avril 1570 pour le pays de Namur. Amédée Faider, *Histoire du droit de chasse et de la législation sur la chasse en Belgique, en France, en Angleterre, en Allemagne, en Italie et en Hollande*, dans *Mémoires couronnés et autres mémoires publiés par l'Académie royale des sciences, des lettres et des beaux-arts de Belgique*, Bruxelles, F. Hayez, 1877, t. XXVII, p. 80. Susan Koslow, *Frans Snyders, op. cit.*, note n° 77, p. 333.
70. Rubenshuis à Anvers.
71. Hilário Franco Júnior, « Entre la figue et la pomme : l'iconographie romane du fruit défendu », *Revue de l'histoire des religions*, 223 – 1/2006, p. 42.
72. *Encyclopédie des symboles, op. cit.*, p. 361-363.
73. Susan Koslow, *Frans Snyders, op. cit.*, p. 281.
74. Jean-Louis Flandrin, « Les temps modernes », *Histoire de l'alimentation, op. cit.*, p. 562.
75. Jean-Louis Flandrin, « Choix alimentaires et art culinaire (XVIe- XVIIIe siècle) », *Histoire de l'alimentation, op. cit.*, p. 679.
76. Montaigne, *Journal de voyage en Italie par la Suisse et l'Allemagne en 1580 et 1581, op. cit.*, p. 138.
77. Alberto Capatti et Massimo Montanari, *La Cuisine italienne, histoire d'une culture*, Paris, Seuil, 2002, p. 71-72.
78. Lodovico Guicciardini, *Description de tout le Païs-Bas, op. cit.*, p. 10.
79. Staatliche Kunstsammlungen à Kassel.
80. Norbert Schneider, *Les Natures mortes, op. cit.*, p. 33.
81. Olivier de Serres, *Le Théâtre d'agriculture et mesnage des champs, op. cit.*, p. 779-780.
82. Lodovico Guicciardini, *Description de tout le Païs-Bas, op. cit.*, p. 8-9.
83. Florent Quellier, « L'automne horticole du Moyen Âge, permanences médiévales dans les traités de jardinage de la première modernité (1486-1652), *Archéologie du Midi médiéval*, t. 23-24, 2005-2006, p. 112.
84. Allen J. Grieco, « Savoir de poète ou savoir de botaniste ? Les fruits dans la poésie italienne du XVe siècle », *Médiévales*, n° 16-17, 1989, p. 135-136.
85. A. P. de Mirimonde, *Le Langage secret de certains tableaux du musée du Louvre, op. cit.*, p. 93.
86. Valérie Boudier, *La Cuisine du peintre, op. cit.*, p. 105. Voir aussi *Vincenzo Campi : scene del quotidiano*, cat. expo., Milan, Skira, 2000.
87. *Arcimboldo 1526-1593*, cat. expo., Paris, sVo-Musée du Luxembourg, 2007, p. 125-146.
88. Jean-Louis Flandrin, « Les temps modernes », *Histoire de l'alimentation, op. cit.*, p. 556-558.
89. Divinité romaine d'origine étrusque, qui présidait aux saisons et prenait soin des vergers et des jardins.
90. Görel Cavalli-Björkman, « Portraits anthropomorphes et têtes réversibles », et notice de Thomas DaCosta Kaufmann, *Arcimboldo 1526-1593, op. cit.*, p. 120 et 186.
91. Görel Cavalli-Björkman, « Portraits anthropomorphes et têtes réversibles », *Arcimboldo 1526-1593, op. cit.*, p. 122.
92. Notice de Mario Marubbi, *Arcimboldo 1526-1593, op. cit.*, p. 178.
93. *Arcimboldo 1526-1593, op. cit.*, p. 147-156.
94. Aldebrandin de Sienne, *Le Régime du corps de Maître Aldebrandin de Sienne*, texte français du XIIIe siècle, Paris, Honoré Champion, 1911, p. 4.
95. Jean-Louis Flandrin, *Fêtes gourmandes au Moyen Âge*, Jean-Louis Flandrin et Carole Lambert (dir.), Paris, Imprimerie nationale, 1998, p. 16.
96. Bruno Laurioux, *Écrits et images de la gastronomie médiévale*, Paris, Bibliothèque nationale de France, 2011, p. 52.
97. Aldebrandin de Sienne, *Le Régime du corps, op. cit.*, p. 13.
98. Allen J. Grieco, « Alimentation et classes sociales à la fin du Moyen Âge et à la Renaissance », *Histoire de l'alimentation, op. cit.*, p. 485-487.
99. *Ibid.*
100. Lorne Campbell, « Beuckelaer's The Four Elements. Four masterpieces by a neglected genius », *Apollo*, février 2002, p. 41.
101. Leon Battista Alberti, *De Pictura* (1430-1440), Paris, Allia, 2014, p. 54.

Chapitre II – Cuisine, cuisinier et cuisinière…

102. *Pieter Breughel le Jeune (1564-1637/8) – Jan Brueghel l'Ancien (1568-1625). Une famille des peintres flamands vers 1600*, cat. expo. Lingen, Luca Verlag, 1998, p. 80-85. L'œuvre aurait été composée d'après un original de Pieter Bruegel l'Ancien et serait le pendant de la *Noce paysanne* (1568). Les spécialistes se demandent si la grisaille conservée à la Fondation Custodia, à Paris, ne serait pas l'original de Pieter Bruegel l'Ancien.
103. Christian Dupavillon, *Éléments d'une architecture gourmande*, Paris, Monum, éditions du Patrimoine et Adam Biro, 2002, p. 22.
104. Laurent de Paris, *Le Palais d'amour divin de Jesus, de l'ame chrestienne, ou toute personne tant religieuse que seculiere peult apprendre a aymer Dieu en verite*, Paris, chez la veuve Guillaume de la Noüe, 1602, p. 517-518.
105. *Encyclopédie des symboles, op. cit.*, p. 307-308.
106. René van Bastelaer, *Les Estampes de Peter Bruegel l'Ancien*, Bruxelles, G. van Oest & C°, 1908, p. 1-3.
107. Louis Lebeer, *Bruegel. Les Estampes. Catalogue raisonné*, Paris, La Bibliothèque des Arts, 1991, p. 7.
108. Jelle Koopmans, « La table sur les tréteaux. Cuisine grasse et cuisine maigre dans le théâtre de la fin du Moyen Âge », *La Vie matérielle au Moyen Âge. L'apport des sources littéraires, normatives et de la pratique*, Louvain-la-Neuve, publications de l'Institut d'études médiévales de l'Université catholique de Louvain, p. 137.
109. Larry Silver, *Bruegel*, Paris, Citadelles & Mazenod, 2011, p. 316.
110. Émile Meijer, *Les Trésors du Rijksmuseum Amsterdam*, Paris, Scala, 1985, p. 108 et 116.
111. Pierre Sartre, *Voyage en Hollande fait en 1719*, Paris, Lechevalier, 1896, p. 30.
112. Christian Dupavillon, *Éléments d'une architecture gourmande*, op. cit., p. 58.
113. Georges Lafenestre et Eugène Richtenberger, *La Peinture en Europe. La Belgique*, Paris, sans date, p. 66.
114. Madeleine Foisil, *Le Sire de Gouberville, un gentilhomme normand au XVIe* siècle, Paris, Flammarion, 2001, p. 36.
115. *Ibid.*, p. 36.
116. *Chanter dans la cuisine.*
117. Boccace, *Décaméron*, Flandres, Paris, Bibliothèque de l'Arsenal, manuscrit 5070 réserve, 1432. *Trésors de la Bibliothèque de l'Arsenal*, cat. expo., *op. cit.*, p. 39.
118. *Le Siècle d'or de la miniature flamande. Le mécénat de Philippe le Bon*, cat. expo., Bruxelles, Amsterdam, Paris, 1959, p. 17.
119. Boccace, *Décaméron, op. cit.*, manuscrit 5070 réserve, fol. 226-228.

120. Patrick Rambourg, *Histoire de la cuisine et de la gastronomie françaises*, *op. cit.*, p. 49-52. *Mémoires d'Olivier de La Marche, maître d'hôtel et capitaine des gardes de Charles le Téméraire*, *op. cit.*, t. IV, 1888, p. 1-94.
121. Bruno Laurioux, *Écrits et images de la gastronomie médiévale*, op. cit., p. 59. Jean-François Kosta-Théfaine, « De l'art des mots à l'art des mets. Les nourritures de la mer dans les poèmes d'Eustache Deschamps et dans la littérature culinaire française du Moyen Âge », *Les Nourritures de la mer, de la criée à l'assiette*, Élisabeth Ridel, Éric Barré et André Zysberg (dir.), Caen, CRHQ, 2007, p. 325-337.
122. Barthélemy l'Anglais, *Livre des propriétés des choses*, traduction française de Jean Corbichon, Paris, Bibliothèque nationale de France, XVe siècle, manuscrit français 9140, vers 1480.
123. *Ibid.*, fol. 361v.
124. Danièle Alexandre-Bidon, « Pots de terre, mode d'emploi », *À la fortune du pot. La cuisine et la table à Lyon et à Vienne, Xe-XIXe siècle , d'après les fouilles archéologiques*, Lyon, musée de la Civilisation gallo-romaine, 1990, p. 27 et 42.
125. Daniel Poirion et Claude Thomasset, *L'Art de bien vivre au Moyen Âge, codex vindobonensis series nova 2644 conservé à la Bibliothèque nationale d'Autriche*, Paris, édition du Félin, 1995, note de l'éditeur, p. 7-9.
126. *Ibid.*, Claude Thomasset, « La tradition médicale », p. 49.
127. Pour les trois miniatures : fol. 80r, fol. 80v, fol. 81r.
128. Valérie Boudier, « Festin d'images », *Festins de la Renaissance*, *op. cit.*, p. 122.
129. Francesca Fabbri, « L'accueil par Marthe, l'accueil par Marie : images exemplaires à l'âge baroque », *Marthe et Marie-Madeleine. Deux modèles de dévotion et d'accueil chrétien*, Bruno Phalip, Cécile Perol, Pascale Quincy-Lefebvre (dir.), Clermont-Ferrand, Presses universitaires Blaise Pascal, 2009, p. 67.
130. Susan Koslow, *Frans Snyders. Peintre animalier et de natures mortes 1579-1657*, *op. cit.*, p. 89.
131. Propos résumés dans Susan Koslow, *Frans Snyders*, *op. cit.*, p. 89.
132. *La Bible*, *op.cit.*, Luc 14.24, p. 1231.
133. Sieur Crespin, *L'Oeconomie ou le vray advis pour se faire bien servir*, Paris, 1641, p. 14-16.
134. *François Boucher 1703-1770*, cat. expo., Paris, Réunion des musées nationaux, 1986, p. 152.
135. Thérèse Burollet, *Musée Cognacq-Jay. Musée du XVIIIe siècle de la Ville de Paris. Les peintures*, Paris, Paris Musées, 2004, p. 47.
136. E. & J. de Goncourt, *L'Art du dix-huitième siècle et autres textes sur l'art*, Paris, Hermann, 1967, p. 95.
137. Serge Safran, *L'Amour gourmand. Libertinage gastronomique au XVIIIe siècle*, Paris, La Musardine, 2000, p. 169.

Chapitre III – Pratique de la cuisine en peinture

138. Illustration reproduite dans *Livres en bouche. Cinq siècles d'art culinaire français du quatorzième au dix-huitième siècle*, cat. expo. Paris, Bibliothèque nationale de France, 2001, p. 46 et 54. Voir aussi : Patrick Rambourg, « L'iconographie dans les ouvrages culinaires : des premiers imprimés au XIXe siècle », *Reliures gourmandes*, Dijon, Faton, 2009, p. 34-43.
139. Une poêle à long manche que l'on peut suspendre.
140. Michel Balard, « Épices et condiments dans quelques livres de cuisine allemands (XIVe-XVIe siècle) », *Du manuscrit à la table. Essais sur la cuisine au Moyen Âge et répertoire des manuscrits médiévaux contenant des recettes culinaires*, *op. cit.*, p. 195-196.
141. Patrick Rambourg, *Histoire de la cuisine et de la gastronomie françaises*, *op. cit.*, p. 109.
142. Valérie Boudier, *La Cuisine du peintre*, *op. cit.*, p. 70.
143. Ludovico Frati, *Libro di cucina del secolo XIV*, dans Odile Redon, Françoise Sabban, Silvano Serventi, *La Gastronomie au Moyen Âge. 150 recettes de France et d'Italie*, Paris, Stock, 1995, p. 195.
144. Valérie Boudier, *La Cuisine du peintre*, *op. cit.*, p. 184.
145. José Manuel Pita Andrade, « Un "siècle d'or" dans la peinture espagnole », *Cinq siècles d'art espagnol : de Greco à Picasso*, cat. expo., Paris, Musée du Petit Palais, 1987, p. 34.
146. Norbert Wolf, *Diego Velázquez, 1599-1660. Le visage de l'Espagne*, Cologne, Taschen, 2011, p. 10.
147. Yves Bottineau, *Vélasquez*, Paris, Citadelles & Mazenod, 1998, p. 53.
148. *La Bible*, *op.cit.*, Luc 10.31, p. 1224.
149. Norbert Wolf, *Diego Velázquez*, *op. cit.*, p. 12.
150. Albert Blankert, « L'œuvre de Vermeer dans son temps », *Vermeer*, Paris, Hazan, 2004, p. 110.
151. Jan Blanc, *Vermeer. La fabrique de la gloire*, Paris, Citadelles & Mazenod, 2014, p. 102.
152. « L'axe qui unit le cru et le cuit est caractéristique de la culture, celui qui unit le cru et le pourri, de la nature, puisque la cuisson accomplit la transformation culturelle du cru, comme la putréfaction en est la transformation naturelle », Claude Lévi-Strauss, *Mythologiques. Le cru et le cuit*, Paris, Plon, 1964, p. 152.
153. Michel et Fabrice Faré, *La Vie silencieuse en France. La nature morte au XVIIIe siècle*, Fribourg, Office du livre, Paris, Société française du livre, 1976, p. 78.
154. Dezallier d'Argenville, *Abrégé de la vie des plus fameux peintres*, Paris, De Bure, t. IV, 1762, p. 338.
155. Barbara Ketcham Wheaton, *L'Office et la bouche. Histoire des mœurs de la table en France 1300-1789*, Paris, Calmann-Lévy, 1984, p. 196.
156. Don Antonio de Beatis, *Voyage du cardinal d'Aragon en Allemagne, Hollande, Belgique, France et Italie (1517-1518)*, Paris, Perrin, 1913, p. 255.
157. Montaigne, *Journal de voyage en Italie*, *op. cit.*, p. 78.
158. Goethe, *Campagne de France*, Paris, Hachette, 1889, p. 93.
159. François Marin, *Suite des Dons de Comus, ou l'art de la cuisine réduit en pratique*, t. 3, 1742, Pau, Manucius, 2001, p. 567.
160. Audiger, *La Maison réglée, et l'art de diriger la maison d'un grand seigneur & autres, tant à la Ville qu'à la Campagne, & le devoir de tous les Officiers, & autres Domestiques en général*, Paris, Nicolas Le Gras, 1692, p. 55-61, 105-107, 133-134.
161. On estime qu'il y aurait eu à cette époque 50 000 domestiques à Paris. Jean Chagniot, *Nouvelle histoire de Paris : Paris au XVIIIe siècle*, Paris, Association pour la publication d'une Histoire de Paris, 1988, p. 335.
162. Pierre Rosenberg et Renaud Temperini, *Chardin*, *op. cit.*, p. 76.
163. Jean-Florent-Joseph de Neufville de Brunaubois-Montador, *Description raisonnée des tableaux exposés au salon du Louvre*, Paris, 1739, p. 8-9.
164. *Chardin*, cat. expo., *op. cit.*, p. 232-233. La version d'Ottawa est au musée des Beaux-Arts du Canada, celle de Berlin au château de Charlottenbourg. La version perdue était dans la collection Henri de Rothschild.
165. Pierre Couperie, « Les marchés de pourvoierie : viandes et poissons chez les Grands au XVIIe siècle », *Pour une histoire de l'alimentation*, Cahiers des Annales n° 28, 1970, p. 241.
166. René Démoris, « Chardin ou la cuisine en peinture », *op. cit.*, p. 149.
167. Marie-Laure de Rochebrune, « À propos de quelques objets de céramique et de verre dans la peinture de Chardin », *Chardin*, cat. expo., *op. cit.*, p. 50.
168. *Chardin*, cat. expo., *op. cit.*, p. 206.
169. Florent Quellier, *La Table des Français. Une histoire culturelle (XVe-début XIXe siècle)*, Rennes, Presses universitaires de Rennes, 2007, p. 126.
170. Menon, *La Cuisinière bourgeoise*, *op.*, p. 21-22.
171. Michel et Fabrice Faré, *La Vie silencieuse en France*, *op. cit.*, p. 156.
172. Peter Cherry, « Luis Meléndez : Real Life and Still Life », *Luis Meléndez : master of the Spanish still life*, cat. expo., Washington, National Gallery of Art, 2009, p. 26.
173. Notice de Juan L. Luna, *Luis Meléndez. Bodegonista español del siglo XVIII*, cat. expo., Madrid, Ministerio de cultura, 1982, p. 124.
174. Notice de José Manuel Pita Andrade, *Cinq siècles d'art espagnol*, *op. cit.*, p. 283.
175. Natacha Seseña, « Painted Life : Everyday Objects in Meléndez's Still Lifes », *Luis Meléndez : master of the Spanish still life*, *op. cit.*, p. 36.

PARTIE 4

Chapitre I – Repas et fêtes populaires

1. Carel van Mander, *Le Livre des peintres. Vie des Peintres flamands, hollandais et allemands (1604)*, traduction, notes et commentaires par Henri Hymans, Paris, J. Rouam, t. I, 1884, p. 300.
2. Jean-Louis Flandrin, « L'alimentation paysanne en économie de subsistance », *Histoire de l'alimentation*, *op. cit.*, p. 597.
3. Paul Zumthor, *La Vie quotidienne en Hollande au temps de Rembrandt*, Paris, Hachette, 1990, p. 88 et 91.
4. Pierre Goubert, *Les Paysans français au XVIIe siècle*, Paris, Hachette, 1994, p. 111.
5. Les deux témoignages sont cités dans Fernand Braudel, *Civilisation matérielle, économie et capitalisme XVe-XVIIIe siècle*, *op. cit.*, vol. 1, p. 216.
6. *Les Frères Le Nain*, cat. expo. par Jacques Thuillier, Paris, Réunion des musées nationaux, 1978, p. 21 et 134.
7. *Victus ratio scholasticis pauperibus, paratu facilis et salubris* (1542), *Regime de sante pour les paures, facile a tenir* (1544), *Remedes certains et bien eppprouvés contre la peste* (1545), *Conseil tresutile contre la Famine : & remedes d'icelle* (1546).
8. Jean Dupèbe, « La diététique et l'alimentation des pauvres selon Sylvius », *Pratiques & discours alimentaires à la Renaissance*, *op. cit.*, p. 50.
9. *Ibid.*, p. 52.
10. Massimo Montanari, « Bologna Grassa. La costruzione di un mito », *Il mondo in cucina. Storia, identità, scambi*, Rome-Bari, Laterza, 2002, p. 186.
11. Nommés ainsi « parce que blancs avec un œil noir au niveau du hile », Valérie Boudier, *La Cuisine du peintre*, *op. cit.*, p. 152.
12. Florent Quellier, *La Table des Français. Une histoire culturelle (XVe-début XIXe siècle)*, *op. cit.*, p. 26.
13. Pierre Goubert, *Les Paysans français au XVIIe siècle*, *op. cit.*, p. 106.
14. Nicolas de Bonnefons, *Les Délices de la campagne* [Amsterdam], seconde édition, Raphael Smith, 1655, p. 1.

15. Jean-Louis Flandrin, « L'alimentation paysanne en économie de subsistance », *Histoire de l'alimentation, op. cit.*, p. 604.
16. Pierre Goubert, *Les Paysans français au* XVIIe siècle, *op. cit.*, p. 107.
17. *Les Frères Le Nain*, *op. cit.*, p. 137.
18. Joël Cornette, *Le Repas des paysans des frères Le Nain*, Paris, Armand Colin, 2008, p. 67-68.
19. Jean-Louis Flandrin, « L'alimentation paysanne en économie de subsistance », *Histoire de l'alimentation, op. cit.*, p. 609.
20. Antoine-Augustin Parmentier, *Avis aux bonnes ménagères des villes et des campagnes, sur la meilleure manière de faire leur Pain*, Paris, Imprimerie royale, 1777, p. 83.
21. Laurent Colantonio, « La Grande Famine en Irlande (1846-1851) : objet d'histoire, enjeu de mémoire », *Revue historique*, 2007 / 4, n° 644, p. 902.
22. Lettre n° 404 du 30 avril 1885, *Correspondance complète de Vincent van Gogh enrichie de tous les dessins originaux*, Paris, Gallimard / Grasset, t. 2, 1960, p. 426.
23. Ingo F. Walther et Rainer Metzger, *Vincent van Gogh. L'œuvre complet - peinture*, Cologne, Benedikt Taschen, vol. 1, 1993, p. 159-177.
24. Larry Silver, *Bruegel*, *op. cit.*, p. 313.
25. *Ibid.*, p. 314.
26. Carel van Mander, *Le Livre des peintres*, *op. cit.*, p. 300.
27. Larry Silver, *Bruegel*, *op. cit.*, p. 352.
28. Philippe et Françoise Roberts-Jones, *Pierre Bruegel l'Ancien*, *op. cit.*, p. 264.
29. Klaus Ertz, « À propos de l'exposition », *Pieter Breughel le Jeune (1564-1637/38)-Jan Brueghel l'Ancien (1568-1625). Une famille des peintres flamands vers 1600*, cat. expo., *op. cit.*, p. 11.
30. Jean-Baptiste Descamps, *La Vie des peintres flamands, allemands et hollandois, avec des portraits*, Paris, t. 2, 1754, p. 155.
31. Jean-Baptiste Descamps, *La Vie des peintres flamands, allemands et hollandois, op. cit.*, t. 3, 1760, p. 26-27.
32. Paul Zumthor, *La Vie quotidienne en Hollande au temps de Rembrandt, op. cit.*, p. 192.
33. Claude Gauchet, *Le Plaisir des champs avec la venerie, volerie et pescherie, poème en quatre parties*, Paris, A. Franck, 1869, p. 60.
34. Cité dans Marie-Hélène Desjardins, *Des peintres au pays des falaises 1830-1940*, Rouen, éditions des Falaises, 2004, p. 122.
35. *Ibid.*, p. 19.
36. Gustave Flaubert, *Œuvres complètes*, III, 1851-1862, Paris, Gallimard, La Pléiade, 2013, p. 174.
37. Gustave Flaubert, *Madame Bovary, mœurs de province*. Douze compositions par Albert Fourié, Paris, A. Quantin, 1885.
38. Marie-Hélène Desjardins, *Des peintres au pays des falaises 1830-1940*, *op. cit.*, p. 124.

Chapitre II – Convivialité de table

39. Selon la dédicace d'Érasme : « Au très-noble Henri de Bourgogne. Fils d'Adolphe, prince de Veere, jeune enfant de grande espérance ».
40. Érasme, *La Civilité puérile. Traduction nouvelle, texte latin en regard. Précédée d'une notice sur les livres de civilité depuis le* XVIe *siècle* par Alcide Bonneau, Paris, Isidore Liseux, 1877, p. 69 et 75.
41. Norbert Elias, *La Civilisation des mœurs*, Paris, Calmann-Lévy, 1973, p. 102 et 110.
42. Ce serait le portrait du patricien de Haarlem Pieter Jan Foppeszoon avec sa famille. Norbert Schneider, *Les Natures mortes, op. cit.*, p. 118.
43. Érasme, *La Civilité puérile, op. cit.*, p. 60-61.
44. Antony Valabrègue, *Abraham Bosse*, Paris, Librairie de l'art, 1892, p. 7.
45. Maxime Préaud, Sophie Join-Lambert, Véronique Meyer, « Abraham Bosse et la scène de genre », *Abraham Bosse savant graveur, Tours, vers 1604-1676, Paris*, cat. expo., Paris et Tours, Bibliothèque nationale de France / musée des Beaux-Arts de Tours, 2004, p. 29.
46. Frank Lestringant, « Abraham Bosse, artiste protestant ? », *Abraham Bosse savant graveur, op. cit.*, p. 21.
47. L.S.R, *L'Art de bien traiter. Divisé en trois parties. Ouvrage nouveau, curieux, et fort galant, utile à toutes personnes, et conditions*, Paris, Jean Du Puis, 1674, p. 19.
48. Virginia Spate, *Claude Monet, la couleur du temps*, Paris, Chêne, 1993, p. 60.
49. Baronne Staffe, *Usages du monde. Règles du savoir-vivre dans la société moderne*, Paris, Victor-Havard, 1891, p. 179.
50. Odile Nouvel-Kammerer, « L'industrie au service de la table. Les orfèvres confrontés aux ambiguïtés de la modernité », *À table au* XIXe *siècle*, cat. expo., Paris, Réunion des musées nationaux / Flammarion, 2001, p. 143.
51. *Abraham Bosse, savant graveur, Tours, vers 1604-1676, op. cit.* p. 195.
52. Silvia Malaguzzi, *Boire et manger, traditions et symboles, op. cit.*, p. 206.
53. Patrick Rambourg, « La nouvelle cuisine des Lumières », *Histoire de la cuisine et de la gastronomie françaises, op. cit.*, p. 139-156.
54. Nicole Garnier-Pelle, *Les Tableaux de Chantilly. La collection du duc d'Aumale*, Paris, Skira-Flammarion, 2009, p. 202 ; *Chantilly, musée Condé. Peintures du* XVIIIe *siècle*, Paris, Réunion des musées nationaux et Chantilly, musée Condé, 1995, p. 138.
55. Marcel Lachiver, *Vins, vignes et vignerons. Histoire du vignoble français*, Paris, Fayard, 1988, p. 278-279.
56. Patrick Rambourg, « Entre le cuit et le cru : la cuisine de l'huître, en France, de la fin du Moyen Âge au XXe siècle », *Les Nourritures de la mer, de la criée à l'assiette, op. cit.*, p. 216.
57. Cité par Jean-Louis Flandrin dans « L'huître et la truffe », *L'Histoire* n° 7, décembre 1978, p. 102-104.
58. Casanova, *Histoire de ma vie*, Paris, Robert Laffont, 1999, p. 758-759.
59. Béatrix Saule, « Tables royales à Versailles 1682-1789 », *Versailles et les tables royales en Europe* XVIIe-XIXe *siècle*, cat. expo., Paris, Réunion des musées nationaux, 1993, p. 58.
60. *Ibid.*, p. 59.
61. Patrick Rambourg, « De la consommation des boissons exotiques aux XVIIe et XVIIIe siècles », *Thé, café ou chocolat ? Les boissons exotiques à Paris au* XVIIIe *siècle*, cat. expo., Paris, Paris-Musées, 2015, p. 47.
62. Philippe Sylvestre Dufour, *Traitez nouveau & curieux du café, du thé et du chocolate*, Lyon, Jean Baptiste Deville, 1688, seconde édition, p. 17, 246-247, 305-306.
63. Ce pouvait être aussi une soucoupe avec un réceptacle profond en son centre pour maintenir la tasse.
64. Patrick Rambourg, « De la consommation des boissons exotiques aux XVIIe et XVIIIe siècles », *Thé, café ou chocolat ? Les boissons exotiques à Paris au* XVIIIe *siècle, op. cit.*, p. 53.
65. Rose-Marie Herda-Mousseaux, « Thé, café ou chocolat ? », *Thé, café ou chocolat ? Les boissons exotiques à Paris au* XVIIIe *siècle, op. cit.*, p. 27-28.
66. Gaston Phébus, *Le Livre de la chasse*, Paris, Bibliothèque nationale de France, manuscrit français 616, fol. 67.
67. Claude Gauchet, *Le Plaisir des champs, op. cit.*, p. 176.
68. Charles-Éloi Vial, « La vénerie royale sous Louis XV et les chasses de Fontainebleau », *Louis XV à Fontainebleau, la « demeure des rois » au temps des Lumières*, Vincent Droguet (dir.), cat. expo., Paris, Réunion des musées nationaux-Grand Palais, 2016, p. 190.
69. Françoise Joulie, « Du maniérisme à l'art rocaille, la place de Fontainebleau dans la création artistique au XVIIIe siècle », *Louis XV à Fontainebleau, la « demeure des rois » au temps des Lumières, op. cit.*, p. 90.
70. Christoph Martin Vogtherr, « La Fête galante. Pastorale des Lumières et champ d'expériences », *De Watteau à Fragonard. Les fêtes galantes*, cat. expo., Bruxelles, Fonds Mercator, 2014, p. 19.
71. Notice de Françoise Cachin, *Manet 1832-1883*, cat. expo., Paris, Réunion des musées nationaux, 1983, p. 169.
72. Virginia Spate, *Claude Monet, la couleur du temps*, *op. cit.*, p. 35.
73. Cité dans Virginia Spate, *Claude Monet, la couleur du temps*, *op. cit.*, p. 34-35.
74. *La Bonne Cuisinière bourgeoise à l'usage de la ville et de la campagne ; traité complet sur la manière de faire facilement et économiquement une excellente cuisine*, Épinal, Pellerin et Cie, 1853, p. 145.
75. Auguste Escoffier, avec la collaboration de Philéas Gilbert et Émile Fétu, *Le Livre des menus*, Paris, Flammarion, 1912, p. 153.

Chapitre III – La table cérémonielle

76. Bruno Laurioux, « Banquets, entremets et cuisine à la cour de Bourgogne », *Splendeurs de la cour de Bourgogne. Récits et chroniques*, Danielle Régnier-Bohler (dir.), Paris, Robert Laffont, 1995, p. 1027.
77. Alain Gruber, « Le cérémonial de table dans les cours européennes », *Versailles et les tables royales en Europe, op. cit.*, p. 147.
78. Béatrix Saule, « Tables royales à Versailles, 1682-1789 », *Versailles et les tables royales en Europe, op. cit.*, p. 47.
79. Alain Gruber, « Le cérémonial de table dans les cours européennes », *Versailles et les tables royales en Europe, op. cit.*, p. 147-148.
80. Claus Grimm, *Natures mortes flamandes, hollandaises et allemandes aux* XVIe *et* XVIIe siècles, Paris, Herscher, 1992, p. 81.
81. Osias Beert et Jacob van Es à Anvers ; Clara Peeters et Hans van Essen à Amsterdam ; Nicolaes Gillis, Floris van Dyck, Floris van Shooten et Roelof Koets à Haarlem. Claus Grimm, *Natures mortes flamandes, hollandaises et allemandes aux* XVIIe *et* XVIIIe siècles, *op. cit.*, p. 82.
82. *Ibid.*, p. 82.
83. Norbert Schneider, *Les Natures mortes, op. cit.*, p. 101.
84. Susan Koslow, *Frans Snyders. Peintre animalier et de natures mortes 1579-1657, op. cit.*, p. 41. L'auteur se réfère au *De honesta voluptate et valetudine* de Platina.
85. Notice de Ruud Priem, *L'Âge d'or hollandais de Rembrandt à Vermeer avec les trésors du Rijksmuseum*, cat. expo., Paris, Pinacothèque de Paris, 2010, p. 89.

86. Que l'on pourrait peut-être traduire par « banquet ».
87. Norbert Schneider, *Les Natures mortes*, *op. cit.*, p. 115.
88. *Ibid.*, p. 106.
89. Paul Claudel, *La Peinture hollandaise et autres écrits sur l'art*, Paris, Gallimard, 1967, p. 96-97.
90. Georges de Lastic et Pierre Jacky, *Desportes*, [biographie], Château de Saint-Rémy-en-l'Eau, Monelle Hayot, 2010, p. 208.
91. A. p. de Mirimonde, *Le Langage secret de certains tableaux du musée du Louvre*, *op. cit.*, p. 86.
92. Patrick Rambourg, *Histoire de la cuisine et de la gastronomie françaises*, *op. cit.*, p. 169-172.
93. Notice de Sophie Join-Lambert, *Abraham Bosse savant graveur*, *op. cit.*, p. 174.
94. L'hôtel de Rambouillet était situé rue Saint-Thomas-du-Louvre, entre le Louvre et les Tuileries, et la marquise de Rambouillet y tenait un salon renommé. La préciosité est « la recherche d'une extrême délicatesse dans les idées et dans le langage ; par le goût des subtilités de la pensée et du raffinement de l'expression. Elle vaut à certaines dames le surnom de Précieuses », René Pillorget, *Paris sous les premiers Bourbons 1594-1661*, Paris, Association pour la publication d'une Histoire de Paris, 1988, p. 448 et 458.
95. Michel Faré, *Le Grand Siècle de la nature morte en France*, Fribourg, Office du Livre, Paris, Société française du livre, 1974, p. 64.
96. Michel et Fabrice Faré, *La Vie silencieuse en France. La nature morte au XVIIIe* siècle, *op. cit.*, p. 78.
97. Marie-Hélène Didier et Renaud Serrette, *Le Château de Champs*, Paris, Monum, éditions du Patrimoine, 2005, p. 41. « La salle à manger de Champs compte parmi les premières pièces uniquement destinées à cet usage en France » et possède des tableaux de François Desportes et de Jean-Baptiste Oudry. Jean-Daniel Ludmann, *Les Grands Appartements du palais Rohan de Strasbourg*, musée de Strasbourg, 1985, p. 6.
98. Marie-Laure Crosnier Leconte, « Salle à manger privée », *À table au XIXe* siècle, *op. cit.*, p. 151.
99. Edmond et Jules de Goncourt, *Journal. Mémoires de la vie littéraire 1851-1865*, vol. 1, Paris, Robert Laffont, 1989, p. 1149.
100. César Daly, *L'Architecture privée au XIXe siècle sous Napoléon III. Nouvelles maisons de Paris et des environs*, Paris, A. Morel et Cie, t. 1, 1864, p. 15.
101. Marie-Laure Crosnier Leconte, « Salle à manger privée », *op. cit.*, p. 155.
102. « Extrait des registres de l'ordre du Benoist Saint-Esprit », dans J. Vatout, *Le Palais de Fontainebleau (souvenirs historiques), son histoire et sa description*, Paris, Didier, 1852, p. 302.
103. Zeev Gourarier, « Modèles de cour et usages de table : les origines », *Versailles et les tables royales en Europe*, *op. cit.*, p. 28.
104. Alain Gruber, « Le cérémonial de table dans les cours européennes », *Versailles et les tables royales en Europe*, *op. cit.*, p. 150. La guerre de Sept Ans (1756-1763) avait été très meurtrière.
105. *Ibid.*, p. 150. Alain Gruber décrit le tableau avec précision dans son texte.
106. *Ibid.*, p. 150.
107. *Ibid.*, p. 150.
108. Jean-Pierre Samoyault, « La table impériale », *Versailles et les tables royales en Europe*, *op. cit.*, p. 199.
109. Charles Percier et P.F.L. Fontaine, *Description des cérémonies et des fêtes qui ont eu lieu pour le mariage de S.M. l'Empereur Napoléon avec S.A.I. Madame l'archiduchesse Marie-Louise d'Autriche*, Paris, P. Didot l'Aîné, 1810, p. 36.
110. Jean-Pierre Samoyault, « L'orfèvrerie de table de la couronne sous le premier Empire », *Versailles et les tables royales en Europe*, *op. cit.*, p. 207.
111. Charles Percier et P.F.L. Fontaine, *Description des cérémonies et des fêtes qui ont eu lieu pour le mariage…*, *op. cit.*, p. 37-38.
112. *Napoléon III et la reine Victoria. Une visite à l'Exposition universelle de 1855*, cat. expo., Paris, Réunion des musées nationaux, 2008.
113. *Pages du journal de la reine Victoria. Souvenirs d'un séjour à Paris en 1855*, traduit de l'anglais, préfacé et annoté par Olivier Gabet, Paris, Gallimard, 2008, p. 111.
114. « Nous étions assis à une petite table dans la loge centrale, avec l'Empereur et l'Impératrice, les enfants, le prince Napoléon, la princesse Mathilde et le prince Adalbert », écrit la reine Victoria.

PARTIE 5

Chapitre I – Douceurs, sucreries et desserts

1. *Le Platine en françois*, 1505, Orthez, Manucius, 2003, p. 33.
2. Jean Meyer, *Histoire du sucre*, Paris, Les éditions Desjonquères, 1989, p. 17.
3. *Ibid.*, p. 145.
4. Daniela Ambrosini, « Les honneurs sucrés de Venise », *Le Boire et le manger au XVIe* siècle, Saint-Étienne, Publications de l'Université de Saint-Étienne, 2004, p. 271-272.
5. *Ibid.*, p. 274.
6. Lancelot de Casteau, *Ouverture de cuisine*, Liège, Leonard Streel, 1604. Anvers et Bruxelles, De Schutter, 1983, p. 64.
7. Norbert Schneider, *Les Natures mortes. Réalité et symbolique des choses. La peinture de natures mortes à la naissance des Temps modernes*, *op. cit.*, p. 89.
8. *Ibid.*, p. 89.
9. A. P. de Mirimonde, *Le Langage secret de certains tableaux du musée du Louvre*, *op. cit.*, p. 94.
10. Silvia Malaguzzi, *Boire et manger, traditions et symboles*, *op. cit.*, 2006, p. 255.
11. Michel Nostradamus, *Le Vray et parfaict embellissement de la face…, & la seconde partie, contenant la façon et manière de faire toutes confitures liquides, tant en succre, miel, qu'en vin cuit*, Anvers, Christophe Plantin, 1557. Paris, Gutenberg-Reprint, 1979, p. 44-45.
12. Patrick Rambourg, « Sucre et mets sucrés dans les traités culinaires de la fin du Moyen Âge au début du XXe siècle », *Du sucre*, Biarritz, Atlantica, 2007, p. 179.
13. Notice de José Manuel Pita Andrade, cat. expo., *Cinq siècles d'art espagnol : de Greco à Picasso*, *op. cit.*, p. 171.
14. Alfonso E. Perez Sánchez, *La Nature morte espagnole du XVIIe* siècle à Goya, Fribourg, Office du Livre, Paris, éditions Vilo, 1987, p. 37.
15. Notice de José Manuel Pita Andrade, cat. expo., *Cinq siècles d'art espagnol : de Greco à Picasso*, *op. cit.*, p. 250.
16. Alfonso E. Perez Sánchez, *La Nature morte espagnole du XVIIe* siècle à Goya, *op. cit.*, p. 54.
17. Notice de José Manuel Pita Andrade, cat. expo., *Cinq siècles d'art espagnol : de Greco à Picasso*, *op. cit.*, p. 250.
18. Cité dans : Alfonso E. Perez Sánchez, *La Nature morte espagnole du XVIIe siècle à Goya*, *op. cit.*, p. 151.
19. Notice de José Manuel Pita Andrade, cat. expo., *Cinq siècles d'art espagnol : de Greco à Picasso*, *op. cit.*, p. 260.
20. *Thresor de santé, ou mesnage de la vie humaine*, Lyon, 1607, p. 534.
21. Noisettes allongées de l'avelinier.
22. Patrick Rambourg, « Saveurs et cuisine de Provence à Paris ou comment la capitale valorisa les spécialités régionales », cat. expo., *À table en Provence*, Toulon, musée d'Art de Toulon, 2014, p. 135-140.
23. Vitor Serrão, « Le monde de la peinture baroque portugaise : naturalisme et ténèbres 1621-1684 », cat. expo., *Rouge et or. Trésors du Portugal Baroque*, Paris, musée Jacquemart-André, 2001, p. 63.
24. *Nature morte avec gâteaux dans une corbeille et fleurs.*
25. *Nature morte avec gâteaux et fleurs.*
26. Notice de Vitor Serrão, cat. expo., *Rouge et or. Trésors du Portugal Baroque*, *op. cit.*, p. 142.
27. A. H. de Oliveira Marques et João Pedro Ferro, « L'alimentation au Portugal du Moyen Âge au XVIIIe siècle », *La Sociabilité à table. Commensalité et convivialité à travers les âges*, *op. cit.*, p. 287.
28. *Lubin Baugin*, cat. expo., Paris, Réunion des musées nationaux, 2002, p. 84.
29. Charles Sterling, *La Nature morte de l'Antiquité au XXe* siècle, *op. cit.*, p. 47.
30. *Lubin Baugin*, cat. expo., *op. cit.*, p. 84.
31. À cette époque, le Piémont et la Savoie formaient le duché de Savoie.
32. *Le Pastissier françois ; Où est enseigné la manière de faire toute sorte de Pastisserie, tres-utile à toutes personnes*, Paris, Jean Gaillard, 1653, p. 166.
33. « Lettres patentes de Charles IX confirmant les statuts communs aux deux métiers de pâtissiers et oubloyers, en trente-quatre articles », juillet 1566, *Les Métiers et corporations de la ville de Paris*, René de Lespinasse, Paris, Imprimerie nationale, t. 1, 1886, p. 386-392.
34. Cité dans Michel et Fabrice Faré, *La Vie silencieuse en France. La nature morte au XVIIIe* siècle, *op. cit.*, p. 186.
35. Denis Diderot, *Salons de 1759-1761-1763*, *op. cit.*, p. 138.
36. Étienne Jollet, *Chardin. La vie silencieuse*, Paris, Herscher, 1995, p. 58.
37. Marie-Laure de Rochebrune, « À propos de quelques objets de céramique et de verre dans la peinture de Chardin », *Chardin*, cat. expo., *op. cit.*, p. 44-45.
38. *Ibid.*, p. 52.
39. François Marin, *Suite des Dons de Comus, ou l'art de la cuisine réduit en pratique*, vol. 3., *op. cit.*, p. 127-128.
40. Grimod de La Reynière, *Almanach des gourmands, servant de guide dans les moyens de faire excellente chère ; par un vieil amateur*, septième année, Paris, 1810, p. 221.
41. Jules Gouffé, *Le Livre de pâtisserie*, Paris, Hachette, 1873, p. I.
42. Grimod de La Reynière, *Almanach des gourmands, ou calendrier nutritif*, Paris, Maradan, 1803, p. 166.
43. Alexandre Dumas, *Grand Dictionnaire de cuisine*, Paris, Phébus, 2000, p. 436.
44. *Gâteaux.*
45. L.S.R, *L'Art de bien traiter. Divisé en trois parties. Ouvrage nouveau, curieux, et fort galant, utile à toutes personnes, et conditions*, *op. cit.*, p. 343.

46. Dominique Michel, « Le dessert au XVIIe siècle », revue *XVIIe siècle*, octobre-novembre 2002, n° 217, p. 656.
47. Nicolas de Bonnefons, *Le Jardinier françois, qui enseigne à cultiver les arbres, & herbes potagères; avec la manière de conserver les fruicts, & faire toutes sortes de confitures, conserves, & massepans, dédié aux dames,* Paris, Pierre Des-Hayes, 1651, « Epistre aux dames ».
48. Audiger, *La Maison réglée, et l'art de diriger la maison d'un grand seigneur & autres, tant à la ville qu'à la campagne, & le devoir de tous les officiers, & autres domestiques en général*, *op. cit.*, p. 47.
49. Olivier de Serres, *Le Théâtre d'agriculture et mesnage des champs*, 1600, *op. cit.*, p. 896.
50. Norbert Schneider, *Les Natures mortes*, *op. cit.*, p. 121.
51. Charles Sterling, *La Nature morte de l'Antiquité au XXe* siècle, *op. cit.*, p. 39.
52. Roberto Longhi, *Le Caravage*, Paris, éditions du Regard, 2004, p. 41.
53. Michel Faré, *Le Grand Siècle de la nature morte en France : le XVIIe* siècle, *op. cit.*, p. 56.
54. Olivier de Serres, *Le Théâtre d'agriculture et mesnage des champs*, *op. cit.*, p. 991.
55. Silvia Malaguzzi, *Boire et manger, traditions et symboles*, *op. cit.*, p. 227.
56. *Archéologie du Grand Louvre. Le quartier du Louvre au XVIIe* siècle, Geneviève Bresc-Bautier (dir.), Paris, Réunion des musées nationaux, 2001, p. 146.
57. Jacques Thuillier, « Doctrines et querelles artistiques en France au XVIIe siècle : quelques textes oubliés ou inédits », *Archives de l'art français. Documents inédits sur l'art français du XVIIe* siècle, Société de l'histoire de l'art français, t. 23, 1968, p. 129.
58. François Massialot, *Nouvelle instruction pour les confitures, les liqueurs et les fruits, avec la manière de bien ordonner un dessert…*, Paris, Charles de Sercy, 1698, p. 332.
59. Charles Sterling, *La Nature morte de l'Antiquité au XXe* siècle, *op. cit.*, p. 76.
60. Patrick Rambourg, *Histoire de la cuisine et de la gastronomie françaises*, *op. cit.*, p. 154.
61. *Chardin*, cat. expo., *op. cit.*, p. 138.
62. Georges de Lastic et Pierre Jacky, *Desportes catalogue raisonné*, Château de Saint-Rémy-en-l'Eau, éditions Monelle Hayot, 2010, p. 196.
63. Georges de Lastic et Pierre Jacky, *Desportes*, [biographie], *op. cit.*, p. 212.
64. Voir à ce sujet : Gérard Mabille, « L'orfèvrerie de table royale sous Louis XIV et Louis XV », *Versailles et les tables royales en Europe*, *op. cit.*, p. 94-105.
65. Daniel Wildenstein, *Claude Monet. Biographie et catalogue raisonné : 1840-1881 peintures*, Lausanne et Paris, La Bibliothèque des arts, t. 1, 1974, p. 62 et 218.
66. Joris-Karl Huysmans, *L'Art moderne / certains*, Paris, Union Générale d'Éditions, 1975, p. 111. Huysmans inverse le vin et l'eau, car sur le tableau de Caillebotte, les carafes sont d'eau et les bouteilles de vin.
67. Baronne Staffe, *Traditions culinaires et l'art de manger toute chose à table*, Paris, Victor Havard, 1894, p. 329-330.

Chapitre II – Des halles de Paris aux restaurants de la Belle Époque

68. Michaël Vottero, *La Peinture de genre*, Rennes, Presses universitaires de Rennes, 2012, p. 13 et 14.
69. Pierre Larousse, *Grand Dictionnaire universel du XIXe* siècle, Paris, 1872, vol. 8, p. 1170.
70. Patrick Rambourg, « L'essor de la gastronomie parisienne », *Histoire de la cuisine et de la gastronomie françaises, op. cit.*, p. 185-249 ; « Le triomphe de l'école française », *Le Nouvel Observateur* hors-série n° 86, mai-juin 2014, p. 43-46.
71. Lady Morgan, *La France,* troisième édition revue et corrigée. Paris et Londres, chez Treuttel et Würtz, vol. I, 1818, p. 332.
72. *La Cuisine : un cuisinier et une servante dans une cuisine.*
73. Eugène Briffault, *Paris à table*, Paris, J. Hetzel, 1846, p. 149.
74. Patrick Rambourg, « Les savoirs alimentaires dans le Paris de la fin du Moyen Âge : entre pratique culinaire et hygiène alimentaire », *Le Choix des aliments. Informations et pratiques alimentaires de la fin du Moyen Âge à nos jours*, Martin Bruegel, Marilyn Nicoud, Eva Barlösius (dir.), Rennes et Tours, Presses universitaires de Rennes et Presses universitaires François-Rabelais de Tours, 2010, p. 181-196.
75. Victor Bories, « Les halles et les marchés », *Paris, guide par les principaux écrivains et artistes de la France*, Paris, Librairie internationale, vol. II, 1867, p. 1519.
76. Maxime Du Camp, *Paris. Ses organes, ses fonctions et sa vie dans la seconde moitié du XIXe* siècle, Paris, Hachette, vol. II, 1875 (5e édition), p. 53.
77. Victor Bories, « Les halles et les marchés », *op. cit.*, p. 1520.
78. Jules-Antoine Castagnary, *Salons (1857-1870)*, Paris, G. Charpentier et E. Fasquelle, éditeurs, vol. I, 1892, p. 104-105.
79. Joris-Karl Huysmans, *L'Art moderne / certains*, *op. cit.*, p. 220.
80. Émile Zola, *Le Ventre de Paris*, Paris, Livre de Poche, 1972, p. 166.
81. Maxime Du Camp, *Paris. Ses organes, ses fonctions et sa vie…*, *op. cit.*, p. 128.
82. Brillat-Savarin, *Physiologie du goût, ou méditations de gastronomie transcendante*, *op. cit.*, p. 334-335.
83. Marie Berhaut, *Gustave Caillebotte. Catalogue raisonné des peintures et pastels*, nouvelle édition revue et augmentée avec le concours de Sophie Pietri, Paris, Wildenstein Institute, Paris, 1994, p. VII.
84. Auguste Escoffier, *Le Guide culinaire, aide-mémoire de cuisine pratique*, édition de 1921, Paris, Flammarion, 2001, p. 385. La première édition date de 1903.
85. Alexandre Dumas, *Grand Dictionnaire de cuisine*, *op. cit.*, p. 352.
86. Auguste Escoffier, *Le Guide culinaire, op. cit.*, p. 187.
87. Douglas W. Druick, « Natures mortes », cat. expo., *Gustave Caillebotte 1848-1894*, Paris, Réunion des musées nationaux, 1994, p. 312.
88. Patrick Rambourg, « L'iconographie dans les ouvrages culinaires : des premiers imprimés au XIXe siècle », *Reliures gourmandes*, *op. cit.*, p. 34-43.
89. Joseph Favre, *Dictionnaire universel de cuisine et d'hygiène alimentaire*, Paris, vol. 2, 1891, p. 746.
90. www.musee-orsay.fr, notice d'œuvre n° 8008 consultée le 5-09-2014.
91. Guy Cogeval, *Vuillard. Le temps détourné*, Paris, Découvertes Gallimard, 2003, p. 16.
92. Grimod de La Reynière, *Almanach des gourmands*, Paris, Maradan, 1806, p. 253-259.
93. Béatrice de Rochebouët, « Hôtel de Bondy », *Alexandre-Théodore Brongniart (1739-1813) architecture et décor*, cat. expo., Paris, Paris-Musées, 1986, p. 39-43.
94. John Dean Paul, *Journal d'un voyage à Paris au mois d'août 1802 par Sir John Dean Paul*, Paris, Alphonse Picard et fils, 1913, p. 49-50.
95. John Carr, *Les Anglais en France après la paix d'Amiens. Impressions de voyage de Sir John Carr*, Paris, Plon, 1898, p. 181.
96. Alfred Delvau, *Les Plaisirs de Paris. Guide pratique et illustré*, Paris, Achille Faure, libraire-éditeur, 1867, p. 62.
97. Gérard Gefen, *Paris des artistes 1840-1940*, Paris, éditions du Chêne, 1998, p. 53.
98. Cité dans : *Des Ternes aux Batignolles. Promenade historique dans le XVIIe* arrondissement, Alain Lemoine et Rodolphe Trouilleux (dir.), Paris, délégation à l'action artistique de la Ville de Paris, 1986, p. 102.
99. George Moore, *Confessions d'un jeune Anglais*, Paris, Albert Savine, 1889, p. 104-105.
100. Henry-Melchior de Langle, *Le Petit Monde des cafés et débits parisiens au XIXe* siècle, Paris, PUF, 1990, p. 183.
101. Notices de Charles S. Moffett et Françoise Cachin, cat. expo., *Manet 1832-1883*, Paris, Réunion des musées nationaux, 1983, p. 410 et 478.
102. Joris-Karl Huysmans, *L'Art moderne / certains*, *op. cit.*, p. 270.
103. Notice de Françoise Cachin, *Manet 1832-1883*, cat. expo., *op. cit.*, p. 478-479.
104. Joris-Karl Huysmans, *L'Art moderne / certains*, *op. cit.*, p. 271.
105. Gérard Gefen, *Paris des artistes 1840-1940*, *op. cit.*, p. 24.
106. Ginette Hell-Girod, *L'Esprit des brasseries*, Paris, éditions du Chêne, 1995, p. 36.
107. Patrick Rambourg, « À chacun son restaurant », *Histoire de la cuisine et de la gastronomie françaises*, *op. cit.*, p.196-202.
108. Jocelyn Hackforth-Jones, *À table avec les impressionnistes*, Paris, Adam Biro, 1991, p. 28.
109. Jacqueline et Maurice Guillaud, *Claude Monet au temps de Giverny*, cat. expo., Paris, Centre Culturel du Marais, 1983, p. 280.
110. Octave Mirbeau, *Correspondance générale*, Lausanne, éditions L'Âge d'Homme, vol. 1, 2002, p. 653.
111. Alfred Delvau, *Les Plaisirs de Paris, op. cit.*, p. 113-114.
112. Guy de Maupassant, *Bel-Ami*, Paris, Gallimard, 2013, p. 109-114.
113. Antoine Caillot, *Mémoires pour servir à l'histoire des mœurs et usages des Français*, Paris, Dauvin, vol. 1, 1827, p. 375.
114. Joris-Karl Huysmans, *L'Art moderne / certains*, *op. cit.*, p. 163-164.
115. Alfred Delvau, *Les Plaisirs de Paris, op. cit.*, p. 132.
116. *Frédéric Delair, propriétaire du restaurant la Tour d'Argent à Paris, prépare le canard au sang inventé en 1890.*
117. Léon Daudet, *Paris Vécu*, Paris, Gallimard, 1969, p. 207.
118. Jean-François de Canchy, « Henri Gervex 1852-1929. Biographie », *Henri Gervex 1852-1929*, cat. expo., Paris, Paris-Musées, 1992, p. 68.
119. Pour en savoir un peu plus sur Léopold Mourier voir : http://www.cuisiniersdefrance.fr, association fondée en 1840 et reconnue d'utilité publique en 1919.
120. Alfred Delvau, *Les Plaisirs de Paris, op. cit.*, p. 105.

Chapitre III – Des avant-gardes à la modernité alimentaire

121. E. H. Gombrich, *L'Art et son histoire*, Paris, René Julliard, vol. 2, 1967, p. 293 et 297.
122. Guillaume Apollinaire, *Méditations esthétiques. Les peintres cubistes*, Paris, 1913, Hermann, 2003, p. 62.
123. Silvia Malaguzzi, *Boire et manger, traditions et symboles*, *op. cit.*, p. 57.
124. John Golding, *Le Cubisme*, Paris, René Julliard, 1968, p. 18.
125. *Braque*, propos recueillis par Dora Vallier, Bâle, éditions Beyeler, 1968.
126. Gustave Coquiot, *Cubistes Futuristes Passéistes. Essai sur la Jeune Peinture et la Jeune Sculpture*, Paris, Librairie Ollendorff, sixième édition, 1914, p. 70-71.
127. Notice de Michèle Bundorf, *Orangerie des Tuileries. Collection Jean Walter – Paul-Guillaume*, Paris, Réunion des musées nationaux, 1966, p. 288-289.
128. Marie-Madeleine Massé, *Soutine*, Paris, Skira Flammarion, 2012, p. 19.
129. *Les Arts à Paris. Actualités critiques des arts et de la curiosité*, n° 7, janvier 1923, p. 6.
130. André Fermigier, *Picasso*, Paris, Le Livre de Poche, 1969, p. 110.
131. Les lignes de fuite s'écartent vers le fond au lieu de converger.
132. *La Salle à manger de l'artiste, rue de la Boétie* (1918-1919).
133. *Larousse ménager. Dictionnaire illustré de la vie domestique*, Paris, Larousse, 1926, p. 1074.
134. C'est aussi les deux pôles de son œuvre, en cette année charnière pour lui de 1917, où le cubisme paraît finir et où le classicisme renaît pour un temps.
135. *Larousse ménager, op. cit.*, p. 463.
136. Tomàs Llorens, María Del Mar Borobia, Concha Vela, *Guide du musée Thyssen Bornemisza*, Madrid et Barcelone, Fondation Collection Thyssen-Bornemisza, 1998, p. 122.
137. Lucius Grisebach, *Ernst Ludwig Kirchner 1880-1938*, Cologne, Taschen, 1999, p. 36.
138. *Orangerie des Tuileries, op. cit.*, p. 145.
139. Françoise Gilot et Carlton Lake, *Vivre avec Picasso*, Paris, Calmann-Lévy, 1965. Cité dans Marie-Laure Besnard-Bernadac, *Le Musée Picasso Paris,* Paris, Réunion des musées nationaux, 1985, p. 114.
140. Marie-Laure Besnard-Bernadac, *Le Musée Picasso Paris, op. cit.*, 114.
141. Mme E. Saint-Ange, *La Bonne Cuisine*, Paris, Larousse 1927, édition 1999, p. 706.
142. Pierre Cabanne, *André Derain*, Paris, Somogy, 1990, p. 105.
143. *Collection art moderne*, Brigitte Leal (dir.), Paris, éditions du Centre Pompidou, 2006, p. 185.
144. Mme E. Saint-Ange, *La Bonne Cuisine, op. cit.*, p. 744.
145. Patrick Rambourg, *Le Civet de lièvre. Un gibier, une histoire, un plat mythique*, Paris, Jean-Paul Rocher éditeur, 2000 et 2003.
146. *Larousse ménager, op. cit.*, p. 734.
147. Pierre Restany, *Le Nouveau Réalisme*, Paris, Union Générale d'Édition, 1978, p. 187.
148. Maurice Fréchuret, « Ordre et désordres de la nourriture », *Hors d'œuvre, ordre et désordres de la nourriture*, cat. expo., Lyon, Fage éditions, 2004, p. 9-10.
149. Danielle Kvaran, *Erró. L'art de la vie*, Paris, Hazan, 2007, p. 148.
150. Maurice Fréchuret, « Ordre et désordres de la nourriture », *op. cit.*, p. 11.
151. Le Salon Comparaisons, qui existe toujours aujourd'hui, est né dans les années 1950 pour promouvoir les relations entre les artistes d'art figuratif et d'art abstrait.
152. Pierre Restany, *Le Nouveau Réalisme, op. cit.*, p. 63-64.
153. Le groupe initial se composait d'Arman, César, Dufrêne, Hains, Klein, Martial Raysse, Rotella, Spoerri, Tinguely et Villeglé, puis fut rejoint par Niki de Saint-Phalle, Deschamps et Christo. Pierre Restany, *Le Nouveau Réalisme, op. cit.*, p. 169.
154. *Ibid.*, p. 46.
155. Roland Barthes, *Mythologies*, Paris, Seuil, 1970, p. 140.
156. Pierre Restany, *Le Nouveau Réalisme, op. cit.*, p. 86 et 107.
157. « Le Eat Art : une mise en "cène" de la vie et de la mort », Entretien avec Daniel Spoerri par Géraldine Girard-Fassier, *Hors d'œuvre, ordre et désordres de la nourriture*, *op. cit.*, p. 99.
158. Géraldine Girard-Fassier, « Le Eat Art : la gastrosophie de Daniel Spoerri », *Daniel Spoerri presents Eat Art*, Paris, Aprifel, 2004, p. 16-17.
159. Otto Hahn, *Daniel Spoerri*, Paris, Flammarion, 1990, p. 54-55.
160. « Le Eat Art : une mise en "cène" de la vie et de la mort », *op.cit.*, p. 103 et 105.
161. Géraldine Girard-Fassier, « Le Eat Art : la gastrosophie de Daniel Spoerri », *op. cit.*, p. 16-21.

ÉPILOGUE

1. Jean-Jacques Aillagon, « L'art d'accommoder les restes, ou comment faire du neuf avec du vieux », *Le Festin de l'art*, cat. expo., Paris, Lienart éditions et Ville de Dinard, 2014, p. 30.
2. *Philippe Cognée*, Paris, éditions Daniel Templon, 2009, p. 207.
3. Philippe Cognée, *Carcasses*, cat. expo., Paris, Galerie Daniel Templon, 2006, p. 7.
4. Ulrich Lamsfuß, *Exhibit B.* cat. expo., Paris, Galerie Daniel Templon, 2007, p. 54.
5. Henry-Claude Cousseau, « Un monde dans l'éblouissement », *Philippe Cognée*, *op. cit.*, p. 23.
6. *Ibid.*, p. 28.
7. Notice de Guillaume Picon, *Le Festin de l'art*, *op. cit.*, p. 102.
8. Gaël Charbau et Sébastien Gokalp, *Gilles Barbier écho système*, cat. expo., Arles, Actes Sud et Friche la Belle de Mai, 2015, p. 70, 71, 95.
9. Maeva Barrière, *Manger l'art : Art comestible et Gastronomie esthétique*, thèse de doctorat, Université Toulouse 2 Le Mirail, 2014, p. 78.
10. Marc Meneau et Annie Caen, *Musée Gourmand. Le peintre et le cuisinier*, Paris, éditions du Chêne, 1992, p. 8.
11. Yves Pinard et Séverine Quoniam, *Cuisine et peinture au musée d'Orsay*, Grenoble et Paris, Glénat et musée d'Orsay, 2007, p. 7. Jean-Pierre Cuzin, « La cuisine des peintres », Séverine Quoniam et Yves Pinard, *Cuisine et peinture au Louvre*, Grenoble, Glénat, 2004, p. 6-7.
12. Paul Bocuse et Yves Pinard, *Plaisirs de la table*, Paris, musée du Louvre éditions et Flammarion, 2009, p. 6.
13. La série est réalisée par Chantal Allès et scénarisée par Xavier Cucuel. La deuxième saison a été diffusée du 7 février au 27 mars 2016 et une troisième saison est à venir.
14. Paul Bocuse et Yves Pinard, *Plaisirs de la table*, *op. cit.*, p. 7.

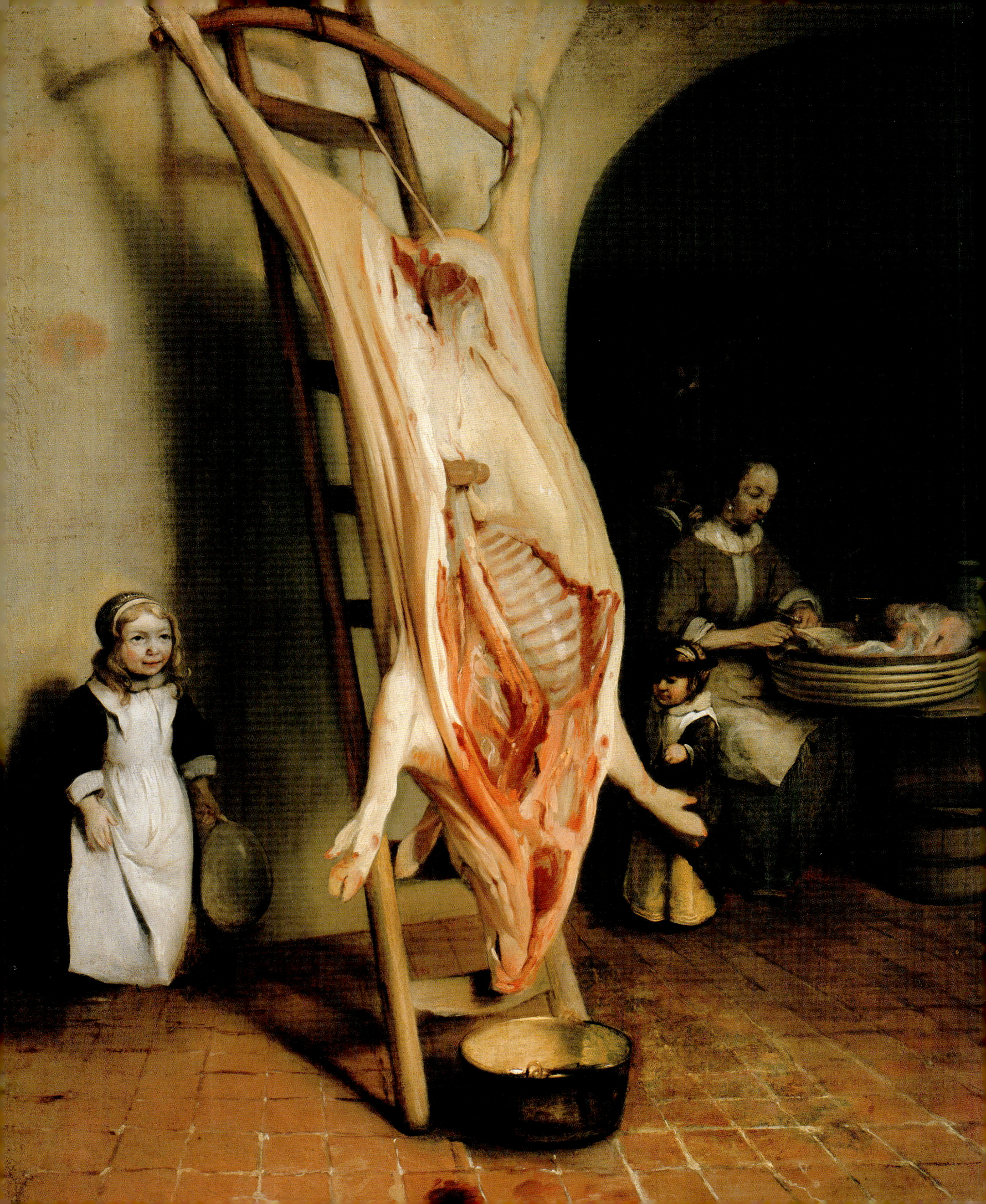

Bibliographie consultée

Bibliographie à caractère de sources

*Manuscrits et incunables

Barthélemy L'Anglais, *Livre des propriétés des choses*, traduction française de Jean Corbichon, Paris, Bibliothèque nationale de France, manuscrit français 9140, vers 1480.

Boccace, *Décaméron*, Flandres, Paris, Bibliothèque de l'Arsenal, manuscrit 5070 réserve, 1432.

Gaston Phébus, *Le Livre de la chasse*, Paris, Bibliothèque nationale de France, manuscrit français 616, XIVe-XVe siècle.

Grandes Chroniques de France, Paris, Bibliothèque nationale de France, manuscrit français 2813, vers 1375-1379.

Grandes Chroniques de France, Paris, Bibliothèque nationale de France, manuscrit français 6465, vers 1460.

Jean de Wavrin, *Anciennes Chroniques d'Angleterre*, Paris, Bibliothèque nationale de France, manuscrit français 81, XVe siècle.

Jehan de Wavrin, *Anciennes et nouvelles chroniques d'Angleterre*, Londres, British Library, Royal MS14 E IV, 1470-1480.

Le Propriétaire en françoys, par Barthélemy de Glanville. Traduction de Jean Corbichon, revue par Pierre Ferget, Lyon, Matthias Huss, 1485.

Livre des conquêtes et faits d'Alexandre, Paris, Petit Palais, musée des Beaux-Arts de la ville de Paris, Numéro d'inventaire: LDUT00456, XVe siècle.

Maurice de Sully, « Sermons », Paris, Bibliothèque nationale de France, manuscrit français 187, vers 1320-1330.

Regnault de Montauban, Bruges, Paris, Bibliothèque de l'Arsenal, t. 2 et 4, manuscrits 5073 et 5075 réserve, 1462-1470.

Saint-Augustin, *La Cité de Dieu*, traduction de « Raoul Praelles », Paris, Bibliothèque Sainte-Geneviève, manuscrit 246, après 1473.

« Valerius Maximus », traduction [de Simon de Hesdin et Nicolas de Gonesse], sans le commentaire, Paris, Bibliothèque nationale de France, manuscrit français 287, 3e quart du XVe siècle.

« Valerius Maximus », translaté de latin en françoys par... maistre Symon de Hedin et par Nicolas de Gonesse, Paris, Bibliothèque nationale de France, manuscrit français 6185, XVe siècle.

Vie de Sainte Radegonde (Vita Radegundis), Poitiers, Bibliothèque municipale, manuscrit 250 (136), XIe siècle.

Watriquet de Couvin, *Dits*, Paris, Bibliothèque de l'Arsenal, manuscrit 3525 réserve, vers 1330.

*Sources imprimées (sauf celles concernant l'art)

Les ouvrages à caractère de sources concernant l'art sont classés dans la bibliographie sur l'art.

À la table des anciens. Guide de cuisine antique, textes réunis et présentés par Laure de Chantal, Paris, Les Belles Lettres, 2007.

Andry, Nicolas, *Traité des alimens de caresme*, Paris, Jean-Baptiste Coignard, t. 1, 1713.

Arétin, Pierre, *Trois livres de l'Humanité de Jésuchrist : divinement descripte, & au vif représentée par Pierre Aretin Italien, Nouvellement traduictz en François*, 1539.

Ars moriendi (1492) ou L'art de bien mourir suivi de L'aiguillon de la crainte divine pour bien mourir, des Peines de l'Enfer et du Purgatoire et des Joies du Paradis, présentation et adaptation de Pierre Girard-Augry, Paris, Dervy-Livres, 1986.

Audiger, *La Maison réglée, et l'art de diriger la maison d'un grand seigneur & autres, tant à la Ville qu'à la Campagne, & le devoir de tous les Officiers, & autres Domestiques en général*, Paris, Nicolas Le Gras, 1692.

Beatis, Don Antonio de, *Voyage du cardinal d'Aragon en Allemagne, Hollande, Belgique, France et Italie (1517-1518)*, Paris, Perrin, 1913.

Belon, Pierre, *L'Histoire naturelle des estranges poissons marins, avec la vraie peincture & description du Daulphin, & de plusieurs autres de son espèce, observée par Pierre Belon du Mans*, Paris, Regnaud Chaudiere, 1551.

Belon, Pierre, *La Nature & diversité des poissons, avec leurs pourtraicts, représentez au plus pres du naturel. Par Pierre Belon du Mans*, Paris, Charles Estienne, 1555.

Bonnefons, Nicolas de, *Le Jardinier françois, qui enseigne à cultiver les arbres, & herbes potagères; avec la manière de conserver les fruicts, & faire toutes sortes de confitures, conserves, & massepans, dédié aux dames*, Paris, Pierre Des-Hayes, 1651.

Bonnefons, Nicolas de, *Les Délices de la campagne, suitte du Jardinier françois...*, [Amsterdam], Raphael Smith, 1655.

Bories, Victor, « Les halles et les marchés », *Paris guide par les principaux écrivains et artistes de la France*, Paris, Librairie internationale, vol. 2, 1867, p. 1519-1537.

Bouelles, Charles de, *Que hoc volumine continuentur; Liber de intellectu; Liber de sensu; Liber de nichilo, Ars oppositorum; Liber de generatione; Liber de sapiente; Liber de duodecim numeris; Epistole complures*, 1510.

Boussingault, P., *La Guide universelle de tous les Pais Bas, ou des dix-sept provinces*, Paris, Cardin Besongne, 1668.

Briffault, Eugène, *Paris à table*, Paris, J. Hetzel, 1846.

Brillat-Savarin, Jean Anthelme, *Physiologie du goût, ou méditations de gastronomie transcendante*, Paris, A. Sautelet, 1826.

Bruyérin-Champier, Jean, *De re cibaria*, 1560, *L'alimentation de tous les peuples et de tous les temps jusqu'au XVIe siècle*, traduit du latin par Sigurd Amundsen, Paris, L'Intermédiaire des chercheurs et curieux, 1998.

Caillot, Antoine, *Mémoires pour servir à l'histoire des mœurs et usages des Français*, Paris, Dauvin, vol. 1, 1827.

Carr, John, *Les Anglais en France après la paix d'Amiens. Impressions de voyage de Sir John Carr*, Paris, Plon, 1898.

Casanova, *Histoire de ma vie*, Paris, Robert Laffont, 1999.

C'est li fabliaus de Coquaigne, dans *Fabliaux et contes des poètes françois des XI, XII, XIII, XIV et XVe siècles*, tirés des meilleurs auteurs, publiés par Barbazan, Paris, t. IV, 1808.

Crespin, *L'Oeconomie ou le vray advis pour se faire bien servir*, Paris, 1641.

Corrozet, Gilles, *Les Blasons domestiques contenantz la décoration d'une maison honneste, & du mesnage estant en icelle : Invention joyeuse, & moderne*, Paris, 1539.

Coryate, Thomas, *Crudities*, t. 1, 1776.

Daudet, Léon, *Paris Vécu*, Paris, Gallimard, 1969.

Delvau, Alfred, *Les Plaisirs de Paris. Guide pratique et illustré*, Paris, Achille Faure, 1867.

Dits de Watriquet de Couvin, Aug. Scheler (éd.), Bruxelles, 1868.

Du Camp, Maxime, *Paris. Ses organes, ses fonctions et sa vie dans la seconde moitié du XIXe siècle*, Paris, Hachette, vol. 2, 1875.

Dufour, Philippe Sylvestre, *Traitez nouveau & curieux du café, du thé et du chocolate*, Lyon, Jean Baptiste Deville, 1688.

Érasme, *La Civilité puérile. Traduction nouvelle, texte latin en regard. Précédée d'une notice sur les livres de civilité depuis le XVIe siècle* par Alcide Bonneau, Paris, Isidore Liseux, 1877.

Favreau, Robert, « Le manuscrit de Radegonde », *L'Actualité* n° 16, 1er trimestre 1992, p. 24-26.

Flaubert, Gustave, *Œuvres complètes*, III, 1851-1862, Paris, Gallimard, La Pléiade, 2013.

Gauchet, Claude, *Le Plaisir des champs avec la venerie, volerie et pescherie, poème en quatre parties*, Paris, A. Franck, 1869.

Goethe, *Campagne de France*, Paris, Hachette, 1889.

Goncourt, Edmond et Jules de, *Journal. Mémoires de la vie littéraire 1851-1865*, Paris, Robert Laffont, vol. 1, 1989.

Grimod de La Reynière, *Almanach des gourmands, ou calendrier nutritif*, Paris, Maradan, 1803.

Grimod de La Reynière, *Almanach des gourmands, servant de guide dans les moyens de faire excellente chère. Par un vieil amateur*. Quatrième année, Paris, Maradan, 1806.

Grimod de La Reynière, *Almanach des gourmands, servant de guide dans les moyens de faire excellente chère. Par un vieil amateur*. Septième année, Paris, 1810.

Guicciardini, Lodovico, *Description de tout le Païs-Bas autrement dict la Germanie inférieure, ou Basse-Allemaigne*, Anvers, Guillaume Silvius, 1568.

Hecquet, Philippe, *Traité des dispenses du carême, dans lequel on découvre la fausseté des prétextes qu'on apporte pour les obtenir*, Paris, François Fournier, t. 1, 1710.

Houdenc, Raoul de, *Le Songe d'Enfer suivi de La Voie de Paradis*. Poèmes du XIIIe siècle précédés d'une notice historique et critique et suivis de notes bibliographiques et d'éclaircissements par Philéas Lebesgue, Paris, Bibliothèque internationale d'édition, 1908.

335
Barent Fabritius
Le Cochon tué
1656
Détail ill. 333, p. 367

La Bible, Société biblique de Genève, 2007.

La Chesnaye, Nicolas de, *La Condamnation de Banquet*, édition critique par Jelle Koopmans et Paul Verhuyck, Genève, Droz, 1991.

La Civilité puérile et honneste pour l'instruction des enfans […] *dressée par un missionnaire*, Troyes, Veuve Jacques Oudot, 1730.

Larousse ménager. Dictionnaire illustré de la vie domestique, Paris, Larousse, 1926.

La Salle, Jean-Baptiste de, *Les Règles de la bienséance et de la civilité chrétienne, divisé en deux parties,* […] *à l'usage des écoles chrétiennes*, Paris, Ch. Fouraut, 1875.

La Vie de Sainte Radegonde par Fortunat, Poitiers, Bibliothèque municipale, manuscrit 250 (136), Robert Favreau (dir.) Paris, Seuil, 1995.

Le Livre des métiers d'Étienne Boileau, René de Lespinasse et François Bonnardot (éd.), Paris, Imprimerie nationale, 1879.

Les Grandes Chroniques de France. Chronique des règnes de Jean II et de Charles V, R. Delachenal (éd.), tome deuxième, 1364-1380, Paris, Renouard, 1916.

Les Métiers et corporations de la ville de Paris, René de Lespinasse (éd.), Paris, Imprimerie nationale, t. 1, 1886.

Lulle, Raymond, *Livre de l'enseignement des enfants (Doctrina pueril)*, présentation et traduction de Bernard Jolibert, Klincksieck, 2005.

Maupassant, Guy de, *Bel-Ami*, Paris, Gallimard, 2013.

Mémoires d'Olivier de La Marche, maître d'hôtel et capitaine des gardes de Charles le Téméraire, H. Beaune et J. d'Arbaumont (éd.), Paris, Renouard, t. II, 1884, t. III, 1885, t. IV, 1888.

Montaigne, *Journal de voyage en Italie par la Suisse et l'Allemagne en 1580 et 1581*, Paris, Garnier, 1955.

Morgan (Lady), *La France,* troisième édition revue et corrigée. Paris et Londres, chez Treuttel et Würtz, vol. 1, 1818.

Pages du journal de la reine Victoria. Souvenirs d'un séjour à Paris en 1855, traduit de l'anglais, préfacé et annoté par Olivier Gabet, Paris, Gallimard, 2008.

Paris, Laurent de, *Le Palais d'amour divin de Jesus, de l'ame chrestienne, ou toute personne tant religieuse que seculiere peult apprendre a aymer Dieu en verite*, Paris, chez la veuve Guillaume de la Noüe, 1602.

Parmentier, Antoine-Augustin, *Avis aux bonnes ménagères des villes et des campagnes, sur la meilleure manière de faire leur Pain,* Paris, Imprimerie royale, 1777.

Paul, John Dean, *Journal d'un voyage à Paris au mois d'août 1802 par Sir John Dean Paul*, Paris, Alphonse Picard et fils, 1913.

Percier, Charles, et Fontaine, P.F.L., *Description des cérémonies et des fêtes qui ont eu lieu pour le mariage de S.M. l'Empereur Napoléon avec S.A.I. Madame l'archiduchesse Marie-Louise d'Autriche*, Paris, P. Didot l'aîné, 1810.

Pétrone, *Satiricon*, présentation de Géraldine Puccini, Paris, Arléa, 1995.

Platon, *Le Banquet, Phèdre, Apologie de Socrate,* Le Monde de la Philosophie, présentation de Roger-Pol Droit, Paris, Flammarion, 2008.

Pline l'Ancien, *Histoire naturelle*, traduction de M.E. Littré, Paris, Firmin Didot, t. 2, 1877.

Plutarque, *Propos de table*, traduit du grec, présenté et annoté par François Rosso, Paris, Arléa, 2012.

Poirion, Daniel, et Thomasset, Claude, *L'Art de bien vivre au Moyen Âge, codex vindobonensis series nova 2644 conservé à la Bibliothèque nationale d'Autriche*, Paris, édition du Félin, 1995.

Salnove, Robert de, *La Vénerie royale* (1655), Paris, Émile Nourry, 1929.

Sartre, Pierre, *Voyage en Hollande fait en 1719*, Paris, Lechevalier, 1896.

Serres, Olivier de, *Le Théâtre d'agriculture et mesnage des champs* (1600), Arles, Actes Sud, 1996.

Sienne, Aldebrandin de, *Le Régime du corps de Maître Aldebrandin de Sienne*, texte français du xiiie siècle, Paris, Honoré Champion, 1911.

Staffe (Baronne), *Usages du monde. Règles du savoir-vivre dans la société moderne*, Paris, Victor-Havard, 1891.

Suétone, *Vies des douze Césars*, traduction et notes de Henri Ailloud, Paris, Gallimard, 2002.

Thresor de santé, ou mesnage de la vie humaine, Lyon, 1607.

Tommaseo, M.N., *Relations des ambassadeurs vénitiens sur les affaires de France au xvie siècle*, Paris, Imprimerie royale, t. 2, 1838.

Zola, Émile, *Le Ventre de Paris*, Paris, *Livre de Poche*, 1972.

***Traités et Livres de cuisine**

Apicius, *L'Art culinaire*, introduction de Jacques André, Paris, Les Belles Lettres, 2002.

Casteau, Lancelot de, *Ouverture de cuisine*, Liège, Leonard Streel, 1604. Anvers et Bruxelles, De Schutter, 1983.

Chapel, Alain, *La Cuisine c'est beaucoup plus que des recettes*, avec la collaboration de Jean-François Abert, Paris, Robert Laffont, 1980 et 1995.

Chiquart, « Du fait de cuisine par Maistre Chiquart, 1420 », Terence Scully (éd.), *Vallesia* XL, 1985, p. 101-231.

Dumas, Alexandre, *Grand Dictionnaire de cuisine*, Paris, Phébus, 2000.

Escoffier, Auguste, avec la collaboration de Philéas Gilbert et Émile Fétu, *Le Livre des menus*, Paris, Flammarion, 1912.

Escoffier, Auguste, *Le Guide culinaire, aide-mémoire de cuisine pratique*, édition de 1921, Paris, Flammarion, 2001. La première édition date de 1903, avec la collaboration de « Philéas Gilbert, E. Fétu, A. Suzanne, B. Reboul, Ch. Dietrich, A. Caillat ».

Favre, Joseph, *Dictionnaire universel de cuisine et d'hygiène alimentaire*, Paris, vol. 2, 1891.

Gilliers, *Le Cannameliste français, ou nouvelle instruction pour ceux qui désirent d'apprendre l'office,* Nancy, Abel-Denis Cosson, 1751.

Gouffé, Jules, *Le Livre de pâtisserie*, Paris, Hachette, 1873.

La Bonne cuisinière bourgeoise à l'usage de la ville et de la campagne; traité complet sur la manière de faire facilement et économiquement une excellente cuisine, Épinal, Pellerin et Cie, 1853.

Le Cuisinier Taillevant, Lyon, Martin Havard, vers 1495-1496.

Le Mesnagier de Paris, Georgina E. Brereton et Janet M. Ferrier (éd.), Paris, Librairie générale française, 1994.

Le Pastissier françois; Où est enseigné la manière de faire toute sorte de Pastisserie, tres-utile à toutes personnes, Paris, Jean Gaillard, 1653.

Le Platine en françois, 1505, Orthez, Manucius, 2003.

L.S.R, *L'Art de bien traiter. Divisé en trois parties. Ouvrage nouveau, curieux, et fort galant, utile à toutes personnes, et conditions*, Paris, Jean Du Puis, 1674.

Le Viandier de Guillaume Tirel dit Taillevent, Jérôme Pichon et Georges Vicaire (éd.), Paris, Techener, 1892.

Marin, François, *Suite des Dons de Comus, ou l'art de la cuisine réduit en pratique*, 1742, Pau, Manucius, 2001.

Massialot, François, *Nouvelle instruction pour les confitures, les liqueurs et les fruits, avec la manière de bien ordonner un dessert…*, Paris, Charles de Sercy, 1698.

Massialot, François, *Le Nouveau Cuisinier royal et bourgeois*, Paris, Claude Prudhomme, t. 2, 1722.

Menon, *Nouveau traité de la cuisine, avec de nouveaux desseins de tables et vingt-quatre menus*, Paris, t. 2, 1739.

Menon, *La Cuisinière bourgeoise*, Bruxelles, François Foppens, 1753.

Nostradamus, Michel, *Le Vray et parfaict embellissement de la face…, & la seconde partie, contenant la façon et manière de faire toutes confitures liquides, tant en succre, miel, qu'en vin cuit*, Anvers, Christophe Plantin, 1557. Paris, Gutenberg-Reprint, 1979.

Saint-Ange, Mme E., *La Bonne Cuisine*, Paris, Larousse 1927, édition 1999.

Scappi, Bartolomeo, *Opera*, Venise, 1570.

Staffe (Baronne), *Traditions culinaires et l'art de manger toute chose à table*, Paris, Victor Havard, 1894.

Taillevent, *Le Viandier d'après l'édition de 1486*, Houilles, Manucius, 2001.

Bibliographie (histoire et sciences humaines)

Alexandre-Bidon, Danièle, et Lorcin, Marie-Thérèse, *Le Quotidien au temps des fabliaux. Textes, images, objets*, Paris, Picard, 2003.

Barthes, Roland, *Mythologies*, Paris, Seuil, 1970.

Braudel, Fernand, *Civilisation matérielle, économie et capitalisme xve-xviiie siècle*, Paris, Armand Colin, vol. 1 et 2, 1979.

Carcopino, Jérôme, *La Vie quotidienne à Rome à l'apogée de l'Empire*, Paris, Hachette, 1982.

Casagrande, Carla, et Vecchio, Silvana, *Histoire des péchés capitaux au Moyen Âge*, Paris, Aubier, 2003.

CHAGNIOT, Jean, *Nouvelle histoire de Paris : Paris au XVIIIe siècle*, Paris, Association pour la publication d'une Histoire de Paris, 1988.

DALY, César, *L'Architecture privée au XIXe* siècle sous Napoléon *III. Nouvelles maisons de Paris et des environs*, Paris, A. Morel et Cie, t. 1, 1864.

DELUMEAU, Jean (dir.), *La Mort des pays de Cocagne. Comportements collectifs de la Renaissance à l'âge classique*, Paris, Publications de la Sorbonne, 1976.

Des Ternes aux Batignolles. Promenade historique dans le XVIIe arrondissement, Alain Lemoine et Rodolphe Trouilleux (dir.), Paris, Délégation à l'action artistique de la Ville de Paris, 1986.

DIDIER, Marie-Hélène, et SERRETTE, Renaud, *Le Château de Champs*, Paris, Monum, éditions du Patrimoine, 2005.

DUVAL, Paul-Marie, *La Vie quotidienne en Gaule pendant la paix romaine*, Paris, Hachette, 1952.

ELIAS, Norbert, *La Civilisation des mœurs*, Paris, Calmann-Lévy, 1973.

ÉTIENNE, Robert, *La Vie quotidienne à Pompéi*, Paris, Hachette, 1966.

FAIDER, Amédée, *Histoire du droit de chasse et de la législation sur la chasse en Belgique, en France, en Angleterre, en Allemagne, en Italie et en Hollande*, dans *Mémoires couronnés et autres mémoires publiés par l'Académie royale des sciences, des lettres et des beaux-arts de Belgique*, Bruxelles, F. Hayez, t. XXVII, 1877.

FRANCO, Hilário, (Júnior), *Cocagne. Histoire d'un pays imaginaire*, Paris, Arkhê, 2013.

FOISIL, Madeleine, *Le Sire de Gouberville, un gentilhomme normand au XVIe siècle*, Paris, Flammarion, 2001.

FOUCAULT, Michel, *L'Archéologie du savoir*, Paris, Gallimard, 2011.

GALESLOOT, A.L., *Recherches historiques sur la Maison de chasse des ducs de Brabant et de l'ancienne cour de Bruxelles, précédées d'un aperçu sur l'ancien droit de chasse en Brabant*, Bruxelles et Leipzig, Kiessling, Schnée, 1854.

GOUBERT, Pierre, *Les Paysans français au XVIIe siècle*, Paris, Hachette, 1994.

HUIZINGA, Johan, *L'Automne du Moyen Âge*, Payot, 1993.

LE GOFF, Jacques, « Le temps du Purgatoire (IIIe-XIIIe siècle) », *L'Imaginaire médiéval*, Paris, Gallimard, 1991, p. 84-98.

LELONG, Charles, *La Vie quotidienne en Gaule à l'époque mérovingienne*, Paris, Hachette, 1963.

LÉVI-STRAUSS, Claude, *Mythologiques. Le cru et le cuit*, Paris, Plon, 1964.

LUDMANN, Jean-Daniel, *Les Grands appartements du palais Rohan de Strasbourg*, Musée de Strasbourg, 1985.

PILLORGET, René, *Paris sous les premiers Bourbons 1594-1661*, Paris, Association pour la publication d'une Histoire de Paris, 1988.

SALIN, Édouard, *La Civilisation mérovingienne, d'après les sépultures, les textes et le laboratoire*, première partie : « Les idées et les faits », Paris, Picard, 1987.

SALIN, Édouard, *La Civilisation mérovingienne, d'après les sépultures, les textes et le laboratoire*, quatrième partie : « Les croyances », Paris, Picard, 1989.

SCHEID, John, *Quand faire, c'est croire. Les rites sacrificiels des Romains*, Paris, Aubier, 2011.

SKUBISZEWSKI, Piotr, « Le décor de la "Vie de Radegonde" de Poitiers », *La Vie de Sainte Radegonde par Fortunat, Poitiers, Bibliothèque municipale, manuscrit 250 (136)*, Robert Favreau (dir.) Paris, Seuil, 1995.

VATOUT, J., *Le Palais de Fontainebleau (souvenirs historiques), son histoire et sa description*, Paris, Didier, 1852.

VIAL, Charles-Éloi, « La vénerie royale sous Louis XV et les chasses de Fontainebleau », *Louis XV à Fontainebleau, la « demeure des rois » au temps des Lumières*, Vincent Droguet (dir.), Paris, Réunion des musées nationaux-Grand Palais, 2016, p. 189-193.

WALTZING, J.-P., Étude *historique sur les corporations professionnelles chez les Romains*, Louvain, Charles Peeters, t. 1, 1895.

WEE, Hermann Van, « Typologie des crises et changements de structures aux Pays-Bas (XVe-XVIe siècle) », *Annales. Économies, Sociétés, Civilisations,* 18e année, n° 2, 1963, p. 209-225.

ZUMTHOR, Paul, *La Vie quotidienne en Hollande au temps de Rembrandt,* Paris, Hachette, 1990.

*Images et histoire

BASCHET, Jérôme, *L'Iconographie médiévale*, Paris, Gallimard, 2008.

BOUCHERON, Patrick, *Conjurer la peur, Sienne, 1338. Essai sur la force politique des images*, Paris, Seuil, 2013.

HASKELL, Francis, *L'Historien et les images*, Paris, Gallimard, 1995.

RECHT, Roland, *L'Image médiévale. Le livre enluminé*, Paris, Réunion des musées nationaux, 2010.

SCHMITT, Jean-Claude, « La Culture de l'imago », *Annales. Histoire, Sciences Sociales*, 51e année, n° 1, 1996, p. 3-36.

SCHMITT, Jean-Claude, « Images », *Dictionnaire raisonné de l'Occident médiéval*, Jacques Le Goff et Jean-Claude Schmitt (dir.), Paris, Fayard, 1999, p. 497-511.

SCHMITT, Jean-Claude, *Le Corps des images. Essais sur la culture visuelle au Moyen Âge*, Paris, Gallimard, 2002.

*Études sur l'alimentation, la cuisine et la table

ALEXANDRE-BIDON, Danièle, « Pots de terre, mode d'emploi », *À la fortune du pot. La cuisine et la table à Lyon et à Vienne, Xe-XIXe siècles, d'après les fouilles archéologiques*, Lyon, musée de la Civilisation gallo-romaine, 1990, p. 25-48.

ALEXANDRE-BIDON, Danièle, « À la table des miniaturistes : archéo-iconographie des gestes et des mets », *Du manuscrit à la table. Essais sur la cuisine au Moyen Âge et répertoire des manuscrits médiévaux contenant des recettes culinaires*, Carole Lambert (dir.), Paris et Montréal, Les Presses de l'Université de Montréal et Champion-Slatkine, 1992, p. 45-55.

AMBROSINI, Daniela, « Les honneurs sucrés de Venise », *Le Boire et le manger au XVIe siècle*, Saint-Étienne, Publications de l'Université de Saint-Étienne, 2004, p. 267-284.

AMOURETTI, Marie-Claire, « Villes et campagnes grecques », *Histoire de l'alimentation,* Jean-Louis Flandrin et Massimo Montanari (dir.), Paris, Fayard, 1996, p. 133-150.

ANDRÉ, Jacques, *L'Alimentation et la cuisine à Rome*, Paris, Les Belles Lettres, 2009.

BALARD, Michel, « Épices et condiments dans quelques livres de cuisine allemands (XIVe-XVIe siècle) », *Du manuscrit à la table. Essais sur la cuisine au Moyen Âge et répertoire des manuscrits médiévaux contenant des recettes culinaires*, Carole Lambert (dir.) Paris et Montréal, Champion-Slatkine et Presses de l'Université de Montréal, 1992, p. 193-201.

BLANC, Nicole, et NERCESSIAN, Anne, *La Cuisine romaine antique*, Grenoble et Dijon, Glénat et Faton, 1992.

BOTTÉRO, Jean, « Le plus vieux festin du monde », *L'Histoire*, n° 85, 1986, p. 58-65.

BOTTÉRO, Jean, *La Plus Vieille Cuisine du monde*, Paris, Louis Audibert, 2002.

BRESCIANI, Edda, « Nourritures et boissons de l'Égypte ancienne », *Histoire de l'alimentation*, Jean-Louis Flandrin et Massimo Montanari (dir.), Paris, Fayard, 1996, p. 61-72.

CAPATTI, Alberto, et MONTANARI, Massimo, *La Cuisine italienne histoire d'une culture*, Paris, Seuil, 2002.

CHEVALIER, Bernard, « L'alimentation carnée à la fin du XVe siècle : réalité et symboles », *Pratiques & discours alimentaires à la Renaissance*, Jean-Claude Margolin et Robert Sauzet (dir.), Paris, Maisonneuve et Larose, 1982.

CHUVIN, Pierre, « Manger assis, manger couché », *L'Histoire* n° 85, 1986, p. 66-70.

CLAVEL, Benoît, *L'Animal dans l'alimentation médiévale et moderne en France du Nord (XIIe-XVIIe siècle), Revue archéologique de Picardie*, n° spécial 19, 2001.

CLOSSON, Monique, « Us et coutumes de la table du XIIe siècle au XVe siècle à travers les miniatures », *Manger et boire au Moyen Âge : cuisine, manières de table, régimes alimentaires*, Publications de la faculté des lettres et sciences humaines de Nice, t. 2, 1984, p. 21-32.

COLANTONIO, Laurent, « La Grande Famine en Irlande (1846-1851) : objet d'histoire, enjeu de mémoire », *Revue historique*, 2007 / 4, n° 644, p. 899-925.

CORBIER, Mireille, « La fève et la murène : hiérarchies sociales des nourritures à Rome », *Histoire de l'alimentation,* Jean-Louis Flandrin et Massimo Montanari (dir.), Paris, Fayard, 1996, p. 215-236.

COUPERIE, Pierre, « Les marchés de pourvoierie : viandes et poissons chez les Grands au XVIIe siècle », *Pour une histoire de l'alimentation, Cahiers des Annales* n° 28, 1970, p. 241-253.

CROSNIER LECONTE, Marie-Laure, « Salle à manger privée », *À table au XIXe siècle*, Paris, Réunion des musées nationaux et Flammarion, 2001, p. 148-168.

DUNOYER DE SEGONZAC, Gilbert, *Les Chemins du sel*, Paris, Découvertes Gallimard, 1991.

DUPAVILLON, Christian, Éléments d'une architecture gourmande, Paris, Monum, éditions du Patrimoine et Adam Biro, 2002.

Dupèbe, Jean, « La diététique et l'alimentation des pauvres selon Sylvius », *Pratiques & discours alimentaires à la Renaissance*, Jean-Claude Margolin et Robert Sauzet (dir.), Paris, Maisonneuve et Larose, 1982, p. 41-56.

Dupont, Florence, « Grammaire de l'alimentation et des repas romains », *Histoire de l'alimentation,* Jean-Louis Flandrin et Massimo Montanari (dir.), Paris, Fayard, 1996, p. 197-214.

Dupont, Florence, « De l'œuf à la pomme. La *cena* romaine », *Tables d'hier, tables d'ailleurs*, Jean-Louis Flandrin et Jane Cobbi (dir.), Paris, Odile Jacob, 1999, p. 59-85.

Feinberg Vamosh, Miriam, *Les Nourritures aux temps de la Bible, depuis la pomme d'Adam jusqu'au Dernier Repas*, Villiers-le-Bel, Bibli'O, 2011.

Ferrières, Madeleine, *Histoire des peurs alimentaires du Moyen Âge à l'aube du XXe siècle*, Paris, Seuil, 2002.

Fêtes gourmandes au Moyen Âge, Jean-Louis Flandrin et Carole Lambert (dir.), Paris, Imprimerie nationale, 1998.

Février, Paul-Albert, « À propos du repas funéraire : culte et sociabilité. "In Christo Deo, pax et concordia sit convivio nostro" », *La Méditerranée de Paul-Albert Février*, Rome, École française de Rome, 1996, p. 21-37.

Flandrin, Jean-Louis, « L'huître et la truffe », *L'Histoire* n° 7, décembre 1978, p. 102-104.

Flandrin, Jean-Louis, « Choix alimentaires et art culinaire (XVIe-XVIIIe siècle) », *Histoire de l'alimentation,* Jean-Louis Flandrin et Massimo Montanari (dir.), Paris, Fayard, 1996, p. 657-681.

Flandrin, Jean-Louis, « L'alimentation paysanne en économie de subsistance », *Histoire de l'alimentation,* Jean-Louis Flandrin et Massimo Montanari (dir.), Paris, Fayard, 1996, p. 597-627.

Gautier, Alban, *Le Festin dans l'Angleterre anglo-saxonne (Ve-XIe siècle)*, Rennes, Presses universitaires de Rennes, 2006.

Goyon, Jean-Claude, *Rituels funéraires de l'ancienne Égypte*, Paris, éditions du Cerf, 2000.

Gourarier, Zeev, « Modèles de cour et usages de table : les origines », *Versailles et les tables royales en Europe XVIIe-XIXe siècle*, Paris, Réunion des musées nationaux, 1993, p. 15-32.

Grieco, Allen J., « Savoir de poète ou savoir de botaniste ? Les fruits dans la poésie italienne du XVe siècle », *Médiévales*, n° 16-17, 1989, p. 131-146.

Grieco, Allen [J], « Réflexions sur l'histoire des fruits au Moyen Âge », *L'Arbre. Histoire naturelle et symbolique de l'arbre, du bois et du fruit au Moyen Âge*, Les Cahiers du Léopard d'or n° 2, 1992, p. 145-153.

Grieco, Allen J., « Alimentation et classes sociales à la fin du Moyen Âge et à la Renaissance », *Histoire de l'alimentation*, Jean-Louis Flandrin et Massimo Montanari (dir.), Paris, Fayard, 1996, p. 479-490.

Grottanelli, Cristiano, « La viande et ses rites », *Histoire de l'alimentation,* Jean-Louis Flandrin et Massimo Montanari (dir.), Paris, Fayard, 1996, p. 117-132.

Gruber, Alain, « Le cérémonial de table dans les cours européennes », *Versailles et les tables royales en Europe XVIIe-XIXe* siècle, Paris, Réunion des musées nationaux, 1993, p. 147-155.

Hell-Girod, Ginette, *L'Esprit des brasseries*, Paris, Du Chêne, 1995.

Herda-Mousseaux, Rose-Marie, « Thé, café ou chocolat ? », *Thé, café ou chocolat ? Les boissons exotiques à Paris au XVIIIe siècle*, Paris, Paris Musées, 2015, p. 7-28.

Histoire de l'alimentation, Jean-Louis Flandrin et Massimo Montanari (dir.), Paris, Fayard, 1996.

Joannès, Francis, « La fonction sociale du banquet dans les premières civilisations », *Histoire de l'alimentation*, Jean-Louis Flandrin et Massimo Montanari (dir.), Paris, Fayard, 1996, p. 47-59.

Koopmans, Jelle, « La table sur les tréteaux. Cuisine grasse et cuisine maigre dans le théâtre de la fin du Moyen Âge », *La Vie matérielle au Moyen Âge. L'apport des sources littéraires, normatives et de la pratique*, Louvain-la-Neuve, publications de l'Institut d'études médiévales de l'Université catholique de Louvain, 1997, p. 127-146.

Kosta-Théfaine, Jean-François, « De l'art des mots à l'art des mets. Les nourritures de la mer dans les poèmes d'Eustache Deschamps et dans la littérature culinaire française du Moyen Âge », *Les Nourritures de la mer, de la criée à l'assiette*, Élisabeth Ridel, Éric Barré et André Zysberg (dir.), Caen, CRHQ, 2007, p. 325-337.

Lachiver, Marcel, *Vins, vignes et vignerons. Histoire du vignoble français*, Paris, Fayard, 1988.

Lafortune-Martel, Agathe, « De l'entremets culinaire aux pièces montées d'un menu de propagande », *Du manuscrit à la table. Essais sur la cuisine au Moyen Âge et répertoire des manuscrits médiévaux contenant des recettes culinaires*, Carole Lambert (dir.), Paris et Montréal, Les Presses de l'Université de Montréal et Champion-Slatkine, 1992, p. 121-129.

L'Alimentazione nel mondo antico. Gli Egizi, Rome, Istituto Poligrafico e Zecca dello Stato, 2008.

Lambert, Carole, « La nourriture comme signe de distinction religieuse et sociale de Thomas d'Aquin à Érasme », *Heresis*, n° 26-27, 1996, p. 99-113.

Langle, Henry-Melchior de, *Le Petit Monde des cafés et débits parisiens au XIXe siècle*, Paris, PUF, 1990.

Laurioux, Bruno, *Le Moyen Âge à table*, Paris, Adam Biro, 1989.

Laurioux, Bruno, « Banquets, entremets et cuisine à la cour de Bourgogne », *Splendeurs de la cour de Bourgogne. Récits et chroniques*, Danielle Régnier-Bohler (dir.), Paris, Robert Laffont, 1995, p. 1027-1127.

Laurioux, Bruno, *Manger au Moyen Âge*, Paris, Hachette, 2002.

Laurioux, Bruno, *Écrits et images de la gastronomie médiévale*, Paris, Bibliothèque nationale de France, 2011.

Lion, Brigitte, et Michel, Cécile, « Un banquet à la cour assyrienne », *Dossiers d'archéologie. Banquets et fêtes au Proche-Orient ancien,* n° 280, février 2003, p. 24-31.

Meyer, Jean, *Histoire du sucre*, Paris, Desjonquères, 1989.

Michel, Dominique, « Le dessert au XVIIe siècle », *Revue XVIIe siècle*, octobre-novembre 2002, n° 217, p. 655-662.

Montanari, Massimo, *La Faim et l'abondance. Histoire de l'alimentation en Europe*, Paris, Seuil, 1995.

Montanari, Massimo, « Romains, Barbares, chrétiens : à l'aube de la culture alimentaire européenne », *Histoire de l'alimentation,* Jean-Louis Flandrin et Massimo Montanari (dir.), Paris, Fayard, 1996, p. 279-282.

Montanari, Massimo, « Bologna Grassa. La costruzione di un mito », *Il mondo in cucina. Storia, identità, scambi*, Massimo Montanari (dir.), Rome-Bari, Laterza, 2002, p. 177-196.

Morineau, Michel, « Croître sans savoir pourquoi : structures de production, démographie et rations alimentaires », *Histoire de l'alimentation*, Jean-Louis Flandrin et Massimo Montanari (dir.), Paris, Fayard, 1996, p. 577-595.

Nouvel-Kammerer, Odile, « L'industrie au service de la table. Les orfèvres confrontés aux ambiguïtés de la modernité », *À table au XIXe siècle*, Paris, Réunion des musées nationaux et Flammarion, 2001, p. 136-145.

Oliveira Marques, A.H. de, et Ferro, João Pedro, « L'alimentation au Portugal du Moyen Âge au XVIIIe siècle », *La Sociabilité à table. Commensalité et convivialité à travers les âges*, Rouen, Publications de l'Université de Rouen n° 178, 1992, p. 283-290.

Pastoureau, Michel, « Mythologie, histoire et symbolique », *Le Bœuf. Histoire, Symbolique & Cuisine*, Paris, éditions Sang de la Terre, 1992, p. 21-23.

Quellier, Florent, « L'automne horticole du Moyen Âge, permanences médiévales dans les traités de jardinage de la première modernité (1486-1652) », *Archéologie du Midi médiéval*, t. 23-24, 2005-2006, p. 109-117.

Quellier, Florent, *La Table des Français. Une histoire culturelle (XVe-début XIXe siècle)*, Rennes, Presses universitaires de Rennes, 2007.

Quellier, Florent, *Gourmandise histoire d'un péché capital*, Paris, Armand Colin, 2010.

Quellier, Florent, « *Le Festin*, ou introduction à la culture de table aristocratique de la Renaissance », *Festins de la Renaissance. Cuisine et trésors de la table*, Élisabeth Latrémolière et Florent Quellier (dir.), Paris, Somogy et musée du Château royal de Blois, 2012, p. 14-17.

Rambourg, Patrick, *Le Civet de lièvre. Un gibier, une histoire, un plat mythique*, Paris, Jean-Paul Rocher Éditeur, 2003.

Rambourg, Patrick, « Entre le cuit et le cru : la cuisine de l'huître, en France, de la fin du Moyen Âge au XXe siècle », *Les Nourritures de la mer, de la criée à l'assiette*, Élisabeth Ridel, Éric Barré, André Zysberg (dir.), Caen, CRHQ, 2007, p. 211-220.

Rambourg, Patrick, « Sucre et mets sucrés dans les traités culinaires de la fin du Moyen Âge au début du XXe siècle », *Du sucre*, Biarritz, Atlantica, 2007, p. 173-188.

Rambourg, Patrick, « Manger gras. Lard, saindoux, beurre et huile dans les traités de cuisine du Moyen Âge au XXe siècle », *Trop gros ? L'obésité et ses représentations,* Julia Csergo (dir.), Paris, Autrement, 2009, p. 75-91.

Rambourg, Patrick, *Histoire de la cuisine et de la gastronomie françaises*, Paris, Perrin, coll. Tempus, 2010.

Rambourg, Patrick, « Les savoirs alimentaires dans le Paris de la fin du Moyen Âge : entre pratique culinaire et hygiène alimentaire », *Le Choix des aliments. Informations et pratiques alimentaires de la fin du Moyen Âge à nos jours*, Martin Bruegel, Marilyn Nicoud, Eva Barlösius (dir.), Rennes et Tours, Presses universitaires de Rennes et Presses universitaires François-Rabelais de Tours, 2010, p. 181-196.

Rambourg, Patrick, *À table... le menu !*, Paris, Honoré Champion, 2013.

Rambourg, Patrick, « Saveurs et cuisine de Provence à Paris ou comment la capitale valorisa les spécialités régionales », *À table en Provence*, Toulon, musée d'Art, 2014, p. 135-140.

Rambourg, Patrick, « De la consommation des boissons exotiques aux xviie et xviiie siècles », *Thé, café ou chocolat ? Les boissons exotiques à Paris au xviiie siècle*, Paris, Paris-Musées, 2015, p. 47-58.

Redon, Odile, et Sabban, Françoise, et Serventi, Silvano, *La Gastronomie au Moyen Age. 150 recettes de France et d'Italie*, Paris, Stock, 1995.

Robin, Françoise, « Le luxe de la table dans les cours princières (1360-1480) », *Gazette des Beaux-Arts*, n° 86, juillet-août 1975, p. 1-16.

Safran, Serge, *L'Amour gourmand. Libertinage gastronomique au xviiie siècle*, Paris, La Musardine, 2000.

Samoyault, Jean-Pierre, « La table impériale », *Versailles et les tables royales en Europe xviie-xixe* siècle, Paris, Réunion des musées nationaux, 1993, p 199-206.

Saule, Béatrix, « Tables royales à Versailles 1682-1789 », *Versailles et les tables royales en Europe xviie-xixe* siècle, Paris, Réunion des musées nationaux, 1993, p. 41-68.

Schmitt Pantel, Pauline, « Les repas grecs, un rituel civique », *Histoire de l'alimentation,* Jean-Louis Flandrin et Massimo Montanari (dir.), Paris, Fayard, 1996, p. 151-165.

Schmitt Pantel, Pauline, « Manger entre citoyens. Les repas dans les cités grecques antiques », *Tables d'hier, tables d'ailleurs*, Jean-Louis Flandrin et Jane Cobbi (dir.), Paris, Odile Jacob, 1999, p. 39-57.

Tallet, Pierre, *La Cuisine des pharaons*, Arles, Actes Sud, 2003.

Villard, Pierre, « Les commensaux des rois néo-assyriens », *Le Banquet du monarque dans le monde antique*, Catherine Grandjean, Christophe Hugoniot et Brigitte Lion (dir.), Rennes et Tours, Presses universitaires de Rennes et Presses universitaires François-Rabelais de Tours, 2013, p. 215-230.

Vincent-Cassy, Mireille, « La *Gula* curiale ou les débordements des banquets au début du règne de Charles VI », *La Sociabilité à table. Commensalité et convivialité à travers les âges*, Rouen, Publications de l'Université de Rouen n° 178, 1992, p. 91-102.

Wheaton, Barbara Ketcham, *L'Office et la bouche. Histoire des mœurs de la table en France 1300-1789*, Paris, Calmann-Lévy, 1984.

Bibliographie (art)

*À caractère de sources

Alberti, Leon Battista, *De Pictura* (1430-1440), Paris, Allia, 2014.

Braque, propos recueillis par Dora Vallier, Bâle, éditions Beyeler, 1968.

Castagnary, Jules-Antoine, *Salons (1857-1870)*, Paris, G. Charpentier et E. Fasquelle, vol. 1, 1892.

Correspondance complète de Vincent van Gogh enrichie de tous les dessins originaux, Paris, Gallimard et Grasset, t. 2, 1960.

Descamps, Jean-Baptiste, *La Vie des peintres flamands, allemands et hollandois, avec des portraits*, Paris, t. 2, 1754, t. 3, 1760.

Dezallier d'Argenville, Antoine, Joseph, *Abrégé de la vie des plus fameux peintres*, Paris, De Bure, t. IV, 1762.

Diderot, Denis, *Salons de 1759-1761-1763*, texte établi par Jean Seznec, Paris, Flammarion, 1967.

Encyclopédie des symboles, Michel Cazenave (dir.) Paris, Librairie générale française, 1996.

Espérandieu, Émile, *Recueil général des bas-reliefs, statues et bustes de la Gaule romaine*, Paris, Imprimerie nationale, t. 4, 1911, t. 5, 1913, t. 6, 1915.

Félibien, André, *Conférences de l'Académie royale de peinture et de sculpture pendant l'année 1667*, Paris, Frédéric Léonard, 1668.

Gilot, Françoise, et Lake, Carlton, *Vivre avec Picasso*, Paris, Calmann-Lévy, 1965.

Huysmans, Joris-Karl, *L'Art moderne / certains*, Paris, Union Générale d'Éditions, 1975.

Lairesse, Gérard de, *Le Grand Livre des peintres ou l'art de la peinture considéré dans toutes ses parties, & démontré par principes*, traduit du hollandais sur la seconde édition, Paris, à l'Hôtel de Thou, 1787.

Mander, Carel van, *Le Livre des peintres. Vie des Peintres flamands, hollandais et allemands (1604)*, traduction, notes et commentaires par Henri Hymans, Paris, J. Rouam, t. I, 1884.

Mirbeau, Octave, *Correspondance générale*, Lausanne, éditions L'Âge d'Homme, vol. 1, 2002.

Moore, George, *Confessions d'un jeune Anglais*, Paris, Albert Savine, 1889.

Neufville de Brunaubois-Montador, Jean-Florent-Joseph de, *Description raisonnée des tableaux exposés au Salon du Louvre*, Paris, 1739.

Reinach, Adolphe, *Recueil Milliet. Textes grecs et latins relatifs à l'histoire de la peinture ancienne*, Paris, C. Klincksieck, t. 1, 1921.

Thuillier, Jacques, « Doctrines et querelles artistiques en France au xviie siècle : quelques textes oubliés ou inédits », *Archives de l'art français. Documents inédits sur l'art français du xviie siècle*, Société de l'Histoire de l'art français, t. 23, 1968.

Vasari, Giorgio, *Les Vies des meilleurs peintres, sculpteurs et architectes*, traduction et édition commentée sous la direction d'André Chastel, Arles, Actes Sud, 2005.

*Études sur l'art et les représentations

Aillagon, Jean-Jacques, « L'art d'accommoder les restes, ou comment faire du neuf avec du vieux », *Le Festin de l'art*, Paris, Lienart éditions et Ville de Dinard, 2014, p. 21-31.

Andreu, Guillemette, Rutschowscaya, Marie-Hélène, Ziegler, Christiane, *L'Égypte ancienne au Louvre*, Paris, Hachette, 1997.

Apollinaire, Guillaume, *Méditations esthétiques. Les peintres cubistes*, Paris, 1913.

Arasse, Daniel, « Entre dévotion et culture : fonctions de l'image religieuse au xve siècle », *Faire Croire. Modalités de la diffusion et de la réception des messages religieux du xiie au xve siècle*, Rome, École française de Rome, 1981, p. 131-146.

Archéologie du Grand Louvre. Le quartier du Louvre au xviie siècle, Geneviève Bresc-Bautier (dir.), Paris, Réunion des musées nationaux, 2001.

Aufrère, Sydney H., « Nil, tables d'offrande et bassins à libation, jardins funéraires et labyrinthes », *Portes pour l'au-delà. L'Égypte, le Nil et le « Champ des Offrandes »*, Lattès, Musée archéologique Henri Prades, 1992, p. 13-128.

Baldass, Ludwig, « Les tableaux champêtres des Bassano et la peinture réaliste des Pays-Bas au xvie siècle », *Gazette des Beaux-Arts*, Paris et New York, 1955, 6e période, t. XLV, p. 143-160.

Barbet, Alix, Bucovala, Mihai, et Chera, Constantin, « Découverte de peintures romaines », *Archéologia*, n° 295, novembre 1993, p. 38-47.

Barnett, Richard D., Bleibtreu, Erika, et Turner, Geoffrey, *Sculptures from the Southwest Palace of Sennacherib at Nineveh*, Londres, British Museum Press, 1998.

Barovier Mentasti, Rosa, et Tonini, Cristina, « Mille ans de verre », *Murano, chefs-d'œuvre de verre de la Renaissance au xxie siècle*, Rosa Barovier Mentasti et Cristina Tonini (dir.), Paris, Gallimard et musée Maillol, 2013, p. 9-44.

Barrière, Maeva, *Manger l'art : Art comestible et Gastronomie esthétique*, thèse de doctorat, Université Toulouse 2 Le Mirail, 2014.

Baschet, Jérôme, « Les sept péchés capitaux et leurs châtiments dans l'iconographie médiévale », dans Carla Casagrande et Silvana Vecchio, *Histoire des péchés capitaux au Moyen Âge*, Paris, Aubier, 2003, p. 339-385.

Baschet, Jérôme, *Les Justices de l'au-delà. Les représentations de l'enfer en France et en Italie (xiie-xve siècle)*, Rome, École française de Rome, 2014.

Bastelaer, René van, *Les Estampes de Peter Bruegel l'Ancien*, Bruxelles, G. van Oest & C°, 1908.

Blanc, Jan, *Vermeer. La fabrique de la gloire*, Paris, Citadelles & Mazenod, 2014.

Blanc, Monique, *Voyages en enfer. De l'art paléochrétien à nos jours*, Paris, Citadelles & Mazenod, 2004.

Blankert, Albert, « L'œuvre de Vermeer dans son temps », Gilles Aillaud, Albert Blankert, et John Michael Montias, *Vermeer*, Paris, Hazan, 2004, p. 73-158.

Bendiner, Kenneth, *Food in Painting from the Renaissance to the Present*, Londres, Reaktion Books Ltd, 2004.

Berhaut, Marie, *Gustave Caillebotte. Catalogue raisonné des peintures et pastels*, nouvelle édition revue et augmentée avec le concours de Sophie Pietri, Paris, Wildenstein Institute, 1994.

Besnard-Bernadac, Marie-Laure, *Le Musée Picasso Paris*, Paris, Réunion des musées nationaux, 1985.

Boardman, John, *Les Vases athéniens à figures noires*, Paris, Thames & Hudson, 1996.

Bottineau, Yves, *Vélasquez*, Paris, Citadelles & Mazenod, 1998.

Boudier, Valérie, *La Cuisine du peintre. Scène de genre et nourriture au Cinquecento*, Rennes et Tours, Presses universitaires de Rennes et Presses universitaires François-Rabelais de Tours, 2010.

Boudier, Valérie, « Festin d'images », *Festins de la Renaissance. Cuisine et trésors de la table*, Élisabeth Latrémolière et Florent Quellier (dir.), Paris, Somogy et musée du Château royal de Blois, 2012, p. 120-130.

Bouet, Pierre, et Neveux, François, *La Tapisserie de Bayeux. Révélations et mystères d'une broderie du Moyen Âge*, Rennes, Ouest-France, 2013.

Burollet, Thérèse, *Musée Cognacq-Jay. Musée du xviiie siècle de la ville de Paris. Les peintures*, Paris, Paris-Musées, 2004.

Cabanne, Pierre, *André Derain*, Paris, Somogy, 1990.

Campbell, Lorne, « Beuckelaer's The Four Elements. Four masterpieces by a neglected genius », *Apollo*, février 2002, p. 40-46.

Canchy, Jean-François de, « Henri Gervex 1852-1929. Biographie », *Henri Gervex 1852-1929*, Paris, Paris-Musées, 1992, p. 23-83.

Cavalli-Björkman, Görel, « Portraits anthropomorphes et têtes réversibles », *Arcimboldo 1526-1593*, Sylvia Ferino-Pagden (dir.), Paris, sVo-musée du Luxembourg, 2007, p. 119-123.

Claudel, Paul, *La Peinture hollandaise et autres écrits sur l'art*, Paris, Gallimard, 1967.

Cherry, Peter, « Luis Meléndez : Real Life and Still Life », *Luis Meléndez : master of the Spanish still life*, Washington, National Gallery of Art, 2009, p. 2-31.

Cogeval, Guy, *Vuillard. Le temps détourné*, Paris, Découvertes Gallimard, 2003.

Collection art moderne, Brigitte Leal (dir.), Paris, éditions du Centre Pompidou, 2006.

Colling, David, « Les scènes de banquet funéraire ou *Totenmahlreliefs* originaires d'Arlon », *Bulletin trimestriel de l'Institut archéologique du Luxembourg*, 87, 4, 2011, p. 155-176.

Coquiot, Gustave, *Cubistes Futuristes Passéistes. Essai sur la Jeune Peinture et la Jeune Sculpture*, Paris, librairie Ollendorff, 1914.

Cornette, Joël, *Le Repas des paysans des frères Le Nain*, Paris, Armand Colin, 2008.

Cousseau, Henry-Claude, « Un monde dans l'éblouissement », *Philippe Cognée*, Paris, éditions Daniel Templon, 2009, p. 11-45.

Craig, Kenneth M., « Pieter Aertsen and *The Meat Stall* », *Oud Holland*, n° 96, 1982, p. 1-15.

Croisille, Jean-Michel, *La Peinture romaine*, Paris, Picard, 2005.

Cuzin, Jean-Pierre, « La cuisine des peintres », Séverine Quoniam et Yves Pinard, *Cuisine et peinture au Louvre*, Grenoble, Glénat, 2004, p. 6-7.

Démoris, René, « Chardin ou la cuisine en peinture », *Revue Dix-huitième siècle*, n° 15, 1983, p. 137-154.

Denoyelle, Martine, *Chefs-d'œuvre de la céramique grecque dans les collections du Louvre*, Paris, Réunion des musées nationaux, Paris, 1994.

Dentzer, Jean-Marie, *Le Motif du banquet couché dans le Proche-Orient et le monde grec du viie au ive siècle avant J.-C.*, Rome, École française de Rome, 1982.

Desjardins, Marie-Hélène, *Des peintres au pays des falaises 1830-1940*, Rouen, éditions des Falaises, 2004.

Donadoni Roveri, Anna Maria, D'Amicone, Elvira, et Leospo, Enrichetta, *Gebelein il villaggio e la necropoli*, Turin, Artema, 1994.

Druick, Douglas W., « Natures mortes », *Gustave Caillebotte 1848-1894*, Paris, Réunion des musées nationaux, 1994, p. 309-317.

Dufournet, Jean, *Les Très Riches Heures du duc de Berry*, Paris, Bibliothèque de l'image, 1995.

Ennès, Pierre, « xvie-xviiie siècle entre la Flandre et l'Italie », Pierre Ennès, Gérard Mabille, et Philippe Thiébaut, *Histoire de la table. Les arts de la table des origines à nos jours*, Paris, Flammarion, 1994, p. 65-123.

Ennès, Pierre, « La verrerie », *Musée national de la Renaissance. Château d'Ecouen*, Paris, Réunion des musées nationaux, 2000, p. 91-97.

Ertz, Klaus, « À propos de l'exposition », *Pieter Breughel le Jeune (1564-1637/38)-Jan Brueghel l'Ancien (1568-1625). Une famille des peintres flamands vers 1600*, Lingen, Luca Verlag, 1998, p. 10-12.

Fabbri, Francesca, « L'accueil par Marthe, l'accueil par Marie : images exemplaires à l'âge baroque », *Marthe et Marie-Madeleine. Deux modèles de dévotion et d'accueil chrétien*, Bruno Phalip, Cécile Perol, Pascale Quincy-Lefebvre (dir.), Clermont-Ferrand, Presses universitaires Blaise Pascal, 2009, p. 63-75.

Falkenburg, Reindert, « Matters of Taste: Pieter Aertsen's Market Scenes, Eating Habits, and Pictorial Rhetoric in the Sixteenth Century », *The Object as Subject: Studies in the Interpretation of Still Life*, Anne W. Lowenthal (éd.), Princeton, Princeton University Press, 1996, p 13-27.

Faré, Michel, *Le Grand Siècle de la nature morte en France*, Fribourg, Office du Livre, Paris, Société française du livre, 1974.

Faré, Michel et Fabrice, *La Vie silencieuse en France. La nature morte au xviiie siècle*, Fribourg, Office du livre, Paris, Société française du livre, 1976.

Franco, Hilário (Júnior), « Entre la figue et la pomme : l'iconographie romane du fruit défendu », *Revue de l'histoire des religions*, 223 – 1/2006, p. 29-70.

Fermigier, André, *Picasso*, Paris, Le Livre de Poche, 1969.

Ferro, Filippo Maria, « Créatures des flots et de la conscience."Figuralité des poissons napolitains", *L'Œil gourmand. Parcours dans la nature morte napolitaine du xviie siècle*, Paris, Galerie Canesso, 2007.

Friedländer, Max, *De Van Eyck à Breughel. Les Primitifs flamands*, Brionne, Gérard Monfort, 1985.

Fréchuret, Maurice, « Ordre et désordres de la nourriture », *Hors-d'œuvre, ordre et désordres de la nourriture*, Lyon, Fage, 2004, p. 7-46.

Garnier-Pelle, Nicole, *Chantilly, musée Condé. Peintures du xviiie siècle*, Paris, Réunion des musées nationaux et Chantilly, musée Condé, 1995.

Garnier-Pelle, Nicole, *Les Tableaux de Chantilly. La collection du duc d'Aumale*, Paris, Skira-Flammarion, 2009.

Gefen, Gérard, *Paris des artistes 1840-1940*, Paris, Du Chêne, 1998.

Girard-Fassier, Géraldine, « Le Eat Art : une mise en « cène » de la vie et de la mort. Entretien avec Daniel Spoerri par Géraldine Girard-Fassier, *Hors-d'œuvre, ordre et désordres de la nourriture*, Lyon, Fage, 2004, p. 99-107.

Girard-Fassier, Géraldine, « Le Eat Art : la gastrosophie de Daniel Spoerri », *Daniel Spoerri presents Eat Art*, Paris, Aprifel, 2004, p. 16-25.

Golding, John, *Le Cubisme*, Paris, René Julliard, 1968.

Gombrich, E.H., *L'Art et son histoire*, Paris, René Julliard, vol. 2, 1967.

Goncourt, E. & J. de, *L'Art du dix-huitième siècle et autres textes sur l'art*, Paris, Hermann, 1967.

Gourarier, Zeev, « Le service de la table au service de Dieu », *Les Noces de Cana de Véronèse. Une œuvre et sa restauration*, Paris, Réunion des musées nationaux, 1992, p. 186-198.

Gourarier, Zeev, *Arts et manières de table en Occident, des origines à nos jours*, Thionville, Gérard Klopp, 1994.

Graf, Arturo, *L'Art du Diable*, Parkstone international, New York, USA, 2009.

Grape, Wolfgang, *La Tapisserie de Bayeux*, Munich, Prestel, 1994.

Grimm, Claus, *Natures mortes flamandes, hollandaises et allemandes aux xvie et xviiie siècles*, Paris, Herscher, 1992.

Grimm, Claus, *Natures mortes italiennes, espagnoles et françaises aux xvie et xviiie* siècles, Paris, Herscher, 1996.

Grisebach, Lucius, *Ernst Ludwig Kirchner 1880-1938*, Cologne, Benedikt Taschen, 1999.

Hahn, Otto, *Daniel Spoerri*, Paris, Flammarion, 1990.

Hackforth-Jones, Jocelyn, À T*able avec les impressionnistes*, Paris, Adam Biro, 1991.

Houghton, Charlotte, « This Was Tomorrow : Pieter Aertsen's *Meat Stall* as Contemporary Art », *The Art bulletin*, vol. LXXXVI, n° 2, 2004, p. 279-300.

Jastrzebowska, Élisabeth, « Les scènes de banquet dans les peintures et sculptures chrétiennes des iiie et ive siècles », *Recherches Augustiniennes* 14, 1979, p. 3-90.

Joannis, Claudette, « Orfèvrerie, cristal et mobilier : plaisir des yeux d'un festin vénitien », *Les Noces de Cana de Véronèse. Une œuvre et sa restauration*, Paris, Réunion des musées nationaux, 1992, p. 280-285.

Jollet, Étienne, *Chardin. La vie silencieuse*, Paris, Herscher, 1995.

Jollet, Étienne, *La Nature morte ou la place des choses. L'objet et son lieu dans l'art occidental*, Paris, Hazan, 2007.

Joulie, Françoise, « Du maniérisme à l'art rocaille, la place de Fontainebleau dans la création artistique au xviiie siècle », *Louis XV à Fontainebleau la « demeure des rois » au temps des Lumières*, Vincent Droguet (dir.), Paris, Réunion des musées nationaux-Grand Palais, 2016, p. 89-94.

Kavaler, Ethan Matt, *Pieter Aertsen's Meat Stall. Divers aspects of the market piece*, Nederlands Kunsthistorisch Jaarboek, vol. 40, 1989, p. 67-92.

Koslow, Susan, *Frans Snyders. Peintre animalier et de natures mortes 1579-1657*, Anvers, Fonds Mercator Paribas, 1995.

Kvaran, Danielle, *Erró. L'art de la vie*, Paris, Hazan, 2007.

Lacroix, Paul, *Les Arts du Moyen Âge et à l'époque de la Renaissance*, Paris, Firmin Didot, 1874.

Lafenestre, Georges, et Richtenberger, Eugène, *La Peinture en Europe. La Belgique*, Paris, sans date.

Laneyrie-Dagen, Nadeije, *Lire la peinture de Rembrandt*, Paris, Larousse, 2006.

Lastic, Georges de, et Jacky, Pierre, *Desportes*, [biographie], Château de Saint-Rémy-en-l'Eau, Monelle Hayot, 2010.

Lastic, Georges de, et Jacky, Pierre, *Desportes catalogue raisonné*, Château de Saint-Rémy-en-l'Eau, Monelle Hayot, 2010.

Lebeer, Louis, *Bruegel. Les Estampes. Catalogue raisonné*, Paris, La Bibliothèque des arts, 1991.

Lebeer, Louis, « Le Pays de Cocagne (*Het Luilekkerland*) », *Bulletin des Musées royaux des Beaux-Arts*, Bruxelles, vol. 4, 1955, p. 199-215.

Leclercq, Henri, « Cène », *Dictionnaire d'Archéologie chrétienne et de liturgie*, Fernand Cabrol et Henri Leclercq (publié par), Paris, Letouzey et Ané, tome deuxième, 1925.

Les Arts à Paris. Actualités critiques des arts et de la curiosité, n° 7, janvier 1923.

Les Tapisseries de la Condamnation de Banquet, (Guides du Musée lorrain), Nancy, Palais ducal, 1984.

Lestringant, Frank, « Abraham Bosse, artiste protestant ? », *Abraham Bosse savant graveur, Tours, vers 1604-1676, Paris*, Sophie Join-Lambert et Maxime Préaud (dir.), Paris et Tours, Bibliothèque nationale de France et musée des Beaux-Arts de Tours, 2004, p. 21-26.

Lion, Brigitte, et Michel, Cécile, « Les images du banquet », *Dossiers d'archéologie. Banquets et fêtes au Proche-Orient ancien*, n° 280, février 2003, p. 32-37.

Llorens, Tomàs, Borobia, María Del Mar, et Vela, Concha, *Guide du musée Thyssen Bornemisza*, Madrid et Barcelone, Fondation Collection Thyssen-Bornemisza, 1998.

Longhi, Roberto, « Un momento importante nella storia della natura morta », *Paragone*, n° 1, 1950, p. 34-39.

Longhi, Roberto, *Le Caravage*, Paris, éditions du Regard, 2004.

Mabille, Gérard, « L'orfèvrerie de table royale sous Louis XIV et Louis XV », *Versailles et les tables royales en Europe*, Paris, Réunion des musées nationaux, 1993, p. 94-105.

Maiuri, Amedeo, *Pompéi*, Rome, Istituto poligrafico dello stato, 1978.

Malaguzzi, Silvia, *Boire et manger, traditions et symboles*, Paris, Hazan, 2006.

Mâle, Émile, *L'Art religieux du xiie siècle en France*, Paris, Armand Colin, 1968.

Maquinay, Alexia, « L'*Otium* : scènes de banquets dans la peinture pompéienne », *L'Otium : loisirs et plaisirs dans le monde romain. De l'objet personnel à l'équipement public*, Caroline Leblond et Filipe Ferreira (éd.), Paris, UMR 8167, 2013, p. 51-65.

Marijnissen, Roger H., avec la collaboration de Peter Ruyffelaere, *Jérôme Bosch. Tout l'œuvre peint et dessiné*, nouvelle édition augmentée de « la problématique Jérôme Bosch depuis 1985 », Paris, éditions Charles Moreau, 2007.

Martin, John Rupert, « The Butcher's shop of the Carracci », *The Art bulletin*, vol. XLV, n° 3, 1963, p. 263-266.

Martin, Roland, *L'Art grec*, Paris, La Pochothèque, 1994.

Massé, Marie-Madeleine, *Soutine*, Paris, Skira et Flammarion, 2012.

Meijer, Émile, *Les Trésors du Rijksmuseum Amsterdam*, Paris, Scala, 1985.

Mirimonde de, A.P., *Le Langage secret de certains tableaux du musée du Louvre*, Paris, Réunion des musées nationaux, 1984.

Musset, Lucien, *La Tapisserie de Bayeux*, Paris, Zodiaque, 2002.

Orangerie des Tuileries. Collection Jean Walter-Paul Guillaume, Paris, Réunion des musées nationaux, 1966.

Pelletier, Yannick, *Les Jubés de Bretagne*, Rennes, Ouest-France, 1986.

Perez Sánchez, Alfonso E., *La Nature morte espagnole du xviie siècle à Goya*, Fribourg, Office du Livre, Paris, Vilo, 1987.

Pierret, Paul, *Le Livre des morts des anciens Égyptiens. Traduction complète d'après le papyrus de Turin et les manuscrits du Louvre*, Paris, Ernest Leroux, 1882.

Pita Andrade, José Manuel, « Un "siècle d'or" dans la peinture espagnole », *Cinq siècles d'art espagnol : de Greco à Picasso*, Paris, musée du Petit Palais, 1987, p. 29-63.

Préaud, Maxime, Join-Lambert, Sophie, et Meyer, Véronique, « Abraham Bosse et la scène de genre », *Abraham Bosse savant graveur, Tours, vers 1604-1676, Paris*, Sophie Join-Lambert et Maxime Préaud (dir.), Paris et Tours, Bibliothèque nationale de France et musée des Beaux-Arts de Tours, 2004, p. 28-35.

Rambourg, Patrick, « L'iconographie dans les ouvrages culinaires : des premiers imprimés au xixe siècle », *Reliures gourmandes*, Dijon, Faton, 2009, p. 34-43.

Réau, Louis, *Iconographie de l'art chrétien*, tome second, *Iconographie de la bible*, II, *Nouveau Testament*, Paris, Presses universitaires de France, 1957.

Restany, Pierre, *Le Nouveau Réalisme*, Paris, Union Générale d'Édition, 1978.

Rigaux, Dominique, À *la table du Seigneur. L'Eucharistie chez les Primitifs italiens 1250-1497*, Paris, Du Cerf, 1989.

Rigaux, Dominique, « La Cène aux écrevisses, table et spiritualité dans les Alpes italiennes au *quattrocento* », *La Sociabilité à table. Commensalité et convivialité à travers les âges*, Rouen, Publications de l'Université de Rouen n° 178, 1992, p. 217-228.

Roberts-Jones, Philippe et Françoise, *Pierre Bruegel l'Ancien*, Paris, Flammarion, 2011.

Rochebouët, Béatrice de, « Hôtel de Bondy », *Alexandre-Théodore Brongniart 1739-1813. Architecture et décor*, Paris, Paris-Musées, 1986, p. 39-43.

Rochebrune, Marie-Laure de, « À propos de quelques objets de céramique et de verre dans la peinture de Chardin », *Chardin*, Paris, Réunion des musées nationaux, 1999, p. 37-53.

Rosenberg, Pierre, et Temperini, Renaud, *Chardin*, Paris, Flammarion, 1999.

Samoyault, Jean-Pierre, « L'orfèvrerie de table de la couronne sous le premier Empire », *Versailles et les tables royales en Europe xviie-xixe siècles*, Paris, Réunion des musées nationaux, 1993, p 207-215.

Schneider, Norbert, *Les Natures mortes. Réalité et symbolique des choses. La peinture de natures mortes à la naissance des Temps modernes*, Cologne, Benedikt Taschen, 1994.

Schoute, Roger van, et Verboomen, Monique, *Jérôme Bosch*, Bruxelles, La Renaissance du Livre, 2007.

Serrão, Vitor, « Le monde de la peinture baroque portugaise : naturalisme et ténèbres 1621-1684 », *Rouge et or. Trésors du Portugal Baroque*, Paris, musée Jacquemart-André, 2001, p. 63-75.

Seseña, Natacha, « Painted Life : Everyday Objects in Meléndez's Still Lifes », *Luis Meléndez : master of the Spanish still life*, Washington, National Gallery of Art, 2009, p. 33-41.

Silver, Larry, *Bruegel*, Paris, Citadelles & Mazenod, 2011.

Somville, Pierre, « La tombe du plongeur à Paestum », *Revue de l'histoire des religions*, t. 196, n° 1, 1979, p. 41-51.

Spate, Virginia, *Claude Monet la couleur du temps*, Paris, Chêne, 1993.

Sterling, Charles, *La Nature morte de l'Antiquité au xxe siècle*, Paris, Macula, 1985.

Tiradritti, Francesco, *Peintures murales égyptiennes*, Paris, Citadelles & Mazenod, 2007.

Valabrègue, Antony, *Abraham Bosse*, Paris, Librairie de l'art, 1892.

Veca, Alberto, « Images de la nourriture dans l'art moderne », *Histoire de l'alimentation*, Jean-Louis Flandrin et Massimo Montanari (dir.), Paris, Fayard, 1996, p. 705-713.

VENDRIES, Christophe, « Ventre affamé n'a pas d'oreilles ? La représentation d'un esclave *Tibicen* dans une scène de banquet sculptée sur un cippe d'Arlon », *L'Antiquité classique*, t. 70, 2001, p. 123-136.

VLOBERG, Maurice, *L'Eucharistie dans l'art*, Grenoble et Paris, B. Arthaud, 1946.

VOGTHERR, Christoph Martin, « La Fête galante. Pastorale des Lumières et champ d'expériences », *De Watteau à Fragonard. Les fêtes galantes*, Bruxelles, Fonds Mercator, 2014, p. 19-24.

VOLPE, Carlo, « La Nature morte napolitaine au XVIIe siècle », *La Peinture napolitaine de Caravage à Giordano*, Paris, Réunion des musées nationaux, 1983, p. 66-70.

VOTTERO, Michaël, *La Peinture de genre*, Rennes, Presses universitaires de Rennes, 2012.

WALTHER, Ingo F., et METZGER, Rainer, *Vincent van Gogh. L'œuvre complet-peinture*, Cologne, Benedikt Taschen, vol. 1, 1993.

WILDENSTEIN, Daniel, *Claude Monet. Biographie et catalogue raisonné : 1840-1881 peintures*, Lausanne et Paris, La Bibliothèque des arts, t. 1, 1974.

WOLF, Norbert, *Diego Velázquez, 1599-1660. Le visage de l'Espagne*, Cologne, Benedikt Taschen, 2011.

ZIEGLER, Christiane, *Musée du Louvre, département des antiquités égyptiennes. Catalogue des stèles, peintures et reliefs égyptiens de l'Ancien Empire et de la Première Période Intermédiaire vers 2686-2040 avant J.-C.*, Paris, Réunions des musées nationaux, 1990.

Le cuisinier et l'art pictural

BOCUSE, Paul, et PINARD, Yves, *Plaisirs de la table*, Paris, musée du Louvre éditions et Flammarion, 2009.

MENEAU, Marc, et CAEN, Annie, *Musée Gourmand. Le peintre et le cuisinier*, Paris, éditions du Chêne, 1992.

PASSARD, Alain, *Collages & recettes*, Paris, Alternatives, 2010.

PINARD, Yves, et QUONIAM, Séverine, *Cuisine et peinture au musée d'Orsay*, Grenoble et Paris, Glénat et musée d'Orsay, 2007.

QUONIAM, Séverine, et PINARD, Yves, *Cuisine et peinture au Louvre*, Grenoble, Glénat, 2004.

Catalogues d'exposition

Abraham Bosse savant graveur, Tours, vers 1604-1676, Paris, Sophie JOIN-LAMBERT et Maxime PRÉAUD (dir.), Paris et Tours, Bibliothèque nationale de France et musée des Beaux-Arts de Tours, 2004.

Alexandre-Théodore Brongniart 1739-1813. Architecture et décor, Paris, Paris-Musées, 1986.

Arcimboldo 1526-1593, Sylvia FERINO-PAGDEN (dir.), Paris, sVo-musée du Luxembourg, 2007.

À table au XIXe siècle, Paris, Réunion des musées nationaux et Flammarion, 2001.

À table en Provence, Toulon, Musée d'art de Toulon, 2014.

CAVALIER, Odile, *Le Trésor d'Apt. Un ensemble de vaisselle métallique gallo-romaine*, Avignon, Fondation du Muséum Calvet, 1988.

CHARBAU, Gaël, et GOKALP, Sébastien, *Gilles Barbier écho système*, Arles, Actes Sud et Friche la Belle de Mai, 2015.

Chardin, Paris, Réunion des musées nationaux, 1999.

Cinq siècles d'art espagnol : de Greco à Picasso, Paris, musée du Petit Palais, 1987.

COGNÉE, Philippe, *Carcasses*, Paris, Galerie Daniel Templon, 2006.

De Watteau à Fragonard. Les fêtes galantes, Bruxelles, Fonds Mercator, 2014.

Festins de la Renaissance. Cuisine et trésors de la table, Élisabeth LATRÉMOLIÈRE et Florent QUELLIER (dir.), Paris, Somogy et musée du Château royal de Blois, 2012.

François Boucher 1703-1770, Paris, Réunion des musées nationaux, 1986.

GUILLAUD, Jacqueline et Maurice, *Claude Monet au temps de Giverny*, Paris, Centre Culturel du Marais, 1983.

Henri Gervex 1852-1929, Paris, Paris-Musées, 1992.

Hors-d'œuvre, ordre et désordres de la nourriture, Lyon, Fage, 2004.

LAMSFUSS, Ulrich, *Exhibit B.*, Paris Galerie Daniel Templon, 2007.

La Peinture napolitaine de Caravage à Giordano, Paris, Réunion des musées nationaux, 1983.

L'Âge d'or hollandais de Rembrandt à Vermeer avec les trésors du Rijksmuseum, Paris, Pinacothèque de Paris, 2010.

L'Art égyptien au temps des pyramides, Paris, Réunion des musées nationaux, 1999.

L'Art gourmand, Bruxelles, Crédit Communal, 1996.

Le Festin de l'art, Paris, Lienart éditions et Ville de Dinard, 2014.

Le Siècle d'or de la miniature flamande. Le mécénat de Philippe le Bon, Bruxelles, Amsterdam, Paris, 1959.

Livres en bouche. Cinq siècles d'art culinaire français, Paris, Bibliothèque nationale de France et Hermann, 2001.

Louis XV à Fontainebleau la « demeure des rois » au temps des Lumières, Vincent DROGUET (dir.), Paris, Réunion des musées nationaux-Grand Palais, 2016.

Lubin Baugin, Paris, Réunion des musées nationaux, 2002.

Luis Meléndez. Bodegonista español del siglo XVIII, Juan J. LUNA (dir.), Madrid, Ministerio de cultura, 1982.

Luis Meléndez : master of the Spanish still life, Washington, National Gallery of Art, 2009.

Jean Fouquet. Peintre et enlumineur du XV siècle, François AVRIL (dir.), Paris, Bibliothèque nationale de France et Hazan, 2003.

Manet 1832-1883, Paris, Réunion des musées nationaux, 1983.

Murano, chefs-d'œuvre de verre de la Renaissance au XXIe siècle, Rosa BAROVIER MENTASTI et Cristina TONINI (dir.), Paris, Gallimard et musée Maillol, 2013.

Napoléon III et la reine Victoria. Une visite à l'Exposition universelle de 1855, Paris, Réunion des musées nationaux, 2008.

Pieter Breughel le Jeune (1564-1637/8) – Jan Brueghel l'Ancien (1568-1625). Une famille des peintres flamands vers 1600, Lingen, Luca Verlag, 1998.

Pompéi. Un art de vivre, Paris, Gallimard et musée Maillol, 2011.

Portes pour l'au-delà. L'Égypte, le Nil et le « Champ des Offrandes », Lattès, Musée archéologique Henri Prades, 1992.

Reliures gourmandes, Dijon, Faton, 2009.

Rouge et or. Trésors du Portugal Baroque, Paris, musée Jacquemart-André, 2001.

Thé, café ou chocolat ? Les boissons exotiques à Paris au XVIIIe siècle, Paris, Paris-Musées, 2015.

THUILLIER, Jacques, *Les Frères Le Nain*, Paris, Réunion des musées nationaux, 1978.

Trésors de la Bibliothèque de l'Arsenal, Paris, Bibliothèque nationale, 1980.

Versailles et les tables royales en Europe XVIIe-XIXe siècle, Paris, Réunion des musées nationaux, 1993.

Vincenzo Campi : scene del quotidiano, Franco PALIAGA (dir.), Milan, Skira, 2000.

Index

Les numéros de page en italique renvoient aux illustrations.

A

Aertsen Pieter 14, *120-121*, 125, *126*, 132, *133*, *134*, 136, *142*, *144*, 148, 151, *152-153*, *172*, 172, *173*, 180, 183, 205, *214*, 214, *216-217*
Alberti, Leon Battista 149
Alembert, Jean Le Rond d' 241, 288
Altdorfer, Albrecht *67*, 68
Amédée VIII 98
Ancher, Michael Peter *2*, *367*
André, Jacques 43
Andreas, Joannes *73*
Andry, Nicolas 195
Anglais, Barthélemy l' 87, 94, 168
Antonio di Vanni, Stefano di 64
Apicius 33
Apollinaire, Sidoine 49
Apollinaire, Wilhelm Apollinaris de Kostrowitsky, dit Guillaume 335
Appert, Nicolas 354
Aquin, Thomas d' 126
Arasse, Daniel 83
Archestrate 33
Arcimboldo, Giuseppe 143, *145*, *146*, *147*, 147, 148
Arétin, Pietro Bacci, dit l' 83
Arman, Armand Fernandez, dit 358
Assurbanipal 31, *31*, 34
Assurnasirpal II 30
Aubert, David *94*
Audiger 190, 191

B

Banville, Théodore de 327
Barbier, Gilles 362, 363
Barthes, Roland 358
Baschenis, Simone 71
Baschet, Jérôme 102
Bassano, Jacopo 180
Bassano, Leandro 76, *78*, 136, *138*
Baudelaire, Charles 327
Baudouyn, Jean *86*
Baugin, Lubin 292, *293*, 306
Bazille, Frédéric Jean 324
Beatis, Antonio de 190
Beauvais, Vincent de *98*, 98
Belon du Mans, Pierre 129
Béraud, Jean *278-279*, *302*, 302
Berentz, Christian 292, *294*, *300*
Berry, duchesse de 263
Berthelemy, Jehan de 70
Beuckelaer, Joachim 142, 148, *148*, 149, *149*, 172, *173*, 180, 183
Blanche, Jacques-Émile 317, *318*
Boccace, Giovanni Boccaccio, dit 87, *168*, 168
Boccioni, Umberto 335, *337*
Bocuse, Paul 363
Boeckhorst, Jan 139
Boileau, Étienne 87
Bonnefons, Nicolas de 206, 208, 304
Bonvin, François 321
Bories, Victor 311
Bosch, Jérôme 102, *104*, 109, *109*, 117, 125, 155
Bosse, Abraham 228, *230*, *236*, 236, 262, *262*, *270*, 270
Bottéro, Jean 28
Bottineau, Yves 183
Boucher, François 174, *175*, *176*, 176, 241
Bouelles, Charles de 123, *123*
Bouillon, Godefroy de 98
Bounieu, Michel-Honoré *189*, 190
Bonvin, François 322
Bourbon, Louis de *112*
Bourgogne, Charles de 68
Boursse, Esaias *191*, 191, 195
Boussingault, père 136
Braque, Georges 335, *336*, 348, *349*
Braudel, Fernand 132
Briffaut, Eugène 311
Brillat-Savarin, Jean Anthelme 11, 317
Brongniart, Alexandre-Théodore 324
Bruegel, Jan I dit Brueghel de Velours *154*
Bruegel, Pieter dit Brueghel le Jeune 155, 218
Bruegel, Pieter dit Bruegel l'Ancien 13, 108, *109*, *110-111*, 116, *117*, 117, *118*, *119*, 125, 151, 155, *156*, 205, *215*, 215, 218, *218*, *219*
Bruyérin-Champier, Jean 129
Buffalmacco, Buonamico 102
Butlan, Ibn 169

C

Caillebotte, Gustave *4*, 14, *234*, 234, *235*, 302, *303*, 308, *309*, 317, *319*, *320-321*, 320, 321, *322*, 323, 330
Caillot, Antoine 330
Campi, Vincenzo 6, 14, *143*, 143, *180*, 180, 185
Canavesio, Giovanni *64*, 64
Caravage, Michelangelo Merisi, dit 14, 82, 123, *124*, 302, 309
Carême, Antonin 298
Carrache, Annibal 14, 133, *135*, 136, 205, 206, *207*, 362
Casanova, Alexandre Dufay, dit *273*, *274*, 274, *275*
Casanova de Seingalt, Giovanni Giacomo 241
Castagnary, Jules-Antoine 316
Casteau, Lancelot de 281
Castelvetro, Giacomo 142
César, César Baldaccini, dit 358
Cézanne, Paul 324, 335, *344*, 345
Chapel, Alain 11, 12
Chardin, Jean-Baptiste Siméon 14, 15, *122*, *131*, 132, 191, *192*, 193, *193*, *194*, 195, *196*, 197, *200*, *201*, *297*, 298, *306*, 307, 308, 323, 338
Charlemagne 49, 94
Charles IV 13, 91, 92, 96, 98, 168, 253
Charles le Téméraire 94, 95
Charles V 13, *91*, 91, 92, 96, 98, 168, 253
Charpentier, Jean-Baptiste 241
Chéops, pharaon 21
Chuvin, Pierre 58
Claesz. Van Dyck, Floris 253, *255*, 256, 257
Claesz, Pieter 253, *255*, *257*, 257, *258*, *259*, 259, 260
Claudel, Paul 123, 260
Clèves, Marie de 281
Clotaire Ier 58, *59*
Cock, Jérôme (Hieronymus) 155
Cognée, Philippe *360*, 361, *362*, 362
Cole, Henry *266*, 267
Colletet, Guillaume 221
Colomb, Christophe 147
Conti, prince de 243
Cornette, Joël 208
Corrozet, Gilles 151
Cotán, Sánchez 286
Courbet, Gustave 327
Craig, Kenneth M. 133
Crespi, Giuseppe Maria 161, *162*
Crespin, Sieur 174
Croÿ, duc de 272
Cuzin, Jean-Pierre 363

D

Daly, César 264
Daudet, Léon 332
David, Gérard *76*, 76, *77*
Debucourt, Philibert-Louis 324
Degas, Hilaire Germain Edgar de Gas, dit 324, 330
Delacroix, Eugène 363
Delair, Frédéric *332*, 332
Delaporte, Roland *280*, 294, *296*
Delvau, Alfred 324, 330
Derain, André *348*, 348, *352*, 354
Descamps, Jean-Baptiste 218, 220
Deschamps, Eustache 168
Desportes, François 14, 185, 186, *187*, 190, 197, 244, *260*, 260, 261, *261*, 263, 307, *307*, 308
Dezallier d'Argenville, Antoine Joseph 186
Diderot, Denis 132, 241, 288, 298
Digulleville, Guillaume de *100*
Dou, Gérard *150*, *367*
Drölling, Martin *265*, 267
Dubois, Jacques, dit Sylvius 206
Du Camp, Maxime 311, 317
Duchamp, Marcel 356, 358
Dufour, Philippe Sylvestre 241
Dumas, Alexandre 302, 320
Duret, Théodore 324

E

Édouard le Confesseur 88
Ekvall, Knut *226*, *231*, 234
Elias, Norbert 227
Emmens, Jan 172
Érasme de Rotterdam 227, 228
Erró, Gudmundur Gudmundsson, dit 354, *357*
Escoffier, Auguste 321, 352
Espinques, Évrard d' 168, 169, *169*
Étienne, Robert 44
Eurytios 34

F

Fabritius, Barent *366*, *367*
Farnèse, Alexandre 281
Favre, Joseph 12, 323
Félibien, André 123
Felix, Julia 44, 45
Fermigier, André 343
Flandrin, Jean-Louis 141
Flaubert, Gustave 225
Flegel, Georg *282*, 283, *283*, 294, *295*
Fleury, Sylvie 361, *361*
Floris, Frans 125
Fontaine, P.F.L. 274
Fortunat, Venance 49, 58
Fouquet, Jean *91*, 91, 96, 99
Fourié, Albert Auguste *202-203*, 224, *225*, 225
Fra Angelico, Guido di Pietro, dit 102, *103*, 106
François Ier 129
French, Judith 330
Frénégonde, reine 56
Furetière, Antoine 228, 292

G

Garchi, cafetier 324
Gauchet, Claude 221, 244
Gauthier-Lathuille, Louis 330
Geffroy, Gustave 330
Germain, Thomas 308
Gervex, Henri *333*, 333
Gilbert, Victor-Gabriel *314*, *315*, *316*, 316, 317, *317*
Gilliers, Sieur 307
Gillis, Nicolas 256, 257
Gilot, Françoise 348
Giotto, Giotto di Bondone, dit 74, *75*
Giraud, Charles *252*, *263*, 263, 264
Goethe, Johann Wolfgang von 190, 272
Gombrich, Ernst 335
Goncourt, Edmond et Jules Huot de 176, 263
Gouberville, Gilles de 167, 205
Gouffé, Jules 298, 322
Grape, Wolfgang 88
Grégoire Ier, dit le Grand 63
Grimod de La Reynière, Alexandre Balthazar Laurent 224, 253, 281, 298, 302, 324
Grün, Jules Alexandre *267*, 267, *268-269*
Guicciardini, Lodovico 125, 126, 142
Guillaume le Conquérant 88, 90
Guillaume, Paul 343

H

Habsbourg, Rodolphe II de *146*, 147
Hains, Raymond 356
Hals, Frans 256
Harold Godwinson 88, 90
Hecquet, Philippe 195
Heda, Gerrit Willensz. 253, *254*

Henri III 253, 281
Henri IV 221
Héraclès 34, 36
Hésiode 36
Heyden, Pierre van des 117
Hilsoe, Hans *265*, 267
Holbein, Hans, dit l'Ancien 70, *71*, *72*
Hoschedé, Germaine 330
Houdenc, Raoul de 102, 108
Huguet, Jaume *62*, *367*
Huysmans, Georges Charles, dit Joris-Karl 308, 316, 326, 330

I – J – K

Ingeborg de Danemark 65, 68
Joseph II 270, *271*
Joubert, Laurent 241
Kalf, Willem *165*, *166*, 167, 174
Kirchner, Ludwig 15, 345, *347*
Klein, Yves 356
Koslow, Susan 129

L

La Chapelle, Vincent 241
La Chesnaye, Nicolas de 101, 112, 113
Lacroix, Paul 12
Lairesse, Gérard de 125
Lallemand, Jean-Baptiste *165*, 167
Lami, Eugène *276*, 277
Lamsfuß, Ulrich 362, *363*
Lancret, Nicolas 176, *177*, *224*, 224, 237, *237*, 245, *247*, 263
Larchet, Jules 298, *299*, *301*
Larousse, Pierre 224
La Salle, Jean-Baptiste de 227
La Varenne, François Pierre 179
Le Goff, Jacques 13, 101
Le Nain, frères 14, 205, 206, 208, *208*, *209*, *210*, *211*, *212*
Leszczynski, Stanislas 307
Limbourg, Pol, Jean et Hermann de 92, *93*, 95
Linard, Jacques 304, *305*, 309
Liotard, Jean-Étienne *240*, 241
Littré, Émile 245
Longhi, Roberto 123, 304
Lope de Vega, Félix Lope de Vega Carpio, dit 286
Lorenzetti, Ambrogio 87
Louis Ier d'Anjou 92
Louis XIII 205, 270
Louis XIV 253, 307
Louis XV 236, 244, 263, 308
Lulle, Raymond 101, 102

M

Maître Chiquart 98
Maître de Guillebert de Mets *168*, 168
Maître de Jean Mansel 168
Maître de l'Épître d'Othéa *244*
Maître François *98*
Mâle, Émile 13, 63, 74
Manet, Édouard *8*, 15, 245, *248*, 250, 298, 321, 324, *325*, *326*, 326, *327*, 327, *328*, *329*, 330, *331*
Marche, Olivier de La 95, 168, 253
Marguerite d'York 94
Marie du Portugal 281
Marie-Thérèse d'Autriche 253, 270
Marin, François 298
Martin, évêque de Tours 56
Massialot, François 132, 186, 306, 307
Mathilde, princesse *263*, 263
Maupassant, Guy de 330
Maximilien II 179
Meléndez, Luis *197*, 197, *199*, *242*, 243
Meneau, Marc 361, 363
Menon 132
Mes, Jean *228*, 228, 262
Miralda, Antoni 358
Mirbeau, Octave 330
Mirimonde, Pomme Albert de 12, 68, 98
Modena, Giovanni da *106*, 106, *107*
Moillon, Louise *10*, 14, 262, 304, 309, *367*
Monet, Claude 14, 15, 230, *233*, *249*, 250, *251*, *308*, 308, 311, *312*, 324, 330, 332, 354, *356*
Monogrammiste de Brunswick *161*, 161, *163*
Montaigne, Michel Eyquem de 11, 142, 190
Moore, George 324
Morgan, Sydney Owenson, dite Lady 311
Mortain, Robert de 90
Mourier, Léopold 333
Mozart, Wolfgang Amadeus 243

N

Napoléon Ier 272, *273*, 274
Napoléon III 263, 264, *276*, 277
Nedjmet, reine 24, *24*
Néfertiabet, princesse 21
Neufville de Brunaubois-Montador, Jean-François-Joseph, chevalier de 193
Nostradamus, Michel 281, 284

O

Óbidos, Josefa de Ayala, dit Josefa de 15, 288, *289*, 289, *290-291*
Odon, évêque de Bayeux *88*, 88, 90
Offenbach, Jacques 330
Oggiono, Marco d' 79, *79*, *80*, *81*, 83
Ollivier, Michel-Barthélémy *243*, 243
Orellana, Marcos Antonio de 286
Orléans, Philippe d' 186, 190
Oudry, Jean-Baptiste 244

P

Pacheco, Francisco 284
Parmentier, Antoine-Auguste 213
Passerotti, Bartolomeo 133
Paul, Sir John Dean 324
Peeters, Clara *256*, 257
Penthièvre, duc de 241
Percier, Charles 274
Pétrone 33, 38
Phébus, Gaston 139, 244, *244*
Philippe le Bon 92, 98
Picasso, Pablo 15, 335, *341*, *342*, 343, 345, 348, *350-351*, 352, *353*, 354
Pinard, Yves 363
Piraïkos 33
Pissarro, Camille 324, 330
Platon 5, 33, 35
Pline l'Ancien 33, 43
Plutarque 41
Praelles, Raoul de 102
Predis, Cristoforo de *108*, 108
Premierfait, Laurent de 168
Prométhée 34, 36
Proust, Marcel 132, 333

R

Radegonde 58, *59*
Recco, Giovan Battista 129
Recco, Giuseppe 129, *131*, 132, *284*, 284
Rembrandt, Harmensz. van Rijn 14, 136, *137*, 205, 220, 362
Renoir, Pierre Auguste 324, 330
Restany, Pierre 356
Rétif de La Bretonne, Nicolas Restif, dit 205
Rigaux, Dominique 70
Romano, Giulio *86*
Rosenberg, Pierre 132
Rothschild, Nathaniel de *264*, 264
Rouget, pâtissier 298
Rumpolt, Marx 179
Ruoppolo, Giovan Battista 129

S

Sacchi, Bartolomeo 281
Saint-Ange, madame 352, 354
Saint-Simon, Louis de Rouvroy, duc de 190
Saintard, Marguerite 195
Salnove, Robert de 139
Sartre, Pierre 156
Scappi, Bartolomeo 171, *171*, 179
Scaurus, Aulus Umbricius 47, *47*
Scheid, John 52
Schmitt, Jean-Claude 12
Schneider, Norbert 281
Sedano, Jean de 76
Selz, Dorothée 358
Senderens, Alain 33
Sennachérib, roi 31
Serres, Olivier de 136, 304
Sienne, Aldebrandin de 148
Sisley, Alfred 330
Snyders, Frans *128*, 129, 139, *140*, *141*, 142
Sosos de Pergame 43, *43*
Soutine, Chaïm *338*, 338, *339*, *340*, 362
Spoerri, Daniel 15, 358, *359*
Staffe, baronne 230, 309
Steen, Jan *127*, 129, *130*, 218, 220, *221*, *222-223*, 230, *232*
Sterling, Charles 33, 44, 292
Suétone 38
Sully, Maurice de *74*, 74

T

Taillevant, cuisinier 179, *179*
Taillevent, Guillaume Tirel, dit 168
Tanoux, Adrien Henri 311, *313*
Tantale 106
Teniers, David dit Teniers le Jeune 136, *164*, 167, *167*, *204*, 218, *220*
Thuillier, Jacques 208
Tibère 33
Tintoret, Jacopo di Robusti, dit 76, *78*
Tiradritti, Francesco 19, 28
Tours, Grégoire de 56
Trimalcion 38
Troy, Jean-François de *237*, 237, *238-239*, 241, 244, 245, *246*, 263

U – V

Udaltsova, Nadezhda 345, *346*
Valère Maxime *112*, 112, *114-115*
Van Cleve, Joos van der Beke, dit *60-61*, *68*, 68, *69*, 79, 125
Van Cleve, Marten 136
Van Coninxloo, Jan II *158*
Van der Hamen y León, Juan 284, *285*, 286, *287*
Van der Heyden, Pieter 155, *156*
Van Eyck, Jan 125
Van Gogh, Théo 214
Van Gogh, Vincent Willem 14, *213*, 213, 214
Van Heemskerck, Martin 125, 227, *229*
Van Loo, Charles André, dit Carle 244, 245, *247*, 263
Van Mander, Carel 205, 215
Van Meytens, Martin 253, 270
Van Orley, Bernard *245*
Van Steenwyck, Hendrick dit le Jeune *159*, 159, *160*
Van Valkenborch, Lucas *127*, 129, 136
Vasari, Giorgio 12
Vatel 308
Velázquez, Diego 14, *181*, 181, *182*, *183*, 183
Vermeer, Johannes 14, *184*, 185, 191
Véronèse, Paolo Caliari, dit *66*, *82*, 82, 83, *83*, *85*, *85*
Victoria, reine *276*, 277
Vinci, Léonard de 68, 79, *79*, *80*, *81*
Vitellius 38
Vitruve 44
Vogtherr, Christoph Martin 245
Vollon, Antoine 321
Vos, Martin de 125, *228*, 228, 262
Vuillard, Édouard *323*, 323, *343*, 345

W – Y – Z

Warhol, Andy 15, *334*, 354, *355*
Watriquet de Couvin 87, *87*
Wauquelin, Jean 92
Wavrin, Jean de *94*, 94
Wtewael, Joachim 172, *174*, 174
Yepes, Tomás 15, 286, *288*
Zeus 36
Zeuxis 33
Zoegger, Antoine *264*, 264
Zola, Émile 214, 250, 311, 316, 352

Crédits photographiques

Agence photographique de la Réunion des Musées Nationaux – Grand Palais, Paris : 1re de couverture, 202-203, 225, (Gérard Blot) ; 4e de couverture, (Stéphane Maréchalle) ; p. 10-11, 208, 209, 211, 212, p. 367 : ill. 325 (Musée du Louvre/Jean-Gilles Berizzi) ; p. 20, 27 (Musée du Louvre/Christian Decamps) ; p. 21, 159, 160, 246, 280, 296 (Musée du Louvre/Franck Raux) ; p. 23, 189, 192, 196 (pour les deux illustrations), 200, 201, 221, 222-223, 306 (Musée du Louvre/René-Gabriel Ojéda) ; p. 24, 30 (pour les deux illustrations), 31 (© The British Museum, Londres, Dist. RMN-GP/The Trustees of the British Museum) ; p. 34 (Musée du Louvre/Les frères Chuzeville) ; p. 37, 42, 150, 247 haut, 248, p. 367 : ill. 331 (Musée du Louvre/Hervé Lewandowski) ; p. 50 haut (Musée d'Archéologie nationale/Loïc Hamon) ; p. 60-61, 68-69, 69 (Musée du Louvre/Thierry Ollivier) ; p. 65 bas, 93, 98, 237 droite (Domaine de Chantilly/René-Gabriel Ojéda) ; p. 66 pour les deux illustrations (© Archives Alinari, Florence, Dist. RMN-GP/Mauro Magliani) ; p. 76, 82, 83, 84, 85, 128 haut, 130 (Musée du Louvre/Droits réservés) ; p. 77, 78 haut, 140, 210, 292-293 (Musée du Louvre/Gérard Blot) ; p. 79, 80, 81 (Musée de la Renaissance, château d'Écouen/Gérard Blot) ; p. 86, p. 367 : ill. 329 (Musée de la Renaissance, château d'Écouen/René-Gabriel Ojéda) ; p. 88, 89 pour les deux illustrations (© Ministère de la Culture – Médiathèque du Patrimoine/Jean Gourbeix/Simon Guillot) ; p. 92, 95, 99, 175, 302 (Agence Bulloz) ; p. 94 gauche (BnF, Dist. RMN-GP/Image BnF) ; p. 109 (pour les deux illustrations), 110-111, 164 (pour les deux illustrations), 197, 242, 256 (© Museo Nacional del Prado, Dist. RMN-GP/Image du Prado) ; p. 120-121, 126, 193, 215, 218, 219, 283, 368 (© BPK, Berlin, Dist. RMN-GP/Image BStGS) ; p. 122, 131 bas (Musée du Louvre/Angèle Dequier) ; p. 128 bas (© Archives Alinari, Florence, Dist. RMN-GP/Fratelli Alinari) ; p. 137, 174 (Musée du Louvre/Tony Querrec) ; p. 141 (© BPK, Berlin, Dist. RMN-GP/Annette Fischer/Heike Kohler) ; p. 142, 144, 259, p. 367 : ill. 333, 380 (© BPK, Berlin, Dist. RMN-GP/ Jörg p. Anders) ; p. 145, 305 (Musée du Louvre/Michel Urtado) ; p. 156 (pour les deux illustrations), 307, 339 (© The Metropolitan Museum of Art, Dist. RMN-GP/Image of the MMA) ; p. 165 haut, 166, 167 (Musée du Louvre/Thierry Le Mage) ; p. 171 gauche (© Archives Alinari, Dist. RMN-GP/Stefano Dulevant) ; p. 186 (Stéphane Maréchalle) ; p. 204, 220 (Domaine de Compiègne/Droits réservés) ; p. 229 (© BPK, Berlin, Dist. RMN-GP/Image MHK) ; p. 243 (Château de Versailles/Gérard Blot) ; p. 245 (Musée du Louvre/Daniel Arnaudet) ; p. 247 bas, 297 (Musée du Louvre/Stéphane Maréchalle) ; p. 249, 251 (Musée d'Orsay/Droits réservés) ; p. 252, 263 (Domaine de Compiègne/Jean-Gilles Berizzi) ; p. 264, 323, 343 (Musée d'Orsay/Hervé Lewandowski) ; p. 272-273, 274, 275 (Château de Fontainebleau/Gérard Blot) ; p. 276-277 (Château de Versailles/Gérard Blot/Hervé Lewandowski) ; p. 338, 341, 348 (Musée de l'Orangerie/Hervé Lewandowski) ; p. 340 (Musée de l'Orangerie/Thierry Le Mage) ; p. 342 (Musée Picasso de Paris/Mathieu Rabeau) ; p. 344-345 (Musée d'Orsay/Patrice Schmidt) ; p. 350-351 (Franck Raux) ; p. 352 (© Centre Pompidou, MNAM-CCI/Droits réservés). **La Collection, Paris** : p. 2, 320-321, p. 367 : ill. 324 (© Christie's Images Ltd/Artothek) ; p. 40 (© Luciano Pedicini) ; p. 71, 72, 117, 118, 240, 255 bas, 282, 356 (© Artothek) ; p. 119 (© Bayer&Mikto – Artothek) ; p. 127 haut (© Städel Museum – Artothek) ; p. 233, 254 (© U. Edelmann – Städel Museum – Artothek) ; p. 260, 261 (© Blauel/Gnamm – Artothek) ; p. 299, 301 (© Artothek – Christie's). **Bridgeman Images, Paris** : p. 4, 265 bas, 303, 310, 314 (© Christie's Images) ; p. 8-9, 327, 328 (© Samuel Courtauld Trust, The Courtauld Gallery, Londres) ; p. 100, p. 367 : ill. 330 (De Agostini Picture Library/G. Dagli Orti) ; p. 173, 224, 237 gauche, 238-239, 267, 268-269 (Giraudon) ; p. 198-199 (© Rafael Valls Gallery, Londres) ; p. 213, 214, 216-217, 226, 231, 265 haut, 315, 359 ; p. 232 (© Belvoir Castle, Leicestershire) ; p. 266 (© Philip Gale Fine Art, Chepstown, Gwent, Wales) ; p. 326 (© Culture and Sport Glasgow (Museums)). **Scala Archives, Florence** : p. 16-17, 36 haut, 41, 44, 45 bas, 46, 47 (Fotografica Foglia – su concessione Ministero Beni e Attività Culturali) ; p. 18, 25 (pour les deux illustrations), 43, 48, 54 haut, 57, 62, 64 haut, 70, 124, 147 gauche, 331, p. 367 : ill. 327 et 328 ; p. 35, 39, 53, 103, 131 haut, 162, 294, 300 (Su concessione Ministero Beni e Attività Culturali) ; p. 45 haut, 54 bas, 59, 64 bas, 65 haut, 135 haut, 270 (De Agostini Picture Library) ; p. 67 (Foto Austrian Archives) ; p. 106, 107 (Luciano Romano) ; p. 133, 134, 322, 334, 349 (Christie's Images, Londres) ; p. 135 bas (Kimbell Art Museum, Fort Worth/Art Resource, NY) ; p. 148 (pour les deux illustrations), 149 (pour les deux illustrations), 183, 329 (© The National Gallery, Londres) ; p. 207 ; p. 255 haut (Fine Art Images/Heritage Images) ; p. 257, 258 (NTPL) ; p. 284 (Su concessione del Comune di Pesaro/Servizio Musei) ; p. 308 (The Calouste Gulbenkian Foundation) ; p. 347 (Museo Thyssen-Bornemisza) ; p. 355 (Digital image, The Museum of Modern Art, New York). **AKG Images, Paris** : p. 22 (André Held) ; p. 26, 78 bas, 152-153, 181, 182, 316 (Erich Lessing) ; p. 28 (Hervé Champollion) ; p. 29 bas, 147 droite, 191 (De Agostini Picture Library) ; p. 75 (Cameraphoto) ; p. 96 (© Les Arts décoratifs, Paris) ; p. 97 (British Library) ; p. 105, 295, 336, 337 ; p. 143, 289, 290-291 (MPortfolio/Electa) ; p. 285, 364-365 (Album/Joseph Martin) ; p. 286-287, 288 (Album/Oronoz). **Yale Babylonian Collection, Yale University, New Haven** : p. 29 haut. **Leemage, Paris** : p. 32, 108 ; p. 36 bas (© Cuboimages) ; p. 50 bas (De Agostini) ; p. 51, 165 bas, 176, 234, 235, 236, 262, 332 (© Photo Josse) ; p. 104 (© AISA) ; p. 138-139, 161, 163, 346 (© FineArtImages) ; p. 146 (© Lebrecht) ; p. 170, 178, 312, p. 367 : ill. 326 et 332 (© Luisa Ricciarini) ; p. 171 droite, 180 (© Costa) ; p. 177 (© SuperStock) ; p. 313 (© Jean Bernard). **Cl. Alix Barbet** : p. 55. **Bibliothèque municipale, Poitiers** : p. 58. **Archives PREALP, Grenoble** : p. 73 pour les deux illustrations (Photo : AD Studio Silvano Ferraris). **Bibliothèque Nationale de France, Paris** : p. 74, 87, 91 (pour les deux illustrations), 94 droite, 112, 114-115, 123, 168, 169, 179, 228, 244. **Musée Lorrain, Nancy** : p. 113 (photo : Gilbert Mangin). **Musée des Beaux-Arts de Montréal** : p. 127 bas. **KHM-Museumsverband, Vienne** : p. 154-155. **Rijksmuseum, Amsterdam** : p. 157, 184. **Musées Royaux des Beaux-Arts de Belgique, Bruxelles** : p. 158, 172 (Photo : J. Geleyns – Ro scan). **Musée de la chasse et de la nature, Paris** : p. 187 (Nicolas Mathéus). **Musée des Beaux-Arts, Strasbourg** : p. 188 (Musées de Strasbourg/M. Bertola). **Nationalmuseum, Stockholm** : p. 194. **Roger-Viollet, Paris** : p. 230 ; p. 278-279, 333 (© Musée Carnavalet) ; p. 353 (© Musée d'art moderne de la Ville de Paris). **Bundesmobilienverwaltung, Vienne** : p. 271 (Photo : Edgar Knaack). **Museum of Fine Arts, St Petersburg, Florida** : p. 318. **© Paris, Comité Caillebotte** : p. 319. **National Gallery of Art, Washington** : p. 325. **Moderna Museet, Stockholm** : p. 357. **Courtesy Galerie Daniel Templon, Paris** : p. 360, 362 (Bertrand Huet/Tutti Image). **Alamy Stock Photo** : p. 361 (Dpa Picture Alliance) ; p. 363 (World History Archive).

Remerciements

Je remercie Geneviève Rudolf et toute son équipe éditoriale pour la patience qui a été la leur à l'égard de ce livre qui a demandé beaucoup de temps et d'énergie. Mes remerciements vont également à Didier Bouchard pour sa collaboration iconographique et pour ses suggestions qui ont toujours été les bienvenues.

ISBN : 978 2 85088 943 1
Dépôt légal : septembre 2023

Direction éditoriale : Geneviève Rudolf
Édition : Frédérique Cassegrain assistée de Cécile Barthes
Recherche iconographique : Didier Bouchard
Conception graphique et mise en page : Marie Donzelli
Collecte de l'iconographie : Audrey Guyonnet et Marion Jouan
Préparation de copie et relecture : Diana Darley
Établissement de l'index : Cécile Barthes
Fabrication : Caroline Dubois de Cambourg
Photogravure : Nord Compo, Villeneuve-d'Ascq
Impression et façonnage : Norprint, Santo Tirso

Achevé d'imprimer au Portugal en juillet 2023